| | | | |
|---|---|---|---|
| 16 | 3 | 2 | 13 |
| 5 | 10 | 11 | 8 |
| 9 | 6 | 7 | 12 |
| 4 | 15 | 14 | 1 |

Gustavo H. B. Franco

# O DESAFIO BRASILEIRO

Ensaios sobre
Desenvolvimento, Globalização e Moeda

editora 34

EDITORA 34

Editora 34 Ltda.
Rua Hungria, 592 Jardim Europa CEP 01455-000
São Paulo - SP Brasil Tel/Fax (011) 816-6777 editora34@uol.com.br



Capa, projeto gráfico e editoração eletrônica:
*Bracher & Malta Produção Gráfica*

Revisão:
*Cláudia de Carvalho Cavicchia*
*Carmen Teresa Simões da Costa*

1ª Edição - 1999

Catalogação na Fonte do Departamento Nacional do Livro
(Fundação Biblioteca Nacional, RJ, Brasil)

Franco, Gustavo H. B.
F438d O desafio brasileiro: ensaios sobre desenvolvimento, globalização e moeda / Gustavo H. B. Franco. — São Paulo: Ed. 34, 1999
352 p.

ISBN 85-7326-155-2

1. Brasil - Condições econômicas.
2. Brasil - Política econômica. I. Título.

CDD - 330.981

Gustavo H. B. Franco

# O DESAFIO BRASILEIRO

Ensaios sobre
Desenvolvimento, Globalização e Moeda

# O DESAFIO BRASILEIRO

## Ensaios sobre Desenvolvimento, Globalização e Moeda


Prefácio ..... 9
Apresentação ..... 13

Parte I. Caminhos do Desenvolvimento Brasileiro
1. A inserção externa e o desenvolvimento ..... 27
2. Novos e velhos caminhos do desenvolvimento brasileiro ..... 67
3. A abertura em perspectiva histórica: os termos de troca entre nacionalismo e internacionalismo ..... 87
4. Criatividade e produtividade como motores do desenvolvimento: teoria e prática no Brasil do Real ..... 117

Parte II. Globalização: Realidade e Controvérsia
5. Globalização e abertura: um panorama em perspectiva histórica ..... 155
6. A tragédia do desenvolvimento: um ensaio sobre o pessimismo ..... 175
7. Os parnasianos alternativos ..... 203

Parte III. O Banco Central, Moeda Sadia e Câmbio
8. A propósito do inflacionismo: os termos de troca entre estabilidade e desenvolvimento ..... 213
9. Moeda sadia e desenvolvimento (discurso de posse) ..... 251
10. Moeda e cidadania ..... 263
11. Seis anos de trabalho: um balanço (discurso de despedida) ..... 265
12. O Real e o câmbio: observações à margem da experiência ..... 297

Glossário de siglas ..... 329
Bibliografia ..... 333

# PREFÁCIO

Os textos reunidos neste livro constituem inestimável contribuição ao debate sobre política econômica no Brasil. São de leitura quase que obrigatória para aqueles seriamente interessados, não apenas na análise do passado recente, como também do sempre fugidio momento presente e, principalmente, na agenda para o futuro do país no mundo.

Gustavo Franco pensa grande, escreve como poucos e utiliza com reconhecida competência a retórica, no sentido original dos gregos, como arte da persuasão. Seus escritos expressam uma rara combinação de excelência acadêmica (sem ademanes academicistas), invejável capacidade polêmica e privilegiada experiência profissional, curtida ao longo de quase seis anos ocupando posições-chave no Governo, no qual teve participação absolutamente fundamental, desde maio de 1993 até o início de 1999.

Edmar Bacha, Winston Fritsch e eu recomendamos fortemente o nome de Gustavo a Fernando Henrique Cardoso quando este assumiu a posição de quarto ministro da Fazenda em menos de oito meses do Governo de Itamar Franco. Já o conhecíamos desde o final dos anos 70 como seus professores no Departamento de Economia da PUC do Rio de Janeiro — e mantivemos contato desde então. Sabíamos de seu espírito público e de sua vontade de dar sua contribuição ao país, como vários de seus colegas à época: Armínio Fraga, Edward Amadeo, Pedro Bodin, Elena Landau, entre tantos outros destas novas gerações nas quais deposito tanta esperança.

A atuação de Gustavo nas discussões do segundo semestre de 1993 que levaram ao desenho do Programa de estabilização — da URV ao Real — foi fundamental, juntamente com a participação essencial de três veteranos da experiência do Cruzado: André Lara Resende, Edmar Bacha e Pérsio Arida, que infelizmente deixaram o Governo, respectivamente, em 1993, 1994 e 1995.

Quando aceitei a convocação de Fernando Henrique Cardoso para assumir a presidência do Banco Central em agosto de 1993, o primeiro convite que fiz para minha diretoria foi a Gustavo Franco, que ocupou com competência e firmeza a área de Assuntos Internacionais por cerca de quatro anos. Foi com satisfação que o indiquei para a presidência do Banco Central em agosto de 1997, assegurando a preservação de excelência no cargo que haviam marcado as gestões de Pérsio Arida e Gustavo Loyola.

Gustavo Franco enfrentou com a coragem e a determinação de sempre os efeitos da crise asiática, de outubro de 1997, e, em particular, as terríveis conseqüências da moratória russa de agosto de 1998. Lamentei sua saída do governo em janeiro de 1999. Poucos economistas brasileiros contribuíram tanto para o País, por relativamente tanto tempo, quanto Gustavo Franco, na década de 90.

É sabido que um professor aprende com seus mestres, com seus colegas e com seus alunos. Sinto-me privilegiado pelos mestres que tive, pelos colegas e amigos próximos à minha geração e, não menos importante, pelos ex-alunos e hoje amigos com os quais trabalhei ou trabalho. Gustavo é um desses amigos, que me honra com o convite para escrever a apresentação deste livro.

É impossível permanecer indiferente à leitura destes textos. O leitor pode concordar ou discordar, em ambos os casos no todo ou em parte, mas sem sombra de dúvida, em qualquer caso, sairá enriquecido intelectualmente. Porque Gustavo é sincero, articulado, direto, objetivo e absolutamente coerente em suas posições, sempre defendidas com fundamentos, evidências e arraigada convicção.

A firmeza com que o autor se lançou ao debate de idéias, se por um lado ampliou o número de seus admiradores, também fez com que surgissem alguns inimigos no processo, dadas as significativas posições que ocupou e sua influência nas discussões internas do Governo.

Isto parece ser inevitável. George Kennan, um dos mais lúcidos analistas políticos deste século, assim descreveu o problema:

> "[...] it must be recognized as one of the uniformities embracing all governments, democratic and otherwise, that they attract to themselves and function within, an atmosphere of inflamed ambitions, rivalries, sensitivities, anxieties, suspicions, embarrassments and resentments which, to put it midly, seldom, if ever, bring out the best in the personalities involved, and sometimes provoke the worst. Government, in short, is, for unavoidable and compelling reasons, an unpleasant business. It cannot be otherwise. [...] I write all this not in any spirit of reproach to all who fell under this particular spell. I am aware that many of those who have set out to pursue a good cause have soon be made aware that the cause in question could be effectively advanced from a position of power, and that it was for this reason that they entered, albeit reluctantly, into the competition for its acquisition. I do not blame them for doing so."[1]

---

[1] George Kennan, *Around the Cragged Hill*, New York and London, Norton, 1983, pp. 53-4. "[...] deve-se reconhecer como uma característica comum a todos os governos, democrá-

O leitor destes textos que tiver lido, ou que se dispuser a ler, o magnífico livro de Eduardo Giannetti, *Auto-Engano*[2], em particular as seções 3.6 (A hipnose da boa causa) e 3.7 (A força do acreditar como critério de verdade), haverá de refletir sobre a extensão em que Gustavo se deixou levar pela força de suas convicções.

Eu prefiro acreditar que Gustavo seguiu aquilo que Norberto Bobbio chamou de principal lição de sua vida: "Respeitar idéias alheias, deter-se diante do segredo de cada consciência, compreender antes de discutir, discutir antes de condenar"[3].

Gustavo — como eu — acredita na arte de tentar tornar possível amanhã aquilo que parece difícil ou impossível hoje. Para tal, é necessária uma certa confiança básica no futuro. Não a confiança ingênua, que nega problemas muito reais a serem enfrentados, mas uma confiança que reconheça explicitamente a existência de tais problemas, que não minimize a sua complexidade e que se disponha a enfrentá-los sabendo que não há soluções simples, definitivas, indolores, rápidas e, principalmente, demagógicas, baseadas em retóricas vagas, generosas, bem-intencionadas — e ineficazes como prática transformadora.

É de Gustavo Franco a frase: "O nosso futuro está em nossas mãos — como sempre esteve". Referia-se ao futuro do País, por suposto, futuro para cuja construção muito contribuiu nos seis anos de governo. Na minha opinião, os textos aqui reunidos deixam isto claro para quem tenha alguma dúvida a respeito. Mas, como sempre, caberá ao leitor decidir por si, depois de ler esta excelente coletânea de ensaios.

*Pedro Malan*

---

ticos ou não, o fato de que eles atraem para si e funcionam num ambiente de ambições inflamadas, rivalidades, suscetibilidades, ansiedades, suspeitas, embaraço e ressentimentos que raramente, se tanto, expõe o melhor das personalidades envolvidas, e que às vezes expõe seu pior. Em poucas palavras, governar, por razões inevitáveis e irresistíveis, não é um negócio agradável. E não pode ser diferente. [...] Escrevo tudo isto sem nenhum espírito de censura àqueles que sucumbiram a este feitiço. Sou consciente de que muitos daqueles que se lançaram em busca de uma boa causa logo perceberam que a causa em questão poderia ser mais facilmente alcançada a partir de uma posição de poder, e que por essa razão entraram, embora com relutância, na disputa por tal posição. Eu não os culpo por fazê-lo."

[2] Eduardo Gianneti, *Auto-Engano*, São Paulo, Companhia das Letras, pp. 146-56, 1997.

[3] Norberto Bobbio, *O Tempo da Memória*, Rio de Janeiro, Campus, p. 173, 1997.

# APRESENTAÇÃO

A idéia deste livro nasceu em 1996 com a repercussão que teve o ensaio que dá início a esta coletânea, "A inserção externa e o desenvolvimento", aqui reeditado com ligeiras modificações. Naquela ocasião, o desenvolvimento era, por variadas razões, um tema em desuso. Após uma década e meia de um crescimento trôpego e sem direção, e sete anos seguidos de hiperinflação, apenas entremeados por "choques heterodoxos", agredindo cada vez mais o bom senso, o Direito e a cidadania, a estabilização havia se tornado uma questão de sobrevivência, um pré-requisito a qualquer vida econômica inteligente.

Nos poucos espaços destinados à reflexão sobre o desenvolvimento, como as edições anuais do Fórum Nacional, conduzido com a habitual maestria pelo ex-ministro João Paulo dos Reis Velloso, era comum ouvir que o modelo econômico baseado em substituição de importações e financiamento inflacionário do Estado, vale dizer, no binômio proteção e inflação, estava irremediavelmente esgotado. Repetia-se que o desenvolvimento econômico brasileiro deveria ser definido em bases inteiramente novas, mas não havia clareza sobre que bases seriam estas, ou sobre quais pressupostos específicos do modelo dito anterior deveriam ser abandonados. Essas ansiedades foram se tornando maiores à medida em que o Plano Real foi se mostrando bem-sucedido e, com isso, veio para o centro do palco o debate sobre a retomada do crescimento, ou sobre os contornos desse novo modelo de desenvolvimento que estaríamos a construir sobre os escombros do velho. O ensaio do capítulo 1 era um primeiro olhar sobre este assunto, quando o Plano Real já entrava em seu terceiro ano e parecíamos recuperar a capacidade de planejar nosso futuro. Muitos outros temas precisariam ser tratados em detalhe, e muitas das teses do capítulo 1 deveriam ser melhor elaboradas e amadurecidas. Mas tínhamos um começo. Daí surgiu a idéia, que apenas pude levar adiante alguns anos mais tarde, após deixar a Presidência do Banco Central do Brasil e encerrar minha contribuição para o serviço público, de consolidar a reflexão e a experiência desses quase seis anos em que estive profundamente envolvido em cada um dos aspectos da política econômica e do Plano Real, em um livro sobre os novos caminhos do desenvolvimento econômico brasileiro construído a partir das teses do capítulo 1 e da prática.

O leitor verá neste livro alguns ensaios que já apareceram em publicações isoladas, ou em cerimônias públicas, mas terá também uma grande quantidade de material inédito que procura explorar aspectos específicos da experiência de reconstrução do desenvolvimento nesses seis últimos anos. Mesmo os textos previamente publicados mereceram alguns reparos, notadamente para atualizar números e tabelas[1]. Com isso visou compor um volume que procura explicar como se pretendia construir um novo projeto de desenvolvimento e que, ao mesmo tempo, traz o testemunho de um dos que procurou colocá-lo em prática durante um período particularmente rico e turbulento da vida econômica nacional. Não se trata de narrativa factual, na primeira pessoa, das motivações e bastidores das decisões e escolhas desses anos, mas de uma discussão de mérito, que vai se encontrar com a minha trajetória profissional apenas nos últimos capítulos, que trazem alguns de meus pronunciamentos como Presidente do Banco Central do Brasil, nos quais o pesquisador se confunde explicitamente com o praticante.

O capítulo 1, roteiro básico para o desenvolvimento, tal como o enxergávamos nos primeiros anos do Plano Real, era, na origem, um documento exploratório, produzido para consumo interno da chamada "equipe econômica", mas de propósitos ambiciosos. Completava-se o segundo ano do Plano Real, e a equipe econômica procurava lançar um primeiro olhar sobre aspectos mais amplos da experiência de estabilização; uma primeira tentativa de alinhavar o processo de desenvolvimento que naturalmente seria deflagrado com a consolidação da estabilização e das reformas que lhe conferiam fundamentos. O próprio Presidente da República recomendou a sua divulgação[2] e, dessa maneira, ensejou a impressão de que o documento continha efetivamente um vislumbre dos planos futuros do governo: "a doutrina que falta à social-democracia tupiniquim", disse um observador[3]. "Documento essencial para o rastreamento das idéias e métodos de trabalho do tucanato", segundo um outro[4], e "importante porque apresenta pela primeira vez, em 20 meses de presidência tucana, uma linha definida de teoria e ação", de acordo com um terceiro[5].

---

[1] Exceto no capítulo 1, que se procurou aqui reproduzir mantendo-se fidelidade à versão originalmente distribuída.

[2] Claudia Safatle: "Presidente endossa as teses do BC sobre valorização da taxa cambial", *Jornal do Brasil*, 10.9.1996.

[3] Ribamar de Oliveira: "O modelo econômico de Gustavo Franco", *O Estado de S. Paulo*, 13.9.1996.

[4] Elio Gasperi: "O manifesto de Gustavo Franco", *O Estado de S. Paulo*, 11.9.1996.

[5] Antenor Nascimento Neto: "Cozinheiro do Real", *Veja*, 18.9.1996.

A circulação do documento, primeiro em fotocópias, e mais adiante através da Internet e da publicação na *Revista de Economia Política*, foi tão ampla quanto sua repercussão. Seria impossível imaginar que um manuscrito desse tipo pudesse vir a merecer tantos comentários na imprensa, tantas análises e artigos de economistas e jornalistas de renome, algumas verdadeiras resenhas, e mesmo seminários com o propósito de debater suas idéias[6]. Em boa medida, esse alvoroço derivava do próprio tema: como já observamos acima, por muitos anos a reflexão sobre o desenvolvimento brasileiro tinha estado sobrestada pelo nevoeiro inflacionário. Um texto sobre o assunto, partindo da área econômica do governo, trazendo novas idéias sobre o tema e recomendado pelo Presidente, serviu como senha mais que bem-vinda para um olhar mais amplo sobre o futuro. Ou para a descoberta de que a estabilização já nos permitia horizontes mais largos, ou mesmo que já podíamos vislumbrar — quem sabe —, como sugeriu um observador, uma "retomada desenvolvimentista"[7]. O simples início de uma discussão sobre o assunto, em si, já seria uma extraordinária novidade, um alento para um debate até então aprisionado, de um lado, pelas resistências às "âncoras" e restrições destinadas a consumar a estabilização e, de outro, pelos clichês do velho desenvolvimentismo inflacionista, já amplamente decadente.

Mais que uma simples discussão, entretanto, a idéia de que podíamos estar no limiar de "um círculo virtuoso de aumento de produtividade e absorção capaz de produzir crescimento econômico com distribuição de renda", como sugeriu Paulo Guedes[8], a muitos pareceu fascinante. O Plano Real parecia deixar para trás o pesadelo da inflação e havia muito não ouvíamos planos factíveis para a retomada do desenvolvimento, ainda mais com Justiça Social. Não só parecíamos recuperar a capacidade de pensar nosso futuro, como podíamos entreter concretamente a possibilidade de um crescimento mais justo, acompanhado de melhorias na distribuição de renda, e da manutenção da competitividade[9]. A diversos observadores o documento oferecia um caminho plausível para que o

---

6 Como o promovido pelo Instituto Atlântico, no Rio de Janeiro, com a participação de Paulo Rabelo de Castro, e pela revista *Carta capital*, de 27.11.1996, com os economistas Paulo Rabelo de Castro, Eduardo Gianetti da Fonseca e Luiz G. Belluzzo.

7 José Eli da Veiga: "Três visões do desenvolvimento", *O Estado de S. Paulo*, 14.10.1996.

8 Paulo Guedes: "Prosperidade através da competição", *O Globo*, 06.10.1996.

9 "Depois da febre" (editorial), *Jornal do Brasil*, 15.9.1996; João Sayad: "Três em um", *Folha de S. Paulo*, 30.9.1996; e Mirian Leitão: "Novo modelo", *O Globo* (Panorama Econômico), 11.9.1996; José Roberto Campos: "Franco propõe ampliar abertura para crescer", *O Estado de S. Paulo*, 10.9.1996.

país viesse a experimentar, de acordo com Otávio de Barros, "um novo ciclo de investimentos, com padrões de financiamento completamente diferentes dos ciclos precedentes"[10]. É claro que a real extensão dessa possibilidade era, para dizer o mínimo, uma discussão ainda em aberto. Mas que parecia galvanizar as ansiedades sobre "os próximos passos" do programa de estabilização, ou seja, tinha-se aí uma contribuição para a tão demandada discussão de uma "agenda positiva", ou de um futuro que parecíamos haver perdido. Não obstante, não passou despercebido por alguns observadores mais pragmáticos que não houve, como não poderia haver, qualquer espécie de reconhecimento ou endosso oficial às teses do documento. Celso Pinto diria que o texto era a expressão de "um projeto que o Presidente jamais comprou por inteiro"[11], uma avaliação difícil de contestar tendo em vista os acontecimentos de janeiro de 1999.

Os ensaios que compõem este volume, todos eles, a começar pelo capítulo 1, procuram alcançar um público amplo e não especializado, embora sem abrir mão da profundidade bibliográfica e do diálogo com a literatura acadêmica. Sei bem que isso não é típico da profissão, cuja propensão, até recentemente pelo menos, tem sido a de desprezar esse tipo de linguagem e de permanecer no interior dos jargões do mundo acadêmico. Ressalte-se, todavia, que cresceu muito, nos anos recentes, a quantidade de economistas escrevendo regularmente em jornais de grande circulação. Eu mesmo mantive durante dois anos (1991-93) uma coluna na *Folha de S. Paulo*, e hoje mantenho uma coluna semanal no *Estado de S. Paulo*, também publicada no *Jornal do Brasil*, e outra quinzenal na *Veja*. A esse respeito, tenho a dizer que esta atividade faz muito bem ao economista e ainda, tenho certeza, ao debate nacional. Mas, a despeito desse treinamento, não há como negar as dificuldades em traduzir para um público amplo e em poucas palavras um conhecimento especializado, difícil e sujeito a inúmeros preconceitos. Com enorme freqüência, o patrulhamento aparece travestido em rotulação ideológica com o intuito de denegrir ou desclassificar, em absoluto prejuízo do mérito. Mas a receptividade do leitor é sempre encorajadora, pois a opinião pública não recusa nenhuma espécie de alimento. Curiosamente, as reações negativas mais virulentas vêm dos economistas das correntes alternativas e esotéricas de pensamento econômico, que parecem se julgar proprietários exclusivos da habilidade de escrever para públicos maiores, mercê da sua inca-

---

[10] Octávio de Barros: "A aposta certa no Real", *O Globo*, 6.10.1996.

[11] Celso Pinto: "FHC, Marx e Franco", *Folha de S. Paulo*, 15.9.1996. Veja-se também, nessa linha, Mário Cezar Flores: "Decodificando o Dr. Gustavo Franco", *Gazeta Mercantil*, 18.11.1996.

pacidade de publicar nos circuitos acadêmicos fora de suas igrejinhas. Um desses, por exemplo, disse, a propósito da linguagem do ensaio do capítulo 1, que era um texto "ideológico, no mau sentido. É um documento de convencimento". Como se os economistas não devessem escrever para persuadir! Na verdade, a irritação se deve ao fato de que os esotéricos se ressentem da presença dos profissionais do *mainstream* nas arenas mais amplas onde se forma a opinião pública, como veremos no capítulo 7.

Ao discutir o papel da teoria, mais adiante neste volume, destacamos a importância da participação dos economistas em debates fora do âmbito acadêmico, a despeito dos riscos envolvidos, o maior deles o de se engajar num diálogo de surdos com a pseudociência, um problema que Carl Sagan enxerga em cada uma das ciências, como veremos no capítulo 4. O fato é que no mundo da opinião pública, dos grandes veículos de comunicação e dos embates em torno das políticas públicas, as idéias valem não apenas pelo seu conteúdo, mas pela sua capacidade de agregar adeptos, e, nessa linha, são ajudadas pelo formato, pelo modo como são apresentadas, pela clareza e convicção. Nesse sentido, este volume difere bastante do meu livro anterior, *O Plano Real e outros ensaios* (Editora Francisco Alves, 1995), que era uma coletânea de artigos acadêmicos, isto é, escritos para públicos especializados e bastante restritos. Este novo livro procura o cidadão interessado nas grandes questões econômicas, economista profissional ou não, e que pretende opinar, com os instrumentos de que dispõe, sobre os rumos econômicos do país.

O capítulo 2, escrito em maio de 1998, é uma versão esquemática, mais atualizada e operacional, das teses do capítulo 1, mas que se revestia de enorme importância, pois seria apresentado no X Fórum Nacional, a reunião anual promovida pelo ex-ministro João Paulo dos Reis Velloso em torno da discussão sobre desenvolvimento econômico. Ao longo dos últimos dez anos, este fórum reuniu as reflexões mais originais sobre o assunto, de modo que eu via com satisfação a possibilidade de contribuir para aqueles debates. Foi de certo modo surpreendente para mim que as teses que apresentei, em especial a análise sobre a autópsia do "velho modelo" e os caminhos sugeridos para o futuro, não tivessem o mesmo impacto do documento anterior, o que pode ser tomado como indicação de que boa parte das idéias do capítulo 1 já tinha sido absorvida pelo *mainstream* do pensamento econômico brasileiro. O texto do capítulo 2 apresentava perspectivas mais atuais sobre o crescimento da produtividade e sobre o programa de privatização, ressaltando a importância desses dois processos para a definição de um novo modelo de desenvolvimento. Fragilidades fiscais eram apontadas com preocupação e também a importância de se construírem instituições para salvaguardar a estabilidade, tanto instituições fiscais, que reconstruíssem o orçamento público como instrumento de políticas públicas, quanto instituições monetárias, completando-se o caminho na direção da independência do Banco Central. Assim como no ensaio do capítulo 1, repetia-se que a prova do sucesso do Plano Real era a transformação gradual e segura da agenda (dos fundamentos) da estabilização na agenda do desenvolvimento. Pouca dúvida poderia haver quanto ao fato de que, em maio de 1998, quando o ensaio do capítulo 2 foi apresentado, e a despeito das nuvens que se formavam no ambiente internacional, esta transformação já se encontrava bem avançada.

Os dois capítulos que se seguem são inéditos, e compõem a primeira parte deste livro, dedicada mais especificamente aos caminhos do desenvolvimento. O capítulo 3 é uma análise histórica das relações econômicas do Brasil com o resto do mundo. É uma resenha das práticas e das idéias sobre a abertura, ou do modo como o país oscilou ao longo do tempo entre nacionalismo e internacionalismo diante de diferentes circunstâncias. Observa-se que, numa perspectiva de longo prazo, o Brasil vinha se tornando uma economia cada vez mais fechada, chegando a extremos impensáveis em meados da década de 80, justamente quando o processo de globalização parece se firmar e oferecer enormes oportunidades às chamadas economias emergentes. Com efeito, a insensatez dessa conduta começa a ficar clara algumas décadas antes do início do processo de abertura. Continuamos, não obstante, a perseguir obstinadamente a auto-suficiência, aferrados teimosamente aos ideais do *desarollo hacia dentro,* e exibindo resistência inacreditável para engajar-nos num processo inevitável de abertura, que acabaria sendo consumado com mais de uma década de atraso. O capítulo versa sobre essa exasperante lentidão do país em mover-se, sem dúvida um tema recorrente em nossa história, e procura definir exatamente como se deu e no que consistiu o processo de abertura e redefinição da política industrial brasileira.

O capítulo 4 se ocupa de temas semelhantes aos do capítulo 3, porém adotando uma perspectiva bastante diferente: toma-se como referência a reflexão sobre a teoria do desenvolvimento econômico, e em particular sobre alguns temas específicos, como a importância relativa da formação de capital *vis-à-vis*, o progresso tecnológico (a produtividade) e, também, o modo como a abertura relaciona-se com o crescimento. Depois de uma exploração detalhada sobre a evolução da teoria nos últimos anos, o capítulo discute a experiência brasileira recente de abertura, de retomada do investimento direto estrangeiro (IDE) no Brasil e dos impactos desses processos sobre a taxa de crescimento da produtividade. Números bem recentes (sobre abertura, IDE e produtividade) ampliam e reforçam as teses básicas do capítulo 1 de que a mudança no ambiente de negócios ensejada pelas reformas (abertura, privatização e crescimento da presença estrangeira na economia através de investimento direto) produziu condutas radicalmente novas por parte das empresas brasileiras, com isso gerando um crescimento da produtividade de proporções sem precedente no Brasil. Mais surpreendente, e em contraste absoluto com a nossa experiência anterior, é que esses espetaculares aumentos na produtividade tenham lugar num contexto de baixo crescimento e reduzidas taxas de investimento. É de se esperar que, na presença de maiores investimentos em capital fixo "embutindo" novas tecnologias, e continuidade e aprofundamento do processo de abertura, o crescimento da produtividade seja ainda mais vigoroso. Não se deve perder de vista que taxas de crescimento da produtividade da ordem de um terço, ou um quarto das taxas brasileiras têm permitido a diversos analistas o diagnóstico de que os EUA entraram em um "novo paradigma" ou que criaram uma "nova economia" impulsionada pela capacidade de produzir mais e mais mercadorias com as mesmas quantidades de fatores de produção. É ainda muito cedo para o Brasil reivindicar o mesmo tratamento, mas podemos certamente alegar que um modelo de crescimento que tenha como base o aumento da produtividade poderá realizar um sonho que há anos se persegue, a saber, um crescimento com melhoria na distribuição de renda nacional, uma violação da maligna "teoria do bolo" formulada pelo então ministro Delfim Netto. Nesse novo modelo, a abertura, a privatização e o IDE garantem que o setor privado seja forçado a buscar reduções de custo e aumentos de produtividade, posturas que, na verdade, são as únicas que podem ensejar um crescimento que dê lugar simultaneamente ao aumento nos salários reais e na competitividade do país. Criatividade e produtividade são os fatores que permitem essa virtuosa combinação, impossível de se obter no contexto do velho modelo, baseado na mobilização forçada de recursos comandada pelo Estado, em busca da auto-suficiência e financiada pela inflação.

É preciso, todavia, atentar para outros fatores condicionantes do desenvolvimento econômico, e dois deles em particular são analisados em detalhe nos capítulos que se seguem: de um lado, o ambiente externo, a globalização, tão temida ou tão exaltada, e que precisa ser entendida ao menos em parte, para que se possa enxergar em que medida ela afeta o desenho básico do processo de desenvolvimento descrito nos primeiros quatro capítulos; de outro, a questão fiscal, monetária e cambial. Os capítulos 5, 6 e 7 tratam da globalização, e os capítulo de 8 a 12 tratam de questões relativas às políticas para a moeda, o câmbio e o fisco com o propósito de sustentar a estabilidade, as reformas e o crescimento.

Os capítulos referentes à globalização abordam o tema segundo diferentes ângulos. O capítulo 5 é de natureza descritiva, e histórico na sua perspectiva. Procura-se a singularidade do que se passa em nossos dias, primeiro olhando-se para o passado e segundo examinando-se em algum detalhe o principal ator do processo de globalização, a Empresa Transnacional (ETN). Observa-se que as

ETNs adquiriram um porte comparável aos dos países, e tendo em vista seu número, já é possível falar dessas ETNs como se fossem países, ainda que virtuais, superpostos aos países "convencionais" e condicionando a vida econômica dos últimos em múltiplas dimensões. O capítulo também faz observações sobre a crescente importância da movimentação de capitais e dos problemas daí derivados para as economias emergentes.

O capítulo 6 trata de um tema popular: o pessimismo endêmico com relação à nossa inserção no mundo globalizado, e procura entender essa melancolia que toma conta de alguns observadores da globalização a partir de três vertentes clássicas de catastrofismo econômico: (i) a tecnologia como patrocinadora da "destruição criadora" e do subconsumismo, ou de teses sobre superprodução e colapso do capitalismo, ou sobre a substituição do homem pela máquina, ou a extinção do trabalho; (ii) o comércio como elemento devastador de países e regiões à margem de outras mais adiantadas, como instrumento de dominação e de perpetuação de injustiças e, principalmente, como gerador de exclusão social e também da extinção do trabalho; e (iii) a moeda fiduciária como uma farsa diabólica com o propósito de iludir os homens sobre o valor das coisas, como uma agressão à Natureza ou ao trabalho humano, única instância moralmente defensável para a determinação do valor das coisas.

O capítulo 7 retoma esses mesmos temas num contexto diverso. O texto foi escrito em 1996, e publicado na *Folha de S. Paulo*, em resposta a uma de muitas (e típicas) críticas ao ensaio do capítulo 1. Seu tema principal é o ódio emanado das "correntes alternativas" de pensamento econômico pela sua perda de prestígio e influência no cenário econômico nacional. É verdade que, no Brasil, o esoterismo econômico desfruta uma autoridade não encontrada em parte alguma, dispondo inclusive de ambientes universitários próprios inteiramente impermeáveis a idéias alheias às do credo ali praticado. Em matéria de conteúdo, todavia, as visões "alternativas" vão muito pouco além de seus próprios redutos, mas defendem seu espaço tenazmente, reivindicando para a "pseudociência", por politicamente correto, o mesmo estatuto do discurso científico, e enunciando uma retórica própria a partir de uma linguagem rebuscada, que inquinei de parnasiana, buscando aparentar uma profundidade absolutamente ilusória. O ensaio do capítulo 7 gerou réplicas ainda mais rancorosas, porém pífias em substâncias, e tendo em vista o debate recente sobre o "desenvolvimentismo", a controvérsia continua bem viva.

Os capítulos que se seguem misturam, como já se observou, o pesquisador e o praticante. O capítulo 8 é semelhante ao 3 em seu formato: adotando uma perspectiva histórica, investigam-se as razões pelas quais o país definiu diferentes termos de troca entre estabilidade e desenvolvimento em diferentes circunstâncias. Uma versão preliminar, e bem menos trabalhada, desse documento chegou a ser publicada em 1997, primeiro como um dos fascículos da série Idéias e Debate do Instituto Teotônio Vilela, do PSDB, e depois na revista *Economia Aplicada* editada pela Faculdade de Economia e Administração da USP. Em ambas as publicações, o título era "a superação do inflacionismo". Tratava-se de colocar em perspectiva o debate que então tomava corpo entre novos e velhos desenvolvimentistas, tendo em vista as rusgas passadas entre monetaristas e estruturalistas, ou entre papelistas e metalistas. Ao que tudo indica, os contendores de nossos dias ainda não acharam denominações que lhes façam justiça. É talvez impróprio acusar uma das correntes de "monetarista", como também alegar que a outra prima pela mais absoluta irresponsabilidade fiscal. Mas a controvérsia está solidamente instalada, com desdobramentos a cada semana nos noticiários, o que parece indicar que estamos vivendo momentos de definição quanto aos novos caminhos do desenvolvimento econômico brasileiro. Ao que tudo indica, o Presidente procura, clara e construtivamente, uma síntese entre pontos de vista e políticas sobre desenvolvimento econômico muito difíceis de conciliar. Seu esforço acaba sendo prejudicado, como temos visto diversas vezes, pelo imperativo de administrar gente: desenvolvimentistas que não sabem funcionar senão do jeito antigo (e que parecem mais atualizados quando alegam que "temos um problema de gerência") e gente que acredita em consistência macroeconômica e não simpatiza com a idéia de um "Estado gerente", uma nova vestimenta para o velho e fracassado "Estado empresário". É bem mais difícil do que se pensa dar contornos operacionais a um "desenvolvimentismo com responsabilidade fiscal" ou a uma "austeridade com desenvolvimento". O capítulo 8 mostrará que esta síntese vem sendo perseguida há mais de um século e que, na prática, as escolhas são mais freqüentes que os episódios de conciliação. O ensaio do capítulo 8 é uma versão bem mais elaborada e extensa que o texto originalmente publicado. Novas seções foram acrescentadas, principalmente com o propósito de melhor elucidar o leitor acerca do problema fiscal, de que tanto falam os economistas. Assim reformado e atualizado, o texto procura inserir-se na controvérsia recente e, dessa maneira, acabou perdendo um tanto de seu otimismo, aqui aparecendo com um título novo: "a propósito do inflacionismo".

Os três capítulos que se seguem são documentos oficiais: o discurso de posse na Presidência do Banco Central do Brasil, um pronunciamento a propósito da relação entre moeda e cidadania por ocasião do lançamento das novas moedas do Real, e meu discurso de despedida da Presidência do Banco Central. Como o leitor poderá facilmente verificar, nenhum desses discursos segue a praxe brasiliense de diluir os conteúdos. Do primeiro importa destacar o enunciado de um roteiro de atuação para a instituição guardiã da moeda e da estabilidade em consonância com o modelo de desenvolvimento alinhavado nos outros capítulos deste volume, e que representavam as posições do governo Fernando Henrique Cardoso. Tratava-se de estabelecer com clareza os contornos institucionais da atuação do Banco Central do Brasil, tendo em vista o propósito de se reconstruir o desenvolvimento econômico brasileiro, considerando-se condições fiscais ainda frágeis e condições externas já ameaçadoras. A estabilidade ia se consolidar, argumentei, quando políticas se tornassem instituições, sendo este o maior desafio que se apresentava naquele momento. Era na ocasião, e mais do que nunca continua sendo, essencial que o Banco Central seja isolado da política fiscal e adquira autonomia para executar um mandato conferido pela Sociedade, no sentido de defender o poder de compra da moeda nacional. O programa de trabalho ali desenhado oferecia um dos pilares do novo desenvolvimento, a pequena parte que cabia à Autoridade Monetária, cujo papel era e continua sendo o de defender princípios e não grupos, pois, ao fazê-lo, melhor assegurará que a moeda não seja usada para tributar o pobre através da inflação.

A cultura da moeda sadia não se encontrava, como não se encontra, estabelecida no mundo político que não sabe, e possivelmente não se interessa em saber, que a inflação resulta do déficit público gerado na esfera política e que tem como conseqüência a tributação do pobre. A saúde da moeda é um elemento importante da cidadania, uma parte essencial da constituição da Nação, como se argumenta no capítulo 10. Este pequeno ensaio elabora sucintamente uma grande idéia: não se pode combater a pobreza através do imposto sobre o pobre. Portanto, a defesa da moeda confunde-se com a defesa da cidadania. O Presidente do Banco Central, tal como o Ministro da Fazenda, raramente recebe um pobre em seu gabinete, mas é difícil imaginar alguma autoridade cujas responsabilidades sejam mais relevantes para o bem-estar da população menos favorecida.

No capítulo 11 é feito um balanço da minha experiência em política econômica nos quase seis anos entre maio de 1993 — quando o Presidente Fernando Henrique assumiu o Ministério da Fazenda e eu, o cargo de Secretário Adjunto de Política Econômica — e o dia 13 de janeiro de 1999, quando deixei a Presidência do Banco Central do Brasil. Todavia, quase dois meses se passariam até que o discurso de despedida aqui reproduzido fosse proferido no dia 9 de março de 1999. Era então possível observar os desdobramentos iniciais das novas políticas, e avaliar que o projeto em vigor não era mais o original. O discurso teve alguma repercussão ao assinalar a natureza da mudança nos rumos da política econômica, o que, em conseqüência, determinou a interrupção da minha carreira no serviço público. Desde o início tive clareza sobre os rumos que deveríamos seguir, e ofereci minha colaboração no plano das idéias, da formulação e na execução, com o propósito de atingir objetivos determinados no contexto de um projeto responsável de reconstrução do desenvolvimento econômico, considerando-se todo o espectro de condicionantes e limitações que teremos oportunidade de discutir ao longo deste volume. Não tenho, nem nunca tive, ambições políticas e de bom grado deixei o serviço público quando o Presidente, no pleno uso de suas prerrogativas constitucionais, decidiu seguir outros caminhos. O discurso reproduzido no capítulo 11 serve como uma detalhada resenha no domínio das idéias, tanto quanto no plano administrativo, sobre a parte que me cabe na condução da política econômica nos seis anos anteriores. É o testemunho de uma conduta pautada pela coerência, exercida do princípio ao fim, como deve ser.

Esta coletânea não estaria completa se não me fosse possível revisitar algumas controvérsias sobre a política cambial enunciadas no capítulo 1, e também a experiência das crises financeiras internacionais (Ásia e Rússia) e as conseqüências da mudança de regime de políticas monetária e cambial. O capítulo 12 lança um olhar sobre a experiência brasileira de política cambial nos últimos anos, tendo em mente a absoluta necessidade de se atender a agendas complexas — e nem sempre inteiramente consistentes — no plano do combate à hiperinflação, do imperativo de avançar com as reformas — em particular no domínio fiscal e no tocante à abertura — e tendo em vista o objetivo de permitir a retomada do desenvolvimento, mesmo sob condições externas instáveis. Escolhas difíceis foram feitas em condições muito delicadas, trazendo custos e benefícios, e que por muitos anos serão debatidas com paixão. Mais importante que os debates sobre dosagem, exercícios contrafactuais, e o uso mal-intencionado de bolas de cristal, é o fato de as chamadas "âncoras" — a combinação específica de políticas de juro e câmbio entre julho de 1994 e janeiro de 1999 — terem tornado irreversíveis duas mudanças básicas e de grande profundidade na economia brasileira: a estabilização e a abertura. Se a teoria econômica estiver correta, e minha inclinação é acreditar nisso, no médio prazo, a moeda é neutra e as taxas de câmbio serão dadas pela chamada "Paridade de Poder de Compra". Ou seja, a moeda e o câmbio jamais serão elementos determinantes do processo de desenvolvimento econômico, pois não foi assim em parte alguma e não há nenhuma teoria a esse respeito que comande muito respeito acadêmico. As políticas para a moeda e o câmbio devem criar uma atmosfera propícia para o funcionamento de outros processos, estes sim fundamentais para o crescimento, conforme veremos em detalhe no capítulo 4. Ao fim das contas, a estabilização e a abertura, duas conquistas inequívocas das "âncoras" dos primeiros anos do Real, forneceram o mui necessário "choque de capitalismo", certa vez prescrito por um insuspeito político da corrente desenvolvimentista, sem o qual o desenvolvimento econômico brasileiro não poderia ser retomado.

A história que aqui se conta, e que une estes ensaios, tem começo, meio e fim, ao menos no que toca à participação deste escriba nos processos em tela. Todavia, tendo em mente o conjunto, e especialmente o vulto das transformações por que passou o Brasil nesses seis anos, deve ser evidente que o país teve um extraordinário recomeço, onde iniciou com grande vigor a construção de um novo modelo de desenvolvimento. Problemas que vinham inatacados durante mais de uma geração tiveram soluções rápidas e contundentes. Outras batalhas importantes para o nosso desenvolvimento, especialmente aquelas ligadas ao equilíbrio das contas públicas, ainda estão em pleno andamento, com avanços e recuos, erros e acertos, e indefinições proporcionais à complexidade do processo. Nosso futuro pode ser brilhante, se aproveitarmos os avanços já consolidados e completarmos as tarefas inacabadas. Mas nada indica que isto deverá necessariamente ocorrer. Não estamos condenados ao sucesso, nem tampouco ao fracasso. Nosso destino está onde sempre esteve, em nossas mãos.

Por fim, queria registrar meus agradecimentos aos colegas professores do Departamento de Economia, e de forma mais ampla à comunidade acadêmica da PUC-Rio pela carinhosa acolhida que tive ao deixar o serviço público, retornar à universidade e iniciar o período conhecido como "quarentena". A atmosfera universitária me permitiu recuperar as energias, bem como a capacidade de reentrar nos debates nacionais com devido distanciamento e perspectiva. Os últimos meses foram de grandes lições para todos aqueles que vinham discutindo os dilemas macroeconômicos do Brasil. Este livro resume percepções que são minhas, mas também de muitos outros que têm lutado nos últimos anos para reconstruir o desenvolvimento brasileiro a partir da ruína onde havia sido colocado por tantos anos de demagogia, populismo — bem e mal-intencionado — e irresponsabilidade no trato da coisa pública. Gostaria de dedicar este volume aos que têm se empenhado em romper as amarras com o passado, levar adiante os ideais do Plano Real e enfrentar as carrancas que sempre se insurgem contra o que é novo, e dentre estes, muito especialmente a dois grandes líderes dos processos de mudança pelos quais vem passando o país, o Presidente Fernando Henrique Cardoso e o Ministro da Fazenda, meu amigo Pedro Sampaio Malan. Meus agradecimentos também a Débora Masullo e Joana Simões de Melo Costa, cuja objetividade e competência permitiram que todas essas boas intenções se transformassem de fato no livro que o leitor tem diante de si.

Rio de Janeiro, 19 de setembro de 1999.

# Parte I

# CAMINHOS DO DESENVOLVIMENTO BRASILEIRO

1.

# A INSERÇÃO EXTERNA E O DESENVOLVIMENTO[1]

## 1. ESTABILIZAÇÃO E DESENVOLVIMENTO

Desde o início da caminhada que levaria ao Real, tem sido insistentemente repetida a máxima de que a estabilização, a nossa como qualquer outra, dependia tanto da precisão de mecanismos de reforma monetária e desindexação, quanto do ataque aos problemas de natureza mais fundamental, notadamente na seara fiscal e no tocante às relações do país com o exterior, que estariam na origem da própria inflação. Na literatura especializada, esse duplo aspecto do esforço de estabilização já foi elevado à categoria de dogma, tendo sido freqüentemente traduzido em termos da prática médica. Michael Bruno[2], por exemplo, descreve a inflação como "apenas uma manifestação exterior e nominal (e. g. monetária) de uma séria doença na economia real, quase como a febre em um organismo doente. A estabilização *per se* — ele continua — freqüentemente não é mais que uma bem sucedida redução dramática na temperatura do corpo, ou a crise cirúrgica inicial que antecede a verdadeira cirurgia ou processo de cura, que pode ser longo e penoso"[3]. No mesmo espírito, tornou-se lugar-comum pontuar as autópsias de nossos planos de estabilização fracassados da década de 80 com uma mesma descrição: "anestesias sem cirurgia".

Não foi por outro motivo que o cuidado com os chamados "fundamentos", no desenrolar do Plano Real, se tornou um imperativo absoluto. Passados dois anos de vida para o Real, e tendo ficado para trás a bem-sucedida reforma monetária empreendida através da URV[4], prossegue inalterada a ênfase no ataque aos problemas fundamentais na origem da "Década Perdida". O que parece evidente, por

---

[1] Escrito originalmente em 16.6.1996, mas publicado bem depois na *Revista de Economia Política*, vol. 18, nº 3, julho-setembro de 1998. Aqui reproduzido com algumas tabelas atualizadas, com a supressão de algumas equações na seção 6 e também do Apêndice matemático, que o leitor interessado poderá encontrar na publicação original.

[2] Foi presidente do Banco Central de Israel durante a estabilização de 1985 e depois economista chefe do Banco Mundial.

[3] Bruno (1993, p. 14).

[4] Para uma descrição da arquitetura da URV, veja-se Franco (1995).

outro lado, é uma evolução da agenda, ou uma diversificação das tarefas componentes desse processo. Com o tempo, o ataque aos "fundamentos" deixou de ser apenas um esforço restrito ao equilíbrio fiscal e incorporou diversos outros temas associados à remoção de constrangimentos ao crescimento. À medida em que os fundamentos fiscais e monetários vão se consolidando, é natural que a agenda da estabilização se confunda com a agenda do desenvolvimento, e numa quadra onde este terá de ter lugar em contornos bastante diversos daqueles do passado recente. Será importante ter clareza sobre a exata natureza dessas novas bases.

É interessante notar que a crítica à estabilização baseou-se na acusação de que a austeridade era o antidesenvolvimento, ou seja, que o respeito a fundamentos fiscais e monetários necessariamente conduziria à recessão. Vários observadores têm procurado elaborar sobre essa suposta inconsistência entre estabilidade e crescimento, ou sobre a necessidade da inflação como combustível, ou subproduto do desenvolvimento. Tudo se passa como se nossa natureza fosse perversa e pervertida por males de origem, não sendo possível o desenvolvimento sem vícios.

O caráter falacioso dessas proposições é bastante evidente. Nada parece indicar que não possa haver desenvolvimento obedecidos alguns princípios básicos de equilíbrio fiscal e monetário. Nada parece indicar, da mesma forma, que a inflação seja necessária, ou mesmo admissível como efeito colateral do desenvolvimento, pois nada mais é do que um imposto, e um particularmente perverso, posto que incide exclusivamente sobre o pobre. Constitui óbvia tolice imaginar que o desenvolvimento econômico, ainda mais quando pensado como processo amplo que incorpore necessariamente o progresso na dimensão social, deva ter como pré-requisito um imposto sobre o pobre.

Em exata simetria com o que se faz com relação à austeridade, a abertura também é questionada por constituir ameaça ao desenvolvimento. A abertura, na mente dos críticos, leva necessariamente à crise cambial, ou nos condena ao crescimento medíocre, o único compatível com o equilíbrio cambial na presença da abertura e taxas de câmbio consistentes com inflação baixa. Novamente o mesmo substrato crítico se observa: o crescimento sem vícios é impossível, portanto terá de haver protecionismo e taxas de câmbio usadas como instrumentos de fomento, com o propósito de transferir renda de maiorias para minorias.

Novamente, nada indica que o crescimento não possa ocorrer com uma estrutura de proteção civilizada e taxas de câmbio realistas. Na verdade, este ensaio procurará argumentar que será justamente o processo de abertura, através de seus efeitos sobre o dinamismo tecnológico do país, que definirá os contornos básicos do novo ciclo de crescimento. As duas seções que se seguem ressaltam a importância da abertura para uma inserção positiva do país no processo de internacionalização da produção e como determinante básico do crescimento acelerado da produtividade; portanto, o mecanismo que nos permitirá violar a "teoria do bolo" e construir um modelo de crescimento que consiga reduzir desigualdades sociais sem impactos inflacionários.

A questão do desequilíbrio externo nessa nova configuração tem sido discutida a partir das dúvidas sobre a taxa de câmbio. A seção 4 discute especificamente a questão da taxa de câmbio com vistas a se atacar a noção de "defasagem cambial" que permeia nove entre dez análises superficiais da questão externa no Brasil. Não se trata de negar a existência de apreciação cambial, mas de demonstrar que uma nova situação se estabelece com o Real, para a qual um novo equilíbrio externo e um novo patamar de taxa de câmbio se fazem necessários. Na seção 5 procura-se atacar uma velha falácia do pensamento nacionalista, a saber, a noção de que o grau de abertura estaria associado positivamente à vulnerabilidade externa. Na seção 6 discute-se a inter-relação entre poupança externa e interna, com vistas a se demonstrar o impacto da situação fiscal e do balanço de pagamentos sobre o crescimento da economia. Por último, na seção 7, discute-se a retórica do desenvolvimento ou, mais precisamente, o modo como se deflagram imperativos de política econômica que parecem contraditórios com a retórica estabelecida sobre o que leva ao desenvolvimento.

## 2. A Globalização: efeitos sobre o Brasil

A despeito da concordância em que a globalização será um condicionante básico ao desenvolvimento brasileiro nos próximos anos, pouco se especula sobre os contornos econômicos precisos daquele processo. Algumas perguntas fundamentais têm de ser respondidas: O que é e como se dá tal coisa? Quais são seus efeitos precisos sobre o Brasil? O que fazer sobre isso? O que se segue procura responder a essas questões.

Uma avaliação bastante objetiva do processo de globalização nos leva a identificá-lo com o crescimento dos fluxos de comércio de bens e serviços e do investimento internacional em níveis consistentemente superiores aos do crescimento da produção. É um crescimento da "propensão a exportar (e a importar)", ou do grau de abertura, para o conjunto das principais economias do planeta, processo do qual resulta uma mudança qualitativa no caráter da produção manufatureira. Embora o próprio termo "economia internacional" (ou "economia mundial") seja antigo[5], bem como a própria fascinação com o fenômeno da internacionalização da atividade econômica, o que está ocorrendo nos dias de hoje, tanto no tocante à atividade manufatureira e tecnológica quanto na atividade financeira, não en-

---

[5] Remonta, no mínimo, às primeiras descrições do florescimento de relações comerciais e financeiras ocorrido no período que antecedeu a Primeira Guerra Mundial.

contra qualquer precedente. A profundidade da integração econômica, notadamente na área industrial, confere novos sentidos à noção de "economia industrial global", e traz, como se sabe, desafios e oportunidades que é preciso compreender.

Pelo menos três eixos fundamentais do processo de globalização merecem uma menção: (i) O fenomenal crescimento das redes de filiais de Empresas Transnacionais (ETNs), que resultou numa transição, no seio dessas organizações, de um status de "federações de filiais" para outro em que o caráter global de suas atividades lhes determina esforços contínuos de racionalização de atividades em escala global, dos quais resulta uma nova identidade supranacional, com amplas e profundas implicações no tocante às suas propensões ao comércio exterior[6]. (ii) A proliferação de estratégias de ajustamento e racionalização compreendendo desintegração vertical, *outsourcing* e relocalização no exterior, tendo como exemplo mais notável o chamado modelo Kojima-Osawa para a experiência japonesa de investimento direto no exterior[7]. (iii) A proliferação de "novas formas" de investimento internacional compreendendo uma miríade de vínculos financeiros e notadamente tecnológicos, estabelecendo uma racionalidade global no processo produtivo sem necessariamente envolver a complexidade do processo de investimento direto[8].

É importante ter clareza sobre o fato de que, considerando os mecanismos descritos acima[9], o processo de globalização tem como agente primordial as ETNs. Não é por outro motivo que a importância dessas empresas para o comércio internacional é avassaladora, como visto na tabela 1.1 abaixo:

Tabela 1.1

ETNs e exportações mundiais, 1993 (US$ bilhões)

| | | |
|---|---|---|
| Exportações intra-firma, entre matrizes e filiais de ETNs | 1.587 | 33.3% |
| Exportações de matrizes e filiais de ETNs para outras empresas | 1.555 | 32.6% |
| Exportações de outras empresas (não ETNs) | 1.620 | 34.1% |
| Total: exportações mundiais | 4.762 | 100.0% |

*Fonte: UNCTAD (1995, p. 193)*

[6] A literatura a esse respeito é extensa. Veja-se, pelos resumos descritivos que oferece, Fritsch & Franco (1991 e 1992). Note-se que a terminologia "empresa transnacional", adotada, por exemplo, pelo UNCTC, expressa a consciência da nova natureza dessas empresas, originalmente multinacionais, mas que deixam de ter nacionalidade, ou perdem a noção de "matriz", ao se racionalizarem globalmente.

[7] Veja-se Kojima (1975) e Vernon (1993). Uma visão mais recente pode ser encontrada em Osawa (1996).

[8] Veja-se Oman (1984).

[9] Bem como através de diversos outros processos de natureza notadamente setorial que não convém mencionar aqui.

Conforme mostra a tabela 1.1, as ETNs respondem, direta ou indiretamente, por cerca de 2/3 do comércio mundial. Estamos falando de cerca de 35 mil empresas, com cerca de 150 mil filiais, cujas vendas atingiram em 1992 a cifra de US$ 5.5 trilhões, ou seja, um valor 15% maior que o comércio mundial[10]. O peso das empresas estrangeiras no Brasil, como se sabe, é enorme, de modo que, para se saber como a globalização chega ao Brasil, é preciso observar a dinâmica de funcionamento das filiais de ETNs aqui instaladas e sua influência sobre a economia brasileira.

A contribuição das ETNS foi absolutamente fundamental para a conformação básica do processo de substituição de importações e conseqüente implantação da indústria no Brasil[11]. As empresas estrangeiras tinham participação quase nula na produção industrial brasileira ao fim da guerra, e como chegaram a atingir, trinta anos depois, cerca de um terço do valor adicionado e do emprego industrial e com uma presença fortemente concentrada nos setores mais dinâmicos, isso quer dizer que, na margem, a contribuição do investimento estrangeiro para o crescimento brasileiro foi absolutamente decisiva. No tocante ao comércio exterior, como se vê a seguir, esta contribuição foi ainda mais importante para aumentar a extroversão da economia brasileira ao longo do tempo, na medida em que ofereceu um canal através do qual a globalização penetrou as defesas impostas pelo rígido modelo de substituição de importações.

As tabelas 1.2 e 1.3 trazem as informações básicas para uma avaliação da influência do capital estrangeiro sobre a economia brasileira e o desenvolvimento do processo de globalização em particular. As tabelas trazem propensões a exportar e a importar para diferentes amostras de empresas estrangeiras. Observa-se um significativo e consistente aumento das propensões a exportar para o conjunto das filiais de 1966 aos dias de hoje, expressando o processo de globalização tal como descrito acima. Note-se que as filiais na América Latina e no Brasil em particular exibem um comportamento peculiar. Em 1966, a propensão a exportar das ETNs no Brasil é de apenas 3%, quando a média mundial está em 18.6%. Isso reflete a ênfase no mercado interno própria dos anos dourados da Substituição de Importações (SI) e do chamado "Desafio Americano": as ETNs americanas "pulam" barreiras comerciais a fim de servir, "de dentro", os mercados que, de outra feita, serviriam com exportações da matriz. Com o tempo, por força dos três processos descritos acima, vai crescendo a propensão ao comércio para o conjunto das empresas e também para as filiais brasileiras, como se vê com mais clareza na tabela 1.2.

---

[10] Dunning (1995, p. 135).

[11] Para uma discussão detalhada, veja-se Fritsch & Franco (1991).

Tabela 1.2
Multinacionais americanas (MOFAs[a]) e Japonesas
Propensões a exportar (manufaturas) (números japoneses entre parênteses,%)

| Países | 1966 | 1977 | 1982 | 1986 | 1989 | 1993 |
|---|---|---|---|---|---|---|
| Todos os países | 18.6 | 30.8 | 33.9 | 38.4 | 37.8 | 40.3 |
| Desenvolvidos | 20.4 | 33.1 | 36.6 | 39.3 | 38.0 | 40.6 |
| Canadá | 16.1 | 29.9 | 34.5 | n.d. | n.d. | n.d. |
| Europa | 25.8 | 37.7 | 41.2 | n.d. | n.d. | n.d. |
| Em desenvolvimento | 8.4 | 18.1 | 22.0 (32.8) | 32.5 | 36.7 (39.2) | 38.7 |
| América Latina | 6.2 | 9.7 | 11.9 (18.6) | 20.0 | 22.0 (23.9) | 22.2 |
| Brasil | 3.0 | 8.7 | 12.4 | 16.9 | 16.4 | 17.0 |
| México | 3.2 | 10.4 | 10.8 | 34.5 | 33.7 | 32.1 |
| Tigres asiáticos[b] | - | 81.2 | 76.2 (33.6)[c] | 76.2 | 67.9(40.2)[c] | 67.0 |

[a] Majority onwed foreign affiliates. [b] *Hong Kong, Coréia, Cingapura e Formosa.* [c] *Refere-se a todos os países asiáticos. Adaptado de Blomström (1987, p. 20 e 1988, tabelas A1, B1 e C1) e UNCTC (1992, p. 201) e UNCTAD (1995, p. 211).*

A globalização chega ao Brasil através das filiais estrangeiras aqui instaladas, e, ao menos até a implantação do programa Befiex, se desenvolve à margem de qualquer incentivo ou política específica do governo apontando nessa direção. Nessa linha, é interessante observar que, nos anos 60, demonstra-se que os coeficientes de importação e exportação das filiais estrangeiras não mostravam diferenças *vis-à-vis* em relação aos coeficientes de empresas nacionais de tamanho comparável. Era o compromisso de atendimento com o mercado interno. Isso deixa de ser verdade a partir dos anos 80 como visto na tabela 1.3, quando a propensão a exportar das empresas estrangeiras revela-se significativamente maior em função de sua inserção no processo de globalização[12].

Tabela 1.3
Empresas nacionais e filiais de ETNs no Brasil[a]:
propensões a exportar e importar, 1987-89 e 1992

| | Empresas nacionais | | Empresas estrangeiras | | Total | |
|---|---|---|---|---|---|---|
| | 1987-89 | 1992 | 1987-89 | 1992 | 1987-89 | 1992 |
| Vendas[b] | 11.3 | 9.8 | 18.0 | 18.1 | 29.3 | 27.9 |
| Exportações[b] | 2.1 | 2.4 | 4.6 | 5.1 | 6.7 | 7.5 |
| Importações[b] | 0.5 | 0.4 | 1.4 | 1.5 | 1.9 | 1.9 |
| Export/Vendas | 14.8 | 19.6 | 23.6 | 24.9 | 18.4 | 21.8 |
| Import/Vendas | 4.1 | 4.4 | 7.4 | 8.5 | 5.4 | 6.1 |

[a] *Considera amostra de 104 empresas, 63 das quais nacionais, e 41 estrangeiras. A amostra cobre cerca de 25% da produção industrial total e 28% das exportações de manufaturados do país.*
*Fonte: Bielschowski (1994, p. 51).* [b] *Valores em dólares constantes de 1992.*

[12] Este fenômeno é amplamente documentado por Wilmore (1987).

Como decorrência desse processo, cresce a participação das filiais estrangeiras na pauta de exportações brasileiras, superando 40% já nos anos 70, e atingindo proporções bem maiores em ramos mais elaborados de produtos industriais. Note-se que este crescimento "extra" das exportações das filiais estrangeiras nada tem que ver com políticas locais, incentivos ou fatores macroeconômicos (taxas de câmbio, nível de atividade interno e externo). Parece espontâneo ao prescindir desses fatores, e é capturado nas constantes das equações de regressão, "explicando" as exportações, num contexto de séries de tempo, a partir de fatores macroeconômicos[13].

O papel do Befiex merece um comentário específico. Quando a estrutura de proteção é pesada a ponto de tornar-se proibitiva para importações, são as próprias ETNs que solicitam ao governo brasileiro a criação de uma "exceção" à regra geral, a fim de se evitar que o protecionismo indiscriminado e selvagem comprometesse as exportações potenciais das filiais de ETNs induzidas pela racionalização global das atividades dos grupos a que pertenciam as filiais aqui instaladas. O programa funcionou muito bem nesse contexto, mas obviamente caiu em desuso quando a estrutura de proteção deixou de ser proibitiva a partir da liberalização comercial iniciada em 1990.

Note-se que as tendências globais acima descritas, pelo menos até 1990, apenas alcançam as exportações brasileiras, pois as propensões a importar permanecem em percentuais miseravelmente pequenos. As restrições às importações são a causa desse constrangimento, que certamente é crucial para explicar, juntamente com a instabilidade macroeconômica, a extraordinária perda de importância do Brasil como receptor de investimento direto estrangeiro em um momento particularmente rico neste domínio. Conforme pode ser visto no gráfico 1.1, o investimento direto estrangeiro cresce de forma impressionante a partir dos anos 80, ao tempo que, como pode ser visto adiante na tabela 1.4, o Brasil diminui consideravelmente a sua participação no investimento direto global.

[13] É capturado também, e mais especificamente, nas regressões *cross section*, associando exportações e características da organização industrial do país, *cf.* Wilmore (1987).

Gráfico 1.1
Fluxos de investimento direto estrangeiro,
produção manufatureira e comércio mundial

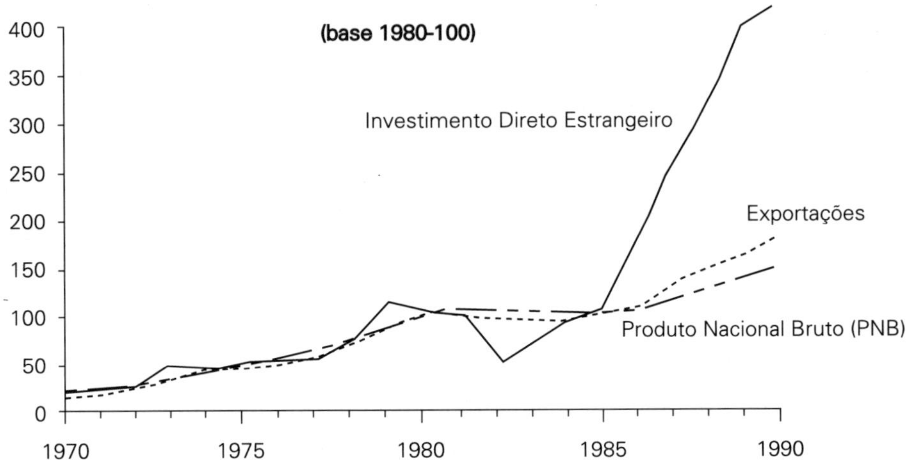


*Fonte: Cepal, sobre a base de informação a respeito das correntes de IDE, publicada em* Balance of Payments Statistics Yearbook *do Fundo Monetário Internacional (FMI); as exportações, publicada em* Direction of Trade Statistics *do FMI; e o produto nacional bruto, calculado pelo Banco Mundial.*

A perda de importância do Brasil no cenário global do investimento internacional ao longo da década de 80 é muito significativa. Conforme pode ser visto na tabela 1.4, o Brasil cai de sétimo a décimo quarto no *ranking* dos países receptores de investimento direto. O desempenho excepcional de alguns países como a Espanha, em parte explicado pelo avanço na integração européia (o qual explica o extraordinário crescimento do investimento direto intra-europeu), e a China, em parte explicado pelo crescimento do investimento direto em diversas economias emergentes da Ásia, pode servir como explicação para a perda de posição do Brasil. Não obstante, a mensagem é clara: o Brasil perdeu valiosas oportunidades nos anos 80, mercê de fatores internos, num período em que o investimento direto internacional experimentava um *boom* sem precedente.

A tabela 1.5 detalha a posição relativa dos principais países latino-americanos, observando a nossa participação nos fluxos internacionais de investimento direto. Note-se que o Brasil tem sua participação nesses fluxos reduzida de cerca de 5,2% em média, para 1976-80, para menos de 1,0% em 1991-92. México e Argentina atraem para si esses investimentos, de modo a manter a participação da América Latina nos fluxos totais mais ou menos estável.

Tabela 1.4

Estoques de capital estrangeiro em diferentes países, 1980 e 1994

(US$ bilhões e como % do PIB)

| | 1980 | | 1994 | |
|---|---|---|---|---|
| Ranking | País | Valor | País | Valor |
| 1 | EUA | 83.0 | EUA | 504.4 |
| 2 | Inglaterra | 63.0 | Inglaterra | 214.2 |
| 3 | Canadá | 54.2 | França | 142.1 |
| 4 | Alemanha | 36.6 | Alemanha | 132.4 |
| 5 | França | 22.6 | Espanha | 113.3 |
| 6 | Holanda | 19.2 | Canadá | 105.6 |
| **7** | **Brasil** | **17.5** | Austrália | 91.1 |
| 8 | Austrália | 13.2 | China | 91.0 |
| 9 | Indonésia | 10.3 | Holanda | 89.7 |
| 10 | México | 9.0 | Bélgica | 74.0 |
| 11 | Itália | 8.9 | Itália | 60.3 |
| 12 | Suíça | 8.5 | Cingapura | 58.7 |
| 13 | Bélgica | 7.3 | Indonésia | 47.1 |
| 14 | Cingapura | 6.2 | México | 46.3 |
| **15** | Malásia | 6.1 | **Brasil** | **41.9** |
| 16 | Argentina | 5.3 | Suíça | 38.8 |
| 17 | Espanha | 5.1 | Argentina | 22.9 |
| 18 | Japão | 3.2 | Hong Kong | 19.7 |
| 19 | Formosa | 2.4 | Japão | 17.8 |
| 20 | Nova Zelândia | 2.3 | Nova Zelândia | 17.6 |
| 21 | Hong Kong | 1.7 | Formosa | 14.1 |
| 22 | Filipinas | 1.2 | Coréia do Sul | 12.0 |
| 23 | Irã | 1.2 | Rep. Tcheca | 6.8 |
| 24 | Coréia do Sul | 1.1 | Hungria | 4.4 |
| 25 | Índia | 1.1 | Rússia | 3.6 |
| 26 | | | Polônia | 2.3 |

*Fonte: UNCTAD (1995, pp. 401-6)*

Tabela 1.5

Brasil e principais países latino-americanos: participações no fluxo de investimento direto total, 1976-1992

| | 1977-80 | 1981-85 | 1986-90 | 1991-92 |
|---|---|---|---|---|
| Argentina | 0.72 | 0.98 | 0.58 | 2.11 |
| Brasil | 5.18 | 3.31 | 1.51 | 0.91 |
| Chile | 0.40 | 0.60 | 0.51 | 0.62 |
| México | 1.86 | 2.49 | 2.06 | 4.07 |
| Total | 8.26 | 7.38 | 4.65 | 7.72 |

*Fonte: Bielscowski & Stumpo (1995, p. 10)*

A perda de posição do Brasil no contexto do investimento direto internacional tem que ver com a instabilidade macroeconômica interna e também a continuidade de políticas industrial e comercial inconsistentes com as tendências internacionais. Sem dúvida, o atraso para pegar o bonde da globalização se deve ao viés pró-mercado interno (pró-substituição de importação) das políticas locais, cuja ênfase esteve sempre associada à noção de auto-suficiência e à constituição de superávits comerciais. Deve ser evidente que, em tempos de globalização, o investimento direto não pode ser constrangido a níveis elevados de integração vertical, vale dizer, a níveis baixos de importação, como foi a norma dos anos 50 e 60 no Brasil. Na verdade, a imposição de restrições desse tipo ou assemelhadas (como compromissos de saldo comercial positivo, por exemplo) apenas servem para constranger ou afastar novos participantes do processo de internacionalização da produção. Nesse contexto, a tentativa de reeditar a experiência brasileira com mecanismos tais como o Befiex nos anos 90 tem de ser avaliada com muito cuidado, tendo em vista que, conforme aludido acima, não temos mais uma pesada estrutura de proteção da qual se justifique estabelecer "exceções".

Os números das tabelas de 1.1 a 1.5 indicam que o Brasil ainda tem muito a caminhar no processo de globalização. Os coeficientes de exportação e especialmente de importação das filiais brasileiras é ainda bastante inferior à média mundial, e o investimento direto tem um enorme terreno a recuperar. Com a consolidação da estabilização e a reversão das políticas comerciais e industriais anacrônicas da década passada, novas perspectivas se abrem para o processo de reestruturação das operações das filiais estrangeiras aqui localizadas na direção dos padrões internacionais.

Isso quer dizer, essencialmente, que: (i) existem razões "exógenas" a determinar o crescimento das exportações brasileiras, independentemente de políticas locais de incentivo e de política cambial mais agressiva, associadas ao crescente envolvimento das filiais brasileiras de ETNs na economia industrial global; (ii) existem razões para esperar um crescimento fenomenal do investimento direto estrangeiro, desde que, evidentemente, se consolide progressivamente a estabilidade macroeconômica, de tal sorte que o Brasil recupere os percentuais do investimento direto global que desfrutou no passado; (iii) não se deve esquecer que boa parte desses novos investimentos será feita através de "novas formas" de associação financeira e tecnológica em detrimento da forma habitual e canônica de investimento direto (*greenfield*), podendo, outrossim, os números de investimentos diretos subestimarem bastante a internacionalização experimentada pela economia brasileira; e (iv) será inevitável, também, que uma outra parte dos novos investimentos seja feita pela aquisição de ativos existentes — *strategic asset seeking*

*FDI (foreign direct investment)*, no dizer de Dunning (1995, p. 138) —, o que deverá trazer questões relativas às políticas de competição e poderá reavivar velhas preocupações com a desnacionalização do parque produtivo nacional.

## 3. A PRODUTIVIDADE E OS NOVOS CAMINHOS DO DESENVOLVIMENTO

A seção anterior sugeriu que o Brasil ficou à margem do processo de globalização na última década em função de fatores como a instabilidade macroeconômica e a degeneração das políticas comerciais e industriais locais. Estes fatores, por sua vez, não são incidentais. Pareceria superficial atribuí-los ao acúmulo de acidentes perversos na forma de choques externos, ou aos sucessivos erros de política econômica, pré-fixações fracassadas, choques heterodoxos, maxidesvalorizações e outras manifestações de heterodoxia econômica. Causas mais profundas estariam por detrás de tudo isso, e não são poucos os observadores a definir a "Década Perdida" como o marco de um processo mais amplo de exaustão do modelo de crescimento por substituição de importações (SI). Com efeito, não escapa à observação de ninguém o fato de os velhos processos associados ao crescimento através da SI tornarem-se crescentemente ineficazes ao longo dos anos 80. Doses maiores das políticas comercial e industrial habituais pareceriam apenas acentuar a ineficiência industrial, deteriorar a competitividade e ratificar a estagnação da taxa de crescimento da produtividade. Da mesma forma, doses maiores de estímulos fiscais ao crescimento pareceriam apenas acentuar a escalada inflacionária. Tudo parecia apontar para o indesejado, a progressiva concentração de renda e o cada vez mais claro fracasso das políticas públicas estabelecidas em restaurar o crescimento, evitar a hiperinflação e reduzir as nossas extraordinárias desigualdades sociais. O velho modelo parecia ter se esgotado.

Ainda que se afigure simplificador, tendo em vista o amplo quadro de decadência da SI, esta seção adota como foco principal de análise, o que parece ser uma das principais raízes do problema: o fenômeno da estagnação da taxa de crescimento de produtividade. Na verdade, é exatamente em função deste fenômeno que podemos atribuir a desigualdade social em nosso país à própria mecânica do modelo de crescimento através da SI[14] . A desigualdade, como se sabe, é uma variante em torno da questão da pobreza, mas menos óbvio e menos amplamente reconhecida é a associação, solidamente estabelecida no campo da economia do desenvolvimento, entre pobreza e (baixa) produtividade. Por que os Estados Unidos, Canadá, Austrália e Nova Zelândia "nascem" ricos, e o Brasil

---

[14] De tanto se associar a concentração de renda ao autoritarismo, perdeu-se a dimensão dessa simples e avassaladora verdade.

"nasce" pobre? A resposta é simples: porque (no século XIX) a produtividade média nessas "áreas de assentamento recente", como são conhecidas, era muito maior que a daqui[15]. Assim sendo, é claro que a prevalecerem enormes diferenciais internacionais e inter-regionais nos níveis absolutos de produtividade, continuará amplo o fosso entre ricos e pobres, dentro do país, e entre nós e outros países.

Para demonstrar que a SI leva à concentração de renda, é preciso demonstrar que ela leva necessariamente à estagnação da taxa de crescimento da produtividade. Nessas condições, um projeto conseqüente (portanto, livre de charlatanismo populista) de crescimento com redução da pobreza e da concentração de renda haverá de ter como elemento central a aceleração da taxa de crescimento da produtividade, o que, necessariamente, haverá de ter lugar com a superação da SI e o aprofundamento do processo de abertura[16]. Na verdade, o comportamento da produtividade depois de 1990, como será visto adiante, apóia amplamente essa hipótese. O que se segue procura detalhar e explicitar esses argumentos.

*Os números*

A primeira observação sobre crescimento da produtividade é de natureza quantitativa e tem que ver com a crítica, muito comum recentemente, por sinal, de que as medidas de produtividade são precárias e pouco significam. É claro que existem dificuldades conceituais e computacionais envolvidas na discussão empírica da produtividade. Medidas como o produto (ou valor adicionado) industrial por horas trabalhadas não capturam os impactos de fenômenos como a terceirização e o emprego informal de modo que são, por natureza, imperfeitas. Note-se, todavia, que a crítica é mais relevante quando estamos a tratar dos números absolutos, que quando a preocupação é mostrar a variação entre dois momentos no tempo. Problemas de mensuração são ainda mais sérios para medidas mais sofisticadas como a chamada "Produtividade Total dos Fatores" (PTF) que procura capturar o crescimento do valor adicionado não explicado pelo crescimento dos fatores de produção utilizados. A PTF envolve necessariamente, por exemplo, a mensuração do estoque de capital e, por causa disso, a crítica de que o exercício é precário. Deve-se ter clareza que esse tipo de crítica pode ser feita de forma genérica ao uso de modelos econômicos, quaisquer que eles sejam, e, na verdade, à própria atividade científica. Em economia, em particular, traba-

[15] A demonstração é clássica, e se encontra em Lewis (1978).

[16] Pretende-se que o crescimento tenha lugar sem a geração de desequilíbrio externo, o que não é difícil de ser conseguido em um contexto em que a produtividade cresce mais que a média internacional. Na próxima seção voltaremos ao tema sob outro ângulo.

lha-se com abstrações raramente encontráveis no mundo real, em estado puro. O mesmo vale, como recentemente apontado, para a confecção de mapas, que sempre são abstrações bastante reducionistas das realidades a que se referem. Não há como ser diferente, pois, de outra forma, para que teríamos mapas[17]?

Superada a questão metodológica, é preciso observar, a partir do gráfico 1.2, as principais conclusões da literatura sobre o crescimento da produtividade no Brasil no período posterior a 1945, as quais fornecem um retrato meticuloso do processo de substituição de importações, a partir das estimativas existentes para a Produtividade Total dos Fatores (PTF).

Gráfico1.2

Estimativas para a taxa de crescimento da PTF

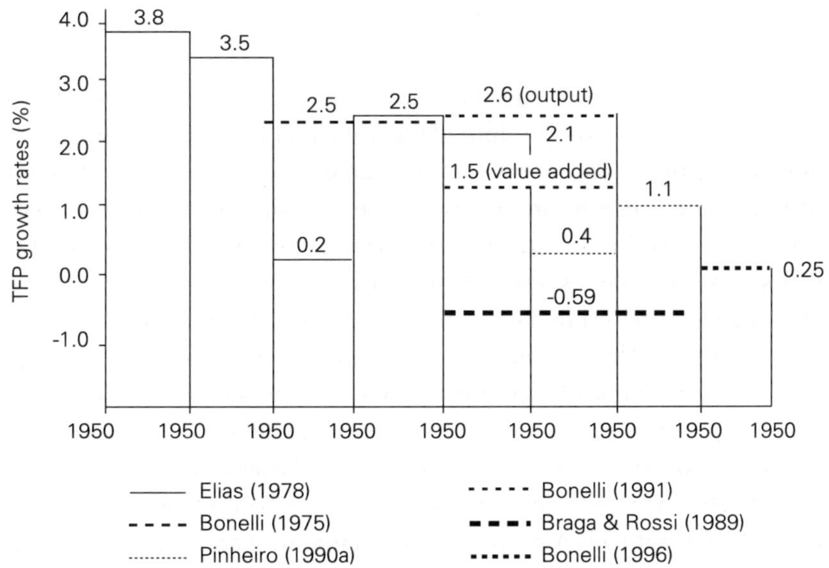


[17] Sobre a analogia com a cartografia, recomenda-se o interessante ensaio de Krugman (1995, caps. 1 e 3). A crítica ao "irrealismo" dos modelos econômicos, embora certamente encontre amplo fundamento, se tornou, em particular no Brasil, um extraordinário pretexto para os avessos (ou ignorantes) de matemática e para os que se desatualizaram em teoria econômica. Essa "postura crítica" às vezes se mostra como denúncia do caráter ideológico da economia, e a conseqüente desqualificação de qualquer de suas leis. Não é preciso dizer que isso conduz a discussão de macroeconomia a um nível amadorístico (e à conseqüente e indesejada valorização excessiva do senso comum) e desvaloriza necessariamente o economista profissional. O mesmo vale, evidentemente, para advogados, médicos e quaisquer outros profissionais especializados, cujo saber é sempre questionado pelos "homens práticos" que aprenderam seus ofícios na "escola da vida". Voltaremos a este assunto no capítulo 4.

Essas conclusões são as seguintes: (i) a tendência declinante da taxa de crescimento da produtividade, facilmente perceptível no gráfico 1.2, mercê de estruturas de mercado cada vez menos contestáveis e conseqüente redução progressiva dos incentivos ao dinamismo tecnológico; (ii) a forte correlação positiva entre produtividade e crescimento (investimento) conhecida na literatura especializada como a Lei de Verdoorn. De acordo com esta "lei", o veículo predominante de crescimento da produtividade, especialmente em um contexto em que não existem muitos fatores a induzir o progresso tecnológico, é a introdução de novas máquinas em episódios de acréscimos significativos ao estoque de capital. Fora desses momentos, conforme se demonstra, não existiriam indutores "autônomos" ao crescimento da produtividade, uma vez que (iii) características ligadas à estrutura industrial (e. g. concentração, barreiras à entrada) teriam pouca relevância, ou mesmo influência negativa sobre a produtividade e (iv) variáveis relativas ao envolvimento com o setor externo (propensão a exportar, penetração de importações), conforme amplamente documentado na literatura relevante, teriam influência positiva e significativa sobre a produtividade e, portanto, explicariam a progressiva estagnação da produtividade à medida em que, ao longo dos anos 80, os níveis de proteção vão atingindo o paroxismo e vamos nos aproximando da auto-suficiência; e, por último, registra-se a (v) significativa diferença entre o crescimento da produtividade em empresas nacionais e filiais estrangeiras de características semelhantes, estas sendo mais eficientes[18].

Essas conclusões estão na raiz da explicação do esgotamento do modelo de crescimento através da SI[19], no âmbito do qual, como se sabe, a preocupação, tanto do governo quanto das empresas, com a eficiência e o crescimento da produtividade era, no máximo, secundária. A prioridade máxima concedida à implantação da indústria consagrou a proteção em bases duradouras, mesmo que ao custo de eliminar quaisquer incentivos na direção do aperfeiçoamento produzidos pela competição. A produtividade mantém-se crescendo, a despeito disso, em níveis razoáveis apenas nos momentos em que o investimento crescia e a economia beneficiava-se da introdução de novas máquinas, geralmente importadas, embutindo progresso técnico e/ou o compromisso exportador das empresas estrangeiras. Com o colapso de crescimento nos anos 80, o crescimento da

[18] Para um resumo comentado das conclusões desta literatura, veja-se Fritsch & Franco (1995) e também Bonelli (1995).

[19] Completam essa explicação a influência de sucessivos choques externos amplificados pela elevação da nossa vulnerabilidade externa como conseqüência do projeto de auto-suficiência — paradoxo demonstrado na seção seguinte — e o colapso do investimento público mercê da crise fiscal.

produtividade também se reduz de forma drástica aguçando as contradições da SI: a crescente concentração da renda e sua paradoxal tendência ao desequilíbrio externo. A estagnação da taxa de crescimento da produtividade no Brasil na década de 80 é vista com clareza nas tabelas que se seguem, que mostram números para a produtividade do trabalho. A tabela 1.6 compara o crescimento da produtividade do trabalho em diferentes países e demonstra com clareza o atraso brasileiro relativamente às taxas de crescimento da produtividade do trabalho na década de 80.

Tabela 1.6
Índices de produtividade do trabalho em manufaturas, 1989 (1980=100)
Brasil, EUA, Alemanha e Japão

| Ramo/País | Brasil | EUA | Alemanha | Japão |
|---|---|---|---|---|
| Química industrial (351+352) | 97 | 143 | 128 | 145 |
| Metalurgia (37 + 381) | 104 | 142 | 124 | 117 |
| Mecânica (382) | 92 | 181 | 126 | 148 |
| Máquinas elétricas (383) | 91 | 180 | 137 | 206 |
| Material de transporte (384) | 72 | 147 | 131 | 123 |
| Total | 96 | 157 | 129 | 149 |

*Números entre parênteses são classificações industriais ISIC.*
*Fonte: Bielscowski (1994, p. 23)*

Já a tabela 1.7 compara os níveis de produtividade do trabalho antes e depois de 1989[20], revelando-se aí um contraste extraordinário entre as taxas de crescimento da produtividade nos períodos anterior e posterior ao início do processo de abertura. Trabalhando-se com dados da Fiesp, confirmam-se essas conclusões na medida em que se observa que a taxa de crescimento da produtividade do trabalho (produção por horas trabalhadas) de 1986 a 1990 foi de menos 1,4% anuais, enquanto no período entre 1990 e 1995 o crescimento foi de surpreendentes 7,6% anuais. Esses números são comparáveis aos sugeridos pela tabela 1.7 — um crescimento anual, entre 1989 e 1994, da ordem de 6,6% — e não incluem nenhuma espécie de ajuste para os impactos da terceirização ou do crescimento do emprego informal. Mesmo com esses ajustes, é difícil imaginar qualquer número que modifique as conclusões aqui alinhadas: se os números ajustados forem reduzidos à metade, ainda assim seriam impressionantes e se manteriam em níveis correspondentes ao dobro do crescimento médio da produtividade do trabalho nos países da OECD!

[20] A ligeira inconsistência entre as tabelas 1.4 e 1.5 se deve, aparentemente, à diferença de metodologia utilizada pelos seus respectivos autores.

Tabela 1.7

Índices de produtividade do trabalho na indústria manufatureira (1989=100)

| Setores/Anos | 1980 | 1989 | 1994 |
|---|---|---|---|
| Produtos metálicos | 92 | 100 | 172 |
| Equipamentos e bens duráveis[a] | 89 | 100 | 144 |
| Material de transporte | 109 | 100 | 160 |
| Subtotal | 93 | 100 | 151 |
| Setores de insumos básicos | 92 | 100 | 158 |
| Setores tradicionais[b] | 99 | 100 | 130 |
| Alimentos e bebidas | 93 | 100 | 136 |
| Total | 96 | 100 | 138 |

[a]*Exceto material de transporte.* [b]*Exceto alimentos e bebidas. Fonte: Bielschowski & Stumpo (1996, p. 183).*

A correlação positiva entre produtividade e abertura, conforme já observado, está solidamente ancorada na experiência internacional[21]. Ademais, a própria teoria da organização industrial explicaria o nexo entre abertura e produtividade a partir da clássica seqüência estrutura-conduta-desempenho: a mudança nos "fundamentos" da dinâmica da competição decorrente da abertura, ou seja, a mudança na estrutura de mercado, produz as condutas virtuosas que produzem maior eficiência. Numa economia protegida, o mundo empresarial reluta em dedicar recursos escassos a investimentos em qualidade e produtividade, quando não há necessidade disso, isto é, pode-se ganhar dinheiro "sem fazer força" num mercado não contestável. Num outro contexto, em que existem competidores estrangeiros ávidos para ocupar maiores fatias de mercado, o assunto é outro. O investimento em tecnologia, qualidade e produtividade se torna uma necessidade. Não é por outra razão que os esforços de aperfeiçoamento, enxugamento e racionalização não têm qualquer precedente na cultura empresarial brasileira.

*Algumas implicações*

É preciso ter clareza sobre as origens dessa cadeia de eventos, ou sobre a real importância das ações de governo, ou da chamada política industrial, para a mudança de regime, documentada na subseção anterior, acerca dos determinantes da taxa de crescimento da produtividade no Brasil. Vale destacar, sem entrar no mérito das políticas específicas, que mudanças em condutas empresariais não se produzem a partir de ações voluntaristas, apelos cívicos, coordenação em foros negociais ou acordos com grandes empresas. Podem até se produ-

[21] Veja-se, por exemplo, Chennery *et al.* (1986).

zir se o governo põe a mão no bolso (do contribuinte) e induz, através de subsídios, a novas condutas que, espontaneamente, não ocorreriam. Se esta possibilidade não existe (foi típica do período mais dinâmico da SI), o que resta são políticas de natureza "horizontal" (em oposição às políticas "verticais" ou setoriais), cujo objetivo básico é modificar as estruturas de mercado e os padrões sistêmicos de competitividade, geralmente agrupados sob a rubrica "custo Brasil".

Outra questão fundamental no que respeita aos padrões de desenvolvimento a serem obedecidos no futuro diz respeito à superação da chamada "teoria do bolo". É legítimo que se pergunte como se pode, num mundo repleto de *trade-offs* e onde não existe "almoço grátis", crescer, distribuir renda e manter competitividade ao mesmo tempo. A resposta a ser dada, se a economia é fechada e o regime político também, é a "teoria do bolo", ou seja, não é possível fazer as três coisas ao mesmo tempo. A resposta populista a essa questão é a inconseqüência macroeconômica: a inflação como falsa solução, os congelamentos como anestesia. A resposta a partir do Real e da abertura é a única que faz sentido: é possível fazer as três coisas ao mesmo tempo se e somente se a produtividade se mantém crescendo velozmente. Quando isso ocorre, a empresa pode, ao mesmo tempo, aumentar salário, reduzir custo e reduzir preço, ou seja, transferir o aumento de produtividade em parte para salários, em parte para o consumidor e em parte para si própria. Só não é almoço grátis porque decorreu de investimentos em qualidade e produtividade. A experiência do Real é emblemática: verificaram-se, simultaneamente, uma inequívoca melhoria nos salários e na distribuição de renda, crescimento (que só não foi maior por influência da política monetária restritiva e do desequilíbrio fiscal residual) e manutenção do crescimento das exportações, ao tempo que a inflação manteve-se em queda.

A manutenção de altas taxas de crescimento da produtividade representa uma extraordinária novidade no tocante às características básicas do crescimento econômico brasileiro. O contraste com a nossa experiência anterior se estabelece em pelo menos três níveis: (i) a indução ao crescimento é pelo lado da oferta, ao passo que anteriormente o crescimento era essencialmente "keynesiano", ou seja, movido predominantemente pelo investimento público e pela crença que há na escassez de capital como limitação básica ao crescimento[22]; (ii) a indução tem conseqüências redistributivas, pois parte do crescimento de produtividade é apropriado pelos salários, ao contrário da experiência anterior, cuja base era a noção de "poupança forçada", seja produzida pela inflação, seja pelos grandes fundos compulsórios como o FGTS, PIS-PASEP etc.; e (iii) a indução tem viés

[22] E também pelo substrato subconsumista próprio do ideário estruturalista dos primeiros anos da substituição de importações.

deflacionista, pois o repasse pode beneficiar o consumidor se a maior eficiência é repassada aos preços e se a manutenção da competição estrangeira impede o uso das margens de lucro para a geração de lucros extraordinários retidos para fins de investimento. Este viés é reforçado pelo compromisso do governo para evitar o financiamento de investimentos públicos pela tributação do pobre através do imposto inflacionário.

Certamente a abertura (entendida genericamente como a des-repressão dos coeficientes de importação) foi o fator responsável pela mudança documentada na subseção anterior, cujas conseqüências serão profundas para a natureza do crescimento econômico dos próximos anos. Ainda por vários anos, a abertura terá esses efeitos (a convergência para níveis internacionais de produtividade, como alhures, será lenta), mas será preciso ter claro que, no futuro, a manutenção de níveis elevados de crescimento da produtividade dependerá do ataque consistente às muitas mazelas estruturais da economia, normalmente arroladas na rubrica "custo Brasil", e objeto dos esforços do governo na direção de reformas estruturais.

É evidente, portanto, que a abertura não é um expediente temporário para enquadrar oligopólios nos momentos mais críticos da estabilização. A abertura é a base para a construção de um modelo de crescimento, para os próximos anos, que permita que o Brasil dê um salto qualitativo e conseqüente em termos de padrões de vida de sua população. Esta percepção parece muito clara nos dias de hoje, de tal sorte que a abertura se tornou uma causa progressista em oposição ao protecionismo que busca suas justificativas em idéias nacionalistas e em grupos de pressão comprometidos com os velhos processos da SI e a exploração de maiorias por minorias organizadas e politicamente influentes.

## 4. O balanço de pagamentos e a taxa de câmbio

Os traumas deixados pelos choques externos que se seguiram à crise de 1929 são temas recorrentes no pensamento econômico latino-americano, notadamente oriundo da Cepal. Além disso, a memória da crise de 1982 e da "Década Perdida" estava bem fresca quando a abertura comercial e a nova política cambial implementada após a entrada em circulação do Real colocou sob severo questionamento boa parte das idéias estabelecidas sobre o balanço de pagamentos e a taxa de câmbio. Nesse contexto, tem sido amplamente debatida a perspectiva de que a abertura e a nova política cambial pudessem levar a uma crise de balanço de pagamentos e, portanto, pôr a perder os desígnios descritos na seção anterior. Todavia, ultrapassados dois anos da mudança na política cambial, e frustradas todas as previsões catastróficas feitas a partir da nova política e, com especial intensidade, a partir dos eventos mexicanos, as alegações de que existe "defasagem cambial", ou que tal fato tenha alguma importância, ou que o equilíbrio externo seja precário mesmo depois de termos resistido à crise mexicana de 1994, diminuíram consideravelmente. Mas não morreram. Seu ressurgimento parece exibir pulsação muito própria, menos relacionada com o balanço de pagamentos, ou mesmo com as flutuações da balança comercial, do que com eventos do universo político cuja lógica não cabe aqui discutir.

A resiliência da alegação de "defasagem" não é fenômeno trivial cuja explicação se restrinja aos pleitos dos prejudicados: a noção de "defasagem" tem apelo irresistível àqueles que exibem algum grau de nostalgia relativamente a um passado não muito distante em que o Brasil permanecia protegido dos imperativos da globalização e os caminhos do desenvolvimento pareciam bem-estabelecidos e bem mais fáceis de serem entendidos. Como se procurou assinalar nas seções anteriores, a simultaneidade entre a estabilização e a abertura determinou uma profunda descontinuidade no *modus vivendi* entre o Brasil e a economia internacional mercê da inusitada magnitude das mudanças econômicas deflagradas pelo Real. O processo de globalização subitamente colocou em questão as premissas do modelo econômico anterior, que nos serviram durante várias décadas, e que nos davam conforto quanto aos rumos do desenvolvimento. E nesse contexto, consideradas todas as tensões inerentes à mudanças, as frustrações legítimas quanto à sua direção e as lutas pelo controle de seus desdobramentos, nada mais natural que a má vontade com relação às mudanças se transforme em nostalgia e que esta se manifeste sob forma de ressentimentos, recalques e pessimismo[23]. Em nenhuma outra parte é mais evidente a nostalgia acima descrita do que na questão cambial. A própria referência ao tema é sintomática: "defasagem" ou "atraso" trazem uma evidente alusão temporal: querem dizer a perda de uma referência passada ou a violação de um padrão.

Note-se que existem algumas diferenças importantes a esclarecer sobre esse assunto, das quais a diferença entre "defasagem" ("atraso" ou "sobrevalorização") e "apreciação" é a mais importante. A primeira quer dizer "fora do equilíbrio", ou mais precisamente que a moeda nacional está muito cara relativamente à moeda estrangeira, ou acima do que seria correto, razoável ou consistente com o equilíbrio, qualquer que este possa ser. Já o termo "apreciação" tem um significado bem mais simples: dizer que o real apreciou (em termos nominais, reais ou seja de que jeito for) quer dizer apenas que o real subiu (ficou mais caro) re-

---

[23] Vale mencionar, a esse respeito, o extraordinário artigo de Jorge Caldeira, o biógrafo de Mauá: "Por que somos um Narciso às avessas", publicado na revista *Exame* em 30 de agosto de 1995, em que são exploradas as raízes históricas da resistência à inovação, de como essa resistência se transforma na "indústria do fracasso" e permanece sugando as energias da nação por décadas e décadas.

lativamente ao dólar, da mesma forma que se pode afirmar que o corte de cabelo se apreciou relativamente ao preço da banana ou do cimento.

Pois bem, como se sabe, quando o real entrou em circulação em julho de 1994, imediatamente experimentou uma apreciação, e assim foi nos seus primeiros meses, o mesmo ocorrendo com diversos outros preços importantes na economia, como, por exemplo, aqueles que compõem a chamada cesta básica, que caíram 4,4% em julho e 4,3% em agosto, em função das sempre importantes e amiúde esquecidas forças de mercado. Ou seja, não só o real subiu de preço, ou seja, caiu o preço do dólar quando medido em centavos de real, como também o Banco Central não empreendeu nenhuma desvalorização com vista a compensar a inflação ocorrida deste então.

Isso quer dizer que o real está "sobrevalorizado" ou "defasado"? O fato de ter havido "apreciação" significa necessariamente que se observe "sobrevalorização" ou alguma forma de artificialismo? Ou o fato de os preços dos produtos da cesta básica terem caído por força das leis da oferta e da procura significa que estão "abaixo do equilíbrio"? O fato de o preço da banana, por exemplo, cair em função de uma supersafra quer dizer necessariamente que há uma "defasagem bananal"?

É claro que não.

É claro que os "fundamentos" do setor externo podem ter se modificado de tal forma que taxas de câmbio que eram "corretas" ou "de equilíbrio" numa determinada configuração macroeconômica deixam de sê-lo diante de novas condições presentes numa outra configuração, num momento posterior. Seria lícito supor que o real determinou mudanças de tal magnitude que possamos imaginar uma mudança nas taxas de câmbio "de equilíbrio" para o Brasil depois de julho? Haveria, portanto, razões materiais para supor que tenhamos de violar as regras de "Paridade de Poder de Compra" que orientaram o imaginário em torno da desvalorização da moeda nacional durante todos esses anos?

Essas perguntas tocam muitas questões cujo tratamento, no contexto da discussão mais popular da política cambial, tem sido apenas perfunctório, para não dizer superficial. Para respondê-las em profundidade será útil dividi-las em três reflexões: uma de natureza doutrinária, atinente à questão do padrão de valor; outra, enfatizando fatores estruturais associados à natureza da nossa competitividade; e uma terceira, de ordem macroeconômica.

### *Padrões monetários e taxas de câmbio: lições da História*

A discussão sobre a natureza exata de um padrão monetário é tão velha quanto a própria moeda. Afinal, a adoção de um padrão oferece não só uma referência para o valor da moeda (em termos de uma mercadoria ou relativamente a outra moeda), mas também, implícita ou explicitamente, uma regra ou disciplina para a criação de moeda ao longo do tempo.

Durante o século anterior e até 1914, a civilização ocidental pareceu encontrar uma solução definitiva para a questão da escolha do padrão monetário através da consolidação do chamado padrão-ouro. Tratava-se tão-somente de tornar todas as moedas do mundo civilizado conversíveis em quantidades fixas e padronizadas de ouro, o que transformava as taxas de câmbio em simples expressões da razão matemática entre os "pesos em ouro" de cada moeda nacional.

Muito se escreveu sobre o padrão-ouro. Para nossos propósitos, basta lembrar que um sistema em que a oferta mundial de moeda está amarrada a uma dádiva da natureza (ou, no máximo, ao progresso tecnológico na mineração) ia terminar mais dia menos dia, e só durou esse tempo todo porque o espantoso crescimento da moeda fiduciária (bancária) eliminou, em grande parte, o forte viés deflacionista implícito ao sistema[24].

Em 1914, a chamada conversibilidade foi abandonada e o padrão-ouro foi perdido. As moedas nacionais se tornaram meros pedaços de papel, e não mais certificados de depósitos de determinada quantidade de ouro. Os preços relativos desses papéis, as taxas de câmbio, passam a ser fixados livremente em mercado, perdendo-se com isso qualquer noção de padrão. Esse estado de coisas (esse "não-padrão") permanece em vigor durante todo o período de guerra, mas tão logo essa circunstância excepcional foi superada, não houve a menor hesitação em reconstruir o padrão anterior da forma exata como existia. Não se discutiu muito, naquela ocasião, se um sistema de taxas de câmbio flexíveis seria mais apropriado: qualquer idéia fora do padrão-ouro era desconsiderada liminarmente como exótica.

Todavia, a reconstrução do padrão-ouro, ou seja, a restauração da conversibilidade a uma taxa fixa, nada tinha de trivial. A começar pela questão da taxa de paridade. Os diversos países participantes do sistema acumularam inflações muito grandes ao longo do período de guerra, o que tornou o debate sobre o nível de taxa de câmbio no qual seria declarada a conversibilidade (i.e., fixada para todo o sempre) um verdadeiro pesadelo. No momento em que este debate tinha lugar, nos mercados de cada país em questão, o peso em ouro correspondente a uma unidade monetária anterior da guerra (que era visível através das taxas de câmbio de mercado) correspondia a algumas milhares, milhões (ou mesmo coisa muito maior) das mesmas unidades monetárias. Um "marco-ouro" (ou seja, o conteúdo de ouro de um marco anterior a 1914), veria um alemão, estaria

---

[24] Veja-se Triffin (1968).

valendo no mercado alguns trilhões de "marcos-papel". O mesmo valia, evidentemente, e guardadas as devidas proporções, para um inglês, um francês e mesmo um brasileiro.

A escolha das novas taxas de paridade, nesse contexto, comportava várias opções básicas. Uma alternativa era simplesmente a de se adotar como paridade a taxa de mercado, o que equivaleria a simplesmente redenominar a unidade monetária nacional, fazendo a nova unidade igual a tantas outras antigas, correspondentes ao preço de mercado da quantidade-padrão de ouro de antes da guerra. A justificativa seria uma maior consistência das taxas de mercado com o equilíbrio externo, consideradas as transformações determinadas pela guerra. Todavia, a sensação de que o preço de mercado embutia dose substancial de "especulação" levou muitos a buscar razões mais fundamentais para a escolha da taxa de câmbio mais apropriada para se basear o retorno à conversibilidade. Foi nesse contexto que surgiu uma inovação, devida ao economista sueco Gustav Cassel, que ficou conhecida como "Paridade de Poder de Compra" (PPP), e que viria a ter enorme influência nos anos posteriores.

O raciocínio era simples: considerada a taxa de câmbio entre duas moedas em agosto de 1914, a taxa de câmbio em, digamos, maio de 1925 seria a anterior multiplicada pelo diferencial entre as taxas de inflação nos dois países, ao longo desse período.

A adoção desse método, que a nós brasileiros soa bastante familiar, tinha implicações muito mais sérias do que poderia parecer à primeira vista. Na verdade, representava uma mudança *de facto,* ainda que não *de jure,* na própria noção de padrão monetário. Não se tratava de fixar taxas de câmbio e conversibilidade de acordo com o preço do ouro no mercado, mas de acordo com o preço de uma certa cesta de mercadorias usada para a construção dos índices de inflação. Era, na verdade, um novo padrão que não considerava apenas uma mercadoria, o ouro, mas várias. Esse "padrão-cesta" tinha e continua tendo forte apelo intuitivo e passou a ter ampla utilização. Tornou-se, progressivamente, um forte argumento contra as taxas de câmbio fixas à moda do padrão-ouro e viu-se adotado com fervor em diversos países mais afetos à inflação, como o Brasil.

Contudo, o método PPP, ou o "padrão-cesta", embora parecendo, à primeira vista, um ovo de Colombo, terminou não se revelando uma solução para o problema da reconstrução do padrão-ouro nos anos 20: é possível que, pelo contrário, tenha gerado ainda mais confusão, e não é difícil ver por quê. Se dois países tiveram taxas de inflação parecidas durante o período de guerra, a regra da PPP recomendaria, para os anos 20, a fixação da mesma taxa de câmbio do período pré-guerra. Essa taxa poderia estar muito distante da taxa de mercado (e em qualquer direção), a qual poderia estar, em boa medida, refletindo os chamados "fundamentos macroeconômicos", os quais podem ter mudado dramaticamente ao longo desse anos, para melhor ou para pior.

Em resumo, a mesma taxa de câmbio real de 1914 aplicada em 1925 podia representar um verdadeiro desastre (por muito alta ou muito baixa), e não foi outra coisa o que se observou a partir de 1929, após uma década de adesões ao padrão-ouro, orientadas por regras da PPP ou, pior ainda, pelo desejo de voltar à paridade de 1914. As condições reais de competitividade haviam mudado profundamente nesses anos, e para todos os países, por conta das profundas reestruturações industriais, as devastações e reconstruções em novas bases, as incríveis transformações tecnológicas e a ampla modificação do próprio mapa da Europa. Apenas por acidente, as taxas de câmbio anteriores à guerra serviriam para alguma coisa depois. A referência passada havia se perdido e muitos não estavam dispostos a admitir essa simples verdade[25].

Após o colapso da década de 30, o mundo progressivamente se afastou da idéia de padrões de valor, embora ainda houvesse uma última tentativa de um padrão fiduciário *ad hoc*, o dólar, através do sistema de Bretton Woods. Assim como não se podia garantir que o subsolo nos fornecesse ouro de acordo com a evolução da economia internacional, nada podia garantir que o balanço de pagamentos norte-americano oferecesse ao mundo a exata oferta de liquidez necessária para garantir a estabilidade do sistema monetário internacional. Sucederam-se períodos de *dollar shortage* e de enorme abundância (déficits em conta corrente) de liquidez, levando o "padrão-dólar" ao colapso em 1971. O desencanto com os padrões monetários atinge, então, o ápice ao mesmo tempo que, pela primeira vez, surge uma defesa doutrinária de grande peso para um sistema de taxas de câmbio flexíveis[26].

Adota-se a partir daí, com certa resignação, um sistema de taxas flexíveis, menos pela convicção nas suas virtudes em refletir tempestivamente fundamentos macroeconômicos do que pela falta de alternativa. A nostalgia dos padrões revelou-se fortíssima. As virtudes do padrão-ouro nunca cessaram de ser exaltadas e, mesmo nos dias de hoje, são lembradas para apoiar a construção de simulacros do sistema como os *currency boards* do Báltico e da Argentina. A despeito disso, prevalece nos dias de hoje um "não-padrão". As regras de PPP servem apenas como referenciais e nada mais do que isso, entendendo-se que fatores de curto prazo, bem como outros de natureza mais fundamental, podem produzir

[25] O exemplo mais flagrante foi o da própria Inglaterra que, com a guerra, perdeu parte dos elementos econômicos sobre os quais se baseava a chamada Pax Britanica e, mesmo assim, insistiu em restaurar a mesma paridade em relação ao dólar que vigorou antes de 1914. Os prejuízos decorrentes dessa decisão seriam imensos.

[26] Milton Friedman (1953).

oscilações grandes e "desvios" permanentes dessa referência. Não obstante, o "padrão-cesta" continua muito vivo em toda parte e sua presença é constante, como veremos na próxima seção, no debate que se segue à mudança na política cambial no Brasil, em julho de 1994.

Parece bastante claro que esse *tour de force* nas raízes históricas da moderna teoria das taxas de câmbio é muito esclarecedor para a controvérsia brasileira recente. Argumenta-se, com certa naturalidade (e superficialidade), que a taxa de câmbio brasileira ficou "sobrevalorizada" (ou seja, mais baixa que o nível "correto"), porque não foi desvalorizada, a partir de julho de 1994, de acordo com a inflação (brasileira, descontada a americana) ocorrida desde então. A taxa de câmbio real, medida por um método do tipo PPP, caiu e por isso se diz que está abaixo do nível de equilíbrio, que ninguém se preocupa muito em saber qual é. O raciocínio é simplório como a própria noção do "padrão-cesta": a taxa de câmbio está exageradamente baixa (alta) porque caiu (subiu).

Não há dúvida de que a taxa de câmbio no Brasil ainda é vista como um preço público e, nesta condição, carece de indexação perfeita, que quando não ocorre, implica necessariamente "atraso". Não se pergunta muito se o nível anterior era correto: se não houve a "reposição" da inflação, então existe defasagem. Não vigora, nesse universo conceitual, a lei da oferta e da procura e, portanto, os preços não sobem nem descem. Há apenas um "padrão" do qual não devemos nos afastar.

Mas independentemente de observações mais fundamentais sobre a sua validade, existem muitas dúvidas quanto à correta aplicação do "padrão-cesta". Qual a cesta relevante, a do varejo ou a do atacado? Qual a cesta estrangeira correspondente? Como são as ponderações? A comparação toma médias ou índices "de ponta"? E, no caso específico, como exatamente deve ser adotado o preceito do artigo 38 da Lei 8.880 no cálculo dos índices relevantes? Nenhuma dessas questões encontra respostas fáceis na literatura especializada, e as recomendações para a política econômica são muito sensíveis ao tom das respostas. Se a cesta é a do atacado, a variação da taxa de câmbio real, seguindo-se ao Real, é uma; se for a do varejo, é outra muito diferente. E o mesmo vale se a cesta estrangeira correspondente for a americana, a alemã ou uma média ponderada. E se os índices tiverem resíduos ou incorporaram as variações nas taxas relativas de crescimento da produtividade. A esse respeito em particular um economista lembrou, recentemente[27], que os clássicos e a teoria do valor do trabalho deveriam ser utilizados nesse debate, sugerindo algo como um "padrão horas de trabalho". Taxas de câm-

[27] Leonado F.C. Basso: "Viúvas da desvalorização cambial", *Folha de S. Paulo*, 11.11.1995.

bio deveriam refletir produtividades relativas, diz ele, apoiando-se em Ricardo, Marx, Hilferding e muitos outros. Corretíssimo. É claro, contudo, que isso não elimina a discussão sobre qual é a cesta correta (atacado, varejo ou, quem sabe, o Big Mac), pois apenas adiciona um novo componente: as horas de trabalho utilizadas para a produção da cesta. Visto de um ponto de vista dinâmico, isso é o mesmo que dizer que a variação na taxa de câmbio entre duas moedas durante um certo período deveria refletir a variação relativa nas produtividades do trabalho nos respectivos países. Com efeito, a produtividade do trabalho no Brasil vem crescendo anualmente a taxas superiores a 7%, em média, desde 1991, como vimos na seção anterior. Nos Estados Unidos, esta taxa é inferior a 1%. É correto presumir que a taxa de câmbio deva refletir esses números, não?

Em resumo, ao se tentar responder qual foi a apreciação real depois de julho de 1994, é fácil apelar para um "assim é se lhe parece". Saber se os níveis atuais são apropriados, ou seja, se a apreciação do real é correta e merecida, é uma questão inteiramente diferente. Os fundamentos do setor externo no Brasil mudaram dramaticamente nos últimos anos, como será visto na próxima seção. Quem garante que as taxas de câmbio reais de dois ou três anos atrás são apropriadas para o Brasil de hoje? Se o real subiu significa que tem de cair? Afinal, existiria uma defasagem com relação a quê, se o Brasil mudou e o passado não serve mais como referência?

### *Câmbio e competitividade: uma visão estrutural*

A questão básica que esta subseção pretende responder é simples: existem razões para supor que, com a estabilização e a abertura, tenham ocorrido mudanças na estrutura da economia que determinem a necessidade de um realinhamento (apreciação) na taxa de câmbio?

Nas seções anteriores, diversas pistas já foram fornecidas para uma resposta. Argumentamos, na seção 2, que na pesada estrutura de proteção em vigor até 1990 mantinham-se incentivos à ineficiência, oriundos notadamente da ausência de competição, que levaram à estagnação da taxa de crescimento da produtividade. Essa tese encontra pleno suporte no comportamento da taxa de crescimento da produtividade posterior a 1991, mercê do avanço do processo de abertura. Resta considerar as implicações desse estado de coisas no tocante à competitividade e à taxa de câmbio. Não se deve esquecer, por um lado, que a produtividade é o melhor indicador, quando se trata de nações, para definir o nível de competitividade[28]. Por outro, não se deve esquecer que prevalecem notáveis diferenças entre países

[28] Esse argumento é lembrado, no contexto do debate recente, por Araújo Jr. (1996).

no tocante aos níveis absolutos de produtividade. Essas disparidades não implicam necessariamente que os países "ineficientes" não serão capazes de exportar alguma coisa. Conforme ensina a moderna teoria do comércio exterior:

> "os níveis de preços e as taxas de câmbio sempre se ajustam de modo a que cada país seja um produtor a baixo custo de *alguma* mercadoria. Se uma nação tem uma vantagem absoluta em termos de produtividade, esses ajustamentos levarão este país a desfrutar de maiores salários e rendas. Grosso modo, os países podem ser competitivos seja na base de baixos salários e taxas de câmbio desvalorizadas, seja na base de elevados níveis absolutos de produtividade. Por esta razão, o sucesso das exportações em si, ou mesmo um superávit comercial, são medidas enganosas da competitividade nacional. A possibilidade de se competir no comércio internacional na base de altos níveis de produtividade e rendas elevadas é algo que se deve perseguir."[29]

À luz dos ensinamentos acima não é difícil concluir que a continuidade do processo de crescimento através da SI levaria progressivamente o país a basear sua competitividade em baixos salários e taxas de câmbio subvalorizadas, e a cada vez menores níveis de produtividade. Conforme recentemente aduzido, a propósito do fracasso econômico dos regimes socialistas e da mitologia que se criou, em certa altura, a respeito da superioridade do coletivismo sobre as variadas formas de *laissez-faire* ocidental, "o crescimento econômico que está baseado na expansão dos insumos, ao invés de a expansão do produto por unidade de insumo, está inevitavelmente sujeito a retornos decrescentes"[30]. Nesse sentido, a SI, na medida em que não conduz ao dinamismo tecnológico, haveria de se exaurir naturalmente quando se esgotassem as importações a substituir. Nesse momento, os retornos decrescentes de sua continuidade começariam a saltar aos olhos[31] e a "competitividade" pareceria cada vez mais "artificial", ou "espúria" — para usar a terminologia de um insuspeito observador da industrialização através da SI, Fernando

---

[29] Dollar & Wolff (1993, p. 4). Grifos meus.

[30] Krugman (1996, p. 169).

[31] Como seria o caso, por exemplo, da reserva de mercado na informática. Este seria, sem dúvida, mais um caso de auto-suficiência factível, embora com produtos nacionais extremamente ineficientes e, conseqüentemente, caros. No limite, todavia, haveria uma combinação de salários suficientemente baixos e câmbio suficientemente desvalorizado, então nossos computadores terminariam competitivos. Ou seja, para determinada razão câmbio/salário, até a reserva de mercado seria um sucesso.

Fanjzylber[32]. Mais e mais a "competitividade" dependeria, ao prosseguir a SI, de *reduções* em salários já excessivamente deprimidos e em taxas de câmbio *mais e mais subvalorizadas*. E como já não se revelava factível reduzir os salários reais, nem mesmo em uma situação de hiperinflação, todo o peso de compensar a irracionalidade da continuidade da SI passa a repousar sobre o câmbio. Nada mais ilustrativo a esse respeito do que a conhecida "Lei de Sauer", ou a idéia de que "qualquer que seja a taxa de câmbio, ela sempre estará defasada em 30%". O viciado terminal requer doses maiores da mesma droga, com efeito cada vez menor, sem se dar conta de que o processo tem de ser revertido de forma radical.

À luz dessas considerações, é de se esperar que, com a abertura e as transformações dela decorrentes, o país caminhe para níveis maiores de produtividade, ou seja, que o país mude progressivamente a natureza de sua competitividade. Na verdade, este processo tem início antes mesmo do Real, uma vez que as expectativas quanto ao aprofundamento da abertura já tinham se consolidado com os primeiros ensaios desse processo a partir de 1990. Um relatório do Banco Mundial escrito no primeiro semestre de 1994 notaria com clareza, já a essa altura, os diferenciais de crescimento de produtividade a nosso favor (*vis-à-vis* nossos parceiros) e recomendaria a apreciação cambial como decorrência natural. O relatório notaria que ao evitar a apreciação e, portanto, manter um megasuperávit comercial a fim de prosseguir acumulando reservas velozmente, o país estaria concedendo um subsídio aos exportadores e incorrendo em custos derivados de manter um estoque excessivo de reservas internacionais[33].

A abertura e a nova política cambial responderiam diretamente a esse diagnóstico e resultariam em aprofundar as tendências acima descritas e tornar inevitável a apreciação cambial.

*Aspectos macroeconômicos*

Existem razões para supor que com a estabilização e a abertura tenha havido mudanças nos "fundamentos" macroeconômicos, ou na configuração básica do balanço de pagamentos, de tal sorte que a taxa de câmbio que vigorava antes do Real deixe de fazer sentido na situação posterior? Faz sentido imaginar que a inflação seja de tal sorte neutra que na passagem da hiperinflação para uma situação de preços estáveis não seja necessária nenhuma modificação nos preços relativos ou, mais precisamente, na taxa de câmbio?

A apreciação cambial é observada em quase todos os programas de estabili-

[32] Fanjzylber (1990).

[33] The World Bank (1994, pp. 63-72, *passim*).

zação bem-sucedidos de que se tem notícia. Já faz tempo que a literatura teórica sobre programas de estabilização enxerga este fenômeno, assim como o aumento do preço relativo dos *non-tradeables,* como "fatos estilizados" de experiências normalmente arroladas como *Exchange Rate Based Stabilizations.* As explicações para isto, cujo pano de fundo estava associado às experiências de estabilização no Cone Sul nos anos 70, pareciam construir-se a partir de razões para a lenta convergência da taxa de inflação para a taxa de desvalorização cambial, seja pela existência de "inércia" inflacionária[34], seja pelo fato de uma política fiscal insuficiente minar a credibilidade dos programas[35], seja em função de efeitos pelo lado da oferta[36].

As experiências mais recentes na América Latina e na Europa Central, todavia, viriam ensejar a construção de modelos mais completos, nos quais ficariam mais flagrantes os efeitos da estabilização sobre a economia real. De fato, tendo em vista a extensão dos efeitos da inflação elevada e das distorções que ela provoca sobre os mais diversos aspectos da vida econômica, seria tolice imaginar que a transição para uma situação de preços estáveis não geraria realocações de recursos de grande alcance e alterações significativas em preços relativos. Essa simples e importante verdade nem sempre é enfatizada em avaliações contemporâneas de programas de estabilização. Assim mesmo, em um *survey* recente sobre os efeitos reais de programas de estabilização chega-se a uma constatação muito simples: quaisquer que sejam o modelo e a trajetória, nos casos em que a estabilização é bem-sucedida, é invariavelmente verificado que a taxa de câmbio ao final do processo é mais alta (mais apreciada) do que aquela verificada no início[37].

Essa simples verdade é mais facilmente identificada ao lembrarmos que a literatura teórica entende que a melhor medida para a "taxa de câmbio real" é o preço relativo de *tradeables* e *non-tradeables*[38] e que um dos fenômenos mais comuns de todas as experiências de estabilização conhecidas é a elevação dos preços dos chamados *non-tradeables* relativamente ao das mercadorias *tradeables.* Este fenômeno pode ser observado com clareza no Brasil em todas as experiências de estabilização dos anos 80, através da evolução diferenciada dos diferentes componentes dos índices de preço ao consumidor e por atacado, conforme mostra a tabela 1.8.

---

[34] Veja-se Calvo & Végh (1993).

[35] Veja-se Calvo & Végh (1994).

[36] Veja-se Roldós (1994).

[37] Veja-se Rebelo & Végh (1995, tabela 3).

[38] As justificativas e explicações podem ser encontradas em Edwards (1989, cap. 2).

Tabela 1.8

Inflação nos primeiros quatro meses de vários planos de estabilização (em % acumulado)

| Itens | Pesos IPC-r | Cruzado mar-jun/86 | Bresser jul-out/87 | Verão fev-mai/89 | Collor abr-jul/90 | Collor-2 mar-jun/91 | Cavallo abr-jul/91 | Real jul-out/94 |
|---|---|---|---|---|---|---|---|---|
| **IPC/IPC-R** | | **3,37** | **26,46** | **29,67** | **54,71** | **38,80** | **14,76** | **15,67** |
| Alimentos | 31,37 | -2,36 | 19,43 | 15,08 | 32,44 | 25,15 | 21,18 | 15,61 |
| Industriais | 10,28 | -2,20 | 18,95 | 16,69 | 28,97 | 10,72 | 4,79 | 3,49 |
| Tarifas | 12,38 | -2,64 | 22,27 | 12,65 | 42,07 | 22,67 | 7,67 | 10,82 |
| Sazonais | 3,42 | -5,06 | 24,21 | 80,73 | 110,78 | 53,52 | 26,66 | 56,32 |
| Serviços | 9,96 | 12,61 | 50,03 | 49,93 | 139,60 | 91,61 | 21,71 | 37,82 |
| Diferenciáveis | 21,04 | 14,12 | 28,02 | 51,83 | 78,55 | 43,87 | 13,92 | 19,37 |
| **IPA** | **100,00** | **-1,73** | **35,98** | **33,27** | **44,27** | **34,45** | **4,63** | **7,93** |
| Agrícola | 30,36 | 1,27 | 57,82 | 72,03 | 136,72 | 62,81 | 32,91 | 26,41 |
| Industrial | 69,64 | -2,80 | 30,52 | 20,87 | 24,80 | 23,45 | 1,59 | 0,05 |

*Fonte e metodologia: ver Cunha (1990) e Franco (1995, tabela 12.1, p. 258)*

Note-se que os grupos "serviços" e "diferenciáveis" dentro dos IPCs podem ser tomados como *proxies* para *non-tradeables*, e sua evolução em diversos planos de estabilização é bastante semelhante, ou seja, crescem bem mais rapidamente que todos os outros preços. Também é comum que a variação dos IPCs exceda a dos IPAs, notadamente o IPA industrial. Fatores sazonais, é claro, podem alterar esses fatos estilizados, como demonstram alguns dos casos da tabela 1.8.

A evolução das taxas de câmbio de mercado tendem a refletir a variação de preços relativos acima descrita, salvo quando constrangidas por congelamentos e intervenções diretas das respectivas autoridades. Nos casos ditos "clássicos" de estabilizações de hiperinflações, não se tem tanto detalhe sobre os componentes dos índices de preço, como acima dispostos, mas a evolução das taxas de câmbio e dos salários vistas na tabela 1.9 não deixam qualquer dúvida sobre a consistência com os mecanismos que estamos descrevendo.

Tabela 1.9

Hiperinflações européias: mudanças em salários reais e taxa de câmbio real (durante os primeiros seis meses depois das estabilizações)

| País | Variação nos salários reais | Variação na taxa de câmbio real |
|---|---|---|
| Áustria | +34,5% | +39,1% |
| Hungria | n.d. | +29,5% |
| Polônia | +135,2% | +28,1% |
| Alemanha | +76,4% | +35,4% |

*Fontes: Franco (1995, tabela 5.3, p. 140)*

Não deve haver dúvida de que esta variação de preços relativos constitui uma clara violação da hipótese de que a estabilização tem lugar sob estrita neutralidade, ou que a hiperinflação não tem efeitos sobre a economia real. As explicações mais comuns para o fenômeno têm enfatizado efeitos alocativos pelo lado da oferta[39], mas também podem ser construídas, talvez com certa vantagem, em um terreno mais familiar aos temas aqui discutidos, a saber, o balanço de pagamentos. É típico de todas as experiências hiperinflacionárias que se conhecem a ocorrência de maciças fugas de capital, e as razões para isso devem ser óbvias. A inflação elevada reduz a demanda por moeda e a busca de outros instrumentos para proteger a riqueza dos efeitos da inflação produz o fenômeno denominado *currency substitution*, ou "dolarização", o qual é tanto mais forte quanto maior a mobilidade de capitais[40]. Na presença de *currency substitution* é bastante evidente que um aumento no nível da inflação deteriora a conta capital do balanço de pagamentos e termina por trazer uma depreciação cambial em termos reais, a fim de ajustar a conta corrente à maior fuga de capitais, havendo também os efeitos de *overshooting* derivados do fato de a conta corrente reagir lentamente ao estímulo cambial. Ou seja, é típico e próprio das inflações elevadas que exista subvalorização cambial, sendo difícil enxergar o Brasil como exceção.

O gráfico 1.3, a seguir, serve para uma avaliação dos efeitos da inflação sobre o balanço de pagamentos. A linha reta representa o equilíbrio no balanço de pagamentos, vale dizer, a situação em que o saldo em conta corrente é igual ao saldo da conta de capitais e não há acumulação de reservas. Assume-se que a taxa de câmbio real, mostrada no eixo vertical, afeta a conta corrente através das contas comerciais: quando o câmbio real se eleva, ou seja, quando há uma depreciação real, os saldos comercial e em conta corrente se elevam. Se a inflação não se altera, entramos numa região de superávit e acumulação de reservas. Mas quando a inflação se eleva, a conta capital se deteriora com as fugas de capital e o superávit é eliminado. Assim sendo, o equilíbrio é mantido com combinações de câmbio real mais depreciado e inflação mais alta, ou seja, através de uma reta de inclinação positiva como a do gráfico 1.3.[41]

---

[39] Podendo enfatizar os efeitos da inflação sobre o conteúdo informacional do sistema de preços, como em Franco & Parcias (Franco [1995, cap. 13]), ou a alocação relativa de investimentos entre *tradeables* e *non-tradeables*, como em Rebelo & Végh (1995, p. 148).

[40] Uma descrição do fenômeno e suas conseqüências, bem como uma avaliação de algumas experiências latino-americanas, podem ser encontradas em Savastano (1992).

[41] O leitor interessado nos detalhes técnicos do modelo macroeconômico subjacente pode consultar o apêndice à versão original deste ensaio, publicada na *Revista de Economia Política* 18(3), de julho-setembro de 1998.

Gráfico 1.3
Balanço de pagamentos, câmbio e inflação

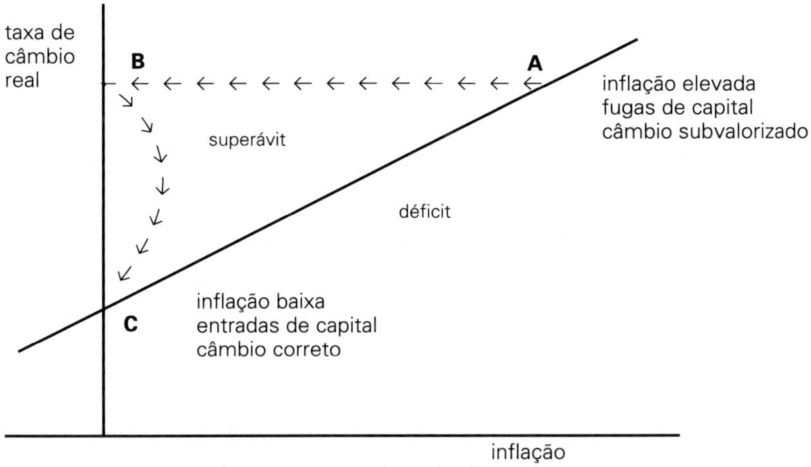


A linha reta permite que se visualize com clareza o modo como a taxa de câmbio real se altera em função do nível de inflação, e o modo como diferentes situações se configuram para valores extremos da inflação. Em pontos como o A, a inflação é muito elevada, assim como as fugas de capital, de modo que para haver equilíbrio externo é preciso que a taxa de câmbio seja excessivamente depreciada, ou subvalorizada. Em pontos como o C, a inflação é muito baixa ou inexistente, e não há fugas de capital, podendo haver entradas de capital conforme os diferenciais de taxas de juros e as perspectivas de investimento direto. A taxa de câmbio no ponto C é bem mais "valorizada" do que a do ponto A. Como é a taxa consistente com o equilíbrio externo e inflação baixa, faz sentido dizer, como está no gráfico 1.3, que a taxa de câmbio no ponto C é correta, nem sub nem sobrevalorizada.

É fácil ver, no gráfico 1.3, o modo pelo qual se comporta a taxa de câmbio quando a inflação subitamente se reduz. Suponhamos que a economia esteja no ponto A com inflação alta e câmbio subvalorizado. Subitamente a inflação se reduz, e tudo se passa como se houvesse um movimento rápido da economia do ponto A para o ponto B, em que a economia está na região de superávit no balanço de pagamentos. A taxa de câmbio está subvalorizada e o megasuperávit comercial produzido faz pouco sentido agora que a inflação é minúscula e não há fugas de capital. Nessas condições, mantida a taxa de câmbio nominal, o país irá experimentar uma vigorosa acumulação de reservas. Se a autoridade monetária não intervier comprando o excedente de reservas, mantendo a taxa de câmbio nominal, haverá apreciação nominal e a economia irá caminhar para o ponto C, em que a taxa de câmbio real é significativamente mais apreciada.

É absolutamente tolo dizer que a taxa de câmbio real no ponto C está "sobrevalorizada" ou "defasada" simplesmente porque é menor (mais valorizada) do que a que vigora no ponto A, sob inflação elevada. E as razões são as aludidas no início desta seção: as condições macroeconômicas no ponto A, em especial no tocante a fugas de capital, são substancialmente diferentes das que vigoram no ponto C. Obviamente a taxa de câmbio que faz sentido no ponto A não faz sentido no ponto C.

E por fim, cabe perguntar: será que a economia poderá se manter no ponto C? Será que esta situação de "equilíbrio externo", vale dizer, esta combinação entre conta corrente e conta de capitais é, do ponto de vista intertemporal, sustentável? Esta pergunta pode ser respondida de muitas maneiras, e a mais comum propõe observar o tamanho do déficit em conta corrente. Admite-se que déficits como os experimentados pelo México nos poucos anos anteriores a 1994, por volta de 6% ou 7% do PIB, são insustentáveis. Admite-se também que a manutenção de contas correntes em equilíbrio seja um contra-senso, pelo fato de implicar acumulação exponencial de reservas e renúncia em se dispor de poupança externa, conforme explicado adiante na seção 6. O nível correto e prudente para o déficit em conta corrente é alguma coisa intermediária que se parece com o observado para o conjunto das chamadas economias emergentes, e que parece se situar na casa dos 3% do PIB.

## 5. O PARADOXO DA VULNERABILIDADE EXTERNA SOB AUTO-SUFICIÊNCIA

Antes de prosseguir a discussão sobre a importância da abertura para um novo modelo de desenvolvimento no Brasil, convém atacar um ponto muito caro ao arcabouço retórico que sustentou o modelo de crescimento pela SI: a relação entre abertura e vulnerabilidade externa.

Durante anos e anos, no Brasil e na América Latina, em geral, a bandeira da industrialização por meio da SI era enfunada pela idéia de que este era o caminho para reduzir a nossa vulnerabilidade externa, isto é, a nossa sensibilidade a choques externos adversos. Com isso, e com a ajuda de variados e duvidosos malabarismos conceituais, nosso processo de desenvolvimento industrial passou a se confundir com um projeto de auto-suficiência, ou com a idéia de que o crescimento auto-sustentado não poderia ocorrer senão em autarquia.

A fragilidade lógica dessas pressuposições, as quais, não obstante, experimentam uma sobrevida garantida pela inércia das instituições acadêmicas, não é tão importante quanto o seu flagrante e contundente desmentido pelos fatos.

Os anos 70 e 80 marcaram a realização definitiva da industrialização e da virtual auto-suficiência, mas nem por isso deixamos de ficar vulneráveis a choques externos. Pior ainda, nosso desempenho medíocre em termos do crescimento, inflação e mazelas sociais parece sugerir que a nossa vulnerabilidade externa tornou-se até maior. Como se explica esse paradoxo, ou seja, que uma economia quase auto-suficiente seja, afinal, tão sensível às mazelas que vêm do exterior?

Para tentar esclarecer o paradoxo, vale empreender um simples exercício de comparação. Tomemos dois países em desenvolvimento que vinham mostrando dinamismo semelhante e que exibiam níveis idênticos de endividamento externo como proporção do PIB. De um lado, uma república sul-americana típica (nós), dessas bem fechadas e às vezes referidas como "baleias", onde as exportações eram iguais às importações, ambas correspondendo a cerca de 7% do PIB. Tomemos em paralelo um dos chamados "Tigres" (Coréia do Sul), animais oriundos do Sudeste Asiático, onde as exportações também eram iguais às importações, mas sendo ambas superiores a 35% do PIB, ou seja, constituindo uma economia aberta.

Agora suponhamos que ambas as repúblicas, em função da crise mexicana de 1982, subitamente sejam obrigadas a gerar um superávit comercial grande, digamos, de 6% do PIB (que era o tamanho do déficit em conta corrente que ambos mantinham antes da crise). Suponhamos também que para as duas economias cada ponto percentual de desvalorização da taxa de câmbio real gere um aumento de 1% nas exportações e uma redução da mesma ordem nas importações como proporção do PIB[42]. Com isso, para elevarmos nossas exportações a um nível equivalente a 10% do PIB (ou seja, aumentá-las em cerca de 43%) e reduzir as importações a 4% do PIB (fazendo-as cair 43%), conseguindo assim o superávit requerido, teríamos de promover uma desvalorização cambial real de 43%. O mesmo cálculo para a república asiática, ou seja, elevar as exportações a 38% do PIB e reduzir as importações a 32%, nos leva a uma desvalorização real de apenas 8,5%. É claro que quanto maior a desvalorização cambial requerida, maior a instabilidade macroeconômica decorrente do processo de ajuste. Não é por outro motivo que a república sul-americana muito provavelmente terá inflação alta, instabilidade, recessão, conflito distributivo etc., enquanto a asiática trafegará bem tranqüilamente pelo choque externo.

Mesmo sendo, obviamente, estilizado e simplificador, o exercício é bastante revelador. A sua aderência à experiência é extraordinária, como mostra a tabela 1.10 sobre a experiência do Brasil e da Coréia do Sul nos anos 80.

---

[42] Note-se que isso é uma forma turbinada de admitir a chamada condição de Marshall-Lerner.

Tabela 1.10
Brasil e Coréia do Sul:
indicadores macroeconômicos comparados

| | BRASIL | CORÉIA |
|---|---|---|
| Taxa de câmbio real efetiva | | |
| (1980-81=100) | 143 | 112 |
| PIB em 1985 (1980=100) | 117 | 137 |
| Inflação em 1985 | 226% | 2,5% |
| Grau de abertura em 1980-81 | | |
| Exportações como % do PIB | 7% | 38% |
| Importações como % do PIB | 7% | 36% |
| Dívida/PIB (1983-84) | 46% | 53% |
| Serviço da dívida/exportações (1983-84) | 44% | 19% |

*Fonte: Collins & Park (1989)*

Os graus de endividamento externo como proporção do PIB eram, de fato, semelhantes, embora bastante diferentes quando computados como proporção das exportações mercê da diferença de grau de abertura. As desvalorizações cambiais reais efetivamente observadas são semelhantes às sugeridas pelo exercício, bem como as diferenças nas taxas de inflação e crescimento nos anos que se seguiram. A comparação é obviamente simplificadora, ao abstrair muitos outros aspectos que poderiam afetar os desempenhos macroeconômicos relativos de Brasil e Coréia. Todavia, é sabido que a literatura acadêmica corrobora amplamente nossa conjectura de que a orientação "para fora" do desenvolvimento dos países do Sudeste Asiático foi crucial para lhes garantir um bom desempenho macroeconômico nos anos 80, o oposto valendo para os países latino-americanos[43].

A moral da história é muito simples: quanto mais fechada a economia, mais difícil é fazer "ajustamento externo" e mais propensa à instabilidade macroeconômica a economia deverá ser. Assim sendo, a industrialização que busca a auto-suficiência *aumenta* a vulnerabilidade externa, e não diminui. Estivemos, portanto, andando na direção errada. Deve ficar bem claro que "industrialização" — tardia, dependente, ou o que quer que seja — não tem necessariamente nada que ver com "auto-suficiência", mesmo que envolva algum protecionismo e promoção industrial, haja vista a experiência dos "Tigres", para não mencionar casos surpreendentemente pouco referidos de industrialização tardia, como Canadá e Austrália. É preciso, portanto, ter claro que o novo modelo de crescimento a ser definido deve contemplar um grau de abertura substancialmente maior — talvez o dobro ou o triplo — do que hoje temos, se é que queremos evitar que nossa vulnerabilidade externa prejudique nosso crescimento daqui para adiante.

---

[43] Para uma resenha recente, veja-se Taylor (1996).

## 6. Poupança externa e crescimento

O crescimento econômico se obtém a partir de investimento e de inovação tecnológica. O investimento, ou seja, os acréscimos ao estoque de capital produzem tanto mais crescimento quanto maior a relação tecnológica que estabelece quanto de acréscimo ao produto se obtém a partir do acréscimo ao estoque de capital[44]. O investimento, por sua vez, deve ser idêntico à poupança, que pode ser decomposta entre a poupança privada, a poupança pública — esta igual ao resultado em conta corrente do governo — e a poupança externa — do mesmo modo igual ao déficit em conta corrente do balanço de pagamentos.

A tabela 1.11 procura relacionar os valores para as respectivas taxas de poupança, e taxas de investimento público e privado.

Tabela 1.11
Investimento e poupança, 1970-1994

| | 1970-82 | 1983-89 | 1990-94 |
|---|---|---|---|
| Investimento | 22,94 | 17,18 | 14,56 |
| privado | 3,58 | 2,23 | 2,41 |
| público | 19,36 | 14,95 | 12,15 |
| Poupança | 22,94 | 17,18 | 14,56 |
| privada | 13,91 | 17,10 | 15,89 |
| **pública** | **5,13** | **-0,45** | **-1,33** |
| nacional | 19,04 | 16,65 | 14,55 |
| externa | 3,90 | 0,53 | 0,01 |
| MEMO: poupança em outros países | | | |
| Privada | | | |
| América Latina | 16,1 | 13,8 | n.d. |
| Ásia | 14,4 | 20,6 | n.d. |
| Pública | | | |
| América Latina | 3,3 | 2,2 | n.d. |
| Ásia | 4,4 | 3,9 | n.d. |
| Nacional | | | |
| América Latina | 19,8 | 15,3 | n.d. |
| Ásia | 18,8 | 24,5 | n.d. |

*Fonte: Carneiro & Werneck (1990, tabela 3.1), Edwards (1995, p. 10)*

Diversas conclusões interessantes emergem dos números da tabela 1.11. Note-se, em primeiro lugar, que as nossas taxas de poupança privada mostram-se superiores à média latino-americana na segunda metade dos anos 80, tendo sido inferiores na década anterior. Como o oposto se passa com a poupança pública, fica claro o peso da poupança e do investimento públicos no Brasil an-

[44] É a chamada relação incremental Capital/Produto.

tes de 1983, em relação à norma latino-americana. É bastante evidente que o colapso do investimento no Brasil após 1982 tem que ver com as drásticas reduções tanto na poupança pública quanto na poupança externa, o que foi em uma pequena parte até compensado pelo comportamento da poupança privada. Note-se que esta mesma perda na poupança externa ocorreu no caso asiático, mas, conforme argumentado na seção anterior, isto não afetou os outros componentes do crescimento.

Note-se que o investimento e a poupança pública reduzem-se substancialmente ao longo do tempo, podendo-se argumentar que dificilmente esse movimento será revertido. A crise fiscal na raiz desse fenômeno está associada ao crescimento dos gastos de custeio, em boa medida decorrentes dos efeitos da Constituição de 1988. Esse aumento nas responsabilidades do Estado por gastos de custeio é de natureza permanente, e mesmo que seja possível efetuar alguma reversão nesse movimento, a poupança pública que poderá ser criada não terá a magnitude que teve nos anos 70. Assim sendo, o setor público não terá muita capacidade de originar investimentos como teve nos anos anteriores a 1983. A responsabilidade pelo crescimento nos anos a seguir deverá recair predominantemente sobre o setor privado.

Esta conclusão é pouco alterada pelas possibilidades disponíveis no tocante à poupança externa. É de se notar que, nos anos 90, observa-se uma recuperação das entradas de capital no Brasil, mas a recuperação da poupança externa se observa apenas em 1994, quando o país passa a experimentar déficits em conta corrente, mesmo assim em níveis bastante inferiores à norma dos anos 70. Numa situação de equilíbrio em conta corrente, como a que experimentamos até 1994, influxos de capital apenas produzem acumulação de reservas cuja esterilização cancela qualquer efeito sobre a poupança agregada e sobre o crescimento. Não é por outro motivo que se propõe que o país se conforme em manter déficits em conta corrente e implemente controles e restrições sobre as entradas de capital estrangeiro, notadamente as de natureza financeira e de prazo curto. Todavia, a poupança externa não poderá contribuir com mais de 3% do PIB anualmente, sob pena de fragilizar as contas externas, de modo que a responsabilidade pelo crescimento deverá recair, como já se observou, sobre o setor privado.

## 7. O "PROJETO" E A RETÓRICA DO DESENVOLVIMENTO

A observação mais importante a fazer sobre "modelos" e "projetos" de desenvolvimento é a de que essas criaturas pertencem aos historiadores, isto é, são racionalizações *a posteriori* de experiências históricas específicas, cujos traços principais são decantados a fim de lhes revelar, conforme o vezo do exegeta, a sua verdadeira essência. O enunciado do modelo, ou projeto, envolve necessariamente uma combinação daqueles traços específicos que cada historiador identifica como fundamentais, de modo que, com muita freqüência, uma mesma experiência enseja inúmeras e nem sempre consistentes lições. A experiência dos chamados "tigres asiáticos", por exemplo, é especialmente rica neste domínio, uma vez que já comportou amplas e contundentes referências, tanto para confirmar quanto para desmentir teses (neo?) liberais[45].

Observa-se, não obstante, notável mistificação em torno da possibilidade de definição de um projeto nacional *a priori*, ou seja, como resultado de uma mobilização redentora a partir de idéias e interesses clarividentemente articulados, do que resulta algum processo econômico inovador. Presume-se, dessa forma, que as "respostas criadoras" (as inovações institucionais, na política econômica e na esfera tecnológica[46]) se constroem a partir de revoluções intelectuais ou mobilizações políticas prévias (ou, no máximo, simultâneas) à sua ocorrência. As vanguardas, tanto intelectuais quanto políticas, têm, por sua própria conta, uma importância vastamente exagerada, parecendo querer estabelecer uma curiosa primazia do historiador (e na leitura sobre a evolução das forças produtivas) sobre a História.

Essa mistificação das vanguardas ocorre à esquerda e à direita, e a noção de "projeto nacional", tal como comumente apregoada, é uma de suas vítimas mais contumazes. Desde JK, prevalece a leitura de que o desenvolvimento articula-se a partir de um projeto nacional corporificado em convergências políticas evidentes, habilidosamente costuradas pelas lideranças e expressas em um documento de metas. Desde então, procura-se replicar essa combinação de elementos, independentemente de se tratar ou não de regime democrático[47]. Torna-se lugar-comum a definição de um "Plano de Metas", atraindo evidente analogia com os heróicos anos do desenvolvimentismo puro. Não há mal nisso, e todos os governos que se seguiram o fizeram, e os que se seguirão provavelmente haverão sempre de fazê-lo. Deve-se, evidentemente, evitar a armadilha de elevar um expediente retórico à categoria de roteiro preciso do processo de desenvolvimento, retirando deste qualquer aspecto de processo histórico. Não há dificuldade aí.

---

[45] Para confirmar, veja-se a literatura baseada nos megaestudos do NBER, *cf.* Bhagwati (1978) e, mais recentemente, dos economistas do Banco Mundial, como Chennery *et al.* (1986). Para desmentir, consulte-se Amsden (1989).

[46] Schumpeter (1947).

[47] Anos mais tarde, o 2º Plano Nacional de Desenvolvimento enunciado pelo governo do General Geisel repetiria a mesma liturgia ao identificar "desenvolvimento" com uma vasta coleção de investimentos públicos e ações de Estado minuciosamente relacionadas em um documento de metas.

Bem mais complexo é evitar a inconsistência entre as ações presentes, ainda "inovadoras" e com motivações ainda não inteiramente amadurecidas, e uma retórica "anterior" que lhes contradiz.

Essa questão se mostra clara nos dois mais importantes pilares da retórica do modelo de substituição de importações (SI): (i) a identificação entre desenvolvimento e gasto público; e (ii) a identificação entre autodeterminação (e soberania) com auto-suficiência (autarquia). Em ambos os casos, as ações a serem desenvolvidas nos próximos anos são inteiramente contraditórias aos chavões produzidos a partir dessas posturas. No primeiro caso, por exemplo, chavões de grande apelo estão longamente estabelecidos: desenvolver é construir estradas. Bem como fazer hidrelétricas, escolas, postos de saúde. Desenvolver é gastar. Apenas e tão-somente gastar, de modo que o bom governo é, evidentemente, o que mais gasta, o mais descaradamente gastador, o mais irresponsável e o menos preocupado com disciplina fiscal. Governo bom é o que faz obra, não importa que não pague as contas ou que a obra não tenha maior utilidade. A obra em si é o que conta, tendo, inclusive, pouca importância se esse governante obreiro é desonesto, pois aí vale o mui conhecido "rouba, mas faz".

Quando as políticas públicas para promover o desenvolvimento vão no sentido oposto, isto é, enfatizam a austeridade (porque *objetivamente* se sabe que é a austeridade fiscal que levará ao desenvolvimento), o governo cai numa armadilha retórica: se desenvolver é gastar, cortar gasto significa fomentar o contrário do desenvolvimento, a recessão. O mesmo se observa quanto à autodeterminação. Na medida em que se procura reduzir a vulnerabilidade externa, a auto-suficiência (e portanto, a substituição de importações com vistas à autarquia) é o único caminho natural. Quando as políticas públicas caminham na direção da abertura, novamente o governo se envolve em uma armadilha retórica: a abertura haverá, nessas premissas, de levar ao aumento da vulnerabilidade externa e, portanto, à crise cambial, e não ao desenvolvimento.

Note-se, de outro lado, que retórica do desenvolvimento, embora nem sempre constitua uma descrição objetiva do processo, incorpora notável conteúdo de tautologia, de modo que dificilmente se poderá contradizê-la. Construir estradas será sempre desenvolvimento, ainda que objetivamente a relação entre ambos seja secundária ou de pouca importância. Da mesma forma, não é simples argumentar que com mais abertura ficamos mais auto-suficientes!

A rigor, a retórica do modelo anterior não precisa ser desmentida; ela deve apenas cair em desuso, substituída por outra mais própria ao momento histórico específico. Com efeito, a retórica do desenvolvimento sempre nasce fortemente referenciada a uma configuração histórica específica. A retórica do "desenvolver é gastar" e da "auto-suficiência" está evidentemente atrelada a um episódio histórico específico, no qual o gasto público e a substituição de importações foram os principais elementos propulsores do processo de crescimento. Passado esse episódio e exauridas as possibilidades de sua continuação, a retórica de modo algum desaparece. Permanece viva, em vez disso, embora cada vez mais envelhecida, a despeito de as revoluções que lhe deram origem terem se encerrado há muito. A retórica se cristaliza em mitos, encastelada no inconsciente coletivo, gerando conseqüências no nível das doutrinas e da organização política.

Por isso mesmo, não se deve subestimar o poder da retórica, ainda mais numa sociedade democrática de massas em que a opinião pública é uma interferência cotidiana nos trâmites políticos. Embora o desenvolvimento brasileiro já tenha evoluído autonomamente para direções bem diversas daquelas recomendadas pela nossa retórica convencional relativa ao desenvolvimento, a todo momento estamos enfrentando tensões ao desafiar o que parece ser uma sabedoria solidamente estabelecida. A retórica demora a morrer porque, como já foi dito, apenas será substituída por outra, geralmente formada *ex post facto* a partir da racionalização de uma experiência inovadora bem-sucedida. Certamente ainda levará algum tempo para que os chavões clássicos do desenvolvimento capitaneado pelo investimento público e pela SI sejam substituídos por outros mais adequados ao novo modelo de desenvolvimento, qualquer que seja ele. Quanto mais se apressa, todavia, o enunciado de um Novo Desenvolvimento, mais fácil se torna encaminhar as políticas que lhe dão sustentação.

Por último, duas advertências devem ser feitas. A primeira é que é preciso evitar os clichês do debate doutrinário, ou uma discussão dessa misteriosa entidade denominada "o modelo neoliberal", ou o chamado "consenso de Washington", cuja função parece ser e de servir como um referencial negativo para imaginações nacionalistas mal-humoradas, um xingamento dirigido aos que se inserem e contribuem para "isso que aí está"[48]. Conforme notaria um observador insuspeito "nos anos 80, a identidade positiva Estado-Desenvolvimento se dilui e o Estado passa a ser visto quase como um obstáculo ao progresso. Não é só a ideologia neoliberal que ganha uma hegemonia temporária. Mais do que isto, é a falência material do Estado, tanto em países ricos quanto pobres, que leva a um esforço de reforma que não pode ser modelado ideologicamente. Aliás, um outro dado fundamental nasce da falência dos modelos ideológicos. O Estado tem de resolver problemas concretos, com os meios concretos de que dispõe"[49].

---

[48] E menos ainda as "alternativas" ao dito modelo, aliás como recentemente demonstrou Gomes & Unger (1996).

[49] Cardoso (1995, p. 152).

Por último, e por conclusão, resta observar que o novo modelo que se esboça, no qual a mola mestra do processo é o crescimento da produtividade, as ações de governo não são, em si, deflagradoras do processo de desenvolvimento. A dinâmica básica do desenvolvimento brasileiro começa a prescindir das ações de governo, especialmente no que se refere aos grandes programas e projetos de investimento, embora isto não seja o caso no tocante à configuração macroeconômica básica. O governo se torna coadjuvante e as burocracias e os políticos perdem o papel missionário que assumiram ao longo de décadas. O progresso e o crescimento se obtêm crescentemente na área privada e, nessa circunstâncias, o governo precisa se acostumar a exibir um cartel de realizações que não se limita, e nem mesmo prioriza, o número de obras ou programas que iniciou. As prioridades deslocam-se dos instrumentos (programas, despesas) para os objetivos finais (os indicadores sociais e econômicos). O salário real sobe não em função da política salarial, mas do crescimento da produtividade gerado no setor privado. Deixa de ser uma conquista do governo ou do Parlamento. O investimento ocorre porque o setor privado confia na sustentabilidade de um quadro macroeconômico básico. Não é mais conseqüência de "projeto nacional", composto de megainvestimentos, urdido em gabinetes. O governo não é mais o agente primordial do processo, e daí resulta uma angústia básica do político cuja "plataforma" tradicionalmente consiste, conforme observado acima, em uma coleção de despesas relacionadas num documento de metas. No passado, portanto, o político comprometia-se com metas instrumentais (despesas) que produziam o desenvolvimento no âmbito de um modelo em que o Estado era o indutor do mecanismo. Hoje, o "plano de metas" governamental não é mais tão importante, e nesse contexto o grande desafio do político — e grande desafio desse governo — é o de mudar os termos pelos quais são avaliados os governos, ou seja, redefinir a retórica do processo de desenvolvimento de modo a reassentar as bases de julgamento da eficácia das ações do Estado.

## 2.
## NOVOS E VELHOS CAMINHOS DO DESENVOLVIMENTO BRASILEIRO[1]

É a primeira vez que compareço a este Fórum como expositor[2], mas desde o início coleciono tudo que se publica a partir daqui. Os 20 ou 30 volumes já editados fornecem uma extraordinária amostra do que melhor se produziu no plano das idéias sobre a economia brasileira ao longo dos recentes anos. A leitura desse material, especialmente quando feita na seqüência em que foi produzido e discutido, oferece um retrato extraordinariamente preciso de uma reflexão sobre desenvolvimento brasileiro marcada pela perplexidade diante da Década Perdida e pela ansiedade em definir novos caminhos. Parece também muito claro o sentido revisionista desta reflexão. Concepções que tomávamos como líquidas e certas acerca da construção do desenvolvimento foram sendo progressivamente abandonadas com o desenrolar da crise posterior a 1982. Terá sido provavelmente daqui que emanou, em primeiro lugar, o diagnóstico de que a crise de 1982 não era um mero acidente, ou a decorrência de uma decisão desastrada no plano da política econômica — fosse uma pré-fixação tola e malconcebida como a de 1979, ou a administração irresponsável das reservas internacionais que nos levou a esgotá-las meses antes de o México declarar sua moratória em setembro de 1982, ou ainda a destrambelhada administração do Plano Cruzado em 1986, e também dos choques heterodoxos que se seguiram. Sem prejuízo do merecido reconhecimento de todos esses erros, o Fórum nos ajudou a entender que estávamos diante de fraquezas mais fundamentais de nosso modelo de desenvolvimento econômico. Com o tempo, essa percepção emerge com maior clareza a cada nova edição deste Fórum, e permite um enunciado cada vez mais sintético das causas do esgotamento do modelo anterior, bem como um olhar mais apurado sobre as alternativas para o futuro.

---

[1] Originalmente de 6.6.1998, o texto foi publicado em João Paulo dos Reis Velloso (org.): *O Brasil e o mundo no limiar do novo século*, Rio de Janeiro, José Olympio Editora, 1998. O texto aqui reproduzido é praticamente idêntico ao original, exceto por algumas referências bibliográficas adicionais e pela supressão de uma tabela sobre crescimento de produtividade, em benefício de uma versão bem mais atualizada no capítulo 4.

[2] Fui, certa vez, co-autor de um trabalho sobre investimentos diretos estrangeiros e seu papel no desenvolvimento brasileiro, mas a exposição foi feita pelo meu colega Winston Fritsch *cf.* Fritsch & Franco (1990).

Este ensaio procura avaliar o estado das artes da discussão sobre o novo modelo, tendo em vista a evidente transformação da agenda de estabilização em uma agenda de desenvolvimento, conforme previsto no capítulo anterior, no momento em que se aproxima o quarto aniversário das primeiras emissões do Real. A próxima seção sintetiza o diagnóstico básico da Década Perdida e enuncia as questões básicas que paralisaram o Brasil nesses anos. A seção 2 procura destacar as formas pelas quais o Plano Real procurou responder aos impasses dos anos 80, e especificamente o modo como a abertura e a privatização redefiniram os termos do problema do desenvolvimento e forneceram as bases para um novo modelo, no qual o setor privado terá papel de liderança no plano do investimento, e o crescimento da produtividade permitirá que o crescimento tenha lugar com melhoria na distribuição da renda nacional. A seção 3 trata dos problemas da transição, vale dizer, das conseqüências da demora em se empreender a solução para a questão fiscal. A política monetária adquire especial importância nesse contexto, em que se observa um processo de *Crowding Out* mercê da força da chamada "âncora monetária". A seção 4 sugere que a consolidação da estabilização carece de instituições que dêem caráter permanente às salvaguardas contra a irresponsabilidade fiscal e monetária.

## 1. A AUTÓPSIA DO VELHO MODELO

O colapso do velho modelo nacional-desenvolvimentista, ou de substituição de importações, pode ser visto em dois eixos principais:

(i) *Inflacionismo*. A inflação e os déficits fiscais revelaram-se fundamentais como mecanismos para viabilizar, através da poupança forçada, a sustentação de elevados níveis de investimento público, contribuindo significativamente para que as taxas de investimento agregadas permanecessem ao redor de 25% do PIB. O crescimento pode se sustentar em taxas elevadas durante muitos anos, mercê deste alto ritmo de formação de capital, mas na presença de crescentes dificuldades. Os impactos sobre a distribuição de renda da manutenção de um crescimento forte e cada vez mais dependente da inflação foram os piores possíveis. O Brasil cresceu, mas se tornou um país industrial à custa de um aumento extraordinário nos níveis de desigualdade. Os louros concedidos aos heróis desenvolvimentistas são merecidos, mas também os ônus, notadamente na forma de concentração de renda. Ademais, o modelo parecia exibir retornos decrescentes ao longo do tempo: o nível de tensão distributiva (e inflação) tinha de ser cada vez maior para se sustentar números decrescentes para o investimento público.

(ii) *Auto-suficiência*. A substituição de importações, vale dizer, a identificação entre a agenda de investimentos e pautas de importação, tendo como objetivo a busca obsessiva da auto-suficiência, oferecia uma contrapartida regulatória aos esforços de investimento público. Buscava-se elevar a segurança e rentabilidade dos investimentos privados mediante proteção, controles de preços e salários e de crédito. A industrialização procede com extraordinário vigor, havendo quem dissesse que, ao cabo dos anos 80, ela havia se completado, mas, ao mesmo tempo, era forçoso reconhecer que se implantava um parque industrial caracterizado pela elevada concentração industrial e cuja dinâmica tinha como característica básica o dirigismo. Esta combinação nada tinha de conducente à competição e ao dinamismo tecnológico. Em conseqüência, experimentamos ao longo do tempo uma lenta deterioração da taxa de crescimento da produtividade, especialmente clara quando são afastados os fatores cíclicos, o que não apenas reduz progressivamente a nossa competitividade, como serve também para agravar a já precária condição da distribuição funcional da renda nacional.

A ênfase nos problemas deixados para o futuro, e nas causas de seu esgotamento, não deve diminuir o sucesso do modelo nacional-desenvolvimentista em promover (na verdade, consumar) a industrialização. Não se trata de dizer que o modelo foi equivocado, e que erros foram cometidos. Mas de acrescentar que ficaram para o futuro uma série de problemas — os custos da bem-sucedida mobilização de recursos e esforços que o modelo proporcionou — cuja solução requereria uma significativa mudança de rumos. Na verdade, essa solução implicava um modelo bastante diferente do original.

Ainda prevalece um compreensível pudor em se reconhecer que o modelo nacional-desenvolvimentista se revelou terrivelmente concentrador de renda, o que não deveria, a rigor, surpreender ninguém, tendo em vista o uso intensivo e, às vezes, abusivo, do binômio inflação & proteção. Durante certo tempo, e especialmente durante o famoso debate sobre a concentração de renda observado durante os anos 70, prevaleceu a ficção de que a desigualdade tinha que ver com o regime militar, ou com a política salarial do Paeg, ou com um estilo de crescimento calcado em "bens de luxo" (hoje chamados de duráveis) e que não era um aspecto intrínseco ao modelo nacional-desenvolvimentista. Tivemos naquela ocasião (do Censo de 1960 para o de 1970) um aumento nos índices de concentração de renda, talvez bem menos importante que a observação de que *os níveis* desses índices eram alarmantes e que a desigualdade era decorrência direta da inflação.

O combate ao regime militar serviu-se da noção equivocada de que a desigualdade tinha sido produzida pela política econômica posterior a 1964 e acabou fornecendo um extraordinário álibi ao modelo nacional-desenvolvimentista. O país consagrou um equívoco básico no tocante às causas da concentração de renda e enganou-se em achar que a redemocratização do país seria suficiente para resolver o problema. Assim sendo, como a Democracia brasileira em nada modificou os fundamentos básicos do modelo de desenvolvimento nacional-desenvolvimentista — o inflacionismo e a busca da auto-suficiência —, a desigualdade só fez piorar ao sabor de uma inflação cada vez mais descontrolada e de um regime de política industrial e de comércio exterior cada vez mais irracional.

A resistência em reconhecer o esgotamento do nacional-desenvolvimentismo foi enorme e até certo ponto compreensível. Nosso desempenho foi tão positivo durante tanto tempo que poucos observadores ousavam apontar as falhas do modelo, e menos ainda aventurar-se em propor novos caminhos. Enquanto isso, a inflação crescia a números assustadores, alimentando-se tanto das crescentes pressões sobre as contas fiscais, quanto das tensões distributivas produzidas pela falta de dinamismo tecnológico e pela maior combatividade dos sindicatos. O modelo exibia desempenho cada vez pior.

A propósito, são especialmente relevantes as observações de Paul Krugman (1996, p. 169) sobre o crescimento supostamente miraculoso de algumas economias asiáticas: "crescimento econômico baseado na mobilização intensiva de insumos, mas não em crescimento do produto por unidade de insumo, está condenado, mais dia menos dia, a rendimentos decrescentes".

Como efetivamente se observou também para os países socialistas, é indiscutível que os Estados Nacionais podem impulsionar o crescimento de forma muito significativa através de mecanismos impositivos de mobilização de recursos, mas a reflexão de Krugman sugere que esse tipo de atuação se exaure se não é capaz de gerar impulsos autônomos no plano privado, e que se manifestam no crescimento da produtividade. Muito provavelmente, este figurino de esgotamento de um episódio de mobilização intensiva de recursos descreve o nosso crescimento anterior a 1982, em grande medida dependente, como vimos, de poupança forçada provocada pela inflação e transferências de recursos através do aparato de política industrial e de comércio exterior. O gráfico 1.2 parece efetivamente apoiar a noção que o modelo nacional-desenvolvimentista exibia "retornos decrescentes", especialmente se atentamos para o fato de que exibimos números positivos para o crescimento da produtividade no pós-guerra até 1982 apenas em função de fatores cíclicos e do chamado "efeito de Verdoorn", vale dizer, a correlação positiva entre produtividade e investimento, ou seja, a idéia de que, na presença de grandes blocos de investimento com grande conteúdo de máquinas importadas, os aumentos de produtividade são quase que inteiramente explicados pelo progresso tecnológico embutido nesses novos equipamentos[3].

---

[3] Veja-se Franco (1996) para detalhes.

Também a corroborar a precariedade dos nossos níveis de produtividade está o trabalho recente do McKinsey Global Institute (1998), com suas inúmeras e incômodas comparações entre os níveis de produtividade no Brasil e as melhores práticas mundiais. Este trabalho veio preencher uma importante lacuna, pois nunca tivemos uma análise verdadeiramente pormenorizada sobre a nossa (falta de) competitividade, senão monótonas e empoladas repetições dos clichês intervencionistas dos velhos tempos, o que ensejou diversas ilusões e propostas de adoção de políticas no estilo asiático, na verdade o re-empacotamento de velhas falácias, agora sob nova denominação (finanças industrializantes, lógica dos complexos, câmaras setoriais etc.), felizmente sem maiores conseqüências. Nessa linha, conforme observaram Mendonça de Barros & Goldenstein (1997, p. 28), "nossos velhos parâmetros estão datados historicamente e, conseqüentemente, não servem mais para explicar uma realidade que se transforma. As verdades que tinham sido úteis nos anos 50 e 60 — eles acrescentam — não mais dão conta da nova realidade nacional e internacional".

Com o decorrer da Década Perdida, vai se elevando a ansiedade dos participantes desse Fórum em enunciar o que poderia ser um novo modelo, ou a forma pela qual poderíamos escapar da ameaça — já, na verdade, concretizada — da hiperinflação. Essas ansiedades talvez pudessem ser resumidas em duas questões básicas:

(i) Como crescer (o produto e o emprego) e ao mesmo tempo eliminar a inflação e o déficit público, ou seja, como fazer políticas "antikeynesianas" (de redução do gasto corrente e investimento público) e, simultaneamente, crescer?

(ii) Como aumentar os salários e melhorar a distribuição de renda e ao mesmo tempo melhorar a competitividade (e reduzir a vulnerabilidade externa)?

Essas perguntas não encontravam respostas dentre os defensores do velho modelo, pois o pensamento *heterodoxo* (ou desenvolvimentista) brasileiro tem como uma de suas características mais proeminentes o culto a Keynes, ou mais precisamente à vertente subconsumista do pensamento keynesiano, ou seja, aquela que, de variadas maneiras, acredita em um vezo do sistema capitalista em periodicamente produzir crises de superprodução (subconsumo). Este *keynesianismo vulgar*[4] resulta em uma crença de que todos os problemas do desenvolvimento são problemas de demanda efetiva, que apenas se resolvem com elevações do gasto público. Nesse mundo, não existe o "lado da oferta" e o desenvolvimento com

[4] O termo "keynesianismo vulgar" é usado por Paul Krugman (1998, p. 32, *passim*) em um sentido muito semelhante, a propósito de sua devastadora crítica do livro de William Greider (1997), recentemente traduzido para o português (*O mundo na corda bamba*).

ajuste fiscal é uma impossibilidade lógica, pois consiste em deprimir a fonte a partir da qual é corrigido o viés subconsumista do capitalismo, enquanto é favorecido o voluntarismo populista de vastas camadas da classe política.

De outro lado, com relação à segunda pergunta, a resposta convencional era, com efeito, a de que o dinamismo tecnológico seria a chave para se conseguir competitividade com salários maiores. Todavia, o modo de se chegar a este objetivo estava longe de ser um consenso. A esse respeito, este Fórum assistiu, em diversas ocasiões, a alusões, explícitas ou tácitas, à obra de Schumpeter. O problema que tínhamos era a crença — que apenas podemos qualificar, em respeito à obra do mestre, e por analogia com o argumento acima acerca de Keynes, de *Schumpeterianismo vulgar* — de que a inovação tecnológica poderia se produzir com reservas de mercado, favorecimentos fiscais e regulatórios e, principalmente, na ausência de competição[5]. Dessa forma, a resposta do *establishment* à segunda pergunta não podia ser outra: *more of the same,* ou seja, reafirmar a lógica da substituição de importações, até mesmo para indústrias onde o progresso técnico era muito veloz, como a de computadores, e a proteção segundo a lógica das "indústrias nascentes" não era recomendável.

Ao longo da Década Perdida, a impressão que se tem é a de que estamos insensatamente levando às últimas conseqüências as opções do passado, sem falar no uso indevido de conceitos emanados de Keynes e Schumpeter:

(i) A cada pequeno tremor no crescimento, a única resposta que se tinha era mais keynesianismo, o que era, na verdade, mais inflacionismo. A cada novo desafio (choque de oferta ou perturbação financeira), o governo responderia com mais um ambicioso programa de investimentos públicos financiado cada vez mais diretamente pela inflação e, portanto, cada vez mais inflacionário e ineficaz.

(ii) A cada pequeno tremor nas nossas contas externas, mais desvalorizações (vale dizer, arrocho salarial) ou mais proteção, mais ineficiência, menos competição e mais subsídios diretos à exportação (seja diretamente ao exportador — que chegou a receber cerca de 48% do valor FOB exportado em subsídios[6] —, seja ao importador — mediante financiamentos a países sem nenhuma condição de honrar esses financiamentos), deixando claro um paradigma de competitividade que ganhou o merecido adjetivo de *espúria* por basear-se em subvalorização cambial e (conseqüente) arrocho salarial, enquanto, do lado das importações, nos aproximávamos perigosamente da situação de autarquia.

---

[5] A hipótese implícita é a da existência de uma forte associação positiva entre concentração industrial e inovação tecnológica, *independentemente de outros fatores.*

[6] Neves & Moreira (1987).

Aplicávamos, portanto, mais e mais dosagens de remédios que apenas pioravam a doença. O Fórum bem retratava o desalento em que se encontravam os economistas ao perceber que caminhávamos para o abismo, vale dizer, para uma patologia inédita no Brasil e inconcebível a quem quer que olhasse a jovem democracia brasileira que em 1984 iniciava uma nova fase cheia de desígnios favoráveis. A hiperinflação ocorreu em apenas uma dúzia de países em guerra civil, ou sujeitos a convulsões sociais de natureza extrema. O Brasil experimentou esta rara doença "em tempos de paz", por conta de paralisia decisória, de inércia de burocracias e de hesitação política. Prosperou também graças às decepções envolvidas no messianismo dos choques heterodoxos e na falsidade das ilusões de que a inflação era neutra ou inercial, e que poderia terminar com um esquema inteligente de coordenação decisória; e que não tínhamos nenhuma doença séria; e que o Brasil estava pronto para a retomada do desenvolvimento exatamente onde se parou em 1982.

## 2. O Plano Real

Em meados de 1993, quando a equipe comandada pelo então Ministro da Fazenda — Fernando Henrique Cardoso — começa a trabalhar com o que viria a ser o Plano Real, a primeira e mais importante de todas as premissas foi a de que a vitória sobre a inflação deveria se consubstanciar na definição de um novo modelo de desenvolvimento. Pois assim como dizíamos que a hiperinflação era uma doença profunda, e que expressava o colapso de um modelo de desenvolvimento, a contrapartida era a de que a estabilização deveria trazer consigo, para ser bem-sucedida, o enunciado de um novo modelo de desenvolvimento. Na verdade, não era outra coisa que se dizia quando se ouvia que a estabilização apenas funcionaria se tivesse os "fundamentos corretos", ou que atacasse a raiz dos problemas, e que não recaísse na superficialidade dos outros planos econômicos preocupados com sintomas, e não com a doença[7]. Sabíamos, portanto, que, somando-se à reforma monetária, e ao ajuste fiscal, era preciso ter claros os próximos passos, os quais, sem dúvida, não podiam escapar das duas perguntas básicas que este Fórum repetidamente se fazia e que mencionamos acima: (i) como crescer com ajuste fiscal? e (ii) como melhorar os salários e a competitividade ao mesmo tempo?

As respostas, na verdade, nada tinham de complexas, ao menos no seu enunciado, e podiam ser sintetizadas em duas palavras polissilábicas, dois conceitos fundamentais, dois eixos de transformação: Privatização e Produtividade.

---

[7] Veja-se Franco (1996).

*Produtividade*

O crescimento da produtividade é a única forma de se alcançar, ao mesmo tempo, mais salário e menos preço. É a única maneira de se conseguir mais competitividade sem inflação, desvalorização cambial e o arrocho salarial que daí decorre. A novidade trazida pelo Plano Real era assumir em toda a sua extensão que a produtividade (dinamismo tecnológico) é favorecida pela competição, e não pela falta dela. A nossa experiência parecia sugerir que a resposta empresarial ao voluntarismo do setor público era leniente na ausência de um desafio competitivo, ou seja, a eficiência dos incentivos governamentais ao desenvolvimento tecnológico era muito reduzida na ausência de competição. No momento em que a abertura começa a representar um real desafio à indústria brasileira, apresenta-se pela primeira vez *a necessidade* de esforços de enxugamento da economia, redução de custos, melhorias na qualidade e maior eficiência. O desafio colocava em questão a própria sobrevivência de certas indústrias.

A resposta a estes desafios foi vigorosa. O sucesso da abertura em promover o aumento da produtividade é hoje incontestável. Creio que já ficaram para trás as dúvidas metodológicas sobre o comportamento da produtividade nos anos que se seguiram a 1991, mostrado adiante na tabela 4.3: cerca de 7% de crescimento médio anual em absoluto contraste com a nossa experiência histórica, contraste ainda mais extraordinário quando técnicas estatísticas são utilizadas para eliminar os fatores cíclicos[8].

Graças à abertura, e ao extraordinário crescimento de produtividade que dela derivou, os ganhos salariais e de distribuição de renda produzidos pela estabilização se revelaram duradouros. Pela primeira vez, em muitos anos e depois de várias tentativas, conseguimos ganhos permanentes na distribuição de renda, e graças à poderosa combinação entre abertura e estabilização. Uma e outra eram diferentes faces de um mesmo modelo, em adiantada gestação, e em franca oposição ao binômio inflação e proteção próprio do modelo anterior. E para a surpresa de muitos, não foi o populismo que produziu ganhos reais nos salários, mas o contrário dele, ou seja, a consistência macroeconômica.

Conforme mostrado no estudo recente de Bonelli & Fonseca (1998), nos primeiros anos do Real, a maior parte do crescimento da produtividade foi apropriada pelos salários, produzindo considerável alívio em tensões distributivas há muito latentes. De um ou dois anos para cá, esta tendência parece se esgotar, com os ganhos de produtividade se transformando em mais competitividade. Isto

[8] Para uma discussão da evidência empírica ratificando plenamente os números positivos para a taxa de crescimento da produtividade nos anos recentes, veja-se Bonelli & Fonseca (1998), Cacciamali & Bezerra (1997) e Salm *et al.* (1997).

apenas reforça a impressão de que podemos de fato ter, nos próximos anos, um crescimento que traga consigo melhorias na distribuição da renda nacional e na competitividade.

É de se notar também que, simultaneamente, observa-se uma redistribuição setorial e regional da atividade manufatureira, com o propósito de permitir um melhor enfrentamento do desafio competitivo. Alguns setores e regiões aumentam de tamanho, outros diminuem. As tensões são típicas de processos de reestruturação industrial. Há desemprego em alguns setores e regiões, enquanto em outras experimenta-se uma expansão inusitada. Os custos sociais são visíveis, mas é difícil argumentar contra este processo quando sua natureza é de tornar o Brasil um país mais homogêneo: a abertura deslocou indústrias de São Paulo para o Nordeste, fez o capital buscar os menores custos do trabalho, e dessa forma tem contribuído para reduzir os diferenciais regionais de salários e de perfis de emprego. Como ser contra?

O ataque à globalização pode fazer sentido na França e na Alemanha, na medida em que os níveis de salários (e empregos) são ameaçados por competidores em países mais pobres. Os sindicatos franceses protestam contra o que chamam de *dumping social* e demandam proteção contra os produtos chineses. Visto a distância, o problema parece menos grave: os salários na França estão caindo, e os da China estão subindo. Nada mais justo. Ao fim das contas, como observava Adam Smith, o comércio internacional é uma força homogeneizadora, que atua no sentido de equalizar as rendas de diferentes regiões.

Mas e quando se trata de duas regiões de um mesmo país? Os diferenciais salariais entre a região metropolitana de São Paulo e algumas das maiores cidades nordestinas pode ser da ordem de três a quatro para ocupações de mesmo perfil. Diante do desafio de competir com importações (vindas de toda parte, da França, da Alemanha, e também da China), algumas indústrias fecham suas plantas em algumas regiões de São Paulo e as reabrem no Nordeste. Os diferenciais de salários se reduzem entre São Paulo e o Nordeste. Há desemprego em algumas regiões de São Paulo, mas o contrário disso nas áreas beneficiadas pelos novos investimentos, muitas das quais fora das seis principais regiões metropolitanas que compõem o índice de desemprego do IBGE. A abertura parece, portanto, ter feito mais pela redução dos desequilíbrios regionais e do êxodo rural do que os diversos milhões gastos em subsídios por agências regionais de desenvolvimento.

É claro que nada disso reduz nem um centímetro a aflição daqueles que sofrem o desemprego nas regiões onde os salários eram maiores e a competitividade menor. É responsabilidade do governo atacar o problema, mas começando por notar que este não é um desemprego keynesiano que se resolve com obras públicas, mas um desemprego mais difícil, do lado da oferta, e que a experiência internacional parece mostrar que foi resolvido por meio de flexibilização das relações de trabalho e políticas que apressam a reestruturação industrial, e não a proteção.

*Privatização*

A privatização deve ser vista como uma síntese de aspectos mais importantes do processo de reforma do Estado, tendo lugar no período posterior à chamada Década Perdida. Há três elementos básicos no processo de privatização: (i) os recursos recebidos servem para reduzir a dívida pública e elevar a poupança pública; (ii) a responsabilidade por diversos investimentos futuros, especialmente nas áreas de infra-estrutura, é transferida para o setor privado, assim desonerado o Estado de gastos que ele não tem mais capacidade financeira para executar; e (iii) a administração privada das empresas privatizadas eleva consideravelmente a eficiência e a produtividade nesses setores.

Trata-se, ao fim das contas, de encerrar uma fase do desenvolvimento na qual o Estado precisou investir em siderurgia ou eletricidade, e o setor privado não podia fazê-lo. Ao mesmo tempo, o Estado não estava obrigado a gastar tanto no plano social e dispunha de recursos para investir. Com o passar do tempo, a situação mudou radicalmente: as despesas de custeio do Estado se elevaram a valores em torno de 30% do PIB, enquanto a carga tributária, agora, após a estabilização, em seu melhor momento em muitos anos, nada mais faz do que igualar esse valor. O pouco investimento que ainda pode ser feito por entidades do setor público eleva o déficit público a cerca de 6% do PIB e não ocasiona elevações explosivas na dívida pública apenas em função das receitas de privatização. Na década de 70, as despesas de custeio eram metade do que são hoje (como percentagem do PIB), e mesmo com níveis de receita tributária da ordem de 25% do PIB o Estado era capaz de poupar cerca de 5% do PIB e investir sem necessariamente pressionar a inflação. Hoje, o Estado despoupa mais ou menos esse tanto. Ou seja, não só o Estado (as três esferas de governo) consome toda a sua receita com despesas de custeio, como ainda precisa se endividar para terminar de pagar as contas, sem fazer investimento algum. Todos os investimentos públicos são financiados com acréscimos ao endividamento público.

É nesse contexto que devemos ter a privatização como absolutamente essencial para a redefinição da ação pública. O programa de privatização brasileiro já está próximo de se tornar o maior do mundo, mesmo tendo ainda a maior parte de suas receitas no futuro, como mostraram Bacha e Wells (1998). Os efeitos fiscais desse programa, considerados os três efeitos acima aludidos, se avaliados em conjunto com os desdobramentos das reformas previdenciária e administrativa, certamente permitem a conjectura de que novas bases para o equilíbrio fiscal estão sendo construídas, e que taxas agregadas de investimento consistentes com crescimento acelerado poderão ser alcançadas com maior participação do setor privado no investimento e maior envolvimento do setor público no gasto de natureza social.

Deve-se também destacar que a privatização favorece o forte movimento de entrada de investimentos diretos estrangeiros observado a partir dos primeiros anos do Real, embora seja responsável por apenas 23% dos fluxos registrados em 1995-97. O estoque de capital estrangeiro (investimento direto registrado) em dezembro de 1995 aproximava-se de R$ 42 bilhões: em 1996 e 1997, as entradas somaram cerca de US$ 27 bilhões, ou seja, cerca de 65% de tudo o que havia entrado como investimento de risco no Brasil até 1995. Os efeitos multiplicadores de investimentos diretos estrangeiros são muito fortes, a julgar pelos resultados recém-divulgados do primeiro Censo de Capitais Estrangeiros efetuado pelo Banco Central, que consolidou os dados contábeis de 6.322 empresas brasileiras com participação estrangeira. Aos R$ 42 bilhões de participações estrangeiras nessas empresas, devem se somar R$ 43 bilhões de participações de residentes (dos quais cerca de R$ 15 bilhões são participações estrangeiras indiretas) e R$ 21 bilhões de lucros acumulados, perfazendo um patrimônio líquido de cerca de R$ 106 bilhões. O ativo total dessas empresas é da ordem de R$ 273 bilhões, o que sugere que a cada R$ 1 de investimento direto estrangeiro se produz R$ 5 de ativos[9]. Nessas condições, é de se esperar que as entradas ocorridas em 1996 e 1997 produzam investimentos muito maiores que os US$ 27 bilhões de dólares de fluxos observados, especialmente quando notamos que a composição setorial desses investimentos é diferente daquela observada para o estoque em 1995, pois tem uma participação muito maior de investimentos nos setores de infra-estrutura. Assim sendo, faz sentido pensar que estamos assistindo ao início de um ciclo de investimentos estrangeiros de grande vulto, comparável aos dos anos 50 e 70, que poderão assumir grande importância para o crescimento dos próximos anos.

### 3. O PROBLEMA DA TRANSIÇÃO: DÉFICIT FISCAL E O *CROWDING OUT*

Enquanto caminham a privatização e as reformas conducentes ao equilíbrio fiscal, o Brasil convive com um desequilíbrio fiscal sério e ameaçador. O déficit

---

[9] Considerando o investimento estrangeiro como participações diretas (R$ 42 bilhões) e indiretas (R$ 13 bilhões); como este grupo de empresas exportou US$ 21,7 bilhões e importou R$ 19,4 bilhões em 1995, também se pode dizer que cada R$ 1 do investimento direto estrangeiro produz US$ 0,40 de exportações e US$ 0,35 de importações, aproximadamente. Mais detalhes no capítulo 4.

fiscal no conceito mais amplo (Necessidades de Financiamento do Setor Público — NFSP — três esferas de governo, conceito nominal, sem deduções de qualquer espécie) tem estado em níveis superiores a 6% do PIB. É verdade que os efeitos desse déficit sobre a dívida pública têm sido bastante reduzidos em função das receitas de privatização. Com a dedução destas, o NFSP fica ligeiramente superior a 3% do PIB, o que significa que com um crescimento do PIB da ordem de 4%, a relação dívida/PIB não cresce. Ou seja, enquanto durarem as receitas de privatização, a situação parece sob controle, mesmo com o déficit primário em níveis elevados. Temos tempo, portanto, para trabalhar o problema fiscal. Mas não podemos perdê-lo uma vez mais com dúvidas conceituais e hesitações. A situação que temos diante de nós é simples: o Estado é uma enorme empresa com um *prejuízo* para 1998 da ordem de R$ 72 bilhões (valor em reais das NFSP). Ou seja, o Estado terá se endividado, ao final deste ano fiscal, em R$ 72 bilhões adicionais[10], o que, obviamente, representa um ataque sobre poupanças que poderiam estar à disposição da economia privada para fins produtivos. Estes recursos estão sendo desviados para o financiamento do setor público através de um mecanismo muito perverso e muito conhecido: a taxa de juros. Os manuais de macroeconomia trazem a descrição desse processo logo no início de seus capítulos sobre política macroeconômica, sob a denominação de *Crowding Out*. A tradução é difícil, mas o termo em inglês é muito bem achado: ao aumentar os seus gastos com financiamento através de dívida pública, tudo o mais constante, haverá um aumento na taxa de juros que fará com que a demanda efetiva no setor privado se reduza no exato valor do aumento dos gastos do governo. O governo *expulsa* o setor privado da disputa pela poupança disponível, pois paga as taxas de juros que forem necessárias para colocar seus papéis. Este drama é percebido cotidianamente nas colocações de papéis públicos pelo Banco Central e pelo Tesouro, os quais recebem uma inestimável ajuda por meio de depósitos compulsórios do sistema bancário no Banco Central, boa parte dos quais constituídos obrigatoriamente em títulos públicos, e dos "direcionamentos" que obrigam, por exemplo, os fundos mútuos a manter percentuais mínimos de suas carteiras em títulos públicos. O financiamento do déficit público através de aumento da dívida seria, com certeza, muito mais difícil se não fossem esses mecanismos.

---

[10] Apenas como exercício de consistência, note-se que para um PIB de R$ 850 bilhões e dívida pública total da ordem de 34% do PIB na partida, um déficit (NFSP) de R$ 50 bilhões, metade do qual coberto por receitas de privatização, não provocará aumento na dívida pública total como percentagem do PIB se este tiver um crescimento nominal de 8,6%. Com inflação de 4% para 1998, isto significaria que um crescimento real de 4,4% bastaria para não prejudicar a relação dívida/PIB, graças, evidentemente, às receitas de privatização.

Por que o Brasil não tem uma taxa de juros nominal parecida com a de outros países emergentes com níveis semelhantes de inflação? E por que não temos taxas na ponta dos empréstimos (para capital de giro, por exemplo) ao menos parecidas com as taxas interbancárias, como em qualquer lugar? Resposta: porque existe um enorme desequilíbrio nas contas públicas que, em si, pressiona os juros conforme explicado acima, e "cunhas fiscais" e compulsórios que permanecem em vigor apenas para ajudar a financiar este déficit.

Em qualquer país do mundo, e em qualquer livro-texto de macroeconomia, quando o governo resolve engajar-se em políticas fiscais expansionistas — para investimentos sociais ou gastos militares — e o respectivo banco central não "acomoda" essa intenção pela impressão de papel-moeda, o governo terá de se endividar e necessariamente haverá de pressionar a taxa de juros. A existência simultânea de um desequilíbrio fiscal de grandes proporções e a chamada "âncora monetária", ou seja, a disposição do Banco Central em não financiar o déficit por meio de emissões de dinheiro, necessariamente resultará em juros elevados. Esta lógica parece ficar mais transparente no Brasil de hoje, uma vez removida a névoa da inflação, embora seja ainda muito forte a noção inversa de que, no Brasil (quem sabe, no Hemisfério Sul, ou na Periferia Tropical), o déficit é provocado pelos juros, e que bastaria reduzi-los para que o déficit desaparecesse. Trata-se, é claro, de tautologia e, de muitas formas, parecida com a idéia de que a inflação era determinada exclusivamente pela memória inflacionária, ou pela correção monetária; e que era, portanto, inercial; e que desapareceria quando pudéssemos, por algum expediente inteligente, cortar os cordões entre o passado e o presente.

Quando se trata da relação entre juros e déficit público, a situação é semelhante. Na origem, o déficit provoca endividamento público e elevações em juros, os quais, por seu turno, ampliam o déficit e criam um círculo vicioso. Há um "impulso básico", uma "causa primária" e um processo de "realimentação" que amplia os problemas originais, tal como, para a inflação brasileira, havia causas fundamentais e "mecanismos propagadores", que podiam dar a alguns desavisados a impressão de que eram estes os determinantes do processo. Na verdade, gastamos muito tempo, e geramos muito sofrimento, combatendo os "mecanismos propagadores" da inflação sem tocar nas causas fundamentais. O "choque heterodoxo" se tornou o paradigma da abordagem equivocada no combate à inflação na medida em que atacava apenas a propagação, e não o desequilíbrio original, assim merecendo a aguda descrição do saudoso professor Mário Henrique Simonsen: "anestesias sem cirurgia".

Creio, todavia, que, no tocante à inflação, felizmente já superamos as ilusões de que o Brasil é diferente, ou de que aqui vigora um "paradigma alternativo" nesse domínio. No plano das finanças públicas, todavia, ainda há algum aprendizado a ser feito, a julgar pela popularidade das concepções de que o déficit fiscal existe apenas porque os juros são altos, o que serve tão-somente àqueles que acham que não há ajuste fiscal a fazer, ou que alimentam idéias exóticas sobre a dívida pública. Na verdade, o seqüestro de ativos do Plano Collor constitui o clímax da idéia de que os juros (e a dívida pública) eram as causas do déficit público, ou que este tinha "caráter financeiro"[11]. Esperava-se que o "calote" suprimisse o problema, mas como o desequilíbrio primário não foi eliminado, o déficit voltou e com ele, a inflação. Infelizmente, a triste experiência do Plano Collor ainda não sepultou em definitivo as "teorias" sobre o "caráter financeiro" do déficit público no Brasil.

## 4. Instituições para a estabilidade e o desenvolvimento

A eliminação do déficit público, tal qual o combate à inflação, não deve focalizar os sintomas, ou os mecanismos propagadores, mas o desequilíbrio primário. Trata-se de elevar a carga tributária e/ou reduzir despesa. Se não gostamos da primeira alternativa, será preciso trabalhar ainda melhor com a segunda. Posto desta forma, o problema parece simples. Mas não é. Especialmente num país com tantas carências e tantas expectativas depositadas sobre a ação pública. Parece sempre desumana e deslocada a proposta de austeridade quando a ação do Estado é meritória e ataca problemas sérios e urgentes. Seria mais fácil se assim não fosse, e que a proposta de austeridade pudesse ser confundida com a eliminação de desperdícios, ou com cortes em atividades que não fizessem falta. Mas, (in?)felizmente, este não é o caso. As decisões sobre equilíbrio fiscal implicam escolhas difíceis entre tarefas alternativas para o Estado, todas úteis e defensáveis. Em torno de objetivos e instituições se montam "bancadas" no Parlamento: a dos aposentados, da agricultura, do Banco do Brasil, dos Estados etc., todas em torno de boas causas. Em contraposição, não há, nem talvez nunca exista, uma "bancada" do Erário no Parlamento, pois seus termos de referência seriam a oposição a *todas* essas causas em nome de uma idéia abstrata: o equilíbrio orçamentário. Como proceder?

Toda democracia precisa de instituições que regulem a competição política por recursos públicos. Fizemos um bom trabalho no tocante à construção da nossa democracia e das instituições políticas, que a apóiam, mas o mesmo não pode ser dito sobre as nossas instituições econômicas. A Democracia necessita de estabilidade econômica e de salvaguardas contra forças que podem colocá-la a

---

[11] Uma vez mais com a palavra o professor Simonsen (que falta que ele faz!): "déficit não tem caráter".

perder. Não há Justiça Social sem estabilidade, nem Democracia digna desse nome quando se tem uma economia em que o Estado se sustenta à custa de tributar o pobre pela inflação. Esta, como se sabe, é um imposto que se aplica por omissão, sem legislação que o autorize. Quando as forças políticas não são regidas de modo a que suas demandas sejam consistentes com as possibilidades sociais, o resultado é a tributação por meio da inflação, processo que pode adquirir características doentias, como no Brasil. Seja porque a classe política fracassou em acordar em despesas que caibam dentro da receita, seja através de um conluio tácito para explorar as maiorias sub-representadas no Parlamento, a inflação sempre será um processo que denota o fracasso de um sistema político, e por isso mesmo suas conseqüências podem ser devastadoras. Felizmente, no caso brasileiro, a solidez de nossas instituições políticas nos permitiu ultrapassar a experiência da hiperinflação sem danos à Democracia. A experiência internacional é rica em catástrofes políticas oriundas de descalabro inflacionário. Nós, felizmente, conseguimos (até então) vencer a hiperinflação dentro do ordenamento jurídico vigente, sem o recurso a medidas de exceção. Trata-se, sem dúvida, de uma extraordinária vitória, mas que ainda não está inteiramente consolidada. Nossa Democracia precisa desenvolver instituições que evitem, para todo o sempre, a ocorrência de situações como a da hiperinflação, que podem colocar em perigo os valores democráticos. Não é outro o motivo pelo qual as democracias mais antigas desenvolveram instituições de modo a defender a moeda e o fisco de interesses que podem enfraquecê-la e provocar processos inflacionários de conseqüências sociais e políticas perigosas. *Grosso modo*, essas instituições se definem em três áreas fundamentais: (i) a competição política pelos recursos públicos no âmbito do processo orçamentário e de definição das prioridades no tocante à despesa pública, de acordo com os limites que a sociedade impõe ao Estado pelo lado da receita; (ii) a separação entre a decisão sobre gasto da disponibilidade de financiamento, o que implica, de um lado, a separação entre assuntos fiscais e assuntos monetários — ou seja, entre o Banco Central e o Tesouro —, e de outro, a separação clara entre receita e financiamento — ou seja, entre recursos fiscais e elevação da dívida pública; e (iii) se tudo o mais falhar, a independência operacional para os gestores da moeda a fim de impedir a tributação do pobre por meio do enfraquecimento da moeda.

*O orçamento*

Os avanços no domínio orçamentário foram importantes, mas o nosso retrospecto é ainda insatisfatório. Ainda não conseguimos um sistema segundo o qual nossa sociedade imponha obrigações de gastar, ao setor público, condizentes aos meios que lhe são oferecidos para cumprir essas obrigações. Temos responsabilidades depositadas sobre o Estado, e desejos que tencionamos atender, em montante muito superior ao que a nossa sociedade dá ao Estado na forma de receita tributária. Precisamos definir processos transparentes para as escolhas quanto a prioridades, mas que permitem um correto dimensionamento da ação pública. O Estado não tem que ser mínimo nem máximo, necessariamente: tem apenas de desempenhar funções do tamanho dos recursos que a sociedade lhe oferece. Do contrário, se for maior do que a receita lhe permite, o Estado será um instrumento de tributação do pobre — a quem supostamente procura assistir — por meio da inflação, ou de penhor das classes produtivas e das gerações futuras por seu endividamento.

Será preciso, nos próximos anos, aperfeiçoar o Orçamento Público (e também a Lei de Diretrizes Orçamentárias), possivelmente através da aprovação da Lei Complementar das Finanças Públicas, prevista na Constituição Federal (art. 165, § 9), de modo a se estabelecer um processo realista de definição dos limites da ação pública. Como esta lei complementar não foi proposta ainda, permanece em vigor a Lei 4.320, de 17.3.1964, cujos conceitos são antiquados e inadequados para o Brasil de hoje. Não se pode deliberar sobre equilíbrio orçamentário quando tal conceito não encontra sequer definição na Lei 4.320. Na sistemática atual, há pouca defesa quanto ao irrealismo no lado da receita, com o intuito de aprovar dotações para despesa para as quais não haverá recursos. A Lei 4.320 nem mesmo distingue receitas de financiamento, ou seja, trata o aumento de dívida pública e a emissão de moeda (resultado do Banco Central) como "receitas de capital". Com um arcabouço deste tipo, totalmente distante dos conceitos hoje adotados no tocante à contabilidade pública, nosso orçamento não nos permite completar o trabalho de eliminação do desequilíbrio fiscal[12].

A natureza das instituições que regulam o orçamento é um atributo da maior importância na prevenção da irresponsabilidade fiscal. Alesina & Hausmann (1995), num estudo de comparações internacionais de instituições orçamentárias na América Latina, observam que quanto mais colegiadas (em oposição a hierarquizadas) e quanto menos transparentes são as decisões relativas ao orçamento, maior a propensão ao desequilíbrio. As instituições brasileiras enquadram-se muito bem nesses dois critérios negativos. Há muito o que fazer nesse domínio.

*Separando assuntos fiscais e monetários*

No plano da separação entre o Tesouro e Banco Central, os avanços foram inúmeros. Há um princípio claramente enunciado na Constituição, segundo o qual

[12] No início de 1999, o Executivo encaminhou à Câmara o projeto mencionado, com o título de "Lei de Responsabilidade Fiscal".

fica vedado o financiamento direto e indireto do Tesouro pelo Banco Central (art. 164, § 1º). Mas há muito mais o que progredir. A criação da Secretaria do Tesouro Nacional é recente, e sua capacidade de programar a execução do orçamento tem sido ampliada com o tempo, mas ainda não é perfeita, como não são perfeitos (isto é, equilibrados e transparentes) os orçamentos que se aprovam pelo Brasil afora nas várias esferas de governo reguladas pela Lei 4.320. Como o Tesouro passou, ao longo do tempo, a ser obrigado a exercer contingência sobre o orçamento, proliferaram defesas sob a forma de vinculação de receita, ou seja, a preferência, no uso de determinada receita, para o atendimento de determinada área. De toda parte aparecem as demandas por recursos vinculados, ou seja, pela definição de áreas e programas *mais especiais* que os outros. Tanto que pouco restou como receita não-vinculada. A história aqui é conhecida, e apenas será resolvida se todas as vinculações forem abolidas em nome da igualdade diante da lei, ou se *todas* as despesas pudessem estar vinculadas, mas no pressuposto de que a soma de todos os comprometimentos não deve ultrapassar a receita total.

Será difícil a reversão à inexistência de vinculações, mas a reforma tributária poderá avançar muito ao eliminar as partilhas de tributos entre esferas de governo. Da mesma forma, novos avanços no plano previdenciário poderão talvez reverter a chamada "operação desembarque", pela qual o Tesouro ficou automaticamente responsável pelas deficiências do sistema. Sempre será difícil imaginar que haja uma espécie de falência do sistema previdenciário oficial, ou que certas obrigações impostas ao Estado pela Constituição não possam ser cumpridas por falta de fundos. Não se concebe que a Constituição possa ser desafiada pelas forças econômicas, ou seja, que fique claro que ela criou para o Estado mais obrigações do que recursos para cumpri-las, e que o Estado não tem elementos para cumprir as determinações constitucionais senão através da inflação. É nesse sentido que se pode dizer que a Constituição de 1988 é inflacionária. Esta situação já podia ser vista em 1989, quando experimentamos a hiperinflação, e nos anos que se seguiram, a ameaça sempre esteve conosco. Após o Plano Real, o impasse tem se resolvido pelo de endividamento, o qual, como argumentamos acima, não tem sido explosivo graças à privatização.

Enquanto o desequilíbrio permanece, na vigência de um sistema um tanto caótico de vinculações, e no quadro de uma disputa cada vez mais acirrada por recursos contingenciados, a verdadeira fronteira de controle fiscal tem sido o acesso ao financiamento, qualquer que seja a sua forma. Assim sendo, as defesas contra o déficit, além da trincheiras no campo orçamentário, têm se concentrado em bloquear artificialismos para assegurar o financiamento. É claro, todavia, que o governo federal reserva para si alguns desses mecanismos, como por exemplo, os depósitos compulsórios dos bancos no Banco Central do Brasil, alguns dos quais não-remunerados. Existem também mercados cativos para papéis federais nos chamados "direcionamentos", que são obrigações impostas aos fundos mútuos, por exemplo. É difícil argumentar, todavia, que estas facilidades para o financiamento do déficit sirvam para estimulá-lo tendo em vista a separação entre decisão de gastar e acesso ao financiamento que existe na esfera federal. No plano estadual e municipal, esta defesa não existe: o gasto implicará sempre uma exploração integral de todas as formas disponíveis de financiamento, seja sob a forma de pilhagem de seus bancos estaduais (e outras empresas, na medida de suas possibilidades), atrasos de pagamentos de suas empresas de distribuição de energia elétrica para com a geração, ou do endividamento bancário. Sucessivas resoluções do Conselho Monetário Nacional limitaram consideravelmente as possibilidades dos bancos nesse processo, mas, infelizmente, não de forma perfeita. Ainda existem dificuldades nesse controle. Os bancos estaduais não podem mais emprestar a seus controladores, mas aos bancos federais, isto ainda é possível (a meu juízo, não deveriam fazê-lo). Os fundos mútuos de bancos oficiais ainda podem carregar papéis de seus controladores (talvez não devessem). Há fundos públicos como o FAT, o FGTS e o PIS que podem ser usados livremente para financiamento de despesa pública (talvez não devessem). É nesse domínio, caracteristicamente não-orçamentário, que as principais batalhas contra o déficit têm sido travadas. Não é por outro motivo que as medidas convencionais para o déficit fiscal, aqui no Brasil conhecidas como "o acima da linha", exibam diferenças freqüentemente enormes, com números aferidos "abaixo da linha", ou seja, aqueles aferidos pelo Banco Central, observando as variações nas disponibilidades e no endividamento público. Essas discrepâncias apenas reforçam a impressão de que ainda não temos um plano de contas apropriado para o setor público como um todo, a partir do qual tenhamos uma visão abrangente das contas públicas e uma execução fiscal sujeita a controles gerenciais realmente transparentes.

*A independência do Banco Central*

Existe uma percepção bastante generalizada de que a existência de um banco central independente para cumprir o objetivo de manter a estabilidade da moeda é uma importante salvaguarda contra a irresponsabilidade fiscal e a inflação. Diversos estudos, nos anos recentes, exibiram associações empíricas positivas entre arranjos institucionais que caracterizam a independência dos bancos centrais e a estabilidade da moeda[13]. Não obstante, a própria definição de independência

[13] Para um exemplo recente, veja-se Eijffinger & De Haan (1996).

suscita controvérsias, e os diversos autores que exploraram o assunto revelam diferentes inclinações, embora raramente a ponto de comprometer as conclusões de seus estudos.

A posição do Brasil nessas escalas internacionais não é nada confortável. Na escala concebida por Cukierman (1992, p. 381), numa amostra de 68 países, os índices de independência do Banco Central para os anos 80 variam de 0,10 (o menor, para a Polônia) e 0,68 (o maior, para a Suíça), sendo que o Brasil ocupa a 41ª posição com 0,26. Nos anos que se seguiram, muitos países avançaram decisivamente na direção da independência, mas os progressos alcançados pelo Brasil, embora importantes, tendo em vista as dificuldades locais, não se comparam ao desprendimento com que, por exemplo, os países industrializados adotaram figurinos bastante estritos de independência de seus bancos centrais. Fizemos um importante progresso quando, por exemplo, ocorreram mudanças na composição do Conselho Monetário Nacional, que estava em vias de tornar-se uma espécie de câmara setorial da moeda[14]. A redução drástica no número de conselheiros resultou em elevar consideravelmente o peso do Banco Central nas decisões.

Outro avanço foi a criação do Copom (Comitê de Política Monetária) no âmbito do Banco Central, que isolou as decisões de política monetária de quaisquer influências alheias à esfera técnica, simplesmente pela definição de um processo de decisão semelhante ao de outros comitês similares de outros países. A existência do Copom, todavia, não está definida senão em uma resolução do CMN.

No futuro, a independência do Banco Central poderá ser elevada a níveis considerados satisfatórios em vista da média internacional, mercê de alguns avanços bem menos controversos do que parecem. Em primeiro lugar está o estabelecimento de mandatos e quarentenas para os membros da diretoria do Banco Central. É de se notar que, dentre os inúmeros projetos apresentados ao longo do tempo para a regulamentação total ou parcial do artigo 192 da Constituição Federal, raros foram os que não propuseram o estabelecimento de mandatos fixos (e quarentenas, especialmente na saída) para os diretores e presidente do Banco Central. Outro avanço seria o de atribuir ao Banco Central do Brasil a competência, hoje do CMN, na forma da Lei 4.595/64, de formular as diretrizes de política monetária e cambial. Ficariam no CMN as decisões sobre políticas de

---

[14] Antes da Lei 9.069 (na origem, a Medida Provisória que introduziu o Real), que reduziu o CMN a três membros (Ministro da Fazenda como presidente, Presidente do Banco Central como secretário e o Ministro do Planejamento), o CMN tinha também como membros os ministros da Previdência, do Trabalho e da Indústria e Comércio, os presidentes do Banco do Brasil, da Caixa Econômica Federal e do Banco do Nordeste, e cinco representantes da iniciativa privada (incluindo o presidente da Febraban) e um representante dos sindicatos.

crédito (cuja motivação é essencialmente fiscal), normas e supervisão bancária, participações estrangeiras no sistema financeiro e assuntos administrativos do Banco Central. Novamente, não creio que haja controvérsia quanto a isso. Por fim, um outro avanço importante seria o de se definirem os objetivos do Banco Central do Brasil. Alan Blinder, o recentemente aposentado Vice-presidente do FED, bem a propósito, argumenta que os bancos centrais não devem ser independentes para escolher seus objetivos, mas não podem deixar de ser independentes para executá-los. Seria ótimo que a lei complementar que regulasse o artigo 192 da Constituição (ou mesmo a própria) estabelecesse que ao Banco Central do Brasil caberia a defesa do poder de compra da moeda nacional, mas o deixasse livre da influência do CMN e do Presidente da República.

Todos esses avanços, embora relativamente livres de controvérsias, dependem da regulamentação do artigo 192, o que por sua vez só pode ser feito se for removida da Constituição a estapafúrdia limitação aos juros reais em 12%, estabelecida no § 3º do artigo 192. O Supremo Tribunal Federal determinou que esta limitação não é auto-aplicável e que apenas uma lei complementar regulasse todos os temas do artigo 192, ou seja, Banco Central, sistema bancário, seguros, mercados de capitais, regimes especiais e crimes financeiros. Até hoje não foi possível apresentar um projeto que proporcionasse a quadratura do círculo, isto é, a regulamentação dos 12% sem que isto tenha conseqüências desastrosas, juntamente com a regulamentação de todos os temas financeiros acima elencados. Caminhos mais simples devem ser procurados, mas apenas a partir de supressão da limitação aos juros pela via de uma emenda constitucional como a recentemente proposta pelo senador Jefferson Peres (PSDB-AM)[15].

---

[15] No capítulo 11 trataremos dos desenvolvimentos posteriores nesses temas, a saber, o início da regulamentação do artigo 192 na Câmara, e a aprovação da Emenda Jefferson Peres no Senado.

## 3.
# A ABERTURA EM PERSPECTIVA HISTÓRICA: OS TERMOS DE TROCA ENTRE NACIONALISMO E INTERNACIONALISMO[1]

Ao longo de nossa história, o relacionamento entre o Brasil e o resto do mundo experimentou toda espécie de inflexão: de memoráveis impulsos de progresso oriundos do exterior a formidáveis decepções que produziram ressentimentos duradouros, alegrias e dissabores alternaram-se com tamanha intensidade que nossa história econômica parece, em boa medida, se confundir com a crônica desses eventos, como será fácil atestar neste capítulo. É compreensível, portanto, que os debates sobre os caminhos de nosso desenvolvimento tenham se dedicado tanto à discussão sobre a natureza — se perversa ou virtuosa — de nossos vínculos com a economia mundial. Daí se originaram reflexões basilares sobre a nossa experiência, como, por exemplo, aquelas em torno de um sistema centro-periferia, supostamente articulado a partir de relações de dependência e subordinação, caracterizadas por assimetrias que preservavam, e mesmo ampliavam, as desigualdades entre as nações. Poucos temas ocuparam tanto a atenção de nossos historiadores e despertaram tantas emoções em seus debates.

Parece claro que, nos dias de hoje, estamos vivendo um novo surto de dúvidas sobre esses mesmos assuntos, ou seja, sobre o modo como o Brasil deve participar da evolução da economia global neste fim de século. Este capítulo assume uma perspectiva de longo prazo e procura fornecer os antecedentes para o episódio recente de abertura iniciado na década de 90. Nesse sentido, oferece uma narrativa de como, em diversas ocasiões, o Brasil teve de estabelecer equilíbrios entre desígnios nacionalistas e o desejo de integrar-se mais intensamente ao mundo exterior. Com efeito, em diversas ocasiões no passado o país se viu às voltas com uma discussão sobre as vantagens ou desvantagens de uma participação mais ou menos ativa em uma ordem econômica internacional historicamente caracterizada. Foram muito diversas as forças que faziam pender nossas políticas numa direção ou noutra, bem como as circunstâncias que ensejaram diferentes termos de troca entre nacionalismo e internacionalismo. Como veremos adiante, o enredo se repete amiúde, tal qual nos instáveis equilíbrios entre estabilização e desenvolvimen-

---

[1] Texto inédito.

to, e se apresenta de uma forma singular a cada nova etapa. Em sua forma, este capítulo em muito se assemelha ao capítulo 8, pois em ambos buscamos na história uma lógica para os eventos contemporâneos. Em ambos identificamos tendências de longo prazo manifestadas em escolhas de políticas num espectro mutável — aqui, no tocante aos modos de inserção na economia mundial, e no capítulo 8, em relação às atitudes para com a estabilidade.

A despeito de diversas idas e vindas em nosso grau de abertura, conforme pode ser percebido no gráfico 3.1[2], o Brasil exibe um século praticamente ininterrupto de redução em nosso envolvimento comercial com o resto do mundo, de 1850 até meados dos anos 60[3]. No começo, da fundação do primeiro Banco do Brasil em 1808, passando por suas diversas reencarnações (em 1851 e 1905), pela Caixa de Conversão (1906) e pela Caixa de Amortização (em 1927), até o fim da República Velha as tensões entre nacionalismo e internacionalismo se manifestaram no plano macroeconômico em torno da recorrente discussão sobre a adoção do padrão-ouro, uma decisão que trazia consigo completas e acabadas não apenas as regras práticas, mas a filosofia inerente à ordem liberal vigente nos anos anteriores à Grande Depressão. As diversas batalhas entre metalistas e papelistas acabaram decididas pela crise dos anos 30, a partir da qual passamos a um nacionalismo mais convicto que só viria conhecer circunstâncias atenuantes nos anos 70, e que deixaria raízes profundas. Tal como outros países da América Latina, construímos nesses anos um modelo de desenvolvimento baseado no isolamento de um mundo em desintegração, e cujas ênfases eram a substituição de importações, o mercado interno e a autarquia. A famosa Comissão Econômica para a América Latina das Nações Unidas — a Cepal — forneceria uma breve e sintética designação para este episódio: *desarollo hacia dentro*.

[2] Deve-se advertir, de início, que as estatísticas para os períodos anteriores a 1947 não têm a mesma qualidade daquelas feitas com o auxílio do sistema de contas nacionais aí estabelecido, mas, de toda maneira, os cuidados tomados nessas estimativas parecem satisfatórios, ao menos para os fins deste capítulo.

[3] Adiante, nos capítulos 4 e 5, teremos observações de natureza metodológica sobre esse modo de se medir o grau de abertura e as limitações das medidas aqui utilizadas.

Gráfico 3.1
Brasil — Grau de abertura, 1850-1980
(importações mais exportações como proporção do PIB)

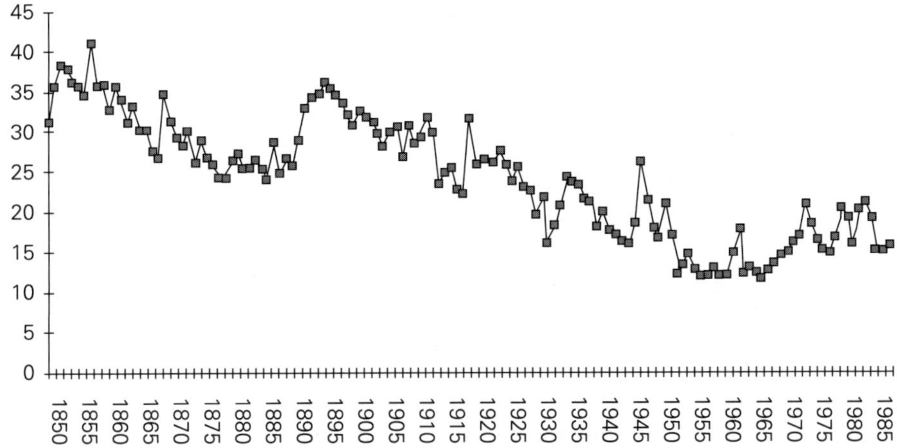


*Fontes: Goldsmith (1986, pp. 54-5, 110-1, 180), IBGE (1990, quadro 6, pp. 161-4)*

Apenas na década de 70 a economia brasileira experimentaria um processo gradual de internacionalização, que, todavia, parecia ter lugar espontaneamente, a partir das filiais de empresas estrangeiras aqui instaladas, e sem muito entusiasmo ou apoio da parte do governo. O grau de abertura começa a mostrar alguma recuperação, após um século de introversão, como se vê no gráfico 3.1. Conheceríamos, então, renovadas possibilidades em posturas mais cosmopolitas, mas esbarraríamos em uma fortemente sedimentada presunção de universalidade da experiência de industrialização nos anos de desintegração da economia internacional, ou seja, nossas políticas pareciam prisioneiras de uma teoria geral sobre industrialização *tardia* que tomava a autarquia, ou o fortalecimento do mercado interno em detrimento da abertura e da competitividade, como um pressuposto indiscutível. A força das idéias estabelecidas sobre desenvolvimento, e a influência das instituições e burocracias que as cultivavam, é certamente um elemento crucial para explicar a extraordinária insistência em manter nossas políticas insensíveis às tendências na direção da globalização e às extraordinárias oportunidades aí surgidas. Toda uma Década Perdida, depois da crise de 1982, ainda teria de transcorrer, em meio a níveis jamais vistos de inflação e estagnação, antes de uma revisão radical de atitudes no tocante à abertura, ou sobre a necessidade desta para a retomada do crescimento. E mesmo assim, as resistências à abertura continuariam tão fortes como nunca durante a década de 90, embora localizadas em dispositivos específicos de um arcabouço de política industrial e de comércio exterior repleto de detalhes importantes. Como veremos ao final deste capítulo, a abertura da segunda metade dos anos 90 é uma coleção de detalhes, que poderia ter começado bem antes, e que precisou de um estímulo amplo e poderoso — a política cambial do Plano Real — para dissolver todos esses obstáculos.

## 1. A luta pelo padrão-ouro: o internacionalismo frustrado

Em torno de 1889, como se vê no gráfico 3.1, nosso grau de abertura experimentou uma elevação significativa que demorou a ser revertida. As circunstâncias, de fato, eram muito singulares. A jovem República que ali se estabelecia, recém-liberta do estigma da escravidão e repleta de novos desígnios de modernização, experimentava mudanças cuja latitude não conhecia precedentes. Os anseios pareciam tão ambiciosos quanto as paixões envolvidas no ataque ao conjunto Religião-Monarquia-Privilégio-Escravidão, em torno do qual se estruturava a velha ordem. O Brasil adquiria, ao menos por algum tempo e em certas regiões, a feição de um país de "assentamento recente"[4], povoado por novas ferrovias, *tramways*, bancos, indústrias e companhias de navegação, quase todas estrangeiras e construídas a partir de ruidosos e festivos lançamentos de bônus ou subscrições de ações em Londres e Paris. Capitais estrangeiros, melhoramentos urbanos e imigrantes de toda origem, mudando as cores e os ritmos das cidades, redefiniam totalmente os termos da prosperidade econômica. O *Jornal do Commercio*, no seu Retrospecto Comercial para 1888, descreveria o 13 de maio, uma data que poderia ter ocorrido duas ou três décadas antes, como "uma faísca elétrica que destrói, mas purifica o ambiente", deixando, evidentemente, escombros por toda parte. Algumas regiões e atividades mais pesadamente dependentes do "elemento servil" teriam na Abolição e na República o desfecho de uma lenta agonia: a longamente decantada extinção de atividades de há muito condenadas a dar lugar a outras novas, que surgiam alucinantes, no seio da formidável euforia do Encilhamento. A monótona economia do Império via-se subitamente assoberbada por impulsos de modernização tão avassaladores quanto as dores e as resistências que logravam produzir. O progresso uma vez mais se apresentava como tragédia, como destruição criadora, impressão apenas reforçada pelo relato de que, com a República, "se deu uma vitória do espírito do capitalismo desacompanhado da ética protestante"[5], e também pelo desvario de

---

[4] Essa designação refere-se tipicamente às áreas de colonização britânica, nas terras de clima temperado, nas quais as quantidades de investimentos e investimentos britânicos foram muito grandes.

[5] Carvalho (1987, p. 26).

um Antônio Conselheiro lutando, entre outras coisas, pela restauração do Imperador e pela abolição do matrimônio civil e do sistema métrico decimal[6].

O Império vacilava diante dessas forças, mas esforçava-se para manter seu equilíbrio. Graças à bonança externa, teria como uma de suas derradeiras conquistas a tão perseguida adesão ao padrão-ouro, ou seja, a adoção da conversibilidade do mil-réis em ouro pela saudosa paridade de 27 *pence* por mil-réis, estabelecida em 1846, e perdida há mais de três décadas. A importância dessa decisão e, em termos mais gerais, o valor que se atribuía ao padrão-ouro naqueles anos são, com freqüência, indevidamente diminuídos. O padrão-ouro deve ser visto, conforme ensina Polanyi (1944, p. 3), como um dos pilares básicos da "civilização do século XIX", na medida em que ensejava "regras básicas de boa conduta", que "reduziam ao mínimo as flutuações permissíveis" nos planos fiscal, monetário e cambial que pudessem prejudicar a ampla circulação de mercadorias e capitais, essencial para o progresso da economia de mercado e dos Estados hegemônicos nessa ordem econômica internacional, conhecida como a *Pax Britanica*. O Império adotaria a conversibilidade em julho de 1889, um pouco tarde, talvez, para interromper a marcha dos eventos. Logo em janeiro de 1890, com a famosa reforma bancária de Rui Barbosa, a República buscaria caminhos inovadores, ou mesmo heterodoxos, parecendo emular John Law, as idéias saint-simonianas e dos populistas norte-americanos. O país se deslumbrava com os poderes da moeda fiduciária. A euforia do Encilhamento desafiava quaisquer superlativos. "Pululavam bancos de emissão — conta o Visconde de Taunay (1894, p. 8) — e quase diariamente se viam na circulação monetária, notas de todos os tipos, algumas novinhas, faceiras, artísticas, com figuras de bonitas mulheres e símbolos elegantes, outras sarapintadas às pressas, emplastradas de largos e nojentos borrões." Nada muito diferente da narrativa básica do livro segundo do *Fausto* que discutimos no capítulo 6.

É sintomático, todavia, que este intenso porém breve episódio de encantamento com a economia internacional, e com a moeda fiduciária, tenha tido um desfecho trágico logo em seguida, em 1891, a partir de uma crise cambial cuja origem estava relacionada à paralisação do mercado de capitais de Londres, e conseqüente interrupção dos influxos de capitais para a América Latina. Nada de novo sob o sol. A crise fora produzida, em boa medida, pelas dificuldades com emissões de bônus argentinos experimentadas pela casa Baring Brothers[7], a mesma que, pouco mais de um século depois, sucumbiria a uma desastrada série de ope-

---

[6] Para detalhes sobre estes anos e as transformações aí tendo lugar, veja-se Franco (1991).

[7] Para uma narrativa completa desses eventos, veja-se Franco (1983).

rações com derivativos a partir de Cingapura. Pouco mais de cem anos se passariam, e não apenas os temas, mas também os personagens das crises financeiras internacionais continuariam os mesmos[8].

Os escombros da crise cambial, e da devastação financeira originada no colapso da Bolsa de Valores, seriam debitados às posturas internacionalistas e modernizantes dos primeiros anos da República. Os ressentimentos se dividiam entre os que enxergavam no exterior as origens da crise e os que culpavam o experimentalismo monetário de Rui Barbosa[9]. Mas de todo jeito convergiam no apoio à adoção de políticas mais conservadoras e de um nacionalismo bem mais pronunciado, orientações que, de fato, prevaleceram daí até à eclosão da Primeira Grande Guerra. Com efeito, o Brasil não chega a aprofundar seus vínculos com a economia internacional, tal como outros países "periféricos" como Austrália, Canadá, Nova Zelândia, África do Sul e Argentina, que naquela ocasião chegaram a alcançar níveis de renda *per capita* iguais aos dos países desenvolvidos. O Brasil desenvolve semelhanças com esses países, e conhece notável prosperidade em áreas cuja atividade econômica baseia sua organização em mão-de-obra e capitais estrangeiros à moda dessas regiões. Mas exibe diferenças importantes, na medida em que preserva sua característica de "país arquipélago", onde coexistiam economias regionais voltadas para a exportação de produtos tropicais, em regime de baixa produtividade e em franca decadência, além de um grande setor de subsistência. A relação entre o Brasil e a economia mundial mostra-se ambígua, não havendo muita clareza na historiografia se nossa inserção externa ajuda ou atrapalha, ou se a evolução econômica do Brasil nesses anos se explica pelos chamados "choques adversos", ou seja, pela idéia de que o Brasil avança apenas (ou ao menos principalmente) quando a economia internacional vai mal, ou, alternativamente, pelos impulsos positivos gerados pelo setor exportador.

Nessa linha, são significativos os contrastes entre a experiência de desenvolvimento econômico anterior a 1930 no Brasil e na Argentina, na medida em que, em nosso caso, parece emergir com mais clareza a figura do "mercado interno" como mecanismo alternativo ou, talvez, adicional para o crescimento. Na verdade, é fácil mostrar que essas duas vias para o crescimento não são excludentes,

---

[8] É interessante notar que o Banco Nacional do Brasil, fundado para ser o nosso único estabelecimento emissor de notas conversíveis, vale dizer, fundado para ser o nosso banco central, tinha como sócio um banco estrangeiro — o Banque de Paris e des Pays Bas, hoje conhecido como Paribas e ainda muito ativo em suas operações com o Brasil.

[9] O debate em torno das culpas pela crise de 1891 se prolongou por muitos anos. Para uma avaliação recente, veja-se Fishlow (1987).

e mostram-se mais ou menos efetivas em circunstâncias específicas[10]. De toda maneira, enquanto os países de "assentamento recente", entre eles a Argentina, elevam significativamente o seu grau de abertura e sua renda *per capita* nos anos anteriores a 1914, o Brasil não parece capaz de fazer nem uma coisa nem outra. Em 1861-70, Brasil e Argentina tinham exportações *per capita* de £ 1,48 e £ 2,54 respectivamente, e em 1921-30 os números já são da ordem de £ 2,63 e £ 15,0, ou seja, o grau de abertura da Argentina passa a ser quase seis vezes maior que o do Brasil de um período para o outro. O contraste também se observa no tocante ao desempenho da economia: enquanto a renda *per capita* brasileira atinge apenas 129 dólares de 1964 em 1930 e a da Argentina atinge cerca de 700[11]. Deve-se também observar que as nossas exportações *per capita* crescem menos que nossa renda *per capita*, ou seja, o Brasil exibe um grau de abertura decrescente nos anos anteriores a 1914, em contraste com o que se observa pelo mundo afora.

O Brasil revela, portanto, certa hesitação quanto à sua disposição de enquadrar-se por inteiro aos cânones da ordem econômica liberal subjacente à *Pax Britanica*. Se, por um lado, há países crescendo extraordinariamente por meio de uma maior integração à economia internacional, assim criando um atrativo paradigma de desenvolvimento econômico, por outro, não parece evidente, nem mesmo intuitivo, que, para crescer, um país com problemas de "vulnerabilidade externa" deva *aprofundar* os seus laços com o mundo exterior. Não parecia haver clareza, nesses anos, quanto ao modo de se lidar com tal paradoxo, e muitos anos teriam de se passar até que se pudesse ter clareza de que a autarquia não resolveria o problema da vulnerabilidade externa, como argumentamos no capítulo 1. De toda maneira, pode-se dizer que nos anos anteriores a 1914, os termos de troca entre nacionalismo e internacionalismo, ou entre impetuosidade e prudência na nossa inserção externa não chegaram a se definir com clareza — havia uma postura pendular e hesitante quanto à abertura da economia e também quanto ao padrão-ouro, do qual entramos e saímos outras duas vezes depois da experiência de 1888-89.

Em 1906, já esquecidos os excessos dos anos 1890, aos quais foi atribuída a moratória da virada do século (o *funding loan* de 1898), o Brasil retorna ao padrão-ouro, numa importante manifestação internacionalista que, no entanto,

---

10 Para uma revisão da historiografia pertinente e especialmente para um exame das muitas maneiras pelas quais a "teoria dos choques adversos" e a do crescimento induzido pelas exportações contribuem, cada uma em seu tempo, para a industrialização brasileira, veja-se a coletânea editada por Versiani & Mendonça de Barros (1978).

11 Martins (1976, pp. 67, 85).

não pode ser explicada unicamente pela consciência dessa importante credencial para uma integração mais ativa à economia internacional. Na verdade, era mais fácil associar a iniciativa ao desejo de se interromper o processo de apreciação cambial, que tinha lugar, e sua provável continuidade, mercê da abundância de divisas provocada pelos esquemas de sustentação de preços de café iniciados a partir do Convênio de Taubaté[12]. O compromisso aí estabelecido entre nacionalismo e internacionalismo nada tinha de doutrinário, e aparece em uma pragmática expressão: a paridade de 15 *pence* por mil-réis, fixada nesse nível antes que ficasse pior.

Logo adiante, todavia, em 1914, quando abandonamos novamente a conversibilidade, tem-se a impressão de que o Brasil, contrariamente ao resto do mundo, renuncia a algo que não chega efetivamente a possuir. Com efeito, não experimentamos senão um esboço de um crescimento mais palpável puxado pelas exportações e pelo investimento estrangeiro antes de 1914, de modo que parece surpreendente que boa parte da década de 1920 tenha sido consumida com a discussão sobre a reconstrução de nossa adesão ao padrão-ouro, finalmente conseguida em 1927, nesta ocasião a 5,9 *pence* por mil-réis. Embora houvesse ponderável resistência não apenas doutrinária, mas política, ao padrão-ouro, havia um mercado internacional de capitais com uma enorme disposição a dirigir suas energias para o Brasil, mas apenas o faria se, novamente, adotássemos as regras básicas já amplamente consagradas de bom comportamento monetário, cambial e fiscal sintetizadas pelo padrão-ouro, e das quais, portanto, não havia como escapar.

Embora as motivações para este nosso terceiro experimento de conversibilidade em 1927 se assemelhassem às que levaram ao segundo, percebia-se, talvez refletindo o clima internacional, uma postura internacionalista mais explícita. Pela primeira vez na história da humanidade havia um esforço concentrado de reconstrução das regras internacionais de comércio e fluxos financeiros a partir de regras supranacionais. Várias conferências internacionais (Bruxelas, Genebra etc.) tiveram lugar nos anos que se seguiram ao Tratado de Versalhes, tendo sido fundada a Liga das Nações — que posteriormente se tornaria as Nações Unidas —, a qual viria a se envolver diretamente na reconstrução do padrão-ouro, patrocinando programas de estabilização e empréstimos sob alta condicionalidade, como na Áustria e na Hungria, por exemplo. Talvez se percebesse, também no Brasil, que a reconstrução bem-sucedida da ordem liberal que vigorou antes de 1914 fosse

[12] Na verdade, o que esteve em discussão foi a possibilidade de recuperar a paridade de 1847, 27 *pence* por mil réis, tendo prevalecido a postura de interromper o processo de apreciação a uma paridade de 15 *pence* por mil réis. Para detalhes, veja-se Fritsch (1983, pp. 16-8).

a última e desesperada possibilidade de se evitar a tragédia política e econômica que terminou por ocorrer na década de 30. Todavia, uma vez mais a decisão foi tardia, pois, logo adiante, em 1929, a economia internacional começaria a se esfacelar, modificando fundamentalmente as opções disponíveis para o país.

## 2. A Grande Depressão e o triunfo do modelo *hacia dentro*

No início dos anos 30, quando a propagação internacional da Grande Depressão arruinou os esquemas de sustentação de preços do café, e com ela a delicada arquitetura do padrão-ouro, que tanto esforço havia consumido para ser montada, perdeu-se com muita rapidez a esperança de que impulsos positivos oriundos do exterior poderiam fazer avançar o nosso desenvolvimento econômico. O Brasil parecia abandonado à sua própria sorte, tendo de gerar por si mesmo as energias para crescer. Mundo afora, enquanto isso, espalhava-se o nacionalismo econômico, multiplicavam-se as desvalorizações cambiais competitivas, as barreiras tarifárias e as restrições a pagamentos internacionais, numa generalizada e extraordinária regressão às doutrinas mercantilistas do século XVII e XVIII. Mas nada disso parecia inteiramente novo para nós: o Brasil encarava mais este "choque externo" com relativa, porém ressentida, naturalidade. Afinal de contas, a julgar pela nossa experiência dos 40 anos anteriores, políticas restritivas no plano comercial e desvalorizações cambiais soavam mais como regras do que exceções. Nesse momento, renovavam-se as objeções doutrinárias a uma postura passiva no tocante à nossa inserção externa, construídas por homens como o Visconde de Mauá, Rui Barbosa e Vieira Souto, entre outros. Subitamente, as virtudes do padrão-ouro pareciam ultrajantes e a nossa insistência em tal assunto, durante todos esses anos, parecia um imenso despropósito. Celso Furtado (1974, p. 160), por exemplo, explicaria a obsessão pelo padrão-ouro pela "inibição mental para captar a realidade de um ponto de vista crítico-científico", que ele enxergava no "homem público brasileiro da época". É fácil exagerar os louvores retóricos ao padrão-ouro, como faz o controvertido professor Pelaez (1971), mas é menos claro que as políticas econômicas efetivamente praticadas tenham sido de fato balizadas pela adesão doutrinária aos cânones da ortodoxia. O fato é que o desprendimento com que o Brasil se adaptou às novas circunstâncias foi nada menos que extraordinário. Com efeito, conforme já observamos no capítulo anterior, a maior de todas as inovações na política econômica trazida pela Depressão — as políticas fiscais anticíclicas associadas a Keynes — não chegava a representar uma novidade para um país que desde 1906 vinha gastando recursos públicos para estabilizar a renda agrícola através das aquisições de estoques de café, como teremos a oportunidade de examinar em mais detalhes no capítulo 9. De fato, pouca coisa mudou com a defesa do café depois de iniciada a Grande

Depressão: por um lado, o financiamento dos programas passou a utilizar mais intensivamente recursos fiscais e oriundos de emissões de moeda, em vez de recursos externos; por outro, boa parte dos cafés adquiridos acabaria destruído.

O desempenho da economia brasileira nos anos 30 e 40 não é de todo mau e, por certo, bem melhor do que a média latino-americana, mas as mudanças qualitativas de então parecem mais importantes: o país arranca na direção de um destino industrial que já se desenhava há algum tempo. O sucesso nessa trajetória se prolongaria pelos anos 50, já produzindo diversos heróis e na esteira de diversas novas e controversas teorias sobre o desenvolvimento econômico. Mesmo no Norte, as coisas pareciam diferentes. O mundo do pós-guerra, moldado pelos planejadores de Bretton Woods, não era propriamente o mesmo do apogeu vitoriano, ou aquele da década de 1920, no qual a reconstrução do padrão-ouro como base na *normalidade* dos anos anteriores a 1914 seria um sonho a reconquistar. O Centro preocupava-se com as ilusões liberais que haviam destruído o esforço de reconstrução da economia internacional nos anos 20: de um lado do Atlântico, destacava-se ninguém menos que John Maynard Keynes, um dos maiores críticos do esforço de reconstrução do padrão-ouro, e do outro, adeptos do *New Deal*, nada simpáticos aos cânones da ordem liberal anterior a 1914. O tempo, todavia, faria as instituições de Bretton Woods — o Banco Mundial e o Fundo Monetário Internacional (FMI) — adquirirem uma feição mais convencional e que implicaria em atrair para elas, possivelmente em função de ressentimentos anteriores, um ódio talvez desproporcional à sua vilania.

De um modo ou de outro, como observou Diaz-Alejandro (1975, p. 96), "se um cauteloso agnosticismo prevalecia nos círculos informados [do Norte], quantidades crescentes de radicais e economistas do Terceiro Mundo incorporavam-se de corpo e alma à tradição protecionista de Hamilton-List-Monoilescu, adotando desde teorias duvidosas sobre termos de troca, passando por argumentos de indústrias [...] *nascentes*, e terminando em novas teorias sobre troca desigual". Os tempos eram mesmo de grande excitação no tocante às relações Norte-Sul. O pós-guerra assistiria à descolonização, ao surgimento do Terceiro Mundismo, aos pleitos para a construção de uma Nova Ordem Econômica Internacional, à ascensão da Cepal — fundação da UNCTAD sob a direção de Raul Prebish —, ao Movimento dos Não-Alinhados, tudo isso compondo um ambiente internacional que favorecia o nacionalismo econômico na periferia numa intensidade inédita. No plano das idéias econômicas, teorias de gosto duvidoso, como a da deterioração secular dos termos de troca, ou da tendência ao desequilíbrio externo, na exata medida em que ofereciam generalizações para a triste experiência histórica anterior, encontravam grande receptividade, especialmente se comparada à que conseguiam as abstratas proposições livre-cambistas derivadas das teorias neoclássicas do comércio internacional, as quais haviam sido universalmente vilipendiadas nos trinta anos anteriores. Na medida em que as políticas comerciais e cambiais no Norte evoluíam de um inconcebível mercantilismo a um militarismo descarado, a reação intelectual dos parceiros ao Sul, vítimas habituais da doutrinação e da diplomacia livre-cambista do Norte, não poderia deixar de ser violenta. "A lembrança dessa traição a Ricardo seria muito duradoura na Periferia", diria Carlos Diaz Alejandro (1980, p. 358).

Com efeito, o sentido missionário do trabalho dos economistas da Cepal nunca deixou de ser explicitamente admitido, e estava longe de ser um fenômeno apenas latino-americano[13]. O próprio Furtado (1985, p. 140) esclarece que não se pretendia oferecer alternativas à teoria convencional das vantagens comparativas nos seus próprios termos, da qual "só por ignorância" se poderia discordar: "seria como duvidar do teorema de Pitágoras", ele dizia. Tratava-se de trabalhar com "o mundo real", isto é, a realidade do subdesenvolvimento, e nela interferir. A Cepal e seus economistas vocalizavam anseios muito amplos quando propunham o desenvolvimento econômico com base na industrialização e numa orientação "para dentro" (*hacia dentro*), ou seja, privilegiando o mercado interno, a substituição de importações e a redução de vínculos com o exterior. Não se tratava de teoria, mas de tirar o melhor proveito das circunstâncias, o que, tenha-se claro, em nada deve diminuir a importância da Cepal e de seus economistas, especialmente sobre as políticas adotadas na América Latina. É possível, por outro lado, que alguns desses economistas tenham levado as coisas longe demais, tomando uma aparente inevitabilidade prática de tempos difíceis como uma "teoria geral" da industrialização tardia. Nesse sentido, é interessante ter claro que, conforme observaria um especialista na relação entre história econômica e história do pensamento econômico, "as visões de [por exemplo] Hume, Smith, Ricardo, Torrens, Bagehot, Marshall e Keynes podem ser essenciais para explicar por que certas políticas que afetaram o curso da história foram adotadas; já a idéia de que as teorias deles explicavam os eventos que se seguiram é um assunto inteiramente diferente"[14]. Não é demais repetir: o empreendimento da Cepal não tinha, ao menos como objetivo primordial, uma natureza teórica ou doutrinária. Era um projeto nacionalista, calcado na triste experiência de relacionamento centro-periferia nas três décadas anteriores, e por conta

---

[13] Veja-se Fitzgerald (1994) e Rodriguez (1981), e especialmente Love (1996), para uma fascinante comparação entre as idéias da Cepal e as que surgiriam na Europa Central, notadamente na Romênia, sobre as relações entre países centrais e periféricos.

[14] Fetter (1965, p. 141).

disso encontrou aceitação generalizada, considerando o cenário internacional em que se situava a América Latina naquele momento, adaptando-se tanto a populismos de esquerda, quanto a regimes militares de direita[15]. Formou-se aí uma ideologia do desenvolvimento que, bem além de simplesmente legitimar as opções dos anos 50, à direita e à esquerda, tornou-se uma espécie de paradigma de *projeto nacional* que dificultaria qualquer reorientação posterior, mesmo na presença de condições inteiramente novas. Depois de um século quase ininterrupto de desenvolvimento *hacia dentro*, e de inegáveis avanços no plano da industrialização, parecia impossível dissociar o desenvolvimento econômico da idéia de auto-suficiência ou de fortalecimento do mercado interno. O nacionalismo econômico conhecia aí o seu mais significativo e duradouro apogeu.

### 3. A GLOBALIZAÇÃO ESPONTÂNEA

É interessante notar que os anos dourados do modelo de desenvolvimento *hacia dentro* têm lugar no exato momento em que a multinacionalização das empresas exportadoras norte-americanas surge como resposta estratégica ao fechamento de boa parte de seus mercados no exterior, ou a opção, por parte de sua freguesia, pela substituição de importações. A sintonia desses movimentos, é claro, nada tem de acidental. A narrativa da evolução do investimento direto norte-americano no exterior, e as teorias que o descrevem, parecem contar a história da substituição de importações vista da perspectiva *deles*[16]. Note-se que, por um lado, o Brasil teria certo peso na multinacionalização das empresas norte-americanas na primeira década do pós-guerra, pois chegaria a representar 17% de todos os investimentos diretos americanos no período de 1946-54[17]. De outro, a historiografia registra com clareza que a contribuição das empresas estrangeiras foi absolutamente fundamental para a conformação básica do processo de substituição de importações e conseqüente implantação da indústria no Brasil[18].

---

[15] No nosso caso, em particular, é muito interessante a identificação que se estabelece entre a retórica desenvolvimentista nos anos 50 e a dos regimes militares, a despeito de qualquer outra diferença nas respectivas agendas políticas, conforme se observa no estudo de Leite (1995). Uma fascinante análise sobre o conteúdo retórico da obra de Prebish pode ser encontrada em Bianchi & Salviano Jr. (1996).

[16] Para uma fascinante narrativa corroborando esta hipótese, veja-se Gordon & Grommers (1962). No próximo capítulo voltaremos a este tema.

[17] Perderíamos participação notadamente após o início do movimento de integração européia e a restauração da conversibilidade das moedas européias. *Cf.* Fritsch & Franco (1991, p. 23).

[18] Para uma discussão específica desse ponto, veja-se Fritsch & Franco (1991).

As empresas estrangeiras tinham participação quase nula na produção industrial brasileira ao fim da guerra e, como chegaram a responder, trinta anos depois, por cerca de um terço do valor adicionado e do emprego industrial e com uma presença fortemente concentrada nos setores mais dinâmicos, isso quer dizer que, *na margem*, a contribuição do investimento estrangeiro para o crescimento brasileiro foi absolutamente decisiva. Não deixa de ser curioso notar que um modelo de industrialização de conteúdo fortemente nacionalista e estatizante, como o da substituição de importações, tenha obtido boa parte de seu dinamismo das multinacionais, fenômeno que Cardoso & Faletto (1969) descreveram como "a internacionalização do mercado interno". Mesmo tendo em vista que estas empresas operavam voltadas para o mercado interno (em estrita obediência à orientação *hacia dentro*), ao menos nos primeiros anos, disso resultava que o Brasil se inseria naturalmente nos processos conducentes à globalização, como o célebre burguês prosador de Molière, mercê de um impressionante processo de internacionalização da nossa indústria tendo lugar justamente nos anos de maior alvoroço nacionalista. É nesse contexto que se justifica dizer que as empresas multinacionais aqui instaladas ofereciam um canal através do qual a globalização, com o passar do tempo, penetrou as rígidas defesas impostas pelo modelo de substituição de importações e terminou por transformar o caráter da produção industrial brasileira, como pode ser visto pelo comportamento do grau de abertura desse grupo de empresas, a partir dos anos 70, nas tabelas 1.2 e 1.3 do capítulo 1.

As propensões a exportar e a importar para diferentes amostras de empresas estrangeiras operando no Brasil e no resto do mundo crescem continuamente ao longo tempo. Em 1966, a propensão a exportar das empresas estrangeiras no Brasil é de apenas 3%, quando a média mundial está em 18,6%, e em 1993 esses números são de 17% e 40,3%, respectivamente. Além disso, a maior propensão a exportar das empresas estrangeiras em relação às nacionais, apontada na tabela 1.3, para 1987-92, é plenamente confirmada num estudo mais recente[19] para 1995-97. A globalização, portanto, vai chegando ao Brasil através das filiais estrangeiras aqui instaladas e, ao menos até a implantação do programa Befiex, se desenvolve à margem de qualquer incentivo ou política específica do governo nessa direção.

Como decorrência desses processos, parece natural o crescimento da participação das filiais estrangeiras na pauta de exportações brasileiras, que supera 40% já nos anos 70, e atinge proporções bem maiores em ramos mais elaborados de produtos industriais. Tem-se aí uma poderosa combinação de fatores "exógenos", como os acima descritos, e de políticas locais, notadamente o pro-

[19] Moreira (1999b).

grama Befiex, que oferecia um extraordinário canal através do qual a globalização podia afetar a industrialização brasileira. O Befiex consistia em permitir importações de outra forma impossíveis, tendo em vista o protecionismo selvagem então vigente, em troca de compromissos de exportação geralmente na proporção 2 x 1, ou mesmo 3 x 1. Em vista da generalização de mecanismos para forçar a obediência de "índices de nacionalização", os produtores nacionais ficavam obrigados a utilizar insumos a preços não competitivos e, portanto, ficavam incapacitados para exportar senão através de esquemas como o Befiex. Não é por outro motivo que as exportações no âmbito do programa chegam a representar incríveis 48% das exportações brasileiras de manufaturados em 1987-89[20]. Com o tempo, todavia, à medida em que vai ficando mais leve a estrutura de proteção, o programa vai naturalmente perdendo importância. E quando, finalmente, o regime de importações adquire certa normalidade, deixam de existir as *excepcionalidades* que se pudesse oferecer em troca de compromissos de exportação. Nesse ponto, a racionalização global das atividades dos grupos a que pertencem as filiais aqui instaladas deixa de ser obstaculizada pela estrutura de proteção e, com isso, deixa de fazer sentido, como política industrial, a definição de regimes especiais para as políticas de importação[21].

A partir dos anos 60, portanto, parecemos finalmente nos engajar nas tendências internacionais, não tanto por tê-las procurado explicitamente, mas pelo fato de que o germe da globalização já se encontrava profundamente instalado nas filiais de empresas multinacionais aqui localizadas. Essa "abertura" espontânea, não-planejada, surge como apêndice ao projeto de auto-suficiência, e se vê reforçada, é claro, pelo empenho em estimular as exportações de empresas nacionais. Esses dois movimentos vão, com efeito, produzindo o enfraquecimento gradativo da idéia de que a "industrialização tardia" tivesse de ocorrer mediante a auto-suficiência, ou vão moderando os pendores autarcizantes, transformando-os em desígnios mercantilistas. De toda maneira, os anos 70 e 80 trariam novos problemas, o principal deles, a maior das surpresas: a autarquia havia sido alcançada e o Brasil parecia exibir uma vulnerabilidade externa ainda maior do que antes[22]. E por conta disso, os choques externos posteriores a 1973, culminando com a crise de 1982, terminariam por levar o país a um beco sem saída, num final longamente decantado para o episódio de desenvolvimento *hacia dentro*.

---

[20] Fritsch & Franco (1993, tabela 3, p. 16).

[21] Não se consideram aqui as especificidades da indústria automobilística, que levaram a que se adotasse recentemente um programa semelhante ao do Befiex, conhecido como o "regime automotivo".

[22] Veja-se no capítulo 1 uma explicação para o paradoxo.

## 4. A DÉCADA PERDIDA: A MARCHA DA INSENSATEZ

O lento crescimento de nossa disposição para um maior envolvimento com a economia internacional foi dramaticamente interrompido pela eclosão da crise de 1982. De uma hora para outra, todo o arsenal de defesas contra *choques adversos*, que parecia ter caído em desuso, via-se novamente em plena operação: os controles cambiais, a repressão das importações, os índices de nacionalização, listas negativas, moratórias, racionamento das divisas até para os viajantes, além da retórica do combate à "evasão de divisas" e da inevitabilidade de se "apertarem os cintos" frente ao que se tomava como uma influência exógena, uma catástrofe natural. Nada disso era novidade, exceto talvez pela intensidade: tratava-se de reverter em dois anos um déficit em conta corrente que havia chegado a níveis semelhantes aos do México em 1995, ou seja, 7% do PIB, como pode ser visto na tabela 3.1 adiante. A economia de guerra estava de volta, e todo o esforço anterior tinha sido para evitar que isto ocorresse. O modelo de crescimento *hacia dentro* havia chegado ao fim da linha, pois sua proposta era, afinal de contas, isolar-nos disso. Como podíamos estar tão vulneráveis se vivíamos quase em autarquia? Dizia-se, naquela altura, que o Brasil parecia completar sua "marcha forçada" — para usar a expressão de Antônio Barros de Castro (1985, pp. 81-82) — na direção da industrialização: "a indústria [...] teve suas deficiências estruturais literalmente superadas", dizia ele, ou "não mais cabe, sequer como caso limite, dentro do perímetro do subdesenvolvimento". Como era possível, depois de atingido esse estágio e de cumpridas as metas de auto-suficiência do famoso segundo PND (Plano Nacional de Desenvolvimento) — o símbolo geiseliano do "projeto nacional" e chave para tornar o Brasil, como se dizia na época, "uma ilha de prosperidade num oceano de turbulência" —, que ficássemos ainda mais frágeis a acidentes externos? Teriam sido inúteis os inúmeros sacrifícios incorridos para se reduzir nossa propensão do desequilíbrio externo? O "Projeto Nacional" teria sido um engodo?

Na verdade, a crise de 1982 viria mostrar que a relação entre vulnerabilidade externa e grau de abertura era bem mais complexa do que parecia. Para uma economia especializada na exportação de uns poucos produtos primários, com termos de troca sujeitos a grande volatilidade, o grau de abertura podia efetivamente ser confundido com a vulnerabilidade externa. A situação era bem outra para uma economia industrial com exportações diversificadas e termos de troca estáveis. Na verdade, conforme mencionado no capítulo anterior, para uma economia deste segundo tipo a sensibilidade a choques externos — especialmente em se tratando de choques na conta de capitais — será tanto menor quanto *maior* for a abertura. A experiência dos "Tigres" durante os anos 80 fornece uma sólida base para esse aparente paradoxo, como vimos no capítulo 1.

De um modo ou de outro, embora o governo militar pudesse forçar a interpretação de que se tratava de fatalidade gerada no exterior, sem o nosso concurso, e com a qual teríamos de obrigatoriamente conviver, havia dúvidas ponderáveis quanto a isso. Hoje se sabe que a crise mexicana de 1982 poderia ter sido a crise *brasileira* de 1982, pois nossa situação de reservas internacionais quando ocorre o *default* mexicano era talvez tão crítica quanto a do México. Já em março de 1982, conforme um observador, nossas reservas internacionais eram negativas, bem antes, portanto, do "setembro negro" produzido pela moratória do México[23]. Desde então o país vivia de expedientes como escriturar lama anódica como ouro incorporado às reservas internacionais[24], ou induzir importações ou a contratação de empréstimos desnecessários por parte de empresas estatais, com o exclusivo propósito de gerar reservas[25]. Os administradores da nossa política econômica naqueles anos conseguiram, com isso tudo, apenas o feito de declarar o nosso colapso depois do México, com isso se credenciando à alegação de que a crise teve origem no exterior. Dessa forma, fornecia-se um extraordinário álibi para as autoridades, as quais assumiram despudoradas o clichê da repetição da História, embora fosse claro que ali não se tratava dessa velha tragédia, mas de uma farsa destinada a ocultar uma gestão macroeconômica irresponsável e incompetente, como poucas vezes o país testemunhou.

A despeito dos erros grosseiros de política econômica especialmente a partir de 1979, quando o então ministro Delfim Netto, com uma inesquecível préfixação da correção monetária, dá início a toda uma geração de trapalhadas heterodoxas, a historiografia reconhece um sentido maior na crise dos anos 80, a saber, (uma vez mais) o esgotamento do modelo de crescimento por substituição de importações. Com efeito, o péssimo desempenho macroeconômico dava contornos a uma crise sem precedente: jamais havíamos enfrentado uma combinação tão adversa de inflação elevada e crescimento medíocre.

*O ajuste e a "transferência" de recursos para o exterior*

A resposta ao chamado "setembro negro" veio se articular pela célebre Programação do Setor Externo para 1983, submetida ao Conselho Monetário Nacional em outubro de 1982. Neste documento ficou estabelecido que o saldo comercial seria obtido de forma residual, tendo em vista os esforços negociais

---

[23] Batista Jr. (1983, p. 89). Oficialmente, esta situação nunca foi reconhecida.

[24] A lama anódica é um resíduo do refino de ouro, que contém percentuais quase desprezíveis do metal. Veja-se Ferreira & Horita (1995, pp. 13-4).

[25] São inúmeros os relatos nesse sentido, por parte de dirigentes de empresas estatais da época em que era ministro o Dr. Delfim Netto.

do lado da conta de capitais e os pagamentos devidos na conta de serviços, de modo que o país se via compelido a criar "megassuperávits" comerciais, a fim de se conseguir um nível de *transferência de recursos para o exterior*, isto é, um *superávit em conta corrente*, que não conhecia qualquer precedente. Não passariam despercebidos os sacrifícios derivados dessa estratégia: "um país como o Brasil, de nível baixo de renda e ainda abalado por vários anos consecutivos de graves dificuldades econômico-sociais, não transfere continuamente 4% ou 5% do PIB para o exterior sem restringir de maneira significativa suas possibilidades de garantir uma retomada sustentada do crescimento e do emprego, a elevação dos níveis de investimento, o controle da inflação e a recuperação dos salários reais"[26]. É apenas curioso que, muitos anos depois, quando o país inverte a sua postura no tocante ao superávit em conta corrente, estas críticas ao ajustamento externo durante a Década Perdida tenham sido esquecidas, inclusive por seus autores.

Tabela 3.1
Balanço de Pagamentos, 1973-1993
(% do PIB, médias anuais)

| | 1973-82 | 1982 | 1983 | 1983-1991 |
|---|---|---|---|---|
| Exportações | 8,94 | 8,48 | 9,08 | 8,24 |
| Importações | 10,29 | 8,15 | 6,39 | 4,74 |
| Transferência de rec. ao exterior | | | | |
| "de recursos reais"[a] | (2,52) | (0,79) | 2,03 | 2,98 |
| total (conta corrente) | (5,42) | (6,85) | (2,83) | (0,53) |
| Capitais | 5,63 | 4,94 | 2,82 | 0,77 |
| Reservas (variação) | 0,21 | (1,91) | (0,01) | 0,24 |

[a] *Superávit (déficit) comercial mais saldo de serviços não-fatores.*
*Fonte: Banco Central do Brasil*

Embora o ajuste pretendido parecesse impossível, tendo em vista os sacrifícios envolvidos, os resultados superaram as metas, como mostra a tabela 3.1. O pequeno superávit comercial verificado em 1982, US$ 780 milhões, seria elevado para o já impressionante número de US$ 13 bilhões em 1984 e daí para o "megassuperávit" de US$ 19,2 bilhões em 1988. A muitos parecia inconcebível uma recessão tão profunda, ou que pudéssemos impor obstáculos tão monumentais às importações, alcançando-se, assim, as mais baixas razões importações sobre PIB de nossa história. Nem mesmo a Índia e nenhum dos países socialistas eram tão fechados. Mas foi o que ocorreu. De outro lado, o desempenho das exportações foi tão bom quanto foram excepcionais as circunstâncias, tendo em vista os

[26] Batista Jr. (1987, p. 18).

formidáveis incentivos concedidos àquelas, na forma de subsídios, que chegaram a alcançar 48,7% do valor FOB das exportações[27], maxidesvalorizações em quantidade e intensidade jamais vistas, e a maior recessão deste século. Sem falar na generosidade com que oferecemos financiamentos a países sem crédito para a aquisição de bens e serviços brasileiros. Naquela altura, o país logrou alcançar a incrível marca de 1,49% das exportações mundiais, uma conquista tão duradoura quanto, por exemplo, a redistribuição de renda produzida em 1986 pela combinação de congelamento de preços e populismo salarial. A conta teria de ser paga posteriormente, na forma de recessão, hiperinflação e polonetas.

*Paralisia e perplexidade*

Embora houvesse consciência de que novas idéias e atitudes deveriam ser adotadas em resposta aos desafios colocados nos anos 80, a crise de 1982 teria o extraordinário efeito de, pelo contrário, levar velhos hábitos e conceitos às suas últimas conseqüências. Talvez (para usar um clichê) pela inércia das chamadas elites, ou pela influência das doutrinas vigentes sobre a atuação do Estado, ou pela falta de imaginação das burocracias públicas, ou pela ausência de um programa alternativo, o fato é que o país pareceu procurar esgotar por inteiro a efetividade das políticas com que se trabalhava há muitos anos, antes de se entregar a alguma mudança de rumos. Seria razoável que a redemocratização do país trouxesse para Brasília muitas novas idéias, mas o que parecia prevalecer, em absoluto contraste, eram vanguardas envelhecidas, veteranas de batalhas já encerradas, imóveis à espera de sua merecida aposentadoria, e paralisando as ações à sua volta. Os senhores da guerra pareciam desconhecer os segredos da construção da Paz. E como conseqüência desse surpreendente estado de espírito, ficaram retardadas por mais de uma década, de um lado, a necessária revisão das interpretações pessimistas sobre uma maior integração do Brasil com a economia internacional e, de outro, a renovação das políticas comercial e industrial. Muito se discutiu, mas a disposição de mudar obedecia a desígnios políticos maiores. Como não existiam os consensos, ficamos aferrados a proclamar velhas e cansadas verdades muitas vezes em diferentes formatos, talvez apenas para aplacar ansiedades e dar a impressão de coerência com os novos tempos. É emblemático, no domínio específico da política industrial e de comércio exterior, dentre os muitos exemplos de iniciativas imobilistas da Nova República, a chamada "Nova Política Industrial", Lei 2.433 de 19 de maio de 1988: um dos maiores e mais extraordinários casos de retórica vazia e do uso de um palavreado

[27] Neves & Moreira (1987).

inovador para justificar a não-mudança. O episódio vem de encontro a uma arguta observação de Roberto da Matta (1993, p. 19) sobre o "mudancismo" típico do Brasil dos tempos da Nova República e da hiperinflação: "tal como o velho malandro que decidiu ser honesto, mas só por malandragem, existem pessoas que 'sabem' que a melhor maneira de manter o sistema intacto é falando em mudanças. Este é o paradoxo — ele conclui — de uma sociedade que vive sob o signo do autocanibalismo, um sistema em que a mudança não é feita para, após uma arrancada, promover uma coroada e repousante estabilidade".

À medida em que vai se consumando a Década Perdida, o equilíbrio entre nacionalismo e internacionalismo vai lentamente se recompondo em novas e inusitadas bases. Já não contava mesmo com grande popularidade a noção de que uma participação ativa do país na economia internacional seria conducente à estagnação econômica ou ao empobrecimento progressivo. Afinal de contas, já eram muitas as gerações de economias periféricas, ou de industrialização tardia, que haviam atingido a posição de países desenvolvidos. A experiência àquela altura bem-sucedida dos chamados "Tigres" Asiáticos, em particular, assumiria papel importante no imaginário daqueles que refletiam sobre os novos caminhos do desenvolvimento brasileiro, pois servia para se questionar diretamente o pessimismo nacionalista relativo ao envolvimento com a economia internacional. Grandes dúvidas de interpretação, é claro, emergiam quanto aos fatores determinantes do sucesso dos "Tigres", a despeito de alguns consensos como, por exemplo, a importância das políticas "horizontais" (especialmente o esforço educacional) para o crescimento. A interpretação nacionalista buscava, na mistura bem-sucedida, os ingredientes mercantilistas ou intervencionistas, enquanto a visão oposta, de corte internacionalista e liberal, enfatizava as vantagens de um processo de desenvolvimento voltado para fora e o compromisso com a competitividade. A experiência dos "Tigres" permitia, sem dúvida, múltiplas leituras e justificativas variadas para quaisquer novas propostas que se fizesse. Na verdade, o triste desempenho da América Latina, independentemente dos reais méritos dos "Tigres", não levava a outro lugar que não a um imperativo de mudança a que o Brasil parecia resistir com todas as suas forças.

*A reação nacionalista: a "reserva de mercado"*

A despeito do avanço dessas percepções, os anos 80 ainda testemunhariam um episódio crucial para o redimensionamento do nacionalismo econômico: a ascensão e a queda da "reserva de mercado" na informática. Tratava-se aí de uma conseqüência direta dessa surpreendente radicalização de idéias antigas, de que falamos acima, justamente quando elas pareciam perder sua força. Fundamentalmente, não havia nessas políticas nada de muito diferente do que tinha sido implementado no passado nos casos de tantas outras indústrias estabelecidas por programas de substituição de importações: restrições ao concorrente importado, generosos financiamentos com recursos públicos a produtores nacionais, estes sujeitos a índices de nacionalização crescentes e desfrutando de subsídios fiscais e creditícios, além de preferência nas compras governamentais e de empresas estatais.

No plano doutrinário, articulava-se um elaborado discurso, novo apenas na aparência, segundo o qual o acesso desigual aos determinantes do progresso técnico, vale dizer, a inexistência de uma indústria nacional de informática, implicaria dependência tecnológica, subordinação e empobrecimento[28]. Exatamente como se fazia, no passado, para se justificar o imperativo da industrialização. Parecia formar-se aí uma contra-reação nacionalista aos ventos da globalização que iam se adensando ao longo dos anos 80, de tal sorte que a avaliação da reserva de mercado veio assumir papel central num debate bem mais amplo em torno da redefinição do caráter de nossas políticas comercial e industrial. A superpoderosa SEI (Secretaria Especial de Informática) encarnava os ideais nacionalistas, portando-se como um reduto de patriotas num oceano de entreguistas, tendo assumido, por exemplo, o poder de registrar (ou não) cada computador no escritório ou residência de cada cidadão brasileiro. Nenhuma política de substituição de importações no passado tinha chegado a arbitrariedades desse calibre, nem tampouco assumido ares de Guerra Santa contra o inimigo estrangeiro[29].

A despeito do imenso poder de que desfrutaram os burocratas da SEI[30], e do fato de as receitas aplicadas terem sido as de sempre, os resultados do experimento foram desoladores e a reação contrária, fortíssima. Generalizou-se a percepção de que a reserva de mercado fora um imenso desperdício de tempo e energia. Nunca chegamos a produzir computadores (com os índices de naciona-

---

[28] Para uma argumentação genérica, veja-se Furtado (1978). Textos específicos em defesa da política de reserva de mercado na informática com base na alegada necessidade de se evitar a dependência tecnológica nessa indústria são bem mais raros.

[29] Durante o lamentável episódio da caça ao boi-gordo, durante os momentos finais do Plano Cruzado, os jornais trouxeram uma foto de um dos indisciplinados pecuaristas acusados de sabotar o Plano Cruzado, e sujeitos à "busca e apreensão" de seus bois, aparecendo ao fundo a delicada estampa de um computador Macintosh. Conta-se que o referido empresário teve mais dificuldades com as tropas de SEI, pois o Macintosh não tinha registro, que com as tropas da Sunab.

[30] O que teve o condão de produzir muitas monografias de politólogos brasilianistas sobre a economia política da "reserva de mercado" e o desejo de autonomia tecnológica, *cf.* Adler (1987), Nelson (1995), Evans *et al.* (1992).

lização impostos pela SEI) numa base minimamente competitiva[31]. Multiplicou-se rapidamente a má vontade da sociedade em ver-se privada dos benefícios da revolução que vinha ocorrendo no mundo da informática em nome de um esforço de promoção industrial que não vinha mostrando sequer indicações de que poderia ter sucesso. A "reserva de mercado" terminou removida, e a reação nacionalista que ela pretendeu corporificar simplesmente naufragou.

É importante distinguir duas implicações diferentes do fracasso da "reserva de mercado". A primeira, de natureza prática e técnica, tinha que ver com a condução da política industrial. As políticas fracassaram em função das grandemente subestimadas dificuldades em se utilizar as técnicas habituais de substituição de importações e promoção de empresas nascentes em indústrias em que o progresso tecnológico é extremamente veloz — notadamente através da introdução de novos produtos —, a competição é intensa, o controle das importações difícil, e enorme a importância dos processos de *outsourcing*, vale dizer, da fragmentação da cadeia de valor adicionado a fim de reduzir custos[32]. A receita para o sucesso nesse tipo de indústria parecia diferente daquela com a qual nos tínhamos acostumado, e a disposição para inovar, especialmente em se tratando de maior amplitude de envolvimento com o exterior, fosse com respeito a importações, ou no tocante ao licenciamento de tecnologias, não era das maiores. A reserva de mercado terminou, portanto, como uma caricatura de política industrial, como uma espécie de "choque heterodoxo" que falhou em reverter os desígnios internacionalistas do final dos anos 80.

Uma segunda dimensão do fracasso da "reserva de mercado" era ideológica e extremamente negativa para o pensamento nacionalista: ficava a impressão de que, ao fim das contas, a tão temida "dependência tecnológica" não parecia especialmente danosa, tendo em vista as vantagens derivadas do acesso, a preços de mercado, a produtos com grande densidade tecnológica, e dos efeitos benfazejos desse fato sobre a produtividade das empresas brasileiras. Tinha-se aí um extraordinário exemplo de velhas lições ensinadas pelo historiador Alexander Gershenkron sobre "as vantagens do atraso" (*advantages of backwardness*): os países nessa condição, ao buscarem a industrialização, não precisam necessa-

---

[31] À luz do que veio ocorrer posteriormente, parecem patéticas as comparações de preço, que na época se faziam com freqüência, envolvendo produtos nacionais e estrangeiros. Era ilustrativo, não obstante, para revelar que as "curvas de aprendizado" na indústria nacional não mostravam a inclinação necessária para "romper" as curvas de desenvolvimento tecnológico e a velocidade de surgimento de novos produtos e padrões.

[32] Para uma análise dos mecanismos específicos, veja-se Fritsch & Franco (1990), e para uma avaliação mais recente dos resultados da reserva de mercado, veja-se Evans *et al.* (1992).

riamente refazer todo o percurso dos pioneiros, nem tampouco reinventar o que já está disponível, especialmente se os recursos são escassos. Essas lições são sempre lembradas nas avaliações dos bem-sucedidos esforços asiáticos de se penetrar em indústrias *high tech*, os quais evitaram recriar coisas já disponíveis, bem como a produção com índices de nacionalização muito altos[33].

*Um balanço*

A década iniciada em 1982 veio a perder por ter se constituído numa extraordinária marcha da insensatez, no âmbito da qual velhos conceitos nos planos fiscal e monetário, e também do domínio de nossas políticas industrial e de comércio exterior, foram sendo imprudente e insistentemente levados às últimas conseqüências. Novos fracassos pareciam apenas gerar novas tentativas na mesma direção, numa monótona demonstração de nossa incapacidade em inovar, e pior: doses maiores das políticas comercial e industrial habituais pareceriam apenas acentuar a ineficiência industrial, deteriorar a competitividade e ratificar a estagnação da taxa de crescimento da produtividade. Da mesma forma, remédios sempre eficazes no passado — estímulos fiscais ao crescimento, o velho keynesianismo — pareceriam apenas acentuar a escalada inflacionária. Tudo parecia apontar para o indesejado, a progressiva concentração de renda e o cada vez mais claro fracasso das políticas públicas estabelecidas em restaurar o crescimento, evitar a hiperinflação e reduzir as nossas crescentes desigualdades sociais. O velho modelo parecia ter se esgotado, e não se tomava nenhuma providência!

Ao cunhar a feliz expressão "marcha da insensatez" a propósito de episódios marcantes de desgoverno, a historiadora Barbara Tuchman (1984) traça uma importante linha divisória entre a mui encontradiça loucura individual e idiossincrática de um ditador lunático e o extraordinariamente mais interessante fenômeno da insensatez, entendida como obstinação no erro, quando se trata de sociedades com sistemas políticos-decisórios mais complexos. A recorrência em caminhos errados, decidida coletivamente na presença de descortino, consciência (até mesmo resignação) e alternativas à disposição, é difícil de ser explicada em bases gerais. Tuchman pergunta: "por que os homens com poder de decisão política tão freqüentemente agem de forma contrária àquela apontada

---

[33] Na verdade, a lição mais importante, e mais geral, é a de que países emergentes, ou de industrialização tardia, desfrutam de uma vantagem relativamente aos pioneiros quando se trata de definir políticas industriais "seletivas", ou seja, de "escolha de vencedores", pois a experiência destes lhes fornece um bom roteiro de escolha. Esta vantagem, todavia, desaparece se o *latecomer* resolve utilizar recursos escassos para recriar produtos e padrões em vez de imitá-los. Veja-se Chang (1994, p. 81) e Carliner (1988, p. 152).

pela *razão* e que os próprios interesses em jogo sugerem? Por que o *processo mental da inteligência*, também freqüentemente, parece não funcionar?" (p. 4, grifos meus).

As implicações práticas da irracionalidade decisória são particularmente perigosas no plano da política econômica. Não escapou de nenhum observador da Nova República a paralisia decisória que acometia um Brasil que se redemocratizava em meados dos anos 80 e que, com isso, ao menos em tese, tornava suas políticas mais porosas às múltiplas influências de seu tempo. Na prática, todavia, fosse pela fatalidade que vitimou o presidente Tancredo Neves, fosse pela personalidade das lideranças que o sucederam, ou ainda pelos riscos a que se dizia estar sujeito o processo de redemocratização em nossa democracia presidencialista, a Nova República enredou-se num esforço contínuo de forjar unanimidades e evitar impasses, que a tornou incapaz de enfrentar imperativos de mudança em questões nas quais era natural a ausência de consenso. Alegava-se que a tarefa de reconstrução política devia prevalecer sobre as necessidades de redefinição no plano da economia, e que o notável crescimento da complexidade da participação política teria criado tensões que o sistema político não era capaz de resolver, de sorte que ficou paralisado o encaminhamento de questões que atacassem interesses constituídos. De toda maneira, como ensina Tuchman (1984, p. 389), "a paralisação mental ou estagnação — manutenção intacta pelos governantes e estrategistas políticos das idéias com que começaram — é terreno fértil para a insensatez". Com efeito, paralisia decisória, segundo alegam os historiadores das hiperinflações[34], constitui o ingrediente básico capaz de transformar uma situação econômica frágil em uma catástrofe. E não foi outra coisa o que experimentamos nos últimos meses na Nova República, especialmente depois de vários planos heterodoxos, todos fracassados pelo mesmo motivo, ou seja, tratar superficialmente o problema da inflação, evitando reformas e ajustes de conteúdo político mais controverso. A Nova República termina registrando a maior inflação de nossa história — 84% mensais em fevereiro de 1990 — e sétima maior inflação da história da humanidade.

Esse trágico desfecho era inimaginável em 1985, quando a jovem democracia brasileira, iniciando aí uma nova fase tão cheia de boas perspectivas, tinha uma situação econômica razoável e muitas alternativas para escolher. Ninguém poderia imaginar que, poucos anos à frente, a Nova República pudesse experimentar um fracasso econômico tão aterrador[35]. De toda maneira, essa formidável marcha da insensatez em que se constituiu a Década Perdida não teria como legado

[34] Veja-se, para citar apenas um exemplo, o ensaio de Capie (1986).

[35] Este tema merece um tratamento específico em Franco (1995, cap. 8).

apenas a hiperinflação. A paralisia decisória tinha uma implicação muito objetiva: todas as responsabilidades haviam sido transferidas para o próximo governo, com isso reservando para as eleições de 1989, a primeira eleição presidencial direta em duas décadas, o papel de definir escolhas que a Nova República não fora capaz de fazer. Esta incapacidade terminaria por deixar à mercê de aventureiros — como, aliás, o resultado das eleições viria demonstrar — propostas de mudança que a sociedade brasileira já estava impaciente para ver implementadas.

## 5. A GLOBALIZAÇÃO CONSENTIDA

Naturalmente, o caos macroeconômico, bem como os excessos intervencionistas da Nova República, tomariam lugar de destaque entre os temas da campanha presidencial de 1989, mas, surpreendentemente, o real compromisso com mudanças não era perceptível em boa parte das candidaturas. Os grandes partidos pareciam indissociáveis do *status quo* e a oposição exibia como atributo básico uma zanga visceral e retumbante, a qual, de resto, estava longe de ser apenas sua. Neste contexto, pareciam plausíveis até certas tonalidades socialistas, e mesmo revolucionárias, que, em qualquer outra circunstância, seriam anacronismos e fatores de repulsa numa competição eleitoral travada nos meios de comunicação de massa. É nesse quadro que emerge o fenômeno Collor, cujas explicações encontram algumas pistas em algumas de suas alegorias retóricas — a modernidade, os "marajás" simbolizando as mazelas fiscais e do serviço público, as "carroças" representando os efeitos das políticas industrial e de comércio exterior, dentre tantas outras — que o caracterizavam como o único candidato a abraçar, genuinamente ou por obra do chamado *marketing* eleitoral, posturas internacionalistas e antiinflacionárias já bem assimiladas pela população, embora não devidamente percebidas pela classe política. Ao fim das contas, os resultados do processo eleitoral forneceriam um duro castigo para o *establishment* político por sua prolongada hesitação em deflagrar um processo de reformas econômicas.

### *O itinerário da abertura*

Uma vez eleito, o governo Collor colocou em prática novas idéias sobre inflação e abertura com graus de desprendimento e voluntarismo apenas comparáveis à superficialidade com que entendia os problemas que tencionava atacar. Melhor exemplo dessa abordagem não há que o próprio Plano Collor, o primeiro, essa extraordinária combinação de congelamento de preços e confisco de ativos, que elevava a dosagem de intervencionismo no combate à inflação a níveis de violência que a nação e os tribunais, cabisbaixos, terminariam por aceitar apenas por se tratar da primeira iniciativa do primeiro presidente civil eleito de forma direta em duas décadas. Ou talvez em função da prostração típica de hiperinflações, ou pelo sentimento de culpa pelos longos anos em que se tergiversaram sobre os "sacrifícios" necessários para a estabilização. Tendo em vista os seus pífios resultados, especialmente quando consideradas as monumentais agressões ao Direito, à cidadania e ao bom senso que logrou perpetrar, o Plano Collor merece figurar entre os mais retumbantes exemplos de experimentalismo fracassado de que se tem notícia neste planeta.

Por conta dos avassaladores efeitos do Plano Collor, quase passam despercebidas as primeiras medidas relativas à abertura, vale dizer, a Medida Provisória nº 158, depois Lei 8.028, também publicada no dia 1º de março de 1990. A quase totalidade das idéias ali contidas tinha como fonte a documentação subjacente ao chamado "choque de capitalismo" — planos da candidatura Mário Covas para novas políticas industrial e de comércio exterior — de onde saíram não só os dispositivos da MP 158, mas também trechos inteiros da Exposição de Motivos nº 48, que a acompanhou[36]. A partir daí, contudo, a condução do processo de renovação das políticas industrial e de comércio exterior seguiu seu curso, e revelou muitas ambigüidades, fosse pela complexa economia política de uma reforma dessa magnitude, fosse pela tibieza das convicções reformistas, e mesmo da efetiva capacidade de formulação da equipe do novo governo responsável pelas políticas. Mercê da alegada necessidade de cooperação (*sic*) do empresariado, e mesmo dos sindicatos, para as novas políticas, andamos perigosamente próximos de reproduzir o vexame da "Nova Política Industrial" de 1988, isto é, transformar um belo discurso, e um imperativo de ação, em uma envergonhada reafirmação do *status quo*[37].

A fim de retratar o processo de mudança nas políticas industrial e de comércio exterior que o país empreendeu desses dias até os nossos, e do qual resultou a abertura, o quadro a seguir procura elencar cada uma das principais partes componentes do processo, fazendo explícitas as divergências e debates que ocorreram em cada domínio específico. O quadro distingue dois modelos básicos de política industrial, de tal sorte que se possa entender o itinerário da abertura como a passagem do modelo "vertical" (ou setorial), o qual, ainda que de forma benevolente, representaria o *status quo*, para um outro, aqui denominado "horizontal", em que a ênfase dos incentivos era genérica e o escopo para a operação das forças de mercado era maior.

---

[36] O documento do PSDB foi redigido por um grupo coordenado pelo professor Winston Fritsch e que tinha como membros, além deste escriba, os economistas Fátima Dib, Eduardo Augusto Guimarães, José Roberto Mendonça de Barros e Wilson Suzigan.

[37] Para uma resenha do andamento dessas políticas ao longo do Governo Collor, veja-se Fritsch & Franco (1993), Guimarães (1992) e Bonelli (1995, cap. 3-1).

Regimes alternativos de política comercial e industrial

| "Horizontal" | "Vertical" ou "Setorial" |
|---|---|
| * redução rápida de excessos tarifários, com ênfase em setores "oligopolizados". Redução gradual, mas não tão lenta a ponto de não doer | * eliminação de redundância tarifária, e gradualismo bem cuidadoso e lento a fim de minimizar qualquer esforço |
| * eliminação do conceito de similaridade, e minimizar recurso a "ex" tarifários | * manutenção da similaridade e dos "ex" como instrumentos de política |
| * índices de nacionalização pequenos e usados apenas para fins de incentivos (Finame e Proex) | * índices de nacionalização usados de forma ampla para elevar integração vertical e auto-suficiência |
| * Draw-back, inclusive indireto | * Befiex |
| * eliminação rápida de "licenças prévias" e de anuências concedidas de forma descentralizada | * manutenção seletiva de anuências prévias, setorialização negociada com representantes do setor |
| * ênfase na eficiência sistêmica (Custo Brasil) | * ênfase setorial (*picking winners*) |
| * incentivos concedidos apenas com requisitos de desempenho (tipicamente creditícios), regras de interrupção quando há *default* | * incentivos "automáticos" para setores e regiões "estratégicas" (geralmente fiscais) |
| * análise de projeto da concessão de benefícios a partir de critérios de eficiência intertemporal (Bndes, Finep, bancos de desenvolvimento) | * benesses discricionárias, obedecendo a prioridades setoriais em "planos" nacionais de desenvolvimento |
| * minimizar gasto com subsídios creditícios | * maximizar uso de subsídios creditícios por uma boa causa ("finanças industrializantes") |
| * financiamento à exportação (pré e pós embarque) alocado com base em risco de crédito do tomador (pela rede privada ou Proex) | * discriminação setorial favorecendo prioridades "estratégicas", seja no ACC, seja no Proex ou Finamex |
| * agência antitruste (Cade) efetiva para destruir acordos verticais e cartéis, a fim de reduzir "poder de mercado" setoriais | * "coordenação" vertical da "cadeia" produtiva, segundo "lógica dos complexos", por meio de câmaras |
| * desativar controle de preços | * tabelamento de produtos "sensíveis" |
| * exigir exportações da Zona Franca de Manaus | * exigir mais integração vertical |
| * desregulamentar investimento privado | * controles "sociais" sobre prioridades |
| * privatizar infra-estrutura via concessões e limitar escopo de regulamentação | * aparelhar o Estado para funções regulatórias e de gerenciamento de investimentos em infra-estrutura |
| * o Estado deve comprar bens e serviços onde for mais barato, inclusive no exterior | * o Estado deve usar suas compras de bens e serviços para apoiar setores "estratégicos" |
| * maior flexibilidade no mercado de trabalho a fim de manter empregos e elevar produtividade | * elevação dos custos de demissão a fim de reduzir a "precarização" do emprego |

Não é nada fácil identificar esses dois regimes com os paradigmas clássicos do debate sobre políticas industriais e de comércio exterior, ou mesmo com os estereótipos habituais, a saber, "consenso de Washington" *versus* "modelo japonês", ou "ativa" *versus* "passiva". Especificidades institucionais, tradições e história são cruciais nesse domínio como, aliás, a literatura especializada procura repetidamente demonstrar[38]. No caso do regime "horizontal" descrito no quadro, por exemplo, deve ser claro que diversos dos instrumentos listados sequer seriam admitidos em um figurino "neoliberal". Com efeito, esse regime "horizontal" brasileiro incorpora um grau de intervencionismo muito mais próximo das práticas consagradas dos chamados "Tigres", bem como do próprio Japão, do que daquelas propugnadas, por exemplo, pelos adeptos do Consenso de Washington. Assim, nem de longe pode-se dizer que o regime "horizontal" descrito no quadro seja de políticas "passivas". Analogamente, não se deve associar o modelo "vertical" com políticas "ativas", ou com os modelos (neo)corporativistas, ou participativos, que são vistos amiúde em textos de economistas de esquerda[39]. Ou seja, pode-se dizer que o debate brasileiro dos anos recentes, na medida em que se insere nos temas discriminados nos dois modelos do quadro, é bem menos ideológico, e muito mais limitado do que faz supor o ardor que por vezes toma conta dessas disputas.

O quadro discrimina em detalhe práticas, preceitos objetivos e mecanismos institucionais, isto é, as partes componentes, do processo de abertura e do debate sobre a política industrial. É bastante claro que os dois regimes diferem, em boa medida, menos na sua natureza que na dosagem de certos instrumentos, sendo, portanto, naturais as *superposições* entre os dois regimes[40]. O modelo "setorial" é claramente mais intervencionista, mais discricionário, mais corporativista ("democrático" no sentido de democratismo, não de democracia), mais *caro* (do ponto de vista fiscal) e mais vulnerável a distorções tais como a "privatização" predatória da gestão dos seus instrumentos. Na verdade, o ponto central das críticas às políticas industriais e de comércio exterior da Nova República era justamente a sua degeneração em um vasto e ilimitado clientelismo industrial[41]. São comuns

[38] Para um exemplo recente de estudo enfatizando a importância das instituições, veja-se Chang (1994, pp. 131-6).

[39] Veja-se, por exemplo, Mantega (1994).

[40] Com propriedade, lembra Bonelli (1995, p. 173) que "não existem políticas horizontais puras: há sempre uma pitada de seleção setorial na mais horizontal das políticas".

[41] Existem dois excelentes relatórios do Banco Mundial sobre esses temas. Um sobre políticas industriais de 1990, e outro sobre políticas comerciais de 1989. Esses relatórios trazem um diagnóstico bastante completo das práticas vigentes, e em absoluta sintonia com as avaliações locais reconhecendo o quadro absolutamente trágico em que estávamos.

as avaliações de que, neste momento, o Estado parecia ter perdido sua capacidade de praticar políticas intervencionistas sem transformá-las em uma trágica interação incestuosa entre o público e o privado, da qual resultava "um processo de desenvolvimento concentrador de renda, com agravamento das desigualdades sociais e disseminação de atividades rentistas favorecidas pela combinação de proteção e subsídio"[42]. É certamente desse modelo de políticas que fala o Doutor Luiz Inácio Lula da Silva, bem como outros próceres de seu partido, quando insistem que o Brasil não tem política industrial.

Em boa medida, reproduz-se aqui a mesma problemática que estudaremos no capítulo 8 sobre a questão fiscal, de oposição entre Estado e Sociedade. Na verdade, tem-se aqui a expressão no plano regulatório da mesma questão: a apropriação do Estado para o exercício de políticas que criam privilégios para minorias bem representadas no seio do aparelho do Estado, ou no Parlamento, em detrimento de maiorias inertes escassamente defendidas em Brasília. Na verdade, no plano das políticas regulatórias, essa problemática é bem mais explícita: o conceito de seletividade, que perpassa nove entre dez proposições sobre política industrial ativa, nada mais é do que concessão de privilégio (*picking winners*). Isso não deixa de ser admitido em nenhum momento pelos especialistas; o centro da discussão sobre os méritos e possibilidades da política industrial tem que ver com critérios para a concessão das benesses[43]. De toda maneira, a experiência brasileira é muito rica em ilustrações das distorções causadas pelo descontrole na administração dos instrumentos de política industrial, e dos benefícios a eles associados.

Mercê dessa característica setorial e descentralizada dos instrumentos de política industrial e de comércio exterior, bem como de suas distorções, o processo de liberalização naturalmente assumiu o aspecto de uma longa sucessão de pequenas batalhas setoriais destinadas a destruir arranjos corporativistas e instâncias setoriais ou regionais de pilhagem, regulatória ou fiscal, do Estado. Os resultados desta marcha, ao longo da Era Collor, foram confusos, tendo o governo, conforme um especialista, "oscilado pendularmente entre os dois modelos"[44]. Embora a retórica presidencial emulasse o "Consenso de Washington", a efetiva implementação exibia uma combinação complexa de liberalismo tími-

---

42 Suzigan (1996, p. 15).

43 Para discussões críticas sobre critérios, veja-se Chang (1994) e também os dois textos de Krugman sobre o assunto — o primeiro de 1987, o segundo de 1993 — mostrando uma notável evolução no pensamento do autor sobre os méritos da política industrial.

44 Bonelli (1995, p. 174).

do, inércia institucional e burocrática, improvisação, permeabilidade a influências políticas, e até mesmo corrupção. O trágico desfecho do governo Collor terminou afetando este processo, posto que a identificação do presidente recém-deposto com a "agenda de modernização" acabou por impulsionar velhas idéias, fazendo tender o pêndulo da política de volta às práticas hiperintervencionistas e nacionalistas do passado. Eram conhecidas, nesse domínio, as idéias do presidente Itamar Franco. Todavia, a paralisia que tomava conta do país, à medida em que ia se acelerando a inflação, felizmente acabou evitando que o retrocesso nacionalista avançasse de forma significativa. Com o início dos preparativos para o Plano Real, é retomado o ritmo das medidas de abertura, vale dizer, a caminhada na direção do modelo "horizontal", embora num ritmo excessivamente lento, tendo em vista a complexidade dos obstáculos e restrições que existiam em cada um dos termos do quadro acima. Se fôssemos atacar cada um desses obstáculos negociando com os respectivos setores, e enfrentando as naturais resistências à mudança e à eliminação de privilégios antigos e sedimentados, precisaríamos de um enorme exército de liberalizadores, de muitos anos de atividade e de muita paciência. Nenhum desses recursos era abundante naquele momento. O Plano Real traria uma medida inesperada e de enorme amplitude, e que destruiria todas essas armadilhas de uma vez e mudaria drasticamente o grau de proteção a que estavam sujeitas as empresas brasileiras: a nova política cambial. Com a apreciação, as barreiras todas se tornavam menores e o Brasil podia, finalmente, retomar o processo de redefinição, tantas vezes adiado, de novos termos de troca entre nacionalismo e internacionalismo. Um novo capítulo parecia se iniciar na história de nosso relacionamento com a economia internacional, como procuraremos argumentar no restante deste volume.

4.

# CRIATIVIDADE E PRODUTIVIDADE COMO MOTORES DO DESENVOLVIMENTO: TEORIA E PRÁTICA NO BRASIL DO REAL[1]

> O desenvolvimento [é] a generalização do acesso a padrões de vida modernos com base na elevação da produtividade física do conjunto da população ativa.
>
> *Celso Furtado* (1991, p. 47)

Este capítulo trata da teoria do desenvolvimento econômico, e em particular do modo como elementos que podem ser agrupados sob as rubricas "produtividade e criatividade" viriam a alcançar uma posição central nas concepções mais recentes sobre o processo de crescimento econômico. O capítulo também se ocupa da experiência brasileira recente, e em especial do modo como processos reformadores como a abertura, a estabilização e o retorno do investimento direto estrangeiro mudaram o regime de crescimento da produtividade no Brasil e, assim, a natureza do crescimento econômico brasileiro.

Como será visto a seguir, as idéias sobre desenvolvimento econômico tiveram uma espécie de renascimento no pós-guerra, quando o problema assumiu um nova coloração e, com ela, surgiria uma disciplina inteiramente nova. Nesses anos, muitos países engajaram-se em modelos de desenvolvimento que privilegiavam a mobilização intensiva de recursos sob o comando do Estado, e com freqüência, em detrimento de políticas e instituições que explicitamente favorecessem a criatividade e a produtividade. No primeiro momento, a teoria parecia exibir uma forte propensão a racionalizar essas experiências, mas, com o tempo, adquiriu autonomia e passou a uma fase de "descobertas", dentre as quais a principal era a importância dos fatores *grosso modo* associados ao progresso tecnológico, que havia sido vastamente subestimada, tanto pelos planejadores quanto pelos teóricos, como bem atesta a nossa própria experiência no pós-guerra. Conforme enunciamos nos capítulos 1 e 2, o modelo brasileiro de substituição de importações conduzido pelo Estado e financiado pela poupança extraída por

[1] Texto inédito.

meio da inflação de fato nos permitiu taxas de crescimento elevadas enquanto se mantiveram altas as taxas de investimento público. A ênfase na inflação e na auto-suficiência, todavia, produzira uma atmosfera de negócios prejudicial à competitividade e ao dinamismo tecnológico de tal sorte que, com o passar do tempo, exauridas as possibilidades de extração de recursos da sociedade por meio da inflação em função da crise fiscal que se instala nos anos 80, o modelo econômico perde sustentação e o crescimento estaciona.

A mudança de paradigma, que teve lugar no plano da teoria, e que se procura documentar no que se segue, não apenas coloca criatividade e produtividade no centro do processo, como traz uma reavaliação do papel do comércio internacional para o processo de crescimento. Trata-se aí de demonstrar que o envolvimento com o resto do mundo, pela via da exportação ou da importação, tem o condão de transformar as estruturas de mercado dentro das quais as empresas definem condutas e desempenhos, com vastas implicações no sentido da eficiência, da absorção de tecnologia e do interesse em desfrutar das oportunidades oferecidas pela globalização. As "novas teorias" para o crescimento e para o nexo entre o comércio e o desenvolvimento modificariam bastante os modos de se pensar e construir as políticas de desenvolvimento, especialmente nas economias emergentes, boa parte das quais, especialmente as da América Latina, necessitavam mesmo reorientar suas políticas de desenvolvimento. A adoção dos novos paradigmas foi grandemente auxiliada pelo notável crescimento do comércio e do investimento direto a partir dos anos 70, vale dizer, pela globalização, e também pela nova onda de inovações tecnológicas no plano das tecnologias de informação e pelo colapso das economias socialistas, ditas de planejamento centralizado. Mas no Brasil, a adoção dos novos paradigmas tem sido penosa, como é possível atestar através da crônica das resistências ao processo de abertura exibida no capítulo anterior. Não obstante, o Plano Real proporcionou ao país um salto na direção das novas realidades do fim do século. A combinação de abertura, estabilização, privatização e a retomada do investimento direto estrangeiro (IDE) resultou em uma modificação radical nas estruturas de mercado dentro das quais funcionavam as empresas brasileiras. Drásticas mudanças de conduta tiveram lugar, com resultados absolutamente extraordinários no tocante à taxa de crescimento da produtividade, que teremos oportunidade de documentar, no que se segue, com dados mais recentes que os do capítulo 1. Em 1998, como se verá adiante, uma hora de trabalho era capaz de produzir 78% mais mercadorias do que produzia em 1990. Diante dessas novas condições, possibilidades inteiramente inusitadas se abrem para o crescimento brasileiro.

## 1. EM DEFESA DA "TEORIA"[2]

Antes do exame da teoria, e do que se passou no Brasil, convém fazer algumas observações preliminares sobre o papel da teoria e da técnica no desenho do desenvolvimento. Com efeito, a idéia de uma "teoria" sobre um tema tão "prático", como o desenvolvimento econômico, encontra problemas gerais e específicos. Em termos genéricos, é a própria teoria econômica que encontra objeções, especialmente quando se propõe a fornecer receitas poderosas, embora nem sempre intuitivas, para a prosperidade das nações em qualquer época e lugar. A ciência econômica parece oferecer soluções de que, na prática, não dispõe. Todavia, a despeito de suas limitações, é grandemente demandada por políticos ambiciosos (e amiúde bem-intencionados) que buscam idéias e programas mas, com freqüência, impõem restrições à natureza exata das recomendações que vêm buscar. A relação entre os economistas formuladores, os ditos "teóricos" do desenvolvimento econômico, e os responsáveis em última instância pela condução do processo, os políticos eleitos, é sempre muito tensa, aqui como em qualquer parte. Sempre se pode discutir se são as teorias revolucionárias que abrem novos caminhos para os políticos, ou se a intuição privilegiada desses senhores é que proporciona as respostas criativas que, anos adiante, permitem a construção de teorias. A primazia entre a história do pensamento e a história econômica é um tema fascinante e complexo, porém grande demais para os limites deste ensaio. Para nossos propósitos é suficiente observar, num terreno mais prático, que os desafios enfrentados pela teoria, e pelos economistas profissionais em particular, quando fora dos muros da academia, são dificílimos. Os economistas interagem com o seu objeto de estudo de maneiras impensáveis para os químicos, por exemplo. Ademais, quando se trata de definições de política econômica e do roteiro do desenvolvimento econômico, o processo decisório terá de envolver diálogo e persuasão, artes nas quais os economistas, a julgar pela experiência e salvo pelas exceções de praxe, não têm sido bem treinados. Nessas esferas decisórias prevalecem considerações políticas — é verdade —, interesses grandes e pequenos, e a disputa no terreno da opinião pública, no qual as regras não são limpas como as da academia, para não falar da conquista do coração do Príncipe, das intrigas palacianas e dos materiais que compõem o dia-a-dia da imprensa. Diante de tudo isso, os economistas daqui e de outras partes continuam otimis-

[2] Baseado em notas apresentadas no painel "A produção do conhecimento em ciências sociais", contando também com a participação dos professores Gilberto Velho e Vanderlei Guilherme dos Santos, no seminário "As novas epistemologias: desafios para a universidade do futuro", PUC-Rio, setembro de 1999.

tas quanto à real utilidade de uma teoria para o desenvolvimento econômico, ou seja, quanto à sua capacidade de oferecer receitas que ajudem países a conquistar a prosperidade. Muitos profissionais podem ter sofrido desilusões nessas tentativas, mas mesmo sem ilusões, a profissão continua a fornecer ao mundo político profissionais focados na busca do bem comum.

A "teoria" do desenvolvimento é construída primordialmente a partir de racionalizações da experiência internacional de desenvolvimento econômico, de modo que a sua relação com a História é muito especial, muito mais do que em outros ramos menos "aplicados" da teoria econômica. Esta origem empírica é, na verdade, um traço bem mais geral de todas as "ciências do homem", ou ciências sociais. Escolados na diversidade, os economistas, historiadores e cientistas sociais, em geral, sabem que a trajetória de cada país é única, e que as lições da História são de enorme valor, embora de difícil discernimento e translado para outros contextos. Conforme ensina David Landes, o historiador das inovações tecnológicas que constituíram a Revolução Industrial, "como seria reconfortante poder retirar lições precisas da imensa tapeçaria de experiências humanas e apresentá-las aos industrializadores de hoje, para que eles evitem os erros de seus predecessores! A História, afinal de contas" — diz ele — "é um sacrifício no altar da esperança — esperança de que o homem possa um dia conhecer mais sobre o homem e possa dominar a si mesmo como hoje domina a natureza"[3].

O problema é que a História não oferece lições assim tão claras, e pode ser inclusive usada contra a teoria, ou a favor de uma alegação costumeira, a de que a unicidade de cada experimento ("o Brasil é diferente") pode ser sempre invocada em benefício da intuição, do amadorismo e da improvisação. Ou da proliferação de "teorias sobre o Brasil", que um historiador bem classificou de "gênero literário", ou "uma espécie de angústia de identidade"[4]. Campos específicos de conhecimento, ou "ciências aplicadas", como a Economia, a Medicina, ou o Direito, parecem presas fáceis para vulgarizações do famoso Princípio da Incerteza, formulado em 1927 pelo físico alemão Werner Heisenberg, segundo o qual todo objeto é alterado pela observação. O Princípio tinha como referência o mundo subatômico da Mecânica Quântica, mas no campo das ciências do homem é comum encontrar uma formulação "de esquerda" da mesma tese, segundo a qual a objetividade em Ciências Sociais é impossível, pois o observador é parte do objeto, e sua perspectiva é determinada pela sua posição no processo produtivo e, por conseqüência, pela sua classe social e pelos seus interesses or-

[3] Landes (1969, p. 554).

[4] Segundo Evaldo Cabral de Mello em entrevista para *Veja* em 7.1.1998.

gânicos. E, em conclusão, como a objetividade não existe, senão como ideologia burguesa, uma proposição científica apoiada pela evidência empírica vale tanto quanto uma resolução tomada num congresso partidário.

Como subciência, gênero literário, ou instrumento de advocacia de interesses econômicos, a Economia tem estado permanentemente sob pressão, perseguida por metodologias alternativas, detratores sistemáticos, críticos amadores, "praticantes" educados pela escola da vida, convenções partidárias, expatriados das "escolas práticas de saber econômico", como foram chamados alguns órgãos de governo[5], todos a apontar suas limitações. A despeito das culpas individuais, e fraquezas inevitáveis de economistas profissionais sem disposição para o diálogo fora da academia, não há dúvida que temos aí os indícios de um problema mais geral. E para adquirir perspectiva sobre o tema, convém *et pour cause* recorrer à História. Conforme um relato de um historiador sobre a experiência científica no século XX[6]:

> Em determinado período, na Era dos Impérios, partiram-se os laços entre as descobertas dos cientistas e a realidade baseada na experiência dos sentidos ou por eles imaginável; e o mesmo se deu com os laços entre a ciência e o tipo de lógica baseado no senso comum ou por ele imaginado. Os dois rompimentos reforçaram-se um ao outro, pois o progresso das ciências naturais passou a depender cada vez mais de pessoas escrevendo equações (ou seja, sentenças matemáticas) em pranchetas de papel do que fazendo experiências em laboratórios. O século XX seria o século dos teóricos dizendo aos práticos o que deviam buscar à luz de suas teorias; em outras palavras, o século dos matemáticos.

Jamais a humanidade dedicou tantas energias, tantos recursos humanos e materiais às ciências básicas e aplicadas. O progresso tecnológico, em conseqüência, não só é desprovido de qualquer precedente em sua extensão, como se modificou drasticamente no que respeita à sua própria produção. A inovação se torna rotineira, pois se segue de pesquisa que se tornou sistemática, pois se avolumou como obra coletiva e se organizou e institucionalizou como ocupação regular de uma enorme comunidade comportando impressionante grau de especialização, inacessibilidade aos não-iniciados e impessoalidade em suas partes componen-

---

[5] Loureiro (1997, p. 8).

[6] Hobsbawm (1994, pp. 515-6).

tes. A comunidade científica recolhe-se às regras da meritocracia acadêmica, ao árido mundo das publicações científicas, à cumulatividade exasperante do conhecimento, desfrutando das incríveis vantagens da divisão do trabalho e alcançando enorme eficiência, ao custo de se perder, talvez, um tanto da perspectiva sobre o todo, ou de se reduzirem as possibilidades da interdisciplinaridade.

Para as ciências sociais, ou campos aplicados de conhecimento, o divórcio entre o senso comum e a institucionalização, como acima descrito, é ainda mais perigoso do que no caso das ciências da natureza, *hard sciences*, como se diz. Se ao encontro destas se ergue uma infinidade de ataques oriundos do preconceito e da ignorância, ou da perplexidade, ou mesmo revolta, pelas suas conquistas, imagine-se o que pode surgir como objeção para as ciências que procuram tratar do comportamento humano, individual ou social. As ciências em geral não têm problemas em lidar com a ignorância, pois enfrentá-la é seu ofício, porém dentro de seu próprio campo, e sob as regras objetivas da academia e do método científico. Mas, como já mencionado, os problemas maiores estão fora das cidadelas universitárias, de onde boa parte dos praticantes das ciências "duras" nunca precisa sair. Toda ciência, conforme observa Carl Sagan (1995, pp. 54-5), convive necessariamente com a sua sombra, sua vulgarização, sua "pseudociência":

> Cada área da ciência tem o seu próprio complemento de pseudociência. Os geofísicos têm que se haver com Terras chatas, Terras ocas, Terras com eixos loucamente oscilantes, continentes que emergem e afundam rapidamente, além de profetas de terremotos. Os botânicos têm plantas cuja ardente vida emocional pode ser monitorada com detectores de mentiras, os antropólogos têm homens macacos sobreviventes, os zoólogos têm dinossauros remanescentes, e os biólogos evolutivos têm os literalistas bíblicos mordendo o seu flanco. Os arqueólogos têm astronautas antigos, runas forjadas e estatutária espúria. Os físicos têm máquinas de movimento perpétuo, uma multidão de refutadores amadores da teoria da relatividade, e talvez a fusão a frio. Os químicos ainda têm a alquimia. Os psicólogos têm grande parte da psicanálise e quase toda a parapsicologia. Os economistas têm previsões econômicas de longo alcance. Até agora, os meteorologistas têm a previsão do tempo a longo prazo a partir das manchas solares [...] A astronomia tem como sua pseudociência mais importante a astrologia, a disciplina que lhe deu origem. As pseudociências às vezes se cruzam, combinando a confusão — como nas buscas telepáticas de tesouros enterrados na Atlântida, ou em previsões econômicas astrológicas.

Não há dúvida, ademais, de que é muito mais fácil apresentar a pseudociência ao distinto público do que a ciência, pois aquela não apenas parece mais simples como mais profundamente apela às necessidades emocionais das pessoas. "Quando a medicina tradicional fracassa" — diz Sagan (1995, p. 228) — "quando temos de nos conformar com a dor e a morte, é claro que estamos abertos a outras perspectivas que mantenham a esperança." A crença em milagres fornece um interessante exemplo de um sistema alternativo de crenças que se revela aparentemente robusto aos cânones científicos de comprovação. O truque, todavia, é estatístico, e tem a ver com a Lei dos Grandes Números. Desde 1858, quando se relatou uma aparição da Virgem Maria em Lourdes, na França, a Igreja Católica relata a ocorrência de 65 milagres no local. Tendo em vista o número estimado de visitantes ao santuário, a probabilidade de uma cura está em cerca de uma em um milhão. A probabilidade de regressão espontânea em todos os cânceres considerados em conjunto, segundo evidência disponível, é de cerca de uma em dez a cem mil, de modo que se apenas 5% dos que visitam Lourdes têm câncer, isso seria suficiente para produzir o número de "milagres" documentados[7]. Nada disso, todavia, retirará o interesse dos desenganados de ir a Lourdes, o que continuará a fornecer conforto espiritual aos peregrinos e ajudará a economia da região. A pseudociência, mesmo quando não está inteiramente imune ao teste da experiência, não incomoda a ponto de ser execrada ou proibida. Resguardados certos cuidados, sua prática é inofensiva.

As ciências da natureza têm uma convivência tensa, mas relativamente mais fácil com as mistificações inofensivas: ufologia, espiritualismo, percepção extrasensorial, telepatia, telecinésia, "visão remota", estátuas que choram, rabdomancia, poder das pirâmides, quiromancia, numerologia, além do Triângulo das Bermudas, do "Horror de Amityville", das Previsões de Nostradamus e das Testemunhas de Jeová — a lista é interminável. Os partidários da Nova Era podem argumentar que "a própria ciência é irracional ou mística. É apenas outro credo, outro sistema de crença ou outro mito, e não tem mais justificação do que qualquer um dos outros" (*Ibid.*, p. 244). Com efeito, para os não iniciados, os mecanismos subjacentes ao Tarô ou às auras multicoloridas podem ser tão incompreensíveis quanto os da Mecânica Quântica ou aos da lei das vantagens comparativas. Mas de toda maneira, a despeito do tratamento cortês e "politicamente correto" dedicado aos sistemas alternativos de crenças, inclusive, por que não dizer, às religiões dominantes no mundo ocidental, é difícil imaginar duas ou mais formas de "objetividade". Os antropólogos parecem divertir-se com a

---

[7] Sagan (1995, p. 231).

existência desses múltiplos sistemas de crenças nas mais diversas culturas, inclusive as mais "modernas": pesquisas demonstram, por exemplo, que percentagens elevadas de brasileiros acreditam firmemente em religiões que incorporam transe e possessão. Já nos Estados Unidos, percentagens semelhantes podem ser encontradas em relação a indivíduos que acreditam em abdução de seres humanos por discos voadores. Aos olhos dos ufólogos, ou dos umbandistas, suas crenças são tão legítimas quanto as verdades que proclamamos como científicas.

As ciências "duras" podem adotar uma indiferença olímpica diante disso tudo, apenas evitando que esses fenômenos e seus sacerdotes invadam a Torre de Marfim. Mas para alguns dos pobres economistas, que precisam lutar em campo aberto, disputando a opinião pública, a situação é bem diversa. Na imprensa e nos debates parlamentares, a retórica e a mistificação são recursos legítimos e de grande importância nos embates que governam as decisões políticas. Nessas disputas no campo da política econômica, o "alternativo" se apresenta com o mesmo estatuto da sabedoria do *mainstream* da profissão, amadores e profissionais são colocados em pé de igualdade a serviço das correntes políticas em confronto. No terreno "pop", para usar a terminologia de Krugman, não há primazia nem autoridade intelectual. Teorias de 200 anos de idade e amplamente estabelecidas podem não ter apelo algum para os "homens práticos" que precisam lidar com situações concretas. E o problema está longe de ser brasileiro: Krugman (1996, pp. viii-ix) alega que os debates sobre questões de economia internacional nos Estados Unidos foram dominados por uma "retórica escorregadia", própria das discussões "pop", em que reinam amadores, polemistas, divulgadores bem ou mal-intencionados, jornalistas convertidos a alguma fé, e o que ele chamou de "empresários de políticas", ou seja, profissionais do debate, quase como pistoleiros de aluguel, cujo papel é fundamental na interação entre políticos e economistas, na qual "os políticos tentam encontrar economistas com idéias que eles possam empacotar e [...] os economistas desenvolvem idéias ao mesmo tempo em que tentam transformá-la em influência política" (1994, p. 4).

O parentesco com a cena brasileira é real, mas temos algumas particularidades que não se deve perder de vista. O ensino de Economia no Brasil recém completou cinqüenta anos, dos quais o período mais rico foi o que se seguiu ao famoso Seminário de Itaipava em 1966, no qual as melhores mentes da profissão fixaram os rumos da pesquisa e da pós-graduação para o futuro. Nesses anos de formação, conforme observa Maria Rita Loureiro (1997, p. 12), "o pensamento econômico no Brasil sempre esteve estreitamente ligado aos temas políticos, aos debates ideológicos e às demandas práticas emanadas das políticas governamentais. Em outras palavras" — ela continua — "o economista no Brasil, para o bem ou para o mal, nunca foi um cientista fechado nas chamadas 'torres de marfim' dos meios acadêmicos. Ao contrário, sempre correu o risco de *sujar as mãos*"[8]. Ao contrário do que ocorreu nos EUA, e com as ciências "duras", os embates ideológicos no Brasil arrombaram as portas das universidades, ou estas não amadureceram a ponto de fazer convergirem as diferentes "escolas de pensamento" que existem no país. Um *survey* de 1992 sobre o conteúdo dos cursos de pós-graduação em Economia oferecidos nas principais universidades brasileiras identificou uma importante polarização entre os principais centros membros da ANPEC (Associação de Centros de Pós-graduação em Economia): aqueles que adotam as idéias do *mainstream* e conduzem seus programas de ensino e pesquisa nos moldes internacionais e que por muito tempo foram minoritários na cena brasileira, e aqueles que procuram construir um novo paradigma exclusivamente a partir da tradição Cepalina e de suas próprias emanações. De certa maneira, é natural a existência dessa dualidade num país periférico, onde influências internacionais e locais vão interagir antropofagicamente. Estamos vivendo, portanto, de acordo com o *survey:*

> [...] numa espécie de crise de identidade "estrutural" que pode ser muito rica e produtiva no sentido de conferir identidade própria à prática da profissão no Brasil. O pluralismo parece, portanto, uma característica endógena da profissão nos trópicos e certamente devemos pensá-la como desejável. No entanto, é preciso cuidado para, ao fomentá-lo, não patrocinar o sectarismo e o conflito [...] Enquanto que a ênfase no *mainstream* norte-americano pode levar a uma emulação não qualificada de modelos estranhos à nossa realidade e transmitir à formação básica do economista um "complexo de inferioridade" intrínseco, o paradigma cepalino facilmente pode levar a uma "síndrome do alternativo", onde a crítica indiscriminada toma o lugar da formação instrumental e analítica indispensável à prática da profissão. Enquanto que, para os centros do *mainstream*, as leituras podem privilegiar excessivamente a literatura estrangeira, os centros "cepalinos" parecem mostrar uma alarmante endogenia e auto-referência em suas leituras[9].

---

[8] Ela vai mais longe ao concluir que "a economia brasileira foi sempre uma Economia Política", o que nos aproxima perigosamente da tese de que como a objetividade é mesmo impossível, então que seja logo de início abandonada em benefício da política e dos ideais partidários.

[9] Franco (org.) (1992, p. 8).

Fora das fronteiras universitárias, essas diferenças se tornam ainda mais agudas. É lamentável que, no Brasil, o enriquecimento instrumental e a construção institucional da disciplina tenham sido tratados como "americanização". Conforme a apreciação de Maria Rita Loureiro (1997, p. 11), "associada ideologicamente ao imperialismo norte-americano e vista, conseqüentemente, como expressão de colonialismo cultural, tal processo de 'americanização' sofreu rejeição e resistência por parte de certos grupos ou correntes de pensamento econômico mais próximos a posições políticas de esquerda e teoricamente mais identificados com posições heterodoxas". A crítica ao "irrealismo" da teoria e da "matematização" dos modelos econômicos se tornou, em particular no Brasil, um extraordinário álibi para os avessos (ou ignorantes) de matemática, ou para os rebeldes de espírito entregarem-se de corpo e alma ao "pensamento crítico", como antigamente a trigonometria levava os estudantes em dificuldades no "científico" para o "clássico", ou para os "métodos alternativos". As premissas fundamentais da Economia Política, alega-se, não caberiam em modelos matemáticos, e resultariam falsificadas — ou reduzidas a caricaturas de si mesmas — a fim de ensejar a expressão mediante equações, e pervertidas ainda mais para revelar propriedades matemáticas convenientes a seus manipuladores. Advoga-se, portanto, uma "postura crítica" que significa, na prática, uma desqualificação generalizada da teoria e do economista profissional e, ao fim das contas, um primado do amadorismo e do "alternativo" em detrimento do *mainstream* e da autoridade das posturas técnicas. Houve, de fato, uma época no Brasil em que era difícil publicar em circuitos acadêmicos, sem que o seu trabalho tivesse como subtítulo "uma abordagem alternativa" ou "uma perspectiva crítica". Nesse contexto, como observamos no início desta seção, é sempre controversa a participação dos economistas na política, pois a primazia da técnica sempre será uma ameaça à própria política, e por ela sempre será colocada em uma posição defensiva ou ambígua. Conforme observado em um estudo recente sobre as novas elites burocráticas, engenheiros e economistas em especial, "os técnicos são hoje prisioneiros de duas versões igualmente malignas e muito difundidas. Ou a elite dirigente ainda é apresentada como a responsável por uma política de salvação nacional, o que a torna toda-poderosa e capacitada a alimentar imensas esperanças e desesperanças, ou é considerada um plantel de bruxos cujo feitiço sempre se volta contra o feiticeiro"[10]. Entre esses extremos navegam os economistas, às vezes como redentores, outras tantas como vilões; em ambos os casos, geralmente, sem que o mérito (a culpa) seja inteiramente seu (sua).

---

[10] Gomes (1994, p. 11).

## 2. O desenvolvimento como formação de capital

Quando o desenvolvimento econômico surge como disciplina, nos anos do pós-guerra, sua ênfase na formação de capital parecia absoluta e indiscutível. Naturalmente, nada pareceria mais central ao capitalismo do que o capital. Curioso, não obstante, é este tardio aparecimento do "desenvolvimento econômico" como um compartimento relevante da Economia Política, como problema e como campo específico de pesquisa, parecendo responder a um desafio historicamente definido e dramaticamente colocado naquele momento: o surgimento do Terceiro Mundo. Por isso se disse que a nova disciplina estaria, simultaneamente, "entre os mais novos e mais velhos ramos da economia"[11], pois, ao fim das contas, não era outra coisa o que Adam Smith se propunha a estudar em 1776, quando fundou a disciplina publicando sua "investigação sobre a natureza e as causas da riqueza das nações".

É claro que disparidades no tocante à "riqueza das nações" estavam longe de serem novidade, mas elas se apresentavam de forma inteiramente diferente ao término de uma guerra que havia envolvido todo o planeta e que havia produzido avanços tecnológicos e produtivos que não se imaginavam possíveis quando de seu início. As possibilidades econômicas da humanidade viram-se tão vastamente ampliadas que rapidamente se formaram expectativas de que a reconstrução de uma nova ordem econômica viria a consistir em um exercício de disseminação dessa nova e extraordinária prosperidade econômica por todos aqueles que lutaram pela liberdade. Em decorrência disto, o interesse na reflexão sobre o desenvolvimento, especialmente nos primeiros anos do pós-guerra, ia capturando a imaginação de uma legião cada vez maior de estudiosos por todo o planeta. A esta altura, a idéia de desenvolvimento viria expressar um anseio genérico, presente em todo lugar, pela busca das chaves para um mundo melhor. Conforme um historiador[12]:

> Qualquer um que perguntasse a cidadãos articulados de países desenvolvidos e em desenvolvimento o que eles entendiam pelo meritório objetivo do *desenvolvimento* receberia uma grande variedade de respostas: melhores padrões de vida. Uma renda *per capita* crescente. Aumento na capacidade produtiva. Domínio sobre a natureza. Liberdade através do controle sobre o meio ambiente. Crescimento econômico. Mas não apenas crescimento: crescimento com eqüidade. Eliminação da pobreza. Satisfação das necessidades básicas. Alcançar os países desenvolvidos em tecnologia, riqueza, poder, *status*. Independência econômica, auto-suficiência. Possibilidade de realização pessoal

---

[11] Meier (1984, p. 3).

[12] Arndt (1987, p. 1).

para todos. Libertação, meios para o progresso da humanidade. O desenvolvimento, na vasta literatura em que veio a se construir, parecia vir a compreender todos os aspectos da Boa Sociedade, o caminho do homem comum para a Utopia.

Idéias inovadoras seriam colocadas em operação em toda parte por governos contaminados pela atmosfera intervencionista keynesiana típica do pós-guerra, pelas experiências de planejamento centralizado no mundo socialista ou pelo voluntarismo nacionalista que assoberbava os países recém-descolonizados. Nas periferias, o desenvolvimento, enquanto empreendimento intelectual, expandia horizontes e ajudava a fazer florescerem esforços criativos de política econômica e deflagrarem processos de rápida transformação. O homem dominava a natureza, mobilizava recursos em escala sem precedentes agora para a construção da prosperidade, e não mais para a guerra. Talvez em função da extensão do esforço de guerra, o desenvolvimento econômico, que naquela altura se confundia com a reconstrução, era visto menos como um processo social espontâneo — resultado natural da conjugação de determinados requisitos e do funcionamento dos mercados que faria brotar das energias empresariais do país — do que como um processo necessariamente induzido e provocado pela mão pesada do Estado como coordenador e planejador, a única forma de romper o círculo vicioso da pobreza e os grilhões do subdesenvolvimento.

A reflexão sobre o desenvolvimento econômico nesta primeira fase, tendo em vista a grandeza de propósitos que a cercava, viria reunir algumas das melhores mentes da época, compreendendo historiadores como Alexander Gershenkron e David Landes, aqueles que Walt Whitman Rostow (1991, p. 416) descreveu como "estatísticos do crescimento", ou seja, pesquisadores como Colin Clark, Simon Kuznets, Moses Abramovitz, Edward Denison, Hollis Chennery e, mais recentemente, Angus Maddison. Compreendia também autores que na verdade eram "praticantes", e cujo trabalho estava associado a organizações internacionais, como a Cepal e a UNCTAD, a agências de governos, ou a experiências de aconselhamento externo em campos como planejamento, programação econômica ou análise de projetos[13]. E também autores envolvidos em esforços de natureza es-

[13] É desse grupo que provém boa parte dos chamados "pioneiros" da disciplina, conforme recentemente identificados em uma coletânea publicada sobre os auspícios do Banco Mundial. A coletânea, publicada em 1984 e editada por Gerald M. Meier e Dudley Seers, identifica dez pioneiros: Lord Bauer, Colin Clark, Albert O. Hischman, Sir Arthus Lewis, Gunnar Myrdal, Raul Prebish, Paul N. Rosenstein Rodan, W. W. Rostow, Hans W. Singer e Jan Tinbergen. Três desses ganharam o Prêmio Nobel (Lewis, Myrdal e Tinbergen).

sencialmente teórica, notadamente no mundo acadêmico anglo-saxão, como Sir Roy Harrod, Nicholas Kaldor, Evsley Domar e, posteriormente, Robert Solow, que viriam escrever os primeiros "modelos" de crescimento para o "longo prazo", estendendo a temática keynesiana para além das flutuações de curto prazo. Essas vertentes de pensadores congregavam talentos de natureza diversa no desbravamento desse novo campo. Era apenas natural que abordassem o assunto de acordo com diferentes ângulos, expressassem diferentes ênfases, explorassem sinergias, como também divergissem. Mas independentemente das tensões entre os acadêmicos em torno de diferentes ângulos da teoria do desenvolvimento, era muito claro nesse primeiros anos de disciplina um "viés fáustico"[14], no sentido de se tomar o processo de desenvolvimento como determinado primordialmente pela formação de capital, conduzida por políticos visionários no comando de vastas estruturas burocráticas de planejamento e mobilização, conjugados a sacrifícios sociais em nome da redenção econômica. A importância do progresso tecnológico, a despeito de sua posição secundária, jamais se viu totalmente descartada[15], mas prevalecia, sem dúvida, uma ênfase "operacional", ou "prática", na acumulação de capital, seja porque melhor refletia um viés que remontava aos "clássicos", seja porque, ao fim das contas, o capital "incorpora" tecnologia. Ademais, a ênfase na acumulação de capital vinha de encontro ao clamor pela industrialização dos países do Terceiro Mundo, todos ressentidos pelos sofrimentos derivados da condição de exportadores de produtos primários nas décadas anteriores.

Não se deve perder de vista, todavia, que a mais pura representação desse desenvolvimentismo de engenheiros e programadores era a sociedade socialista. O planejamento era levado às últimas conseqüências, como se o esforço de guerra continuasse mais ou menos na mesma intensidade, e as taxas de crescimento que começaram a aparecer no mundo socialista, ainda que cercadas de desconfiança, de modo algum desmentiam as expectativas mirabolantes depositadas sobre os poderes do planejamento. O mesmo valia para os países em reconstrução na Europa, para o Japão e para a América Latina. Foi a era do suor e da mobilização pelo desenvolvimento e os anos dourados para os que acreditavam na participação do Estado como o elemento fundamental na guerra contra o subdesenvolvi-

---

[14] Veja-se, no capítulo 6 adiante, as alusões na seção 5 ao *Fausto* de Goethe.

[15] No que seria descrito como "o primeiro *survey* moderno sobre o que os economistas tinham a dizer sobre crescimento econômico", Moses Abramovitz, em 1951, chegaria a afirmar que "apenas a descoberta e exploração de novo conhecimento chega a ponto de rivalizar com a formação de capital enquanto determinante do progresso econômico".

mento. Não era outro o estado de espírito dos economistas e políticos brasileiros nessa ocasião. Na verdade, era o primado dos grandes programas de obras, do Plano de Metas, idade de ouro dos engenheiros e das construções, das grandes ambições e dos desígnios ilimitados.

### 3. O progresso tecnológico como "resíduo"

O mundo do pós-guerra era francamente otimista quanto às possibilidades da tecnologia, não apenas pelo extraordinário cartel de inovações que era possível ver funcionando àquela altura, como também pela capacidade já devidamente atestada de contrariar vaticínios matemáticos — como a chamada "armadilha malthusiana" — que, ao menos na aparência, se afiguravam incontornáveis. Mas parecia mais entusiasmado com a idéia do desenvolvimento como formação de capital, ou como mobilização forçada de recursos, tendo em vista, possivelmente, os padrões de organização econômica e planejamento que vigoraram durante o esforço de guerra. O voluntarismo e o planejamento pareciam mais importantes do que a criatividade como elementos propulsores do desenvolvimento.

#### *A descoberta do "resíduo"*

Ainda nos primeiros anos do pós-guerra, uma importante inovação marcaria as concepções então vigentes sobre a natureza do crescimento econômico e viria a oferecer um testemunho definitivo e dramático da importância da produtividade e do progresso tecnológico para o crescimento. Com efeito, teria origem em variantes do modelo básico de Robert Solow, e também no trabalho dos "estatísticos do crescimento", destacadamente por Edward Denison, uma grande descoberta abalaria a coalizão que havia se formado em torno do primado do suor e da acumulação de capital para o processo de desenvolvimento. Por meio de formulações matemáticas simples, era possível decompor estatisticamente o processo de crescimento em diversos de seus componentes. Uma grande variedade de metodologias seria utilizada nesse campo, que se tornaria conhecido como *growth accounting* (contabilidade do crescimento). Em geral, tratava-se de individualizar a contribuição de cada um dos chamados "fatores de produção" para o crescimento, aferindo em que medida cada fator "explicava" estatisticamente o observado em diferentes países.

Os resultados desses exercícios viriam fornecer uma das mais importantes descobertas no estudo do processo de desenvolvimento: o chamado *resíduo*, ou a parte do crescimento "não explicada" estatisticamente era bem maior do que a que resultava das contribuições individuais dos fatores de produção — trabalho e capital. Esses primeiros resultados mostravam-se perturbadores, e a reação inicial pareceu ser a de atribuí-los a dificuldades de quantificação ou de natureza metodológica. Sucessivamente, todavia, foi-se verificando que a conclusão se repetia nos mais variados estudos e contextos[16], e que, conseqüentemente, nada tinha de espúria ou acidental. Foi então se estabelecendo a leitura de que o *resíduo* estaria a capturar os efeitos de todo um espectro de fenômenos que, *grosso modo*, refletiam as variadas formas pelas quais quantidades maiores de mercadorias poderiam ser produzidas a partir das mesmas quantidades de fatores, ou seja, progresso tecnológico, economias de escala, efeitos de *networking*, retornos crescentes, *learning by doing* etc. A impressão que ficava, portanto, era a de que o desenvolvimento estava longe, ou bem mais longe do que se pensava, de se esgotar na acumulação de fatores de produção. Tornou-se comum que se interpretasse o *resíduo* como a soma dos efeitos das elevações de produtividade de cada um dos fatores: "Produtividade Total dos Fatores" (PTF) foi como seria chamado.

Com isso, a discussão sobre a importância do *resíduo* veio se constituir em um sério confronto entre visões contrastantes sobre a importância relativa da acumulação de fatores de produção (capital e trabalho), ou seja, mobilização e planejamento *vis-à-vis*, criatividade e produtividade como determinantes básicos do crescimento. A importância estatística do *resíduo* oferecia uma evidência clara, senão da primazia, da importância crucial do progresso tecnológico para o crescimento, o que seria amplamente celebrado por historiadores sequiosos de asseverar a unicidade das trajetórias de desenvolvimento capitalista. Parecia claro, portanto, que a produtividade (a PTF), ou o progresso tecnológico, se não era o principal determinante do crescimento econômico, pelo menos havia sido colocada em um vastamente imerecido segundo plano por um tempo indevidamente longo. O estudo do desenvolvimento econômico havia certamente dedicado pouquíssimas energias a entender o fenômeno tecnológico, ou os determinantes do *resíduo*. Parecia cristalino o diagnóstico de que os especialistas deveriam voltar às suas pranchetas.

*Explicando e esvaziando o "resíduo"*

O desconforto gerado pela descoberta do *resíduo* nos meios acadêmicos era difícil de ser minimizado. Dale Jorgenson, um econometrista de grande prestígio no *establishment* neoclássico, reconhecia que "a descoberta do *resíduo* foi um grande choque para as hipóteses e convenções da ciência econômica, tão ou mais importante que a chamada revolução keynesiana"[17]. Moses Abramovitz faria as coisas parecerem ainda piores ao reconhecer, numa passagem que ficou famosa,

---

[16] Veja-se, para uma cronologia desses esforços, Griliches (1996) e Fagerberg (1994).

[17] Landes (1991, p. 25).

que "dado que sabemos muito pouco sobre as causas dos aumentos na produtividade, a importância indicativa desse elemento pode ser tomada como uma espécie de medida da nossa ignorância sobre o processo de crescimento econômico"[18]. E. A. G. Robinson, outro prócer do *establishment*, tomaria como inaceitável que a teoria do crescimento ficasse na dependência de "um amorfo fator residual para o qual não há explicação"[19].

A reação do *mainstream* seria proporcional ao desconforto com a situação. Duas estratégias, conforme relata Richard Nelson em um *survey* de 1981, para "espremer o *resíduo* para baixo" foram adotadas: de um lado, procurou-se esvaziá-lo, ampliando o escopo da definição de fatores de produção com o propósito de "incorporar" progresso tecnológico na acumulação de fatores, assim diminuindo a expressão estatística do *resíduo*. De outro, foram adicionadas outras variáveis explicativas para o crescimento, notadamente associadas a mudanças estruturais e economias de escala, as quais, todavia, representavam possibilidades inadmissíveis no modelo neoclássico de crescimento, de onde todos os exercícios de *growth accounting* tinham origem. Com efeito, os truques usados para este fim seriam tão sofisticados quanto pouco convincentes. Talvez tenha sido esta a origem de tantas observações desairosas sobre a perversidade da imaginação dos econometristas, ou da famosa observação de que os dados, quando torturados, sempre confessam. Dessa maneira, conforme relata um *survey* recente, "a maior contribuição dos *growth accountants* foi mostrar que esta teoria [do desenvolvimento], quando tomada ao pé da letra, tinha muito pouco poder explicativo"[20].

A descoberta do *resíduo* serviu, de fato, para redirecionar de forma bastante importante a reflexão sobre desenvolvimento econômico, e várias novas tendências tiveram aí as suas origens. Um efeito desse debate parece ter sido o interesse despertado pelas teorias sobre o "capital humano" originadas do trabalho de Theodore Schultz e Gary Becker, da Universidade de Chicago. Na verdade, estava-se aí propugnando a importância do esforço educacional para o desenvolvimento — algo que certamente contava com ampla aceitação na academia (afinal, eram todos professores universitários!), e um dos muitos fatores que, quando expressamente considerados em exercícios de *growth accounting*, servia para reduzir o tamanho do *resíduo* — o que viria oferecer uma interessante forma de

[18] Fagerberg (1994, p. 1150).

[19] Landes (1991, p. 25).

[20] Fagerberg (1994, p. 1155).

conciliação entre as duas vias para o crescimento posto que "a educação [era] um fator para o crescimento econômico precisamente porque era *uma forma* de acumulação de capital"[21].

Outra tendência importante teve origem e impulso no trabalho de Richard Nelson & Sidney Winter (1982), da Universidade de Yale, preconizando certo afastamento da teoria neoclássica do crescimento, mercê de sua incapacidade de lidar com a questão do progresso técnico — das economias de escala e retornos crescentes, e dos ganhos com o aprendizado (*learning by doing*) — e propondo tratar este último como um processo evolutivo de inovações cumulativas e aprendizado no interior de empresas e organizações nos ambientes econômicos e quadros institucionais em que se inseriam. Este trabalho viria recuperar temas básicos da obra de Schumpeter[22], e viria desempenhar papel importante na discussão sobre "hiatos tecnológicos" Norte-Sul, no debate sobre as origens tecnológicas de diferenças em desempenhos nacionais no plano do crescimento econômico. O trabalho sobre a microeconomia da inovação tecnológica, as análises de experiências de desenvolvimento de capacitação tecnológica e de fomento a "indústrias nascentes" em países emergentes, e o papel dos "Sistemas Nacionais de Inovação" são elementos que unem economistas cada vez mais próximos ao *mainstream*[23].

Mais recentemente, surgiria uma nova vertente de pesquisa que ficaria conhecida como *New Growth Theories*, um campo que se construiu a partir de um encontro, que já deveria ter ocorrido há mais tempo, entre o linguajar teórico do *mainstream* e alguns dos temas e das verdades estabelecidas na prática do desenvolvimento e encontráveis nos velhos mestres, os pioneiros e praticantes, que permaneceram ignorados por preconceito ou incapacidade instrumental. Essas "novas teorias" nascem, no fundo, do desafio estabelecido pela descoberta do *resíduo*, ou dos esforços dedicados a "endogeneizá-lo" e, nessa linha, "não são tão novas quanto parecem", como diz Fagerberg (pp. 1162-3).

Este ressurgimento do interesse, no seio do *mainstream*, sobre o tema "razões pelas quais diferem as taxas de crescimento entre países" comporta duas

---

21 Arndt (1987, p. 70).

22 "A ênfase na inovação como a principal forma de dinamismo para o desenvolvimento capitalista, o seu senso de perspectiva histórica, o reconhecimento da distinção entre invenção, inovação e difusão de inovações, e o reconhecimento da importância vital das ligações entre inovações organizacionais, gerenciais, sociais e tecnológicas", *cf.* Freeman (1988, p. 5).

23 Veja-se, por exemplo, Dalhman (1987), Teitel & Toumi (1986), Bell *et al.* (1984), Katz (1984) e Nelson (1996).

tendências muito claras. De um lado, um trabalho de natureza essencialmente teórica retoma o modelo neoclássico de Solow e procura estudar variantes novas oferecidas por temas como a formação de capital humano, *learning-by-doing*, retornos crescentes de escala e diferenciação de produto[24]. De outro, um trabalho de natureza essencialmente empírica, e baseado em análises de regressão comparando dados de inúmeros países para diferentes momentos, procura determinantes de diferenças em taxas de crescimento sem maiores compromissos do ponto de vista teórico, e sem preocupações em diferenciar "fatores de produção" do "resíduo"[25]. Em ambos os casos pode-se dizer que são temas antigos, extensamente trabalhados pelos pioneiros, que estão sendo redescobertos. O trabalho empírico traz inegáveis avanços relativamente aos esforços anteriores de *growth accounting* e o trabalho teórico permite que os modelos canônicos possam incorporar temas e resultados até então considerados "heterodoxos". A esse respeito, Krugman (1995, pp. 28-9) observa que:

> Os temas não convencionais colocados pelos pioneiros da teoria do desenvolvimento — a ênfase em complementaridades estratégicas em decisões de investimento e o problema das falhas de coordenação — de fato identificam possibilidades importantes que foram negligenciadas nos modelos com equilíbrios competitivos. Mas os pioneiros falharam em convencer seus colegas dessas possibilidades. Pior ainda, eles falharam em comunicar claramente do que estavam falando. E, com isso, idéias boas, idéias importantes, foram ignoradas por uma geração depois de terem sido enunciadas.

Há pouco a objetar a este "resgate" dos pioneiros do desenvolvimento do limbo em que se encontravam, mercê da "adesão a um estilo discursivo, não matematizado [...] arcaico [...] mesmo em sua própria época" (p. 24). A despeito de algumas tonalidades etnocêntricas, ou mesmo alguma presunção desses espertos rapazes do MIT que descobriram os truques matemáticos que faltavam para que as coisas ficassem mais claras, pode-se dizer que o exagero da importância dessas "novas teorias" pareceria proporcional ao esquecimento injustificado por parte do *mainstream* a que foram submetidos os pioneiros do desenvolvimento e suas teses *não convencionais*.

---

[24] Veja-se Lucas (1988), a quem, sem dúvida, muito da respeitabilidade do novo campo pode ser atribuída, e também Romer (1987) e Grossman & Helpman (1991).

[25] Veja-se Barro (1997) e Mankiw (1995), por exemplo, e Temple (1999) para um *survey*.

Ao fim das contas, em resumo, a moderna literatura teórica sobre desenvolvimento econômico parece reorientar a ênfase dos primeiros anos em torno da formação de capital na direção dos diversos elementos que fazem com que maiores quantidades de mercadorias sejam produzidas com quantidades dadas de fatores de produção. Pode-se concluir, portanto, que a revolução iniciada pela descoberta do *resíduo* resultou vitoriosa e acabou por colocar o progresso tecnológico — ou o espectro de elementos agrupados sob a rubrica "criatividade e produtividade" — no centro da reflexão sobre crescimento. As políticas para o desenvolvimento, nos dias de hoje, consistem basicamente em se trabalhar o *resíduo*, seja através da formação de "sistemas nacionais de inovação" e políticas industriais seletivas em setores-chave, geradores de externalidades, como proposto pelas correntes neo-schumpeterianas, seja pela via de políticas de natureza mais horizontal com vistas à formação de capital humano, pesquisa básica e infra-estrutura, e também por conta de instituições que garantam direitos de propriedade e o bom funcionamento dos mercados, pela estabilidade macroeconômica, abertura e redução do tamanho do governo, como sugerido pelos modelos no âmbito das *new growth theories*.

## 4. Comércio internacional, o "resíduo" e o desenvolvimento

Nos anos 50 prevaleciam muitas dúvidas em relação à influência positiva do comércio exterior sobre o processo de desenvolvimento. No Brasil e em boa parte dos países ditos periféricos, os traumas derivados da Grande Depressão haviam destruído a disposição para integrar-se à economia internacional. Do lado deles, bem observaria Diaz Alejandro (1975, p. 96), em seu clássico *survey* de 1975, prevalecia "um impressionante contraste entre o rigor das demonstrações formais das vantagens estáticas do livre comércio [...] e o impetuoso entusiasmo com que o *mainstream* profissional advogava o comércio livre, ou mais livre, num contexto estático ou dinâmico, para todas as épocas e lugares". O livre-cambismo era uma causa nobre para quem havia levado o nacionalismo às últimas conseqüências e experimentado muito sofrimento com isso. O ceticismo nas periferias, todavia, era mais que natural: "não deve ser surpresa que políticas de livre comércio, que freqüentemente tinham de ser estimuladas por potências estrangeiras com o uso de navios de guerra, não conseguiram ser vistas universalmente em países menos desenvolvidos como um mecanismo básico para o desenvolvimento *deles*" (p. 104).

Furtado (1985, p. 141), sintomaticamente, descreveria como "um diálogo de surdos" o extraordinário encontro, em 1951, entre Raul Prebish e Jacob Viner, este "imbatível, maravilhoso esgrimista [...] no mundo da teoria pura, mundo de construções rigorosas em que tudo se explica dedutivamente a partir de premissas assépticas". Todavia, diz Furtado, "se alguém colocava uma questão concreta, ele descia por uma escada invisível para o outro plano, onde prevalecia o raciocínio analógico e tudo encontrava explicação no senso comum" (p. 139), no âmbito do qual se dizia espantado com "a confusão entre grau de subdesenvolvimento e parcela da agricultura na renda nacional". O preconceito de ambas as partes estaria apenas a atestar o estágio pouco avançado da reflexão das mesmas sobre a associação entre comércio internacional e desenvolvimento.

Ao longo dos anos 70, os diversos esforços do *mainstream* em mergulhar em temas práticos e fazer "pontes" entre a sabedoria econômica acadêmica e os desafios práticos dos países em vias de desenvolvimento não foram, em geral, bem-sucedidos. Este foi o caso, por exemplo, dos estudos patrocinados pela OECD e publicados em torno de 1970, com estudos de caso sobre Brasil (Joel Bergsman) e mais quatro países, com um volume de conclusões escrito por Ian Little, Tibor Scitovsky e Maurice Scott[26], que "captura brilhantemente a exasperação profissional com os erros e oportunidades perdidas no planejamento e política econômica nos países menos desenvolvidos, particularmente na política comercial"[27], o que, todavia, não era exatamente o caso do estudo sobre o Brasil, um pouco mais otimista que os outros.

Ainda mais abrangente, embora de efeitos semelhantes, foi o projeto patrocinado pelo NBER (National Bureau of Economic Research, prestigioso *think tank* norte-americano) com estudos de caso sobre o Brasil (Albert Fishlow) e mais nove países e dois volumes-sínteses escritos por Jagdish Bhagwati (1978) e Anna Krueger (1978)[28]. Esses estudos tiveram influência tremenda no mundo acadêmico anglo-saxão, inclusive nas instituições de Bretton Woods, mas seus resultados práticos nos países estudados foram quase nulos. Claramente, o marco teórico, bem como os critérios normativos para a avaliação das políticas comerciais locais (que na linguagem desses estudos eram "distorções" dos equilíbrios sob comércio livre) e os "custos de bem-estar" delas derivados não se mostraram tão impressionantes e, portanto, não chegaram a despertar grande atenção nem mesmo nos casos

[26] Os países, e respectivos autores, foram: Paquistão (S. R. Lewis Jr.), Índia (J. Bhagwati & P. Desai), México (T. King) e Filipinas, em conjunto com Formosa (M. Hsing, J. Power e G. P. Sicat).

[27] *Cf.* Diaz Alejandro (1975, p. 113).

[28] Os países, e respectivos autores, foram: Colômbia (C. Diaz Alejandro), Coréia do Sul (C. R. Frank, Jr., K. S. Kim e L. Westphal), Turquia (A. O. Krueger), Gana (J. C. Leith), Israel (M. Michaely), Egito (B. Hansen e K. Nasheshibi), Filipinas (R. E. Baldwin), Índia (J. Bhagwati e T. N. Srinivasan), Chile (J. R. Behrman). O estudo para o Brasil, escrito por Albert Fishlow, nunca foi publicado e circulou apenas em versão preliminar, mimeografada.

mais extremos de "histórias de terror"[29]. Considerações de natureza dinâmica, as quais ninguém sabia explicar exatamente, pareceriam fornecer justificativas para as "ineficiências estáticas", pouco importando o tamanho dessas. Como se todos tivessem a intuição correta sobre a importância dos retornos crescentes e economias de escala, que a teoria só descobriria duas décadas adiante, e apenas não soubessem expressar na linguagem matemática própria para persuadir os acadêmicos do Norte.

No plano da teoria, o próprio Carlos Diaz Alejandro observaria, em seu clássico *survey* sobre teoria e política de comércio exterior (1975, p. 97), que "[...] diferentes hipóteses acerca da disponibilidade, efetividade e custos reais de diferentes instrumentos de política econômica podem produzir uma variedade desconcertante de resultados heterodoxos. Nos dias de hoje" — ele acrescenta — "qualquer estudante de pós-graduação inteligente, escolhendo com cuidado suas hipóteses sobre distorções e instrumentos de política econômica, pode produzir um modelo consistente, oferecendo qualquer recomendação de política que ele, de início, quisesse justificar". Como esperar, portanto, que os teoremas com os resultados convencionais e suas aplicações práticas pudessem sensibilizar as céticas audiências — academias e burocracias — no Terceiro Mundo?

Na prática, é claro que as querelas entre os acadêmicos não tinham lá mesmo muita influência. O que realmente seria decisivo para a orientação das políticas comerciais do Sul era o ritmo de crescimento do comércio internacional nos anos seguintes, ou seja, se haveria um "motor de crescimento" para o Sul. Disse bem Diaz Alejandro que "se o crescimento do comércio internacional tivesse estagnado nos anos 60, estaríamos agora resenhando livros exaltando políticas de substituição de importações nos países menos desenvolvidos, como, aliás, foi o caso para as políticas dos anos 30" (p. 115). Como o comércio internacional experimentou notável crescimento a partir dos anos 60, as várias formas de pessimismo quanto à integração com a economia internacional que proliferaram ao longo do período que se inicia em 1929 — o "sistema centro-periferia", a dete-

[29] Num estudo de caso sobre o Paquistão, por exemplo, apresentava-se a suprema demonstração de irracionalidade de políticas protecionistas: uma indústria cujo valor adicionado, quando avaliado a preços internacionais, era negativo. Isso significava que era mais barato importar o produto e pagar aos trabalhadores para ficar em casa do que produzir. Todavia, exemplos desse tipo eram justificados pelo fato de que esse modelo de indústria estava ainda "nascendo", ou seja, bem cedo em sua curva de aprendizado, e que, poucos anos à frente, a situação se reverteria com o avanço da industrialização. Essas justificativas podem parecer meio duvidosas nos dias de hoje, tendo em vista o número de casos de indústrias "nascentes" que jamais "amadureceram". Mas era ponderável a força do argumento naquele tempo.

rioração dos termos de troca, o "pessimismo das elasticidades" e toda a embocadura catastrofista da Cepal & UNCTAD — terminaram perdendo prestígio, até mergulhar no submundo das doutrinas "alternativas" de onde nunca mais saíram[30]. O sucesso das economias do Sudeste Asiático seria importantíssimo para a derrota final da substituição de importações e seu ideário, e a ascensão de uma nova ortodoxia tendo como característica básica a abertura e a "orientação exportadora" como vias preferenciais para o desenvolvimento.

*Novos tempos, "novas teorias"*

Alguns anos à frente, Paul Krugman, um desses estudantes a que referia Diaz Alejandro quando falou em manipulação de hipóteses de forma a falsear resultados clássicos da teoria convencional, seria figura de proa na introdução do que viria a ser chamado de *New Trade Theories*, a saber, modelos que cumpririam o prometido por Diaz Alejandro e que obteriam resultados "heterodoxos" utilizando hipóteses sobre competição imperfeita, diferenciação de produto, retornos crescentes, *learning by doing* e economias de escala. Esses modelos ofereceriam boas explicações para fenômenos novos, como o comércio intra-industrial, ou seja, o comércio provocado por diferenciação de produto, gosto pela variedade e economias de escala, bem como para o sucesso de certas políticas ativas na área comercial em segmentos industriais oligopolizados, tendo em vista a natureza "estratégica" das interações de mercado em alguns setores industriais.

Esses modelos não surgiram como resposta aos problemas dos países em desenvolvimento, nem para justificar as políticas intervencionistas desses ou de outros países. Mas quando surgiram, a América Latina já tinha abusado tanto de políticas ativas que recebia sem qualquer júbilo, e com atraso considerável, a justificativa intelectual para procedimentos que já tinha utilizado à exaustão e sobre os quais já não alimentava mais dúvidas de mérito. Mas, de um modo ou de outro, as "políticas ativas" ganharam uma respeitabilidade que jamais tiveram no mundo anglo-saxão, elevando-se o número de partidários de "políticas industriais" nos países desenvolvidos, bem como os admiradores das experiências orientais, especialmente no Japão e na Coréia do Sul. Diversos estudos de caso foram produzidos para investigar os efeitos de "políticas ativas" em indústrias específicas no contexto de "modelos calibrados", e com resultados animadores[31]. Sem que esse fosse o objetivo, todavia, as "novas teorias" terminaram por des-

---

[30] Mais observações sobre o pessimismo no tocante ao comércio internacional encontram-se no capítulo 6.

[31] Vejam-se, por exemplo, os diversos estudos em Baldwin (1988).

truir o que ainda restava de credibilidade dos velhos modelos "estáticos", como se dizia, que formavam a base da sabedoria implícita nos estudos do NBER e OECD, e que permitiam a condenação dos excessos protecionistas dos países emergentes. Por isso mesmo, os próprios proponentes das "novas teorias" empenharam-se intensamente em exorcizar as conseqüências heterodoxas de suas próprias descobertas. Paul Krugman (1987b, p. 132) observaria que "o livre comércio não está *passé,* mas é uma idéia que perdeu para sempre a sua inocência", talvez mais como declaração de fé do que como resultado objetivo de seu trabalho. É certo que, como ele diz, "o fato de intervenções governamentais sofisticadas poderem melhorar as coisas, não significa que ela sempre melhora. Na maior parte das vezes os governos erram". E nisso ele estava absolutamente coberto de razão, pois a experiência brasileira nesse domínio era um verdadeiro sítio arqueológico de ruínas e esqueletos oriundos de enganos de todo tipo, tanto em função de alguns megaprojetos do período militar (usinas nucleares, a Transamazônica e a Ferrovia do Aço, por exemplo) e algumas criaturas menos conhecidas do CDI (o antigo Conselho de Desenvolvimento Industrial), quanto em função de outras iniciativas, hoje difíceis de se questionar, como a construção de uma capital no interior. A idéia de que havia "falhas governamentais" tão flagrantes ou piores que as falhas do mercado resultou tão poderosa, e tão rica em exemplos de obras inacabadas exibidas pela TV que, ao fim das contas, as "novas teorias" acabariam reafirmando as velhas e desacreditando os governos desenvolvimentistas e suas políticas ativas e redentoras. De toda maneira, as prescrições sobre políticas comerciais e industriais nunca mais seriam as mesmas.

*O grau de abertura e o "resíduo"*

Conforme já observamos, o extraordinário crescimento do comércio internacional a partir dos anos 60, e que posteriormente veio caracterizar o processo de "globalização", resultou em neutralizar, mesmo nas economias emergentes, os pendores protecionistas que poderiam se seguir do sucesso das *New Trade Theories*. Não há dúvida de que esta é a motivação básica de sucessivos episódios de liberalização comercial mundo afora, sendo provavelmente de somenos importância as solenes advertências dos acadêmicos do Norte quanto aos perigos do protecionismo. Diversos estudos procuraram coletar e analisar comparativamente as experiências de liberalização comercial em países emergentes. Hollis Chennery, Sherman Robinson e Moshe Syrquin (1986) inauguraram este novo gênero com um estudo de amplitude similar aos da OECD e do NBER da década anterior, mas com o claro intuito de localizar seus argumentos no terreno dinâmico, em contraste com a ênfase "estática" das gerações anteriores de estudos, e empírico ao documentar uma associação positiva entre "grau de abertura" ou "orientação exportadora" (*outward orientation*) e variáveis como crescimento econômico e a PTF, vale dizer, o *resíduo*. Tratava-se aí de enunciar com clareza o contraste, visível a olho nu especialmente depois de 1982, entre economias latino-americanas e as do Sudoeste Asiático, com vistas a asseverar a superioridade dos modelos de desenvolvimento "voltados para fora". Embora tivesse se tornado comum a leitura ideológica e superficial dessa mudança de ênfase, especialmente pelas organizações de Bretton Woods e seus maiores acionistas, havia bons motivos para que as próprias economias emergentes mudassem sua maneira de ver suas políticas de desenvolvimento. De um lado, a América Latina espontaneamente começa a procurar mecanismos impessoais de alocação de recursos, geralmente através de mercados, não necessariamente em função de uma recém-descoberta rejeição doutrinária ao papel do Estado no desenvolvimento, ou pelos renovados encantos do neoliberalismo, mas em função de erros acumulados, exageros custosos, projetos errados, desperdícios de recursos, apropriação privada de regulação pública, corporativismo, corrupção, desequilíbrio fiscal, incompetência macroeconômica e inflação, ou seja, uma degeneração ampla e inquestionável da atuação do Estado na economia em cada uma de suas frentes. De outro, a ênfase na abertura e nas exportações também tinha explicações bastante objetivas: o crescimento acelerado do comércio internacional oferecia um mecanismo de crescimento a quem quisesse se associar a esse trem em movimento cada vez mais veloz. Era possível ver, através da experiência asiática, que para as atrelar a este comboio, era preciso alcançar e sustentar níveis de excelência empresarial que só fariam bem às economias locais. Ou seja, os países que adotavam a "orientação exportadora", ou que expunham suas economias às importações, faziam suas empresas enfrentarem mercados mais disputados com concorrentes de peso e preocupados com competitividade, qualidade e produtividade, o que necessariamente forçava as empresas a condutas empresariais conducentes à eficiência e à criatividade.

A teoria do comércio internacional, mercê destas experiências asiáticas, começou a se aproximar de uma outra disciplina, conhecida como Organização Industrial (OI), cujo objeto era o estudo do desempenho da indústria. Seu paradigma básico era o da relação tripartite entre estrutura, conduta e desempenho: a estrutura do mercado, isto é, o ambiente dentro do qual as empresas competem, determina as condutas das empresas, das quais se deriva o desempenho. A aproximação entre as novas teorias do comércio e a OI, bem como os achados de Chennery e seus colaboradores, gerou uma enorme quantidade de novos trabalhos, inclusive uma nova rodada de estudos de caso patrocinada pelo Banco Mundial ainda mais ambiciosa e abrangente que os estudos anteriores da OECD e do NBER, compreendendo 19 países estudados em seis volumes e mais um de termos de referência e conclusões redigido por Demetris Papageorgiou, Michael Michaely e Armeane Choksi (1992)[32]. O Banco Mundial também produziu um par de edições do *World Development Report* especialmente dedicadas ao tema[33], e em 1993 publicou um estudo sem assinatura, portanto, institucional, cujo título era bastante claro: *The East Asian Miracle*. Nessa nova geração de estudos, não se tratava mais de explicitar os custos da proteção, mas de tentar explicar as características, as condições e os resultados de diversos experimentos de liberalização comercial que pareciam surgir de todos os lugares. Talvez tenha passado despercebido que essa nova vaga de estudos não procurou propriamente explicar as razões pelas quais países que nunca se entusiasmaram com as preleções liberalizantes subitamente aderiam ao Consenso de Washington com um entusiasmo tão exagerado e difícil de explicar quanto as resistências anteriores.

Mais para o fim da década de 90, com reformas liberalizantes mais avançadas e com o avanço do processo de transição das antigas economias socialistas, e mesmo antes da crise da Ásia, as certezas pareciam menos flagrantes. Das três dezenas de países resultantes da dissolução do bloco socialista, a maior parte procurou estabelecer economias de mercado mais ou menos de acordo com o Consenso de Washington, e com maior ou menor velocidade dependendo de circunstâncias específicas. Os resultados foram variados, havendo um número de sucessos comparável ao de catástrofes, de modo que as lições foram um tanto inconclusivas. A criação de economias de mercado parecia algo bem mais complexo do que se imaginava, de tal sorte que as receitas simplificadas do Consenso de Washington, aquelas que podiam ser encontradas no famoso texto de John Williamson (1990), e que pareciam simples demais mesmo para a América Latina, certamente não forneciam um roteiro muito seguro para as economias, deixando para trás os escombros do socialismo e em transição para o capitalismo. Mas de toda maneira, possivelmente em função do avanço cada vez mais avassalador do processo de globalização, o ímpeto dos processos de liberalização não parece enfraquecer. A globalização tem, com efeito, encontrado um disciplinado e crescente exército de detratores, como veremos no próximo capítulo, de tal

---

[32] Os países, e respectivos autores, foram: Argentina (D. Cavallo e J. Cottani), Brasil (Donald Coes), Chile (S. de la Cuadra e D. Hachete), Colômbia (J. Garcia), Grécia (G. C. Kottis), Indonésia (M. M. Pitt), Israel (N. Halevi e J. Baruh), Coréia do Sul (K. S. Kim), Turquia (T. Baysan e C. Blitzer), Paquistão (S. Guisinger e G. Scully), Filipinas (G. Shepherd e F. Alburo), Portugal (J. B. Macedo *et al.*), Cingapura (B. Y. Aw), Espanha (G. de la Dehesa *et al.*), Sri Lanka (A. G. Cuthberston e P. Athukorala), Uruguai (E. Favaro e P. T. Spiller) e Iugoslávia (O. Havrylyshyn).

[33] Em 1987 e em 1991. Um comentário a respeito pode ser encontrado em Bruton (1998).

sorte que as dúvidas sobre a participação na economia internacional começam a vir de todos os lados. Em resposta, continuam a aparecer estudos com o propósito de reafirmar a relação empírica entre o crescimento, ou a PTF, e o grau de abertura, ou reduções em restrições ao comércio internacional[34]. A despeito da popularidade desses estudos, todavia, todos revelaram-se vulneráveis a um argumento técnico mais ou menos nos seguintes termos: como os determinantes do crescimento, ou da PTF, vão muito além do grau de abertura, ou da orientação exportadora, as correlações positivas entre abertura e crescimento (do PIB ou da PTF) e as correlações negativas entre crescimento e restrições ao comércio poderiam não se revelar tão robustas como sugerido nesses estudos se os "outros fatores" não são discriminados[35]. A crítica é bem mais inofensiva do que parece. De um lado, o argumento seria de que um crescimento baixo do PIB e da PTF pode não resultar necessariamente de barreiras comerciais, *mas de outras coisas erradas que os países que têm barreiras comerciais geralmente fazem*, o que deixa algum alento para aqueles que acreditam em alguma forma iluminada e inteligente de proteção que possa ajudar o crescimento. Pode ser, mas não se deve esquecer que os governos geralmente erram, e muito, conforme foi discutido. De toda maneira, a conclusão pode não ser tão poderosa quando estabelecida como proposição genérica ou como lei universal, a despeito de sua robustez empírica. Mas não se discute que a liberalização pode representar uma transformação em estruturas de mercado deturpadas pela proteção contra o produto importado com amplas e positivas implicações para o crescimento da produtividade. Este é o caso mais geral, e a seqüência de eventos mais razoável. Será esta a seqüência que teve lugar no Brasil?

## 5. Abertura, investimento estrangeiro e produtividade: a experiência brasileira

Na resenha, feita no capítulo 3, do caminho que nos levou à abertura, procuramos caracterizar este processo como uma passagem de um modelo "vertical" de políticas industrial e de comércio exterior para outro de natureza "horizontal". Argumentamos que nem o modelo "vertical" podia se equiparar, em intervencionismo, aos modelos asiáticos, nem o modelo "horizontal" podia ser associado ao que se supunha derivar do chamado Consenso de Washington. É importante ter clareza sobre o quanto a rotulação ideológica, típica em análises

---

[34] Por exemplo, Dollar (1992), Sachs & Warner (1995), Edwards (1998) e Frankel & Romer (1999).

[35] Veja-se Rodriguez & Rodrik (1999).

superficiais do problema, pode falsear o debate brasileiro sobre os caminhos da abertura. A exemplo do que fizemos no capítulo 3, não vamos aqui apresentar um cronograma de medidas e iniciativas, acreditando que é mais simples para o leitor imaginar que o país vai convergindo para o modelo "horizontal" com rapidez cada vez maior à medida em que avança o Plano Real. Há, todavia, uma influência importante no processo de abertura, mencionada apenas *en passant* no capítulo 3, cujo papel foi decisivo para apressar tendências que talvez demorassem muito tempo para se manifestar por inteiro: a política cambial seguida após 1994. A apreciação cambial pode e deve ter seus efeitos equiparados a uma redução geral das tarifas de importação acompanhada de uma redução também generalizada em subsídios às exportações. Não há dúvida de que a apreciação cambial foi um fator marcante no processo brasileiro de abertura, tal como foi para o processo de estabilização, ao evitar uma guerra de guerrilha contra restrições setoriais profundamente encasteladas que demorariam anos para serem derrotadas. Nas duas próximas subseções, apresentamos os resultados em termos dos indicadores de abertura e de recuperação do investimento direto estrangeiro, e na última subseção discutimos a evidência acerca da mudança de regime de crescimento da produtividade no Brasil.

*As características da abertura*

No capítulo anterior observamos as tendências de longo prazo da inserção internacional do Brasil por meio do grau de abertura medido da forma mais comum, ou seja, por meio de razões envolvendo exportações, importações e o PIB. Esses indicadores de abertura, como se sabe, encontram algumas limitações importantes como, por exemplo, a sensibilidade a taxas de câmbio real. No tocante às comparações de longo prazo, a dificuldade maior tem que ver com o tamanho do setor de serviços, ou que produz mercadorias (e serviços) ditas "não-comercializáveis". Não foi possível considerar esse problema no capítulo 3, mercê das limitações das nossas estatísticas, mas como veremos no próximo capítulo, outros autores conseguiram suplantar essas limitações para outros países, com isso chegando a avaliações mais precisas sobre graus de abertura hoje e em momentos mais longínquos no passado. A análise deste capítulo se resume à indústria para a qual, graças ao notável trabalho de Moreira (1997 e 1999a) e Moreira & Correa (1997), existem indicadores bastante detalhados e bem trabalhados para o que se passou durante os anos 90. A tabela 4.1 abaixo considera duas razões básicas construídas a partir de números comparáveis para importações, exportações e produção industrial: (i) o chamado coeficiente de importação é definido como a razão entre as importações e a oferta total de produtos da mesma espécie, ou seja, a produção mais a importação menos a exportação (o chamado "consumo aparente"); e (ii) o coeficiente de exportação, que é a razão simples entre exportações e produção. A tabela mostra as duas razões para o período 1989-1998 considerando a média para a indústria e seus componentes. A indústria é dividida em quatro diferentes setores conforme um critério de "intensidade de fator", ou seja, conforme o fator de produção (capital, trabalho, tecnologia ou recursos naturais) do qual se presume vir a vantagem comparativa da referida indústria. A tabela especifica *grosso modo* quais indústrias fazem parte de cada grupamento.

A tabela mostra, com efeito, que o período 1989-1998 foi de grandes mudanças, as quais, é interessante notar, de modo algum aparecem nas estatísticas de importações e exportações totais quando comparadas ao PIB. A soma das importações e exportações dividida por dois e dividida pelo PIB para o período 1989-1993 é de 6,62% em média durante esses anos. É de 6,88% para o período 1994-1998! Essa inexistência de variação apenas demonstra a fragilidade desse indicador em capturar a verdadeira revolução que a abertura conseguiu operar na indústria brasileira. A tabela 4.1 mostra um quadro bastante diverso do que sugerem esses números. O coeficiente de importações médio da indústria em 1989, conforme pode ser visto na tabela, é descrito como "soviético" por Moreira (1999, p. 4), o que, com efeito, expressava exatamente o objetivo da ousada estratégia geiseliana de enfrentar as crises externas: a auto-suficiência. Nos dez anos cobertos pela tabela, o coeficiente de importações quadruplica, chegando a 19,3% em 1998. Note-se que há duas ondas de elevação das importações, a primeira nos três primeiros anos da tabela, refletindo as medidas de liberalização tomadas durante o governo Collor e comandada pelos setores intensivos em tecnologia. Note-se que os coeficientes estacionam a partir de 1992, e mesmo recuam em alguns setores. Apenas com o Plano Real, depois de 1994, é que se observa a segunda onda de liberalização, que dobra os coeficientes de praticamente todos os segmentos.

Tabela 4.1
Abertura: coeficientes de importação e exportação no Brasil
(médias para a indústria e para setores agrupados
conforme fatores de produção, 1989-98)

| | 1989 | 1990 | 1991 | 1992 | 1993 | 1994 | 1995 | 1996 | 1997 | 1998 |
|---|---|---|---|---|---|---|---|---|---|---|
| **Importações sobre consumo aparente (produção mais importação menos exportação)** | | | | | | | | | | |
| média da indústria | 4,5 | 5,9 | 8,1 | 7,9 | 9,2 | 10,6 | 15,1 | 15,8 | 18,4 | 19,3 |
| intensivo em capital | 7,4 | 8,5 | 10,7 | 9,3 | 10,6 | 11,6 | 15,6 | 16,8 | 17,8 | 18,7 |
| intensivo em trabalho | 1,5 | 2,1 | 3,4 | 2,6 | 4,1 | 5,6 | 10,2 | 10,8 | 12,5 | 11,6 |
| intensivo em tecnologia | 6,9 | 9,4 | 14,2 | 12,8 | 13,2 | 15,3 | 20,6 | 23,6 | 28,7 | 32,1 |
| intensivo em rec. naturais | 3,2 | 3,7 | 4,5 | 4,2 | 4,8 | 5,5 | 7,9 | 6,5 | 8,3 | 8,6 |

| | 1989 | 1990 | 1991 | 1992 | 1993 | 1994 | 1995 | 1996 | 1997 | 1998 |
|---|---|---|---|---|---|---|---|---|---|---|
| | **Exportações sobre produção** | | | | | | | | | |
| média da indústria | 8,8 | 9,4 | 12,3 | 13,3 | 12,5 | 12,2 | 12,7 | 13,0 | 13,7 | 14,8 |
| intensivo em capital | 7,5 | 7,9 | 9,8 | 9,6 | 9,2 | 9,6 | 10,5 | 11,1 | 11,0 | 11,4 |
| intensivo em trabalho | 6,6 | 6,4 | 10,8 | 10,9 | 9,9 | 9,7 | 10,2 | 11,1 | 12,4 | 13,3 |
| intensivo em tecnologia | 9,3 | 10,0 | 15,4 | 15,9 | 13,8 | 13,6 | 14,3 | 17,0 | 19,4 | 23,2 |
| intensivo em rec. naturais | 11,3 | 12,7 | 14,3 | 15,2 | 15,8 | 16,0 | 19,4 | 18,1 | 18,3 | 18,8 |

*Notas: Intensivos em capital: siderurgia, petroquímica básica, resinas, fibras, elastômeros, fundidos e forjados de aço, refino, adubos e fertilizantes, entre outros. Intensivos em trabalho: calçados, têxteis, vidros, fiação, vestuário, entre outras. Intensivos em tecnologia: motores e peças para veículos, máquinas, equipamentos e instrumentos, materiais e aparelhos eletrônicos e de telecomunicações, automóveis, caminhões, farmacêutica, condutores, papel e papelão, entre outras. Intensivos em recursos naturais: celulose, madeira, indústrias do açúcar, café, fumo, metalurgia de não ferrosos, abate de aves, cimento, moagem de trigo, entre outros. Fonte: Moreira (1999, pp. 7-10).*

Os coeficientes de exportação começam em 1989 num nível mais alto que os de importação, e a despeito do crescimento expressivo, e não chegam a dobrar em 1998 em relação ao início do período. Da mesma forma como para as importações, há uma primeira onda de aumentos em 1989-91, que atinge todos os setores, e uma segunda a partir de 1995, que é mais acentuada nas indústrias intensivas em tecnologia. Na verdade, é notável, embora nada surpreendente à luz da experiência internacional e do que comentamos em seções anteriores, que o comércio exterior cresça extraordinariamente de importância, na importação e na exportação, nos ramos intensivos em tecnologia. É a especialização "intra-industrial" que avança de forma muito mais significativa que a especialização interindustrial, ou ricardiana, como é típico na indústria e especialmente em bens de capital.

O Brasil experimenta aí um extraordinário episódio de abertura, cujos efeitos transformadores são, todavia, consideravelmente amplificados pelo fato de que os momentos mais importantes desse processo coincidem com o Plano Real e com o avanço do processo de privatização. A simultaneidade entre essa agressiva liberalização das importações, a privatização, a estabilização e a política de bandas cambiais é, sem dúvida, o aspecto mais singular e mais importante da experiência brasileira recente. Daí decorrem várias questões atinentes à relação entre abertura e estabilização, ou sobre a correta seqüência mais apropriada de medidas macroeconômicas e de reformas de maior profundidade, como a abertura e a privatização. No passado, a recomendação emanada do Banco Mundial quanto ao seqüenciamento era no sentido da cautela. Seguindo as conclusões de Bhagwati (1978) e Krueger (1978), os dois volumes que sintetizavam as conclusões dos estudos de países patrocinados pelo NBER, recomendava-se que a liberalização das importações viesse acompanhada de uma desvalorização cambial, a fim de evitar desequilíbrio externo. Com o tempo, esse ponto de vista se modificou. No começo dos anos 90 já se reconhecia uma importante fonte de tensão entre programas de estabilização e de liberalização, posto que, em geral, uma abertura bem-sucedida precisa ser apoiada por uma desvalorização real, enquanto o combate à inflação necessita e parece provocar a apreciação da taxa de câmbio real. Mas, seguindo a orientação de Michael Bruno (1993), e tendo em vista os desafios colocados pelos países que deixavam para trás o regime socialista, o Banco Mundial passou a recomendar uma abordagem do tipo *big-bang* no tocante às tensões entre estabilização e reforma. A idéia parecia ser a de que as reformas ajudam e são ajudadas pela estabilização, ou seja, que um conjunto simultâneo de transformações é mais produtivo que uma seqüência lenta e gradual que minimiza tensões e faz os benefícios ficarem mais distantes. Para o Brasil em particular, tendo em vista nossa histórica propensão a diluir processos de mudança de tal sorte a torná-la inócua, e a urgência das reformas, faria todo sentido adotar essa nova sabedoria, como discutiremos em mais detalhe no capítulo 12. Dessa forma, estabilização, abertura e privatização foram implementadas de forma agressiva e simultânea, e a apreciação da taxa de câmbio não apenas acelerou os processos como potencializou seus efeitos. E em conseqüência disso tudo volta à cena um ator que sempre esteve presente nas grandes transformações na economia brasileira, o investimento direto estrangeiro.

*O papel do investimento direto estrangeiro: a terceira onda*

Como vimos no capítulo 1, o comportamento do investimento direto estrangeiro (IDE) no Brasil no período que antecedeu o Plano Real não é matéria para qualquer jactância: nossa participação nos fluxos globais de IDE cai de uma média histórica da ordem de 5% para 0,91% em 1991-92. Quando o ensaio do capítulo 1 foi escrito em 1996, já se desenhava uma recuperação do IDE e, simultaneamente, o Banco Central já se preparava para proceder ao primeiro Censo de Capitais Estrangeiros no Brasil. Três anos depois, de posse dos resultados do Censo e tendo em vista a extraordinária recuperação do IDE, é interessante revisitar os temas do capítulo 1.

O IDE, na estrita definição do Manual de Balanço de Pagamentos do FMI (1977, p. 136, # 408), é a aquisição por parte de um não-residente, de um "interesse duradouro numa empresa funcionando em país outro que não o do investidor, com o propósito de ter uma voz ativa na gerência da referida companhia". A essa aquisição de ações, ou integralização de capital de empresa nova, corresponde uma entrada de recursos no balanço de pagamentos que, conforme a Lei 4.131, enseja um registro num departamento do Banco Central denominado Firce (Fiscalização e Registro de Capitais Estrangeiros), com base no qual o investidor poderá repatriar os recursos, remeter dividendos ou acrescentar novos investimentos. Esses registros fornecem estatísticas de muito boa qualidade sobre o IDE no Brasil, mas como seu propósito se restringia ao controle da movimentação cambial dessas empresas, jamais se tinha investigado com detalhe as características das empresas estrangeiras correspondentes aos registros que foram se acumulando no Firce ao longo dos anos. Apenas em 1998 o Banco Central publicou o primeiro Censo de Capitais Estrangeiros que fornecia um retrato da presença do capital estrangeiro no Brasil, tendo como base os balanços e as respostas a um questionário por parte de mais de 6.500 empresas estrangeiras funcionando no Brasil no ano de 1995.

Tabela 4.2
Resultados do Censo de Capitais Estrangeiros, ano base 1995
(em bilhões de reais correntes)

| | % estrangeira >20% | controle estrangeiro |
|---|---|---|
| Ativo total | 273,6 | 159,8 |
| Circulante | 126,5 | 75,3 |
| Realizável a longo prazo | 35,8 | 18,1 |
| Imobilizado | 111,3 | 66,3 |
| Passivo total | 273,6 | 159,8 |
| Circulante | 103,9 | 57,9 |
| Exigível a longo prazo | 63,3 | 33,4 |
| Patrimônio líquido | 106,0 | 68,3 |
| Não residentes | 43,3 | 16,2 |
| Residentes | 41,4 | 16,7 |
| Reservas | 21,4 | 16,7 |
| Faturamento | 223,0 | 160,5 |
| Lucro antes do I.R.P.J. | 10,1 | 7,3 |
| Exportações | 22,7 | 14,9 |
| Importações | 19,4 | 15,7 |

*Fonte: BCB (1998, tabela 1, pp. 25-6).*

A tabela 4.2 mostra alguns dos principais resultados do Censo, separando dois grupos de empresas: as que têm controle estrangeiro e as que têm participação estrangeira de ao menos 20%. Para o agrupamento mais abrangente, o valor das participações diretas de não-residentes atinge R$ 43,3 bilhões. Consideradas as participações indiretas, o valor das participações estrangeiras atinge cerca de R$ 55 bilhões, valor que corresponde, salvo erro, omissão ou variação cambial, ao valor do estoque de capital estrangeiro registrado no Firce, ou seja, aos fluxos acumulados desde o início do procedimento de registro em 1962 e o estoque preexistente. Pela primeira vez era possível ver o resto do balanço dessas empresas, ou seus impactos sobre a economia. Sempre se soube que o IDE tinha papel essencial no processo de industrialização brasileira, e que tinha uma presença especialmente destacada nos setores mais dinâmicos da economia[36], de modo que as revelações do Censo sobre 1995 não chegavam a surpreender. As empresas da amostra mais abrangente comandavam ativos da ordem de R$ 273 bilhões (cerca de cinco vezes o valor do investimento estrangeiro) e faturavam cerca de R$ 223 bilhões. Eram responsáveis por 28% do total da arrecadação de imposto de renda, 47% das exportações, 39% das importações e seu 1,5 milhão de empregados representava 7,6% dos empregos no setor formal. Essas empresas, tendo em vista o seu peso, tinham importância crucial na definição de características básicas da economia, como sua produtividade, sua propensão a exportar e importar, a natureza dos seus empregos etc. É de se notar que os R$ 55 bilhões de IDE geraram ativos no país num valor cerca de cinco vezes maior, de tal sorte que, ao observarmos o comportamento do IDE nos anos posteriores a 1995, poderemos formular uma idéia sobre a formação de capital comandada por estas empresas e seus efeitos sobre a economia, ou seja, sobre o modo como o IDE poderá mudar a face da economia brasileira nos próximos anos.

O crescimento das entradas de IDE nos anos posteriores ao ano de referência do Censo foi nada menos que fenomenal. Em 1996 entraram US$ 9,9 bilhões; em 1997, US$ 17,1 bilhões e em 1998, US$ 26,1 bilhões, perfazendo um total de US$ 53, 1 bilhões, ou seja, um valor maior que o estoque acumulado desde o início dos registros nos anos 60! Nos dias de hoje, mesmo depois da desvalorização de 1999, o Brasil recuperou a parcela histórica do IDE internacional que tinha antes da crise dos anos 80, algo como 5%. Os valores para o IDE internacional, todavia, são bem maiores que aqueles do passado mais remoto, tendo em vista o crescimento do IDE internacional num ritmo muito maior que o do comércio internacional, conforme vimos no gráfico 1.1 no capítulo 1. Fomos ajudados nesses fluxos pelo processo de privatização, que responde por uma parcela da ordem de 20% ou 30% desses totais, e pela abertura dos setores de telecomunicações, bancário e de seguros para o IDE. Fomos mais ajudados, todavia, pela estabilidade macroeconômica que, mais do que qualquer outro fator, nos recolocou no mapa da globalização. Não deve haver dúvida de que estamos vivendo um novo surto de IDE que, a julgar pelo seu porte, pode perfeitamente ser comparado aos dois grandes ciclos de IDE no passado: o primeiro vai do pós-guerra aos anos 60, e o segundo, dos anos 70 até meados dos anos 80. Também não deve haver dúvida sobre a singularidade desta "terceira onda": de acordo com um estudo recente de Moreira (1999b), "o presente ciclo de investimentos diretos tende a ser radicalmente distinto daqueles que ocorreram ao longo da história da industrialização brasileira" (p. 1). Moreira (1999b) demonstra que

[36] Veja-se, por exemplo, Fritsch & Franco (1991).

duas características estruturais básicas da indústria brasileira se modificaram drasticamente nos anos recentes: (i) enquanto os níveis de concentração industrial da produção não sofrem maiores alterações, a concentração por vendas, que inclui os importados, sofre quedas significativas, como era de se esperar no contexto de abertura; e (ii) o *market share* das empresas estrangeiras aumenta significativamente, passando de 28% em 1980 para 43% em 1995, tomando como base definições muito abrangentes de empresas estrangeiras. Com definições mais restritas, a participação estrangeira teria alcançado 35% em 1997. Em conseqüência dessas mudanças, Moreira (1999b, p. 6) é capaz de enunciar "uma inequívoca correlação positiva e estatisticamente significativa entre o crescimento da produtividade do trabalho (valor agregado sobre pessoal ocupado, 1990-97) e a presença de empresas estrangeiras". Nesse contexto, a observação mais importante desta subseção é referente aos impactos sobre as características estruturais da economia doméstica. Tanto a abertura, descrita na subseção anterior, quanto a elevação da presença do IDE no país, são modificações de grande profundidade na estrutura dos mercados, ou seja, no ambiente de negócios, cujas conseqüências deverão ser igualmente profundas sobre as condutas das empresas e também o seu desempenho, em particular sobre o regime de crescimento da produtividade, conforme será documentado na subseção a seguir.

*O comportamento da produtividade: uma nova economia?*

Em 1995, quando o ensaio do capítulo 1 primeiro chamou a atenção para a transformação que tinha lugar nas taxas de crescimento da produtividade em função da abertura e da estabilização, diversos economistas apontaram para questões de ordem metodológica, limitações das estatísticas e exibiram grande ceticismo não apenas quanto à existência e real magnitude do crescimento da produtividade visível àquela altura, mas também quanto à sua continuidade. Essas dúvidas foram-se arrefecendo à medida em que diferentes estudos, conduzidos a partir das mais diversas perspectivas e bases de dados, foram chegando, todos sem exceção, à mesma conclusão: a taxa de crescimento da produtividade vinha se mantendo, e continua a se manter em níveis elevadíssimos, assinalando uma clara ruptura em relação ao comportamento anterior à abertura.

Salm, Saboia & Carvalho (1997), partindo de uma perspectiva crítica e em meio a muitas cautelas, admitem que "houve efetivamente um forte crescimento da produtividade na primeira metade dos anos 90 e que tal comportamento está associado à introdução de um conjunto amplo de métodos de gestão da produção voltados para o aumento da competitividade" e que "o fenômeno verificado no Brasil pode ser menos excepcional do que sugerem alguns especialistas" (p. 394). Donald Ray, em um estudo de 1997 de uma amostra de 349 empresas industriais de grande porte para o período 1986-94, fornece evidência de reduções de fatias de mercado e de *mark-ups*, e de um crescimento da PTF que atinge cerca de 55% entre 1990 e 1994, ou seja, de incríveis 9,2% anuais. Cacciamali & Bezerra (1997, p. 78) estimam o aumento de produtividade para a indústria de transformação em 1990-99 em 48%, isto é, aproximadamente 8,2% anuais. Números da mesma ordem, ou não muito menores, são obtidos por Moreira (1999a, p. 20), que admite diferentes possibilidades metodológicas e já deixa claro que o fenômeno prossegue na segunda metade da década de 90 com o mesmo ímpeto. Bonelli & Fonseca (1998), em sua extensa investigação sobre a evolução da produtividade no Brasil, cujos resultados constam da tabela 4.3 abaixo, observam que a reação das empresas brasileiras parece configurar uma "modernização defensiva", que consiste em elevar drasticamente a eficiência com que são usados os recursos, mas num contexto de reduzido investimento, o que se traduz em grandes elevações na produtividade do trabalho e da PTF (p. 3). "Salta aos olhos, como dizem os autores, [...] a emergência de um novo padrão de eficiência industrial desde o início da década de 90" (p. 37), com o que concordam Mendonça de Barros & Goldenstein (1997, p. 27), que também enxergam, em conseqüência da combinação entre globalização, abertura, estabilização e privatização, "uma nova dinâmica dos investimentos que leva a um círculo virtuoso".

Tabela 4.3

Estimativas para a taxa de crescimento da PTF e da produtividade do trabalho, 1950-1998 (taxas de crescimento médias anuais, %)

| | PTF(1) | | prod. do trabalho (7) | | PIB |
|---|---|---|---|---|---|
| anos | Elias (1978) e outros | Bonelli & Fonseca (1998) | Bonelli & Fonseca (1998) | taxa de cresc. | cresc. per capita |
| 1950-55 | 3.8 ou 1,6 (12) (13) | n.d. | 2.7 (4) | 6.7 | 3.7 |
| 1955-60 | 3.5 ou 1,7 (13) | n.d. | 2.7 (4) | 8.2 | 5.0 |
| 1960-65 | 0.2 ou 1,2 (13) | 3.0 (3) | 2.5 (5) | 5.1 | 2.2 |
| 1965-70 | 2.5 | 3.0 (3) | 2.5 (5) | 7.1 | 4.0 |
| 1971-73 | 2.1 (2) | 2.6 | 5.6 | 12.4 | 9.7 |
| 1974-80 | 0.5 (6) | -1.0 | 1.0 | 7.1 | 4.5 |
| 1981-85 | -1.5 (6) (10) | -0.4 | 0.3 | 1.3 | -0.9 |
| 1986-90 | -1.5 (6) (11) | -1.9 | -0.8 | 1.9 | 0.1 |
| 1991-97 | n.d. | 3.4 | 7.1-7.5 (14) | 3.1 | 2.7 |
| memo | | | | | |
| 1970-80 | 2.6/1.5 (8) | n.d. | n.d. | 8.8 | 6.1 |
| 1970-84 | -0.59 (9) | n.d. | n.d. | 6.3 | 3.8 |

*(1) produtividade total dos fatores. (2) 1970-75. (3) 1958-70. (4) 1949-57. (5) 1959-70 (6) Hofman & Mulder (1998). (7) índices de produção física dividido pelo número de horas trabalhadas por trabalhadores diretamente ligados à produção. (8) Pinheiro (1990), estimativas usando valor bruto da produção e valor adicionado. (9) Braga & Rossi (1989). (10) 1980-89. (11) 1989-94. (12) 1947-53. (13) Bruton (1967). (14) 7,5% para 1990-98 segundo Moreira (1999a). Fontes: como indicado, Depec Banco Central do Brasil e Contas Nacionais.*

A tabela 4.3 aproveita a evidência do gráfico 1.2 do capítulo 1, e incorpora os resultados de diversos novos estudos. A tabela apenas reforça as conclusões do capítulo 1 acerca da tendência declinante da taxa de crescimento da produtividade à medida em que o modelo de substituição de importações vai perdendo gás. Não é difícil, portanto, propor a existência de uma correlação negativa entre restrições ao comércio exterior e o crescimento (e a PTF) nos anos anteriores à década de 90, embora existam, com efeito, muitos outros fatores a afetar o crescimento brasileiro nesses anos. Bem menos controversa é a correlação fortemente positiva entre abertura (IDE) e produtividade nos anos 90, que tem todas as condições de perdurar, num processo de convergência para os níveis de produtividade das economias desenvolvidas que pode levar algumas décadas e que pode até se acentuar quando os níveis de investimento mostrarem alguma elevação dos níveis deprimidos em que se encontram, e o país puder contar novamente com o "efeito de Verdoorn". Parece ter sido colocada de lado a tese de que o crescimento vigoroso da produtividade era um impacto *once and for all* da abertura, uma vez que as mudanças ocorridas na estrutura industrial, e em particular nas condições de competição, parecem difíceis de se reverter. A megadesvalorização cambial de 1999, todavia, poderá reduzir o ímpeto do processo aqui descrito de crescimento do coeficiente de importações, e até mesmo reverter esse movimento, o que poderá trazer recuos nas condutas provocadas pela abertura e no crescimento da produtividade por elas determinado. Esperamos que não, e a julgar pelo comportamento das importações em 1999, não teremos nenhum recuo mirabolante dos coeficientes de importação. A abertura parece ter avançado o suficiente para dificultar o caminho de volta: *sunk costs* foram incorridos, investimentos de certo vulto foram feitos para o estabelecimento de canais de distribuição, serviços de manutenção e atendimento a clientelas locais. As importações não vão recuar muito significativamente depois de terem atingido este estágio, mesmo diante da gigantesca desvalorização de 1999, especialmente se não se acredita que os níveis de taxas de câmbio permanecerão "sobredesvalorizados" por muito tempo. As elasticidade-preço dos índices *quantum* de importações observadas em 1999 parecem maltratar um pouco as equações econométricas rodadas no passado para explicar o comportamento das importações.

O que se passa com o Brasil nos anos 90 é uma profunda reorientação do "modelo econômico" segundo a qual algumas reformas importantes — a abertura conjugada com a privatização, a estabilização e o retorno do IDE — mudaram fundamentalmente as condutas dos agentes econômicos ao criarem um imperativo de se buscar a competitividade num contexto macroeconômico relativamente hostil. A "modernização defensiva", na feliz expressão de Bonelli & Fonseca, resultou em taxas de crescimento da produtividade elevadíssimas, muito maiores do que aquelas que, nos Estados Unidos, têm motivado diversos analistas a afirmar a existência de um "novo paradigma" ou uma "nova economia" mercê da revolução recente nas tecnologias de informação. O Brasil certamente está engajado nessas mesmas mudanças, pois, em muitos casos, começa a ter acesso a essas mesmas tecnologias sem ter tido de percorrer todo o caminho que elas trilharam, ou seja, o país entra em determinados setores já em estágios avançados do ciclo do produto como, por exemplo, no setor de telecomunicações. Mas mesmo sem considerar as benesses na Nova Economia da Informação, que reconhecidamente ainda engatinham no país, o Brasil tem sido revolucionado pela abertura, cujas implicações no plano distributivo, conforme foi observado no capítulo 1, são extremamente positivas. O crescimento da produtividade do trabalho foi, como vimos, extraordinário: uma hora de trabalho em 1998 produz 78% mais mercadorias do que em 1990. E como observamos no capítulo 1, a produtividade é o único fator capaz de permitir "crescimento com distribuição", algo que se dizia impossível no modelo econômico anterior e que deverá ser a marca do novo desenvolvimento construído a partir do Plano Real.

Só não se pode por ora dar asas ao otimismo quanto ao crescimento brasileiro porque as dificuldades fiscais que ainda permanecem impedem a redução das taxas de juros e a elevação das taxas de formação de capital. A produtividade cresce com baixo investimento, o que faz com que a produtividade do capital não esteja crescendo. Por isso, o crescimento do valor adicionado per capita tem sido bem menor que o crescimento da produtividade do trabalho. Quando o investimento se elevar, é de se esperar que os aumentos na produtividade sejam ainda mais robustos. A recuperação do investimento para níveis como os dos anos 70 tem sido muito lenta e tido como combustível a abertura e o acesso que ela permite a bens de capital de última geração. Mas as elevações de maior vulto na formação de capital e o verdadeiro florescimento de uma "nova economia" só virão quando o desequilíbrio fiscal que ainda permanece puder ser eliminado em definitivo. O grande obstáculo para o desenvolvimento brasileiro, como examinaremos em detalhe no capítulo 8, é o governo e suas contas.

# Parte II

# GLOBALIZAÇÃO: REALIDADE E CONTROVÉRSIA

# 5. GLOBALIZAÇÃO E ABERTURA: UM PANORAMA EM PERSPECTIVA HISTÓRICA[1]

A despeito da referência cotidiana à globalização, não há muita clareza sobre o que isso quer dizer exatamente. Não há definições estabelecidas, e sequer se concorda sobre a natureza do fenômeno, se econômico, político ou tecnológico, cultural, ou apenas ilusão ou ideologia. Já há algum tempo são comuns as alusões à globalização por metáforas (*aldeia global*, *espaçonave Terra*, *global factory*, *nova Babel*) apontando para transformações específicas em diferentes campos da experiência humana[2], o que apenas parece indicar a complexidade e a extensão de suas implicações. Não faltam aqueles, por outro lado, que tomam a globalização como embuste ou como a ante-sala da catástrofe, como veremos no próximo capítulo.

As análises econômicas especializadas, como as que este capítulo procura oferecer, quando adotam uma perspectiva histórica tendem a sugerir que, de muitas maneiras, o que estamos vivendo nos dias de hoje parece reeditar uma mesma história apenas com uma nova roupagem. Enfatizá-lo faz parte de uma encontradiça má vontade com o andamento recente do processo de globalização em geral, e com o processo de abertura no Brasil em particular. Mas não há justificativa para esse desdém. Apontar a circularidade da História, ou alegar o deslinde de suas leis de movimento, não pode ser mais que afirmar que há muito o que aprender com o passado. Jamais autoriza a tese de que o futuro pode ser linearmente deduzido do que já conhecemos, ou que o presente não encerra surpresas ou paradoxos. Os últimos anos têm sido pródigos em transformações econômicas, revoluções tecnológicas e crises financeiras. Como é de praxe, as análises se dividem entre o encantamento e o temor, mas geralmente concordam que temos aí um condicionante básico ao desenvolvimento brasileiro nos próximos anos. Assim sendo, algumas perguntas fundamentais precisam ser respondidas: O que é globalização, e como se dá tal coisa? Quais são seus efeitos preci-

---

[1] As duas primeiras seções são baseadas no artigo "Globalização: uma perspectiva histórica" publicado em *Política Comparada: Revista Brasiliense de Políticas Comparadas* 1(2), maio-agosto de 1997. A terceira seção é inédita.

[2] Ianni (1997, p. 15).

sos? Estaremos de fato enfrentando algo diferente do que já vimos no passado? Devemos procurar abrigo ou sair às ruas para saudar a novidade? Quais exatamente as oportunidades que nos são oferecidas? Quais riscos devemos evitar?

O que se segue procura responder a essas questões em primeiro lugar recuando no tempo, de modo a ganhar perspectiva histórica sobre o que está se passando, em especial com o "grau de abertura", ou sobre a importância do comércio internacional na vida das nações. Não é difícil apontar as novidades, nem o papel crucial que têm desempenhado as Empresas Transnacionais (ETNs) nas mudanças ocorridas nos padrões de comércio exterior na segunda metade do século XX. O crescimento explosivo do comércio intra-industrial e intra-firma são traços característicos desses anos e expressões de transformações de maior profundidade na economia mundial diretamente produzidas pelas ETNs. Como será observado, há certamente exagero em se condenar os Estados Nacionais a uma posição secundária diante de megacorporações sem raízes nacionais em controle de movimentos de comércio, capitais e tecnologia entre países. Mas é perfeitamente demonstrável que já existem algumas dezenas, talvez centenas, de ETNs que têm o porte de países, ainda que pequenos. O crescimento desse mundo de "países virtuais" que se sobrepõem aos Estados Nacionais tem sido muito veloz, bem mais dinâmico do que o da nações "convencionais", e tem afetado a natureza e a extensão da relação entre os países. Dessa forma, será essencial entender as tendências do mundo virtual das ETNs para se projetar a evolução da economia global nos próximos anos. Tendências no sentido da integração internacional, ou da homogeneização do ambiente de negócios, bem como no sentido de se "desagregar" (*unbundle*) o investimento direto estrangeiro em suas partes componentes, serão especialmente importantes como determinante não apenas de políticas e padrões de comércio, mas também da formação de mercados para tecnologias e serviços, e para a movimentação de capitais, especialmente investimentos de carteira.

Para um retrato mais completo do processo de globalização, resta considerar um fenômeno que modificou de forma permanente os dilemas macroeconômicos enfrentados pelas nações desse planeta: a mobilidade de capitais. Trata-se aí da crescente facilidade encontrada no comércio internacional de ativos financeiros, processo que se observa em diferentes momentos do tempo para diferentes países. Europa e Estados Unidos começam a lidar com o problema, em meio a crescentes tensões, no final da década de 60, quando, talvez pela primeira vez em muitas décadas, a soberania macroeconômica via-se limitada pela mobilidade de capitais. Os anos se passaram, e a necessidade de maior coordenação macroeconômica foi sendo incorporada naturalmente nos termos de referência das políticas nacionais dos países desenvolvidos, sendo que, no caso europeu, foi levada às últimas conseqüências pela adoção de uma moeda comum. As economias emergentes viriam experimentar o mesmo processo anos mais tarde, com tensões e sobressaltos bastante similares aos que os países ricos viveram duas décadas antes e resistências que nada têm de novas.

## 1. A FORMAÇÃO DA ECONOMIA INTERNACIONAL

Quando se procura um ponto de vista estritamente econômico, quase estatístico, para o processo de globalização, o caminho geralmente tem início com comparações entre os números para o comércio internacional e os do valor adicionado na produção de bens e serviços. Como vimos no gráfico 1.1, no capítulo 1, o investimento direto internacional tem crescido bem mais que o comércio internacional, o qual, por sua vez, tem crescido bem mais que a produção industrial. Tem-se aí, portanto, uma grande elevação no chamado *grau de abertura* para o conjunto das principais economias do planeta, processo decorrente de um avanço do processo de internacionalização da produção industrial que não encontra precedente. O fenômeno teria origens diversas, incluindo a revolução tecnológica nas telecomunicações, a proliferação de acordos de livre comércio, e a abertura do mundo socialista. Quaisquer desses fenômenos, isoladamente ou em conjunto, têm implicações que vão bem além dos propósitos desse capítulo. Basta-nos apontar, todavia, apenas uma de suas conseqüências diretas, a saber, a de *reduzir as distâncias*, ou o *tamanho do planeta*, fenômeno que teria expressão numérica em um crescimento do comércio e do investimento internacional a taxas sistematicamente superiores à da produção, como de fato mostramos no capítulo 1.

A despeito da quase unanimidade na avaliação de que o mundo testemunha, com efeito, transformações sem precedentes, a expressão estatística dessas mudanças não emerge dos números de maneira óbvia. Numa primeira observação, conforme demonstra a tabela 5.1, não é claro que estejamos testemunhando *graus de abertura* muito maiores do que já vimos no passado, especialmente no mundo anterior a 1914, ao menos quando se comparam fluxos de comércio com o PIB. Todavia, como vimos no capítulo anterior, há limitações nessa métrica, que pode não capturar a essência do processo de globalização, como vimos para o caso brasileiro. Assim sendo, a tabela 5.1 também mostra uma comparação dos fluxos de comércio de produtos industriais com o valor adicionado gerado *na indústria*, ou entre comércio e produção nos setores produtores de mercadorias definidas como *tradeables*, ou seja, mercadorias que podem ser comercializáveis internacionalmente. Esta segunda comparação, tal qual observamos para o Brasil no capítulo anterior, mostra um quadro bastante diverso e consistente com a noção de que estamos experimentando algo bem diferente do que vivemos no passado, com o que concordam Bordo, Eichengreen & Irwin (1999) em sua detalhada análise da questão.

Tabela 5.1
Exportações mundiais como proporção do PIB (propensões a exportar)

| | Exportações mundiais % do PIB mundial | Exportações dos EUA % do PIB dos EUA | Exportações dos EUA % da produção de exportáveis |
|---|---|---|---|
| 1850 | 5,1 * | n.d. | n.d. |
| 1880 | 9,8 * | 5,6 (1889) | 14,3 (1889) |
| 1913 | 11,9 * | 6,1 | 13,2 |
| 1929 | n.d. | 5,2 | 13,9 |
| 1950 | 7,1 | 3,6 | 8,9 |
| 1960 | n.d. | 3,8 | 11,0 |
| 1970 | 11,7 (1973) | 4,2 | 14,1 |
| 1980 | 14,5 (1985) | 8,3 | 29,2 |
| 1990 | 17,1 (1993) | 7,0 | 31,4 |

** apenas países da OECD.*
*Fontes: Krugman (1995, p. 331) e Irwin (1996, p. 42).*

É comum a comparação, quando se trata de abertura, entre o que vivemos hoje e a experiência anterior à Primeira Guerra Mundial. Com efeito, durante todo o século que termina em 1913, a integração econômica cresceu extraordinariamente, tendo sido estes os anos mais importantes para a formação do que se convencionou chamar de "a economia internacional", o sinônimo, na terminologia dos historiadores do século XIX, para o que hoje se designa como globalização[3]. Nunca antes a humanidade havia experimentado um século ininterrupto sem guerras de maior importância: daí a denominação *Pax Britanica* para um século que combina tendências liberais no tocante a políticas comerciais, com a disseminação do padrão-ouro, a ocupação de novas áreas, e uma diplomacia que enfatizava o equilíbrio de poder e o rompimento das barreiras à circulação de bens, serviços e capitais[4]. No limiar da Primeira Grande Guerra, tendo em vista os desdobramentos dessas tendências, o mundo conhece graus de abertura jamais imaginados, ao tempo que, à luz de desenvolvimentos tecnológicos e culturais revolucionários, a humanidade experimenta formas inteiramente novas de conceber seus próprios limites, distâncias e senso de velocidade e temporalidade[5].

[3] Veja-se, por exemplo, Kenwood & Lougheed (1971).

[4] Veja-se, para uma descrição consagrada, Polanyi (1944).

[5] Para uma fascinante descrição das percepções sobre os anos que terminam em 1914, veja-se Kern (1983).

Completa-se o primeiro século no qual, a cada ano, se podia dizer que o progresso material nos cem anos anteriores havia sido maior que o observado em toda a experiência humana anterior. O parentesco é, de fato, fascinante entre as perplexidades exibidas nos dias de hoje em torno do processo de globalização e o encerramento, em 1914, dessa "civilização do século XIX", como diz Polanyi[6].

Contudo, o alargamento de horizontes que marcou o arremedo de globalização no início do século XX seria drasticamente interrompido durante o longo interlúdio de contração do comércio internacional — descrita amiúde pelos contemporâneos como a "desintegração da economia internacional" — que começa em 1914, conhece apenas um ensaio de restauração da ordem liberal nos anos 20, logo destruído pela Grande Depressão, e perdura até o final da Segunda Grande Guerra. A "Grande Transformação" — ascensão da economia de mercado — pareceria terminar com as guerras mundiais.

Durante esses tenebrosos trinta anos, o processo de integração internacional pareceu dar a impressão de desfazer o progresso lentamente acumulado ao longo dos cem anos anteriores. O nacionalismo se espalhava de forma tão assustadora quanto inusitados eram os recursos materiais e tecnológicos que as nações eram capazes de mobilizar para a sua mútua destruição. O mundo experimentaria radicalismos e matanças em escala jamais imaginada, restando ao final, passadas duas guerras mundiais, a experiência do Holocausto, e o genocídio no mundo comunista, a sensação de que o internacionalismo poderia ser uma forma de prevenir ocorrências desse jaez. Não é outra coisa que vivem a dizer os diplomatas e arquitetos do processo de integração econômica na Europa e na América do Sul. Talvez por isso a idéia do comércio livre tenha um gosto progressista que não exista ainda em países que não estiveram diretamente envolvidos em guerras.

Como é fácil ver na tabela 5.1, a recuperação do terreno perdido seria incrivelmente rápida a partir de 1945. Os níveis de abertura vigentes em 1913 — e 1929 no caso dos Estados Unidos — seriam alcançados nos anos 70 e, desde então, ultrapassados com certa folga. Note-se que as razões exportações sobre PIB para os Estados Unidos têm sido muito reduzidas desde o século passado e sua evolução ao longo do tempo é muito semelhante ao que se observa para o mundo. Todavia, dado o aspecto "não comercializável" de uma parte ponderável do valor adicionado incluído no PIB, especialmente o gerado em áreas como serviços, construção civil e gastos do governo numa economia de dimensões continentais como a dos Estados Unidos, o processo de globalização é certamente mais

[6] Uma comparação entre os dois *fin de siècle* é feita por Briggs & Showman (1996).

visível ao observarmos as propensões a exportar *dentro de setores produtores de bens comercializáveis*, como agricultura, mineração e manufatura. Como o crescimento do setor de serviços no pós-guerra foi de fato extraordinário, é natural que a proporção das exportações sobre o PIB total subestime o movimento de abertura ocorrido nesses anos. Considerando-se as estatísticas para os setores produtores de bens comercializáveis, nota-se na tabela 5.1 que, com efeito, após 1950, não só o grau de abertura mais que triplica de 1950 a 1990, passando de 8,9% a 31,5%, como também o pico anterior de 1913 (e 1929) é alcançado ainda nos anos 60. À luz dessa evidência, é fácil admitir que "o que ocorre nos anos 80 não é apenas o retorno aos padrões anteriores à guerra mas um vasto incremento na exposição à competição internacional das indústrias produtoras de mercadorias comercializáveis"[7].

Há, portanto, algo de novo ocorrendo nos anos do pós-guerra, um crescimento do comércio internacional em ritmo significativamente superior ao da produção. Esse notável crescimento exibe como características singulares, de um lado, o gigantesco crescimento do comércio *intra-industrial*, ou seja, aquele entre produtos manufaturados similares, sem direção definida e profundamente afetado por economias de escala e diferenciação de produtos. Este não é o comércio *ricardiano*, com o qual estamos acostumados, e que encontra motivação nas diferenças entre países (suas vantagens comparativas) e resulta em acentuar essas diferenças (por meio da especialização). Este comércio é de um tipo novo, pois ocorre entre iguais, mercê de economias de escala e gosto pela variedade. Este comércio não acentua diferenças, e em seu crescimento produz bem menos tensões do que no caso de comércio *ricardiano*, pois provoca uma especialização de natureza intra-industrial, via de regra através de diferenciação de produto, muito mais fácil de se empreender, como bem demonstra a experiência européia dos anos 50 e 60. Em 1985, cerca de 43% do comércio mundial tinha esta característica[8], o que se torna ainda mais extraordinário quando se considera que o fenômeno tinha importância bem mais reduzida, embora não desprezível, antes de 1914[9].

Além deste novo tipo de comércio, também assistimos a um avanço inusitado da integração vertical internacional, ou da produção manufatureira global, ou seja, a fragmentação na cadeia de geração de valor adicionado por entre diversas localizações, dentre as quais, com destaque, alguns países de industriali-

---

[7] Irwin (1996, p. 41).

[8] Forstner & Ballance (1990, p. 62).

[9] Bordo, Eichengreen & Irwin (1999, pp. 14-5).

zação recente, especialmente na Ásia. Jamais os custos de transporte e a ausência de barreiras comerciais permitiram tamanha interdependência entre as nações, para não falar em disponibilidade e custo de informações, disseminação de padrões comerciais, contratuais e contábeis, a presença de autoridades reguladoras e mecanismos internacionais de arbitragem. Além de tudo isso, todavia, algo de muito novo parecia impulsionar esses processos, e a novidade parecia estar ligada às chamadas Empresas Transnacionais (ETNs).

## 2. O MUNDO DAS MULTINACIONAIS: PAÍSES SUPERPOSTOS

Com efeito, é muito difícil desligar as transformações acima mencionadas do aparecimento e fenomenal desenvolvimento das ETNs no pós-guerra, fato que um historiador descreveria como "a mais importante inovação institucional na economia mundial" desses anos[10]. O crescimento do comércio exterior, bem como suas características básicas, em tudo se relacionam à expansão das operações das ETNs, as quais, por sua vez, foram grandemente afetadas pela revolução na tecnologia de informação e nos métodos de gestão, reduzindo os custos do processo de multinacionalização. É curioso que nos primeiros anos muito pouco dessa influência se fizesse sentir, em face do caráter da primeira onda de investimentos no exterior de empresas norte-americanas, cuja motivação principal residia em atender a mercados para os quais não mais conseguiam exportar mercê de restrições comerciais[11]. É fácil ver que, nesse processo, havia um viés no sentido de *reduzir* o comércio internacional, na medida em que esse procedimento de "pular barreiras tarifárias", como era freqüentemente descrito, vinha de encontro, essencialmente, aos processos de substituição de importações conduzidos nesses países receptores[12]. Com o tempo, todavia, a expansão das ETNs viria criar imensas possibilidades no tocante ao comércio internacional, e isso pode ser observa-

---

[10] Scammell (1980, p. 147).

[11] A descrição pioneira do investimento norte-amerciano no exterior nesses primeiros anos cabe a Stephen Hymer e a Charles Kindleberger. O primeiro, em sua tese de doutoramento de 1960, orientada pelo segundo, teve a primazia de introduzir as idéias depois consagradas como a teoria do investimento direto no exterior. O trabalho de Hymer, um economista marxista, não teve maior impacto, tendo apenas sido publicado postumamente em 1976, bem depois da publicação do livro pioneiro de Kindleberger (1969) sobre o assunto. Este, todavia, jamais deixou de reconhecer em Hymer o verdadeiro pioneirismo, tendo sido inclusive o responsável pela publicação da tese de Hymer a despeito de pareceres contrários e da relutância da várias editoras. Veja-se Kindleberger (1984, cap. 13).

[12] Para um estudo específico das inter-relações entre propensões ao comércio de filiais de ETNs no Brasil, e o grau de abertura da economia, veja-se Fritsch & Franco (1991).

do a partir do extraordinário crescimento das redes de filiais de ETNs, e da transição, no seio dessas organizações, de um *status* de "federações de filiais" — uma expressão de Michel Porter — para outro em que o caráter global de suas atividades lhes determinava esforços contínuos de racionalização de atividades em escala global, dos quais resultava, em maior ou menor medida, uma nova identidade supranacional, com amplas e profundas implicações em suas propensões ao comércio exterior, onde quer que estivessem instaladas[13]. Como vimos na tabela 1.2 do capítulo 1, as propensões a exportar para a média das ETNs passa de 18,6% para além dos 40% em 1993. Dessa lógica de racionalização decorreu a proliferação de estratégias de ajustamento e racionalização, compreendendo desintegração vertical, *outsourcing* e relocalização no exterior, bem como a disseminação de "novas formas" de investimento internacional compreendendo uma miríade de vínculos financeiros e notadamente tecnológicos, estabelecendo uma nova racionalidade no processo produtivo, cujo traço característico seria a *decomposição* do processo de investimento direto (*unbundling*) em suas partes componentes, tanto no tempo, quanto no espaço e em sua natureza.

É a partir desses mecanismos, bem como de tantos outros de características setoriais que aqui não convém detalhar, que tem lugar o notável crescimento do comércio exterior a partir de ETNs, e seu desdobramento no que se convencionou chamar de globalização. Esta, portanto, tem como agente primordial as ETNs, o que pode ser facilmente atestado pelo fato de, nos anos 40, as ETNs praticamente inexistirem como participantes do comércio internacional e de, em meados dos anos 90, responderem diretamente por cerca de 2/3 do comércio mundial, conforme vimos na tabela 1.1, no capítulo 1.

Esse estado de coisas é absolutamente novo e pouco compreendido. É ainda tentativo o entendimento da química interna desta economia global cada vez mais integrada no seio de corporações, tão internacionalizadas em suas perspectivas operacionais quanto velozes em seus processos de gerenciamento de oportunidades tecnológicas, financeiras e negociais. Este aprofundamento do "caráter cosmopolita da produção", para usar uma expressão de Marx, não encontra paralelo nem mesmo no glorioso século de formação da economia internacional entre 1815 e 1914. Talvez pelo fato de várias das maiores ETNs terem números

[13] A literatura a esse respeito é imensa. Veja-se, pelos resumos descritivos que oferecem, Fritsch & Franco (1991 e 1992). Note-se que a terminologia "empresa transnacional", adotada, por exemplo, pelo UNCTC, expressa a consciência da nova natureza dessas empresas, originalmente multinacionais, mas que deixam de ter nacionalidade, ou perdem a noção de "matriz", ao se racionalizarem globalmente. Embora a maior parte das empresas com operações no exterior não tenha atingido este estágio, reconhece-se que este é o seu destino.

comparáveis aos de países, tenha prosperado a tese da progressiva obsolescência dos Estados Nacionais, um processo que vem sendo discutido em muitas áreas, do plano da cultura à regulação das operações financeiras e fiscais *off-shore*. É interessante considerar os números. Para o ano de 1996, as cem maiores ETNs tinham vendas totais ligeiramente inferiores a US$ 4 trilhões e ativos da ordem de US$ 3,3 trilhões. O percentual médio de ativos no exterior era de 54%, e o total de empregos era de 5,9 milhões de pessoas[14]. São números fenomenais, mas a comparação com países, em particular com o PIB, pressupõe que se calcule o valor adicionado gerado por essas empresas, e não apenas o seu faturamento. Se supusermos uma relação entre o valor bruto da produção e o valor adicionado da ordem de 2,5, teríamos o "PIB" dessas cem maiores ETNs em algo da ordem de US$ 1,5 trilhão, sendo que a maior delas em faturamento, a General Motors, teria um faturamento de US$ 158 bilhões, ou seja, um "PIB" da ordem de US$ 60 bilhões. Individualmente, portanto, as ETNs não são "países" grandes, mas o conjunto delas o é com certeza, e isto tenderá a ser cada vez mais relevante tanto porque serão mais numerosas as ETNs, quanto pelo fato de seu crescimento ser muito veloz, geralmente algo intermediário entre o crescimento do IDE e do comércio internacional. Ou seja, o "PIB" desses "países virtuais" que se sobrepõem aos Estados Nacionais cresce mais que o PIB dos países "convencionais". Nesse contexto, é interessante notar que esses "países virtuais" são muito mais cosmopolitas e abertos que os "países convencionais": tomando como base, por exemplo, as MOFAs (*Majority Owned Foreign Affiliates*) norte-americanas da tabela 1.2 do capítulo 1, cuja propensão média a exportar (a razão exportações sobre vendas) é da ordem de 40%, pode-se dizer que o "grau de abertura" (exportações sobre o PIB, ou sobre o valor adicionado) dessas empresas é da ordem de 100%[15], ou seja, maior até que o de países como Hong Kong e Cingapura. Assim sendo, se essas empresas crescem mais rápido que as outras, ou que os países nos quais elas operam, é de se esperar que esses países fiquem mais abertos, isto é, que a globalização se aprofunde ainda mais.

O avanço acelerado do processo de globalização oferece, portanto, bons motivos para as ansiedades em torno da perda de soberania dos "países convencionais" sobre os "países virtuais", essas ETNs tão grandes e tão flexíveis na sua capacidade de administrar a produção e o comércio entre suas partes componentes, seus fluxos financeiros e tributários. Não é surpreendente, portanto, que a rela-

---

[14] UNCTAD (1998, pp. 37-9).

[15] Mantendo a hipótese de que a razão entre o faturamento (ou o valor bruto da produção, na terminologia do IBGE) e o valor adicionado é de 2,5.

ção entre ETNs e Estados Nacionais esteja entre as queixas sobre o processo de globalização, embora em um formato bastante diferente daquele dos anos 60 e 70. Em 1971, após a primeira onda de IDE americano na América Latina e na Europa, Raymond Vernon, renomado especialista em multinacionais, professor da Harvard Business School, recentemente falecido, escreveria um livro intitulado *Sovereignty at Bay* (traduzido na edição brasileira como "Soberania ameaçada") exaltando as conquistas empresariais das ETNs apenas para, logo em seguida, em 1977, escrever um outro, *A storm over the multinationals* (traduzido aqui por "Tempestade sobre as multinacionais"), trazendo a crônica do contra-ataque dos Estados Nacionais[16]. Hoje a discussão prossegue mais apaixonada do que nunca, mas, curiosamente, com o principal agente e demiurgo da globalização, as ETNs, fora dos eixos principais de debate. De um lado, parece claro que as relações entre ETNs e os Estados Nacionais tenham atingido um estágio de mútuo respeito, no qual aquelas são reconhecidas como forças relevantes na economia global, quase que como entidades supranacionais, mantendo relações negociais adultas e paritárias com países, em torno de vantagens tributárias, dispositivos regulatórios e contrapartidas de investimentos. Tudo se passa como se os "países convencionais" não pudessem mais deixar de manter relações amistosas com os "países virtuais".

De outro lado, as ETNs se apresentam nos dias de hoje de formas um tanto diferentes dos paradigmas do passado, e por isso parecem menos visíveis. O IDE, ou seja, os investimentos das ETNs devem ser entendidos como uma espécie de pacote, no qual são combinados diversos ingredientes: tecnologias de produção e gestão acompanhadas, no todo ou em parte, por seus respectivos operadores credenciados, os vínculos "para trás" com fornecedores e com a pesquisa e desenvolvimento de produtos e processos, os equipamentos e edificações, e as equações societárias e financeiras apoiando cada empreendimento. No início, quando o IDE consistia na abertura de uma filial que era uma réplica perfeita da matriz, ou de outras filiais da mesma rede, era como se o "pacote" sempre se apresentasse da mesma forma e a ETN se apresentasse diante de seus hospedeiros sem maiores adaptações. Muitas das teorias concebidas para explicar o fenômeno do IDE chamavam a atenção para a dificuldade em se decomporem esses diferentes elementos em função de custos de transação que forçavam a "internalização" de atividades que poderiam perfeitamente estar, na terminologia de hoje, terceirizadas.

Com o tempo e o avanço das redes de ETNs mundo afora, e com os extraordinários avanços nas tecnologias de informação, coordenação e gestão, o pro-

---

16 A alusão, nesses termos, aos livros de Vernon é de Kindlberger (1984, p. 1).

cesso de investimento direto começou a se decompor, ou seja, diferentes elementos do "pacote" tradicional começaram a ocorrer de forma independente. Mecanismos como os mercados de tecnologia, a venda, aluguel ou licenciamento de marcas e processos, o estabelecimento de padrões, se tornaram importantes complementos ou mesmo substitutos do IDE tradicional. As chamadas "novas formas" de IDE, identificadas no estudo pioneiro do Centro de Desenvolvimento da OECD[17], se diversificaram mais e mais, em boa medida descaracterizando o IDE como elemento estranho a uma economia local e o enquadrando num figurino de alianças, um "capitalismo de alianças", de acordo com John Dunning (1997, p. 46), "cujo sucesso depende da interação harmônica entre os criadores de riqueza de uma sociedade e os governos". A fluidez com que o IDE ocorre nos dias de hoje tem muito que ver com a capacidade das ETNs formarem "pacotes" que preservam relações amistosas com seus hospedeiros.

De um modo ou de outro, é de se esperar que o comércio e o investimento internacional continuem a crescer em ritmo superior ao da produção manufatureira, como tem sido a regra nas últimas quatro décadas, assim aprofundando as transformações daí derivadas, vale dizer, a internacionalização da produção manufatureira. Se prevalecerem essas tendências por mais algumas décadas, a economia mundial conhecerá mudanças muito profundas e hoje difíceis de se vislumbrarem. É certamente prematuro, e provavelmente despropositado, especular sobre o progressivo esvaziamento dos Estados Nacionais em detrimento de uma comunidade impessoal e invisível de corporações sem raízes em parte alguma. Mas também deve ser evitada a argumentação inversa, ou seja, de que as ETNs não serão atores crescentemente importantes em esforços nacionais em várias partes na direção de um mundo mais desregulado, menos constrangido por barreiras na movimentação de capitais, recursos gerenciais e tecnologias, e mais homogêneo em regras comerciais e contratuais. É razoável imaginar que o "capitalismo de alianças" de que falamos acima, ao florescer, se torne um fator a impulsionar esforços de integração econômica em múltiplas dimensões.

## 3. O mundo dos capitais voláteis

As tendências estudadas nas duas seções anteriores têm como eixo principal as ETNs e seus impactos sobre a natureza e a extensão dos fluxos de comércio e investimento direto, bem como as mudanças de natureza qualitativa, assim determinadas no funcionamento da economia global. Um panorama mais completo da globalização, tal como celebrada, ou desancada, cotidianamente pela imprensa, não poderia deixar de dedicar uma atenção especial a algumas outras

[17] Oman (1984).

rubricas da conta de capitais, cuja movimentação tem despertado enorme atenção de estudiosos, reguladores, políticos e do público em geral. Na verdade, os "capitais voláteis", que um senador da República certa vez designou como "capitais de motel", parecem ter ocupado, nos anos 90, o lugar que cabia às ETNs; nos anos 60, no imaginário daqueles que enxergavam nas relações com o mundo exterior uma grande conspiração com o propósito de empobrecer e explorar as economias hoje chamadas de emergentes. Tudo o que cerca esses capitais parece alarmante e inflamável, todos os seus movimentos figuram suspeitos e motivados pela especulação, pela evasão de divisas ou pela elisão tributária. Os "capitais voláteis" são os vilões mais característicos de nossa época, tão pródiga em turbulências financeiras aparentemente provocadas, ou amplificadas pelas ações dessas entidades. O Brasil, como muitas outras economias emergentes, parece viver um momento especialmente tenso, e não sem motivo, com relação a este assunto. Propostas de banimento, criminalização e controle, inclusive do próprio Presidente da República, e o desejo de se regredir a um mundo onde não existam esses agentes perturbadores, parecem emergir de toda parte. É sempre possível interpretar esse novo estado de coisas — a maior fluidez na movimentação de capitais — como emanação das forças do Mal, como será possível demonstrar no próximo capítulo. Mas neste vamos procurar tratar do assunto com frieza, buscando perspectiva histórica para o fenômeno e antecedentes que nos ajudem a entender as ansiedades que estamos vivendo.

O crescimento da importância da conta de capitais do balanço de pagamentos, ou da mobilidade de capitais entre países, é das mais importantes transformações da economia mundial no pós-guerra, e uma que ocorreu em diferentes países em diferentes momentos. Mas no que consiste exatamente? E quais são suas implicações?

Dizer que há maior mobilidade de capitais equivale a afirmar que se reduzem as barreiras para transações internacionais com ativos financeiros. Os "locais" podem comprar e vender ativos de "não-residentes" denominados nas suas respectivas moedas, e estes têm acesso aos ativos "locais", inclusive à própria moeda. Quando este processo avança, podemos dizer que há mais "conversibilidade" nas transações da conta de capitais, ou mais "liberalização financeira". Nessas condições, com mercados interligados, começa a operar com mais vigor a chamada "Lei do Preço Único", ou seja, o princípio de que o mesmo ativo, quando medido na mesma moeda, não pode ter preços diferentes quando ajustados para os riscos. Sob conversibilidade da conta de capitais, ou havendo mobilidade de capitais, os preços dos ativos transacionados internacionalmente têm de convergir. Os mercados se tornam "eficientes", no linguajar técnico dos economistas: os diferenciais de preço, isto é, oportunidades não aproveitadas de arbitragem lucrativa, não podem perdurar. As taxas de juros são aproximadas por movimentos ditos de arbitragem internacional, e os países começam a experimentar dificuldades em conduzir políticas monetárias diferentes umas das outras, ou seja, praticar taxas de juros diversas daquelas de seus parceiros. Logo cedo percebe-se que a abertura da conta de capitais resulta em constranger as políticas nacionais de formas que, no início do processo, no pós-guerra, não pareciam ainda muito claras.

O avanço da conversibilidade, ou da mobilidade de capitais, pode ocorrer espontaneamente quando, por exemplo, um país experimenta fugas de capital de certo porte e uma parte substancial da riqueza financeira de seus habitantes passa a se localizar *off-shore*. E, ato contínuo, esses nacionais "não-residentes" passam a desfrutar da possibilidade, geralmente admitida, de entrar como investidores estrangeiros em suas fronteiras nacionais, ou seja, passam a comprar ativos denominados na moeda nacional conforme os juros internos e externos e na forma permitida pelos regimes cambiais vigentes. Geralmente a saída era bloqueada por controles cambiais, os quais, todavia, quase que invariavelmente adotavam o postulado de que quem trazia recursos ganhava direitos de repatriação do mesmo montante, a serem exercidos depois de certo tempo[18]. Nossa lei de capitais estrangeiros, a Lei 4.131 de 1962, que adota exatamente esses pressupostos, bem espelhava a sabedoria européia da ocasião.

É claro que este mesmo processo pode ser induzido quando os próprios governos promovem a desregulamentação de seus mercados de câmbio e permitem um trânsito mais fluido de recursos financeiros por suas fronteiras. Geralmente são os países com moedas fortes, ou que experimentam superávits de vulto, que resolvem estimular a exportação de capitais para evitar uma apreciação cambial excessiva. A experiência européia no pós-guerra, vista a certa distância, é uma combinação complexa e nem sempre consistente dessas duas posturas. Com o tempo, e como resultado, seja das fugas, seja das "exportações" de capitais, observou-se um crescimento exponencial dos chamados "eurodepósitos": recursos *off-shore* que passaram a ter, em alguns casos, importância decisiva para a condução das políticas monetária e cambial de alguns países. Alguns países parecem se acomodar à perda da sua capacidade de fazer política monetária, ou política cambial, enquanto que outros resistem à situação, mantendo controles cambiais quase que até as vésperas do processo de unificação, tentando com isso mitigar a mobilidade de capitais e preservar graus de liberdade nas suas políticas. A efi-

[18] Veja-se, por exemplo, Giavazzi & Giovannini (1989) para uma extensa resenha das medidas européias de controle cambial aplicadas até o momento da unificação.

cácia dos controles parecia sólida e diversos estudos efetivamente o comprovavam[19]. Porém, não se podia perder de vista que esta eficácia se mostrava decrescente com o tempo, pois o avanço da mobilidade de capitais, tanto na Europa quanto nos Estados Unidos, correspondia a um processo cumulativo de transferência da riqueza financeira nacional para redutos *off-shore*, portanto fora do alcance dos controles cambiais, dos reguladores e supervisores.

Nos Estados Unidos, o processo, embora similar, foi mais lento e acabou tendo um desfecho emblemático. A continuidade de déficits em conta corrente de grandes dimensões, a partir dos anos 50, foi elevando progressivamente os volumes de depósitos em dólares fora do país, predominantemente em eurodepósitos, e enfraquecendo a conversibilidade do dólar em ouro na forma dos arranjos originais de Bretton Woods[20]. À medida em que se tornaram grandes os volumes de riqueza financeira denominada em dólares fora dos Estados Unidos[21], estabeleceu-se um grau de mobilidade de capitais inusitado para a experiência pregressa norte-americana. A vulnerabilidade a uma corrida contra as reservas americanas vinha se tornando crítica, e esta percepção viria modificar radicalmente os termos de referência das políticas macroeconômicas dos Estados Unidos. Mais e mais, nos Estados Unidos e na Europa, foi se firmando a convicção, depois bastante bem explicada nos trabalhos de Robert Mundell e Marcus Flemming, de que economias abertas viam-se sempre diante de uma espécie de "trilema", que consistia em escolher dois atributos dentre três: mobilidade de capitais, taxas de câmbio fixas ou política monetária independente. Visto de outra forma, seria possível dizer que, na presença de mobilidade de capitais, as nações estavam diante de um constrangimento inédito em suas políticas econômicas nacionais: deveriam escolher entre manter-se no figurino de Bretton Woods com taxas de câmbio fixas ou manter políticas monetárias próprias. Estas não eram escolhas aceitas com naturalidade por políticos voluntaristas contaminados pela atmosfera keynesiana própria do pós-guerra. Enquanto as políticas fiscais e monetárias eram moderadas e não se revelavam inconsistentes com a manutenção de taxas de câmbio fixas, a crescente mobilidade de capitais não representava problema, ou podia ser amortecida por controles. Mas quando a defesa da taxa de câmbio se fazia ne-

---

19 Conforme reconhecido em diversos estudos, *cf.* Eichengreen (1996, p. 121).

20 O dólar era a única moeda que mantinha uma paridade formal com o ouro. Todas as outras moedas internacionais de reserva mantinham paridades com relação ao dólar.

21 Já em 1960 os passivos monetários dos EUA diante de não-residentes excedia as reservas em ouro do país. Em 1963, os passivos apenas junto a governos estrangeiros já eram maiores que as reservas em ouro dos EUA. *Cf.* Eichengreen (1996, p. 116).

cessária, diante de pressões internas ou externas, as taxas de juros tinham de ser acionadas e o crescimento, prejudicado. Os dilemas não pareciam muito diferentes daqueles enfrentados pelo Brasil do Real, ou por outras economias emergentes que, como nós, descobriram a mobilidade de capitais nos anos 90. É interessante lembrar que, nos anos que antecederam a desvalorização do dólar em 1971, eram comuns nos Estados Unidos os debates sobre a necessidade ou, em oposição, a ineficácia de controles de capitais, e sobre o desconforto em se manterem taxas de juros consideradas elevadas apenas para manter os Estados Unidos dentro do padrão-ouro.

Grandes tensões envolveram a acomodação dos Estados Unidos e dos países europeus à realidade da mobilidade de capitais e ao fato de que isto representava uma séria limitação à soberania das políticas econômicas das maiores potências econômicas do planeta. A manutenção de taxas de câmbio fixas, diria Karl Polanyi meio século atrás, vinha se tornando cada vez mais difícil, tendo em vista "a politização da política econômica"[22]. Conforme uma avaliação contemporânea, "a crescente mobilidade de capitais, combinada com o forte desejo de governos individuais perseguirem seus interesses econômicos nacionais, destruíram tanto o sistema de Bretton Woods, quanto o Sistema Monetário Europeu"[23]. Todos foram forçados a se mover na direção de taxas de câmbio mais flexíveis, de modo a preservar alguma capacidade de executar suas próprias políticas monetárias, e os desafios de coordenação macroeconômica se tornaram ainda mais sérios: países interessados em políticas excessivamente expansionistas poderiam praticar juros muito baixos, tendo, em conseqüência, moedas muito fracas, e com isso "exportando" inflação para os outros. Diversas tentativas de intervenção concertada e de coordenação de políticas tiveram de ser conduzidas para que os países desenvolvidos admitissem que estavam vivendo uma nova realidade marcada por um grau inusitado de interdependência macroeconômica. Na Europa, essa percepção foi capturada pelo mundo político de uma forma positiva e serviu como um impulso na direção da unificação monetária. Nos Estados Unidos e no Japão serviu para solidificar a postura de *hands off* no tocante às suas respectivas taxas de câmbio, as quais, nos anos que se seguiram, viriam experimentar flutuações de fato extraordinárias, vez por outra amenizadas por intervenções concertadas. Nem mesmo as grandes potências podiam praticar uma indiferença tão completa com relação às suas taxas de câmbio.

---

[22] *Ibid.*, p. 191.

[23] Obtsfeld (1995, p. 176).

O mundo que emergia depois do colapso de Bretton Woods e do Sistema Monetário Europeu exibia algumas características interessantes: subitamente a conta de capitais parecia enorme em relação à conta corrente, e a determinação das taxas de câmbio parecia ter lugar não mais no domínio dos fluxos comerciais e financeiros, mas no plano dos estoques de riqueza, e de mercados internacionalizados de ativos, a partir dos quais pequenos movimentos pareciam produzir enorme volatilidade nas taxas de câmbio[24]. Com alguma diligência não será difícil de se encontrarem, nos anos 70 e 80, referências desairosas à especulação e aos "Gnomos de Zurich", na época a suprema representação de forças impessoais de mercado, baseadas *off-shore*, cujos poderes desafiavam a vontade das autoridades monetárias das principais potências do planeta. Eram os "capitais voláteis", como hoje os chamamos. Com efeito, para o desgosto dos planejadores de Bretton Woods, que enxergavam no FMI o embrião de uma espécie de banco central global, ou uma central de compensações e controle da liquidez internacional por meio de fluxos "compensatórios" de países superavitários para aqueles com déficit, o mundo parecia caminhar para outras direções. O principal ator das contas externas não era mais a conta corrente e, além disso, os fluxos de capitais de natureza oficial ou oriundos das instituições multilaterais (ou "compensatórios") se tornavam flagrantemente minoritários diante dos fluxos privados de toda ordem. Inicia-se, assim, a partir de meados dos anos 70, o reinado dos "capitais voláteis", em meio a enormes tensões e resistências. Por mais que as lideranças nacionalistas se revoltassem contra essa nova disciplina, com o tempo, todos foram se acostumando, governos conservadores acabaram eleitos para ajustar as políticas fiscais e monetárias aos novos figurinos. O processo pode ter demorado um pouco mais na Europa, mas uma vez que a unificação monetária começou a avançar de verdade, com o colapso do Sistema Monetário Europeu, o mundo somente viria conhecer turbulências oriundas da mobilidade de capitais quando uma nova safra de países emergentes teve de reviver essa mesma problemática e lidar com as recém-descobertas limitações impostas pela mobilidade de capitais.

*Mobilidade de capitais nas economias emergentes*

O crescimento da mobilidade de capitais nas economias emergentes, principalmente a partir dos anos 70 e 80, seguiu um figurino semelhante ao europeu. Fugas de capital nos maus momentos e experimentos de liberalização nos

---

[24] No plano da teoria, é o momento em que aparece o "asset market approach" como um novo campo para modelos de determinação da taxa de câmbio.

bons momentos resultam em acumulação no exterior de riqueza de residentes no país, e a abertura progressiva de canais através dos quais o comércio de ativos financeiros começa a ocorrer de forma mais ativa. A partir das securitizações feitas pelo Plano Brady, que criaram cerca de US$ 154 bilhões em títulos de países emergentes, principalmente latinos, forma-se um mercado secundário da grandes proporções que se torna o instrumento crucial para o lançamento de novas emissões. Os fluxos de capital para países emergentes, sob a forma de bônus e investimentos de carteira, atingem números estratosféricos. Conforme números do FMI em 1990, os fluxos de empréstimos sindicalizados e sob a forma de bônus para países emergentes na Ásia teria atingido cerca de US$ 15 bilhões, e para a América Latina algo como US$ 6,3 bilhões. Em 1996 esses fluxos tinham se elevado a US$ 92,6 bilhões e US$ 57,4 bilhões, respectivamente. Os valores acumulados para 1990-1996 totalizaram extraordinários US$ 332,4 bilhões para a Ásia e US$ 187,6 bilhões para a América Latina, e os efeitos sobre os *spreads* de risco para países emergentes foram igualmente notáveis: o EMBI, uma média ponderada para papéis de países emergentes, registra uma redução de *spreads* de 1.111 pontos em 1990 para 393 pontos em 1993, véspera da crise do México. No começo de 1997 o EMBI estava caindo abaixo de 500 pontos, logo antes da crise asiática[25].

No tocante aos fluxos de investimentos em bolsas de valores de países emergentes, os números são ainda mais impressionantes. Em 1986, por exemplo, o total de investimentos de "portfolio" na direção de países emergentes atinge cerca de US$ 700 milhões. Em 1993, o total atinge 48,5 bilhões, US$ 27,5 bilhões dos quais para a América Latina e US$ 19,8 bilhões para a Ásia. Nos dez anos entre 1986 e 1995, a América Latina recebeu US$ 73,7 bilhões e a Ásia, US$ 71,1 bilhões em investimentos em seus mercados de ações[26]. Os efeitos desses movimentos sobre a chamada "capitalização de mercado", ou seja, o valor total das ações de companhias negociadas em bolsas, são absolutamente extraordinários: entre 1983 e 1993, a "capitalização de mercado" passa de 1,3% do PIB a 17,2% na Argentina; de 7,4% a 20,6% no Brasil; de 13,1% a 102,1% no Chile e de 2% a 55,5% do PIB no México. Na Ásia, as valorizações são ainda mais impressionantes, para esse mesmo período: de 70,8% do PIB para 350,8% em Hong Kong; 5,3% para 42,1% na Coréia do Sul; 4,3% para 75% nas Filipinas; 89,2% para 254,3% em Cingapura e de 14,5% para 90,2% do PIB em Formosa[27].

---

[25] Folkerts-Landau, Mathieson & Schinasi (1997, pp. 28-31).

[26] UNCTC (1997, pp. 274-5).

[27] Feldman & Kumar (1995, p. 183). Note-se que a evolução das razões preço/lucro nesses países de modo algum explica essa espantosa valorização (*Ibid.*, tabela 4).

É interessante ter claro que a mobilidade de capitais, ou a liberalização financeira, nas economias emergentes, tem lugar num contexto de grande abundância de capitais estrangeiros e de desafios concretos trazidos por esta situação. Em toda parte, os superávits nos balanços de pagamentos vão provocando elevações expressivas nas reservas internacionais, valorização dos ativos locais e pressões não desprezíveis para a apreciação cambial. Muitos países liberalizaram seus regimes cambiais com o propósito de estimular saídas, que alguns países como o Chile incentivaram abertamente. Outros, como Brasil, Colômbia e alguns países asiáticos, colocaram obstáculos tributários ou administrativos de natureza seletiva à entrada de capitais[28]. De toda maneira, é lícito observar que a abundância de capitais, e conseqüente avanço na liberalização ou na conversibilidade da conta de capitais, atingiu economias emergentes com fundamentos macroeconômicos ainda fracos, de tal sorte que os mesmos "trilemas" enfrentados pelos países desenvolvidos, uma ou duas décadas antes, terminaram gerando tensões muito parecidas, cuja expressão mais evidente é a sucessão de crises nesses países, como a do México em 1995, ou de diversos países asiáticos em 1997, a da Rússia em 1998 e a do Brasil em 1999. Em cada um desses casos, os "capitais voláteis", ou as recém-descobertas limitações trazidas pela mobilidade de capitais, parecem estar no centro dos acontecimentos. É natural que se procure culpar a falta de regulação, ou mesmo o caráter maligno desses capitais, na geração dessas crises. Na América Latina, em especial, as crises não parecem novidade, como na Ásia. Mas a velocidade e o vulto dos fluxos financeiros parece, de fato, não ter precedente. Resistências políticas, e mesmo algumas iniciativas ousadas de controle, como na Malásia, parecem indicar que as lideranças das economias emergentes não reagiram a estas crises de modo muito diferente daquele empregado pelos seus congêneres dos países desenvolvidos quando diante de situações similares, duas ou três décadas atrás. Os políticos de toda parte sentem agudamente o constrangimento que parece lhes ser imposto pelo "mercado", ou pelos "capitais voláteis", ou pelos "Gnomos de Zurich".

Da mesma forma como ocorreu com os países desenvolvidos, portanto, a mobilidade de capitais se tornou uma realidade que modificou profundamente os limites das políticas econômicas das economias emergentes e que as autoridades nacionais resistiram a reconhecer. A presença de regimes fiscais e monetários inconsistentes com os regimes cambiais pareceria uma descrição mais apropriada para as crises que marcam a entrada dessas economias emergentes num estágio mais avançado de integração internacional. Essas economias terão que se

---

[28] Para uma resenha dessas experiências, veja-se Corbo & Hernandez (1996).

adaptar à perda de soberania representada pela realidade da mobilidade de capitais, ou seja, terão de admitir que ficou perdido para sempre o direito à irresponsabilidade em políticas expansionistas no plano fiscal e monetário, independentemente do regime cambial. Da mesma forma, a utilização de regimes cambiais mais rígidos como "âncoras" começa a depender crucialmente das percepções sobre políticas fiscais e monetárias presentes e futuras. Da mesma forma como para as economias desenvolvidas no passado, esse novo estado de coisas se apresenta como um constrangimento aos políticos, ou como um conjunto de condições que precisam ser atendidas para que as economias tenham "âncoras" com taxas de juros moderadas. O desconforto dos políticos é bastante perceptível nas esbravejantes manifestações contra a "dependência dos capitais voláteis", ou contra a "ditadura do mercado" ou "dos interesses da ciranda financeira". As palavras de ordem são de grande amplitude e criatividade, mas a fria e irretorquível realidade é que a mobilidade de capitais terminou com o desenvolvimentismo inflacionista típico do período designado no capítulo 8 como o nosso "século keynesiano". A "dependência" a que se referem existe em toda parte, e consiste em aceitar alguns princípios básicos de gestão macroeconômica e certas formas institucionais consagradas na organização do sistema monetário e bancário. Nada mais. Na ausência desses princípios, a mobilidade de capitais foi o veículo da destruição de Bretton Woods e do Sistema Monetário Europeu. Nem mesmo as maiores potências do planeta foram capazes de sustentar desequilíbrios macroeconômicos, ou inconsistências entre políticas cambiais, monetárias e fiscais, por muito tempo. A soberania dessas potências foi limitada, exatamente como agora observamos para as economias emergentes. Há um preço a pagar pela participação em uma economia internacional que oferece infinitas possibilidades de crescimento, tal como observamos acima, e no capítulo 3, a propósito da adesão ao padrão-ouro. A novidade da economia globalizada é que não há mais o direito de manter-se à margem.

## 6.
## A TRAGÉDIA DO DESENVOLVIMENTO: UM ENSAIO SOBRE O PESSIMISMO[1]

Nada parece mais próprio, e ao mesmo tempo mais paradoxal, nesse fim de milênio sob a égide da globalização e dos mais espetaculares avanços tecnológicos da história da humanidade, que o pessimismo. Em vez do regozijo pelas perspectivas de superação de aflições materiais, teme-se que as novas e revolucionárias tecnologias exacerbem a miséria e a exclusão. A presença iminente da catástrofe é apontada em toda parte. A crônica dos impactos perversos da globalização, em particular, é cada vez mais caudalosa, navegando mais e mais na esteira do politicamente correto, em que não há limites para os possíveis ferimentos à dignidade humana. A exclusão, que se quer associar a todo custo com a globalização, se tornou o grande mote dessa melancolia *fin de siècle*, esse desconforto generalizado com um mundo sujeito a transformações vertiginosas que ninguém é mais capaz de apreender na sua totalidade. Como observa um psicanalista[2], "a falta de uma perspectiva mais igualitária, a queda dos ideais revolucionários, o crescente desemprego, e competitividade em um mercado cada vez mais feroz associando-se aos imperativos de gozo de uma sociedade cada vez mais produtora de *gadgets*, que acenam com a promessa de satisfazer o desejo, tudo isso pode efetivamente contribuir para o estado depressivo de um sujeito desorientado em relação a seu desejo, perdido de seus ideais".

Os fantasmas no domínio da economia, todavia, são, em boa medida, reaparições de velhos monstros: a extinção do trabalho, a desindustrialização e o horror econômico, a desregulamentação e as crises financeiras, a dominância das corporações multinacionais na tecnologia e no comércio não são propriamente temas novos. A eles se agregam, contudo, novos temores como aqueles a propósito da degradação do meio ambiente e das mudanças climáticas, dos vazamentos de radiação e do lixo tóxico, do terrorismo *high tech* capaz de destruição em massa, da clonagem de seres humanos, das plantas e animais transgênicos e do

---

[1] Texto inédito, mas que toma como base apontamentos que orientaram a "Aula Magna" proferida em 20 de março de 1998, na Pontifícia Universidade Católica do Rio de Janeiro, sobre a crise da Ásia. Partes do texto foram utilizadas em uma outra "Aula Magna" proferida na Fundação GetúlioVargas de São Paulo em 20 de maio de 1999.

[2] Quinet (1999, p. 88).

fim da natureza, da violência social, nas ruas e nas escolas, da Aids, do reaparecimento de doenças extintas em versões rejuvenescidas[3], da americanização da cultura, da tribalização das minorias e do fim das identidades nacionais, da proliferação da depressão, da síndrome do pânico e das toxicomanias, para não falar na abdução por discos voadores e na crença de que o governo norte-americano encobre evidência sobre a existência de vida extraterrestre[4].

Aqui no Brasil, essa atmosfera encontra um solo muito mais que hospitaleiro. Os anais do Parlamento, conforme relata Jorge Caldeira (1995), registram pela primeira vez em 1831 a grave sentença: "o Brasil está à beira do precipício", talvez a frase mais ouvida desde então neste país tão propenso a progressos revolucionários, mas tão pródigo em resistências ao que é novo. Nos dias de hoje, diante de tantas mudanças como a estabilização, a abertura, a privatização e a recém-conquistada dominância da economia de mercado, todas tendo lugar nesta densa névoa da globalização, parece que nunca tivemos tanto ressentimento, nostalgia e mágoa pela mudança. O passado está irremediavelmente destruído, o presente turvado por dúvidas e hesitações e o futuro, incerto como nunca.

Ao menos no domínio da economia, não se deve perder de vista que a globalização invoca demônios que são mais familiares do que se pensa. Neste capítulo vamos buscar em um passado bem longínquo e amiúde fora dos domínios da economia, na história e na literatura, as bases para as várias famílias de pregações de catástrofes econômicas de nosso tempo.

## 1. Velocidade e insensatez

O mundo experimentou inovações tecnológicas revolucionárias, em particular nos transportes e nas telecomunicações, em outras ocasiões no passado como, por exemplo, no período que antecedeu a Primeira Guerra Mundial, quando surgiram o telégrafo, o telefone, o cinema, os raios X, o automóvel, o avião, e também outras descobertas de enorme impacto, como a psicanálise, a relatividade, e a arte abstrata, dita moderna. Esta sublevação das possibilidades humanas, econômicas e culturais, que se diz caracterizar a Era Moderna, certamente não estava começando aí, mas tinha no fim do "longo" século XIX, para usar a terminologia de Hobsbawm,

---

[3] Como a dengue no Brasil, na Venezuela e na Índia, e a difteria na Rússia. Os micróbios também se beneficiam dos progressos tecnológicos nos transportes, conforme lembra o Harvard Working Group on New and Ressurgent Diseases (1996) numa coletânea de detratores da globalização.

[4] Pesquisas mostram que um em cada cinqüenta americanos acreditam ter sido raptados por discos voadores, e 80% acreditam que o governo americano esconde provas da existência de alienígenas, *cf.* Dean (1998, p. 3).

um momento especialmente rico, e com amplas e profundas conseqüências. Não é por outro motivo que são tão comuns as comparações entre o mundo anterior a 1914 e o de hoje, por exemplo, no tocante à postura cosmopolita e a esta mistura de deslumbramento e horror com que se enxergam os avanços da tecnologia.

Um historiador atento às modificações nas percepções sobre tempo e espaço em decorrência dessas inovações chegou a sugerir que o impacto dessa série de descobertas havia sido tão profundo que até mesmo o desfecho da crise de Agosto de 1914 poderia ter sido diferente se a diplomacia — para ele, "a arte do *timing*" — pudesse ser praticada no seu ritmo habitual. A inusitada velocidade com que as notícias (sobre o atentado terrorista em Sarajevo) cruzaram as fronteiras nacionais, a ampliação dos limites da experiência *presente*, ou seja, a introdução do que hoje chamamos de noticiário em tempo real, as rápidas reações populares que provocam, e o fato de que todas essas repercussões demandam uma resposta imediata pode ter levado à precipitação, a reações exageradas (*overreaction*) e ao desastre da guerra[5]. Esse novo mundo moderno parecia aprender novas e perigosas formas de se produzir a insensatez.

A alusão à velocidade está presente em um extraordinário desastre tecnológico e humano, certa vez definido como o maior de sua época: o naufrágio do *Titanic*, a maior estrutura móvel jamais construída até então, em 14 de abril de 1912. Curiosamente, a tragédia foi largamente revivida nos anos 90, num filme que proporcionou a maior bilheteria de todos os tempos. O afundamento do *Titanic* foi, com efeito, a primeira grande catástrofe da era moderna a ser experimentada "em tempo real": o editorial do *London Times*, de 16 de abril, notaria "com um sentimento próximo da estupefação que fomos quase testemunhas da agonia de morte desse grande navio"[6]. As virtudes da lentidão passaram a ser lembradas, especialmente quando se tratava de viajar, bem como as vantagens de um mundo mais simples, menos ambicioso e arriscado. Mas os ventos eram outros, a julgar pela pregação inteiramente oposta trazida, por exemplo, pelo *Manifesto futurista*, escrito por Filipo Tomaso Marineti em 1909:

> Declaramos que o esplendor do Mundo — foi aumentado por uma nova beleza: a beleza da velocidade. Um carro de corrida, sua carroceria ornamentada por grandes tubos que parecem serpentes com respiração explosiva [...] é mais belo do que "A Vitória Alada da Samotrácia"[7]

[5] Kern (1983, pp. 260-3).

[6] *Ibid.*, p. 67.

[7] Famosa escultura helenística no Louvre.

> [...] [pois] a beleza só existe na luta. Uma obra que não seja de caráter agressivo não pode ser uma obra-prima [...] Queremos glorificar a guerra, a única higiene do mundo, o militarismo, o patriotismo, o ato destrutivo dos anarquistas, as belas idéias pelas quais um indivíduo morre, o desprezo pelas mulheres. Queremos destruir os museus, as bibliotecas e as academias de todas as espécies, e combater o moralismo, o feminismo e todas as torpezas oportunistas e utilitárias. Cantaremos as grandes multidões excitadas pelo trabalho, pelo prazer e pelos motins [...] Cantaremos a incandescência noturna e vibrante de arsenais e estaleiros [...] as vorazes estações devorando suas fumegantes serpentes [...] as locomotivas de peitorais robustos [...] e o vôo suave dos aviões, suas hélices açoitadas pelo vento como bandeiras e parecendo bater palmas de aprovação, qual multidão entusiástica.

As imagens futuristas fornecem um retrato lapidar do deslumbramento por vezes totalmente insensato com a vida moderna. Os turbilhões de progresso ocasionando a atmosfera de desintegração que o *Manifesto comunista* descreveu com o imortal "tudo o que é sólido se desmancha no ar", e que Schumpeter definiu como "destruição criadora" — têm se repetido monotonamente em cada um dos avanços do capitalismo sobre novas fronteiras, tecnológicas, geográficas ou institucionais. Fica implícita a idéia de que, com freqüência, é preciso destruir para construir, ou que a construção se faz destruindo, qualquer que seja a ordem mais apropriada, ou seja, que o progresso não é indolor, que exclui necessariamente, pois não atinge a toda a humanidade da mesma forma e, ademais, fere a outros, cuja existência depende de maneiras antigas de se fazerem as coisas. Por outro lado, o progresso pode estar a um passo da insensatez, como demonstra a esdrúxula celebração da guerra por parte dos futuristas, ou o ataque politicamente incorreto ao feminismo. A Primeira Guerra Mundial seria uma carnificina de proporções tão inusitadas que, inclusive, faria o desastre do *Titanic* parecer um mero tropeço diante das possibilidades de destruição oferecidas pelo acervo tecnológico então à disposição das lideranças políticas. Muitas outras guerras ainda teriam de ocorrer desde então, e enormes seriam os progressos no campo da tecnologia de destruição. O medo de uma conflagração nuclear capaz de destruir o planeta, ou de tecnologias de destruição em massa "caírem em mãos erradas" tem alimentado incontáveis narrativas de ficção, mas encontra fundamentos bastante objetivos em tragédias como as de Bophal na Índia, Chernobyl na Rússia, ou no ataque terrorista ao metrô de Tóquio com gás sarin por parte do grupo Aum Shinrikyo (Verdade Suprema).

A condenação moral do progresso, e do capitalismo em particular, é responsável, em boa medida, pelo pessimismo que parece sempre acompanhar os surtos de mudança. Não é acidental, como veremos a seguir, que os caminhos básicos para a catástrofe estejam sempre associados aos maiores eixos de progresso e transformação do sistema. No que se segue, identificamos três eixos para o dinamismo capitalista, dos quais se desenvolvem as três famílias básicas de catástrofes econômicas: a rápida e revolucionária inovação tecnológica, a abertura e o conseqüente contato com outras civilizações e as emanações da moeda fiduciária, incluindo aí as suas crises. Tecnologia, comércio e dinheiro. São as forças que transformam o capitalismo e impulsionam o progresso, mas são também as mesmas que destroem e desempregam, que solapam os fundamentos econômicos e morais da nossa civilização e nos levam à danação.

## 2. O ITINERÁRIO DA CATÁSTROFE

O futuro do capitalismo sempre foi incerto. E tanto mais incerto, ou controverso, quanto maior fosse o seu dinamismo, mais envolvente e transformadora parecesse a sua evolução e mais extensas as áreas que estivessem caindo sob seu domínio. Desde o seu nascedouro, o capitalismo segue alternando extremos: opulência sem limites, por toda a eternidade, ou o desastre absoluto, a crise final terminando com todas as esperanças. A instabilidade do capitalismo, segundo tantos cronistas, parece ser uma das suas características mais próprias, mas também um de seus maiores enigmas. As pulsações da economia capitalista têm sido investigadas por uma verdadeira legião de estudiosos que buscam desvendar sua "lógica interna", suas "leis de movimento", seja em suas "contradições internas", seja em forças determinísticas na forma de ciclos de negócios, ou em fatores subjetivos como os "espíritos animais" (Keynes) ou "respostas criativas" (Schumpeter) de capitalistas investidores. Desde o início, todavia, a instabilidade do capitalismo é apresentada como tragédia. O pessimismo parece intrínseco ao economista, como é fácil observar no próprio nascimento da disciplina: os primeiros estudiosos a serem assim designados, os chamados "clássicos", os inventores da disciplina que foi chamada de "Economia Política", notabilizaram-se, também e principalmente, por vaticínios sombrios. Muitos anos haveriam de se passar para que suas profecias fossem desmentidas pelos fatos, mas o dano já estava feito. A recém-nascida disciplina já ganhara a pouco lisonjeira alcunha de *Dismal Science*, e o prestígio dos "clássicos" era o pior possível[8]. Aos olhos dos contemporâneos, esses senhores propunham uma nova disciplina cujo objeto era o futuro, mas quase invariavelmente descrito como uma catástrofe: um "estado

---

[8] Como relata Jacob Viner (1963, pp. 8-9).

estacionário" em que as pessoas viveriam nos níveis de subsistência, enquanto uma classe privilegiada de latifundiários desfrutaria de rendas especiais oriundas da melhor qualidade de suas terras (David Ricardo); ou o desastre final oriundo do crescimento populacional (Thomas Malthus) ou das contradições internas do capitalismo (Karl Marx). E quando revelavam algum otimismo quanto ao futuro, isso pareceria imoral, estaria no comportamento utilitário e egoísta dos homens o caminho para o bom funcionamento dos mercados e para a riqueza das nações (Adam Smith). A julgar pelos fundadores da disciplina, não é difícil compreender por que a Economia jamais foi um sucesso de público. Não havia exagero na afirmativa famosa de Walter Bagehot, jornalista e editor do *The Economist* de 1860 a 1877, figura célebre na *City*, autor do festejado e tantas vezes relido *Lombard Street*, sobre a profissão: "nenhum inglês de verdade, no fundo do seu coração, jamais se sentiria triste pela morte de um economista"[9].

Uma outra vertente de percepções sobre a instabilidade do capitalismo tinha como base a existência de ciclos de negócios, ou a pressuposição de que a inconstância da economia fosse determinística, quase mecânica, sujeita a regras fáceis de observar. Esses ciclos econômicos teriam sido descritos pela primeira vez por Clement Juglar, o médico que se notabilizou por identificar, em sua obra clássica de 1861 (*Des Crises Commerciales et de leur Retour Périodique en France, en Angleterre et aux États-Unis*), ciclos recorrentes de prosperidade e crise, repetindo-se com precisão trigonométrica e exibindo duração média de cerca de dez anos. Posteriormente, outros tipos de ciclos seriam descobertos: ciclos "curtos", de três anos em média, dominados pela dinâmica dos estoques industriais e identificados em 1923 pelo estatístico inglês Joseph Kitchin, e ciclos mais longos, de 15 a 20 anos de duração, governados pelos investimentos residenciais e estudados mais tarde pelo professor Simon Kuznets, da Universidade de Harvard, Prêmio Nobel de 1971. Além desses, teríamos também as "ondas longas", identificadas em 1926 pelo economista russo Nikolai Kondradieff (*Die langen Wellen der Konjunktur*, publicada no *Archiv für Sozialwissenschaft und Sozialpolitik*) e determinadas por tendências seculares nos padrões de inovações tecnológicas. A superposição de todos esses ciclos, por mais determinísticos e lineares que fossem, não poderia deixar de produzir relações cuja morfologia teria características caóticas. Não é por outro motivo que a previsão econômica a partir desses modelos, que hoje em dia conta com as melhores e mais bem-elaboradas tecnologias estatísticas e de séries de tempo, adquiriu ares (e a precisão) de previsão meteorológica. E não por coincidência ou força de expressão, a Meteorologia é o terreno em que a imprevisibilidade inerente a sistemas complexos é mais característica.

---

[9] *Ibid.*, p. 13.

Na interpretação das causas da instabilidade do capitalismo, Keynes adotaria uma perspectiva mais ampla ao identificar fatores que impulsionam (ou contraem) a economia, e outros que multiplicam esses impulsos, aceitando implicitamente a noção de um sistema inerentemente instável, sujeito a choques de padrão incerto e subjetivo, sendo que o processo de determinação do investimento, o motor de toda a engrenagem, estaria envolto em uma incerteza não probabilística, profunda e indecifrável, como gostam de enfatizar alguns dos discípulos do mestre. Para Keynes, tal como para Schumpeter, a história do capitalismo se confunde com a narrativa de suas crises, seu progresso parece se construir a partir da sua descontinuidade, e da regeneração constante de seus órgãos e tecidos necrosados. Nisso não diferem de Marx, a propósito do qual Marshall Berman (1982, p. 94), em sua análise do que chamou da "aventura da modernidade", observaria que "o único espectro que realmente amedronta a moderna classe dominante [...] é aquilo por que as elites tradicionais [...] suspiravam: uma estabilidade sólida e prolongada. Nesse mundo — ele continua — estabilidade significa tão-somente entropia, morte lenta, uma vez que o sentido de progresso e crescimento é o único meio de que dispomos para saber, com certeza, que estamos vivos. Dizer que nossa sociedade está caindo aos pedaços é apenas dizer que ela está viva e em forma".

O advento da Grande Depressão deu extraordinário alento ao catastrofismo, aos que tinham explicações (mesmo que nem sempre lógicas) para o desastre. Os profetas do caos apareceram de todos os lados. Os marxistas viram-se tomados de grande excitação. A extensão do fenômeno não tinha precedente: os pânicos do século XIX pareciam contratempos de ordem menor diante de uma crise de proporções globais, agigantando-se em cadeia, feito nunca antes. Todavia, o advento de Keynes, ou de políticas expansionistas inventadas por políticos voluntaristas de diversas orientações ideológicas, aí incluídos os brasileiros que já haviam inventado a defesa do café em 1906, mais tarde racionalizadas por John Maynard Keynes, não só destruiriam o desalento sobre o futuro do capitalismo como pareciam fornecer uma fórmula infalível para se evitarem as flutuações econômicas. A chamada "Revolução Keynesiana" faria os estudiosos anteriores dos ciclos econômicos e da instabilidade do capitalismo parecerem antiquados como uns Romanovs, como observaria Robert Lucas (1982, p. 2), o controverso economista da Universidade de Chicago, Prêmio Nobel de 1995 graças a diversas contribuições, dentre as quais a idéia de que, no fundo, os ciclos econômicos continuam os mesmos.

É certo que o triunfalismo keynesiano não assentava bem com a tradição marxista, assim como com as outras correntes de pensamento comprometidas com a inexorabilidade da catástrofe. Era difícil deixar de aceitar que os governos sabiam como preservar a prosperidade mas, como ensinaria Michael Kalecki (1943, p. 54), o célebre economista polonês, apontado como uma espécie de Keynes de esquerda, "é falsa a suposição de que um governo manterá o pleno emprego numa economia capitalista se ele sabe como fazê-lo". É o marxismo em seu esplendor: como o sistema é "contraditório" e depravado por sua própria natureza, nem tudo será o que aparenta ser. Por trás de seu sucesso potencial, nunca inteiramente alcançado, haverá sempre um conluio: o governo esconderá as soluções e as tecnologias revolucionárias que podem produzir a felicidade do povo em função de objetivos escusos, como se alega que é feito com as evidências de vida extraterrestre. A tese kaleckiana é um primor em matéria de teoria conspiratória. Aqui mesmo no Brasil, em 1979, Antônio Barros de Castro, em um livro de título revelador (*O capitalismo ainda é aquele*) observaria que "as crises teriam um efeito saneador (vale dizer, corretivo) na evolução do capitalismo. A elas caberia, por exemplo, ampliar periodicamente o desemprego, de maneira a conter os salários e preservar a disciplina social indispensável ao bom funcionamento do sistema" (p. 66). A lógica do sistema é perversa e corrompida de nascença, de modo que mesmo na presença dos instrumentos de correção, a tragédia do capitalismo seria inexorável, pois as soluções keynesianas acabariam sem ser utilizadas. Ademais, se utilizadas ao pé da letra, levariam à proliferação de um tipo particular de gasto público improdutivo e crônico, o armamentismo, que poderia se tornar a grande válvula reguladora do sistema, garantindo-lhe o pleno emprego, mas ao custo de cultivar a animosidade entre as nações e eventualmente levar-nos ao desastre pela via de uma conflagração generalizada. Não existe saída.

É fértil, portanto, o terreno para a condenação moral que sempre rondou o desenvolvimento capitalista. O Progresso, a despeito de suas vantagens, sempre trará conseqüências adversas, pois prejudicará interesses estabelecidos, inocentes ou não. Não importa o quão brilhantes e limpas sejam as inovações de nossa época, sempre será possível acusá-las de excludentes, como a ONU fez recentemente, em seu Relatório sobre o Desenvolvimento Humano, com a Internet, pois não estarão disponíveis a todas as comunidades simultaneamente. E assim, repetem-se as mesmas dúvidas: como o sistema lida com as suas vítimas, seus excluídos? Como recompor os "paraísos perdidos", reais ou imaginários, que condenou à extinção? Como louvar um sistema regido pelo utilitarismo, pelo egoísmo e pelo materialismo? Nas três seções que se seguem, estes temas básicos encontrarão seus desdobramentos em três eixos principais, em torno dos quais é denunciada e construída a tragédia do desenvolvimento capitalista: a tecnologia, o comércio e o dinheiro. O quadro abaixo fornece um esquema do que se pretende.

A tragédia do desenvolvimento capitalista

| Inovação | Catástrofe | Doutrina |
|---|---|---|
| 1. Tecnologia | desemprego tecnológico<br>subconsumismo<br>crises de realização | ludismo<br>keynesianismo vulgar<br>imperialismo |
| 2. Comércio | devastação<br>desindustrialização<br>dependência, troca desigual | protecionismo<br>nacionalismo<br>mercantilismo |
| 3. Moeda fiduciária | hiperinflação<br>pânico financeiro | saint-simonismo<br>repressão financeira<br>finanças industrializantes |

Estes três eixos seriam os principais focos de transformação, as fontes primárias do dinamismo do capitalismo, os focos do desenvolvimento. Para cada um desses eixos de progresso há um conjunto de catástrofes que deles decorre, assim compondo a face obscura do progresso, dele indissociável, e um conjunto de doutrinas salvacionistas para mitigar, ou mesmo redimir, a tragédia. A tecnologia corporifica a profana tentativa do homem de subjugar a natureza usando os poderes da ciência, um poder que é maligno por definição, pois pretende substituir homens por máquinas, desvalorizando o trabalho humano, extinguindo empregos e assim produzindo o fenômeno conhecido como desemprego tecnológico. Além disso, argumenta-se também que a extinção do trabalho elimina aqueles que comprariam esta produção amplificada pelo feitiço da tecnologia. É o "subconsumo", a imagem no espelho da "superprodução", mal crônico do capitalismo. O sistema seria "excessivamente produtivo", criando sempre capacidade produtiva bem além das necessidades humanas, parecendo necessitar do consumo supérfluo ou da frivolidade, ou de uma salvação "externa", por meio dos gastos do governo, comitê executivo da burguesia, ou do superávit no comércio, o imperialismo, ou a Guerra, como processo destinado a colocar o "excedente social".

O comércio, por seu turno, é primordialmente a forma pela qual regiões dinâmicas entram em contato com as que repousam à margem do progresso. O comércio, interno ou externo, é fonte de tensão, possivelmente devastação, para as áreas que se expõem ao progresso e perdem sua identidade original, primitiva mas pura. O comércio encontra sua maior motivação na desigualdade, portanto é assimétrico por construção, sempre desigual, criando especialização, que sempre pode ser vista como dependência, ou como perda da auto-suficiência, da identidade, em nome de tornar-se parte de um ente maior, em troca de uma prosperidade que é ilusória, como a de uma droga que produz um prazer temporário e falso, mas cujo efeito permanente é o de acentuar diferenças, empobrecer os pobres, enriquecer os ricos. A única alternativa é o isolamento, o protecionismo, refugiar-se em seu mundo ideal e natural. O comércio entre desiguais implica a constituição de relações injustas destinada a salvar o Centro mediante a exaustão predatória da Periferia. O comércio é a face benfazeja do Imperialismo. Quando interno, devasta e despossui; quando externo, e mediado por uma relação entre nações, seus efeitos dependem das posturas nacionais. As nações podem defender-se, proteger-se, contra-atacar a fim de se preservarem, ou destruírem o adversário. O comércio é guerra, é beligerância, competição agressiva entre nações, é mercantilismo, é a obtenção de vantagens em detrimento dos parceiros.

Quanto ao dinheiro e suas metamorfoses, o problema é com uma inovação institucional que mudou a face do planeta: a moeda fiduciária. Na medida em que o dinheiro deixa de ser uma dádiva da natureza, mas uma mercadoria feita pelo homem, e sujeita a todas as impurezas daí decorrentes, torna-se uma força diabólica e incontrolável. O homem necessariamente abusará desses poderes, e com isso fará o dinheiro se afastar de qualquer noção moralmente defensável de valor. O dinheiro se tornará um capital fictício e maligno, que passará a alimentar os circuitos de valorização artificial, e provocará uma sensação enganosa de prosperidade, que não poderá deixar de ser também fictícia e artificial, portanto, sujeita a ocasionais acertos de contas em crises financeiras que trazem para a realidade as especulações próprias do mundo de falsidade erigida à sombra do dinheiro que perdeu suas raízes na Natureza.

## 3. Inovação tecnológica e seus inimigos: o ludismo

Poucos temas têm sido tão discutidos, desde os inícios do capitalismo, quanto a relação entre o homem e a máquina, e as implicações econômicas e sociais de um progresso tecnológico cada vez mais intenso. O casamento entre a Ciência e a produção nunca deixou de exibir energia, e não parece demonstrar qualquer cansaço. "Nenhum período da História" — observaria Hobsbawm (1994, p. 504) — "foi mais penetrado pelas ciências naturais nem mais dependente delas que o século XX. Contudo," — ele acrescenta — "nenhum período desde a retratação de Galileu, se sentiu menos à vontade com elas." Não é difícil imaginar que este sentimento estivesse especialmente aguçado nos primeiros momentos da Revolução Industrial, quando suas implicações ainda não pareciam claras. Quando David Ricardo, escrevendo em 1817, no seu célebre capítulo sobre "máquinas" (o trigésimo primeiro dos seus famosos *Principles*), dizia-se "convencido de que a substituição de mão-de-obra por máquinas é geralmente muito prejudicial aos interesses da classe trabalhadora", a Inglaterra se apavorava, e não sabia como lidar com os ataques do "General Ludd". Tal como Robin Hood, um herói mítico dos séculos XII e XIV cuja existência jamais foi provada conclusivamente, Ned Ludd também nunca existiu. Robin Hood, todavia, sobreviveu como representação *folk* da luta contra a derrubada das florestas, o avanço da pecuária e os cercamentos (*enclosures*). Em 1812, quando os seguidores do "General Ludd" desandaram a depredar máquinas e fábricas, a região central da Inglaterra já havia perdido 95% das florestas que tinha em 1700 e os "cercamentos" terminaram com relações sociais milenares: "foi pior que dez guerras", relata um contemporâneo[10]. Robin Hood perdera Sherwood, que, depois de tornar-se pastagem, era invadida pelas máquinas. Introduzidas por volta de 1790, as máquinas já somavam 2.191 dez anos depois, saltando para mais de cem mil na década de 1820. Conforme um contemporâneo, um único homem era capaz de realizar o trabalho que duas ou três centenas haviam feito no início da Revolução Industrial: "o mais espantoso exemplo do domínio obtido pela ciência humana sobre os poderes da natureza e do qual os tempos modernos podem se vangloriar"[11].

Os saques e depredações empreendidos pelos luditas sacudiram a Inglaterra nos primeiros anos da década de 1810, mas pouco restou sobre eles nos registros da Revolução industrial na historiografia econômica[12]. Era um movimento orgânico, desorganizado, espontâneo, alcançando bem além de reivindicações de natureza trabalhista, e de grande apelo popular. Os ataques freqüentemente vinham acompanhados de manifestos que esconjuravam "toda maquinária prejudicial à Comunidade" e propondo-se a "corrigir as injustiças decorrentes das operações mecânicas", e assinados por um certo "Ned Ludd e seu exército de reformadores". A simpatia popular era evidente, ao menos no começo, e mesmo depois de estabelecida a pena de morte para os envolvidos, era difícil obter testemunhos incriminadores ou informações sobre os envolvidos. Lord Byron dedicou-lhes um poema (*Song for the Luddites*) no qual se dizia, inclusive, "abaixo todos os soberanos, exceto o Rei Ludd"[13]. Todavia, Ludd era subversivo demais para merecer o tratamento de herói *folk* dedicado a Robin Hood. E, mais importante, sua causa era excessivamente sensível a condições econômicas especialmente desfavoráveis — o bloqueio continental, especificamente —, mas que vinham se modificando com extrema velocidade. O crescimento foi retomado na

---

[10] *Cf.* Arthur Young, em 1804, citado por Sale (1995, p. 43).

[11] *Ibid.*, p. 39.

[12] Uma exceção é Mantoux (1928), mas mesmo assim a alusão é para diminuir a importância do movimento no quadro geral das transformações pelas quais passava a Inglaterra de então. Landes, por exemplo, nada traz sobre o movimento.

[13] Mantoux (1928, p. 406).

segunda metade da década de 1810, e foram sendo criados novos postos de trabalho em outras indústrias e localidades, inclusive para construir as máquinas devoradoras de empregos. A melhoria nas condições de emprego e salários fez murchar o ludismo, bem como os temores quanto ao que mais tarde veio ser chamado de desemprego tecnológico. Através do tempo, os economistas refinaram o argumento de que sempre será necessário que alguém construa as máquinas, que fazem as máquinas usadas para fazer outras máquinas e assim sucessivamente. As máquinas destroem empregos, mas criam alguns novos para produzi-las. Mas a resiliência da noção de desemprego tecnológico, mesmo nos dias de hoje, se deve a um motivo muito simples: mesmo que os empregos, vistos do ponto de vista do país como um todo, não se reduzam, necessariamente *mudam de endereço*. E podem mudar de natureza ou de região, de tal sorte que o desemprego pareça uma opção definitiva e incontornável para quem o experimenta. As teses recentes sobre a "extinção do trabalho", que examinaremos na próxima seção, são exemplares dessa mesma espécie.

Os perigos advindos da inovação tecnológica e o misto de pavor e deslumbramento que acompanha as descobertas da Ciência é um tema muito antigo. Uma referência recorrente a esse assunto é o Mito de Prometeu, cuja versão original e mais completa se deve a Hesíodo[14]: Prometeu ascendeu aos céus para roubar o fogo sagrado de Zeus e salvar os homens, e o enganou ao conservar para si as melhores partes de uma rês sacrificada. O fogo roubado tem sido interpretado como a representação de várias capacidades humanas cruciais, a Ciência, a linguagem, a própria consciência. Prometeu se torna, ao longo do tempo, uma espécie de herói da Ciência e da tecnologia, o homem capaz de ludibriar os deuses e a Natureza. Mas as conseqüências desse desafio não podiam ser ignoradas: o herói sofreu um castigo nada trivial, condenado que foi, pela Eternidade, a permanecer amarrado a uma colina na qual, durante o dia, tinha seu fígado devorado por uma águia e, à noite, o fígado se regenerava a fim de proporcionar-lhe um novo castigo no dia seguinte. E além do sofrimento imposto a Prometeu, Zeus resolveu também punir a humanidade enviando Pandora, a primeira mulher, para tentar Epimeteu, irmão de Prometeu, com a famosa Caixa que não poderia ser aberta. A curiosidade de Pandora sobre a Caixa se equiparava à de Epimeteu pela sua nova companheira. Nenhum dos dois resistiu (à tentação da sexualidade e do anseio por dominar a Natureza) e da Caixa foram liberados o sofrimento, a dúvida e todo o Mal. Assim, "os terríveis efeitos das [...] dádivas [de Zeus] neutralizavam os benefícios decorrentes do desafio de Prometeu aos

[14] Shattuck (1998, pp. 28-9).

deuses"[15]. A interpretação para a segunda parte da história tem óbvias analogias com o mito cristão de Adão e Eva: a lição de Zeus era demonstrar o lado obscuro da curiosidade e da descoberta, os perigos da Ciência e do conhecimento, os riscos em se violentar a natureza e a ordem estabelecida.

É uma interessante coincidência que o poeta romântico Percy Shelley, que chegou a promover coletas de donativos para os líderes luditas, tenha publicado em 1820 uma versão relativamente otimista para o mito de Prometeu. No seu *Prometeu libertado*, publicado em 1820, Demogôrgono, filho de Zeus, a personificação da força da Necessidade e do Destino, derruba Zeus de seu trono e reúne Prometeu e sua mulher, Asia, ideal de Amor e Natureza. De mesmo tema, todavia bem mais interessante, e menos otimista, seria a novela escrita por sua segunda mulher, Mary, e publicada em 1818: *Frankenstein*, que tinha como subtítulo *O Prometeu moderno*, e era como a antítese do livro de seu marido. Frankenstein era um produto da tecnologia grotesco e imoral como muitas das coisas que o casal Shelley testemunhou na Inglaterra de seu tempo, e como muitas das experiências genéticas de nossos dias, portadoras de alguns difíceis dilemas éticos. O desconforto do homem com a tecnologia nas primeiras décadas do século XIX encontrava aí uma de suas mais elaboradas expressões.

*Subconsumismo*

Os economistas, por seu turno, forneceriam alimento para esses sentimentos na forma de uma doutrina, que permearia o trabalho de muitos economistas ilustres e que veio se tornar um dos mais contumazes fantasmas do progresso tecnológico: o subconsumismo. A tese foi enunciada em sua forma mais completa e original pelo reverendo Thomas Malthus, o mesmo das idéias apocalípticas sobre população, nos seus *Principles of Political Economy*, de 1820. O subconsumismo pode ser entendido como uma denominação geral para teses, as mais variadas, postulando desajustes crônicos, recorrentes ou tendenciais entre a capacidade produtiva e a demanda, ou seja, entre o potencial de produção de mercadorias e o que efetivamente se produz (se vende), tendo em vista as condições de demanda. Nesse sentido, é menos importante, na delimitação da doutrina e de seus autores, se a capacidade produtiva se expandiu em excesso mercê do progresso tecnológico, ou se a demanda efetiva foi constrangida pela deterioração da distribuição de renda ou por políticas públicas, que a idéia que esses desajustes *necessariamente* haverão de ocorrer. Tem-se aí uma variada coleção de autores com teses semelhantes em torno da noção básica de que "o capitalismo traz em si os

---

15 *Ibid.*, p. 29.

germes de sua própria destruição", diferindo no tocante ao tamanho desses germes ou quanto à proximidade da catástrofe final[16].

O reverendo Malthus inaugurou uma linhagem ilustre, que incluiu nomes dentre os clássicos, como Simonde de Sismondi e Lord Lauderdale, mas também Marx e inúmeros de seus seguidores como Rosa Luxemburgo, Paul Sweezy, Michael Kalecki, Joseph Steindl e John Hobson, este não propriamente um marxista como os outros. É curioso que o próprio Keynes se inclua neste rol ao exaltar o reverendo Malthus como seu precursor[17], a despeito de o subconsumismo mostrar-se uma doutrina predominantemente de autores de orientação marxista ou alternativa. Keynes, na verdade, prestaria um enorme desserviço ao subconsumismo por mostrar que efetivamente *pode* haver desequilíbrio entre capacidade produtiva e demanda (ou seja, que o capitalismo não necessariamente produz o pleno emprego), mas que este desequilíbrio não só não é determinístico e inevitável, como também pode ser evitado com políticas públicas de certo tipo. A despeito de teorias conspiratórias à la Kalecki, como acima mencionado, o subconsumismo nunca mais seria o mesmo depois da revolução keynesiana, descendo irremediavelmente ao submundo das doutrinas econômicas exóticas e alternativas, lembradas apenas em momentos de desengano ou grande perplexidade, espécie de doença infantil de keynesianos de mau humor.

Todavia, o subconsumismo reaparece periodicamente, nos momentos de crise ou quando o sistema passa por mudanças, não parecendo ter problemas de colocação junto ao público, dado que a problemática que estuda é recorrente, a saber, as tensões provocadas pelo rápido progresso tecnológico. Willian Greider e Jeremy Rifkin são dois campeões contemporâneos dessa modalidade. A análise das idéias desses senhores por parte de economistas de formação convencional é feita sem economia de impropérios por Paul Krugman (1997). A idéia geral (da crítica) é simples:

> Suponha que você abordasse um economista em 1840, quando a maior parte dos americanos eram fazendeiros, e a indústria têxtil dominava quase que inteiramente o setor de manufaturas, e o informasse que 150 anos mais tarde um contingente em torno de 2% da

[16] Esta *definição* de subconsumismo é um pouco mais abrangente que a tradicional, muito técnica, oferecida por Bleaney (1976), um estudioso do tema.

[17] Conforme Schumpeter (1959, vol. 2, p. 132), a apreciação que Keynes tinha por Malthus era "moralmente admirável, pois são poucos os que exaltam os seus precursores, e Keynes acreditava ter sido Malthus seu precursor".

força de trabalho produziria toda a comida e outro correspondente a menos de 1%, todo o vestuário. Daí, suponha que você tenha pedido que ele lhe explicasse o que o resto da força de trabalho estaria fazendo para viver. Ele dificilmente poderia lhe dar uma resposta muito boa, mas poderia perfeitamente argumentar, baseado em princípios gerais da teoria, que a economia haveria de achar algo interessante para eles se ocuparem (p. 92).

Mas Greider e Rifkin, e mais caracteristicamente Vivienne Forrester, não estão desferindo ataques à globalização de dentro do *establishment* acadêmico, nem parecem preocupados com a acusação de sustentar idéias que a teoria econômica toma como erradas há mais de um século e meio. O que temos aí são relatos arrebatadores e líricos, uma torrente de emoções, cujo tema principal, uma vez mais, é a derrota do homem pela máquina e pelas engrenagens avassaladoras da globalização. É uma paisagem inóspita, tão agressiva e tão claramente o prenúncio de um desatino, como as primeiras 250 páginas de *Os sertões*, uma gigantesca descrição cujo peso narrativo só faz sentido quando se a toma como prefácio para a sandice do Conselheiro, um tresloucado salvador da humanidade que será contrário ao sistema métrico decimal, à vacinação obrigatória e à República. Não há dúvida de que há público para essas narrativas, que não encontram lugar dentro dos circuitos acadêmicos sérios, mas são conspícuas nos debates universitários e especialmente nas conferências alternativas, emergindo em toda parte. A mensagem é antiga e testada: a segunda parte do Mito de Prometeu, o castigo e a insensatez, o mau uso ou exagero na manipulação dos poderes da Ciência. Tal como em outras ocasiões no passado, nosso mundo exibe mal-estar com as novas tecnologias e a subjacente ameaça de destruição da Natureza, e multiplica exponencialmente as formas de expressão desse desconforto. Já são freqüentes as alusões a uma espécie de "neoludismo" que se enxerga como próprio de uma infinidade de ONGs dedicadas a causas salvacionistas e alternativas, micro e macro, encontráveis na Internet já na casa das centenas de milhares. São poucos, felizmente, embora não desprezíveis, os casos de violência em ataques contra "maquinaria prejudicial à Comunidade", como a invasão dos escritórios da Cargill, em Bangalore na Índia, em 1992, seguida de um incêndio de uma fábrica de sementes e uma manifestação que reúne mais de meio milhão de pessoas contra novas tecnologias de produção e engenharia de grãos[18]. Mas é difícil não incluir, no quadro geral desse desconforto com os avanços

---

[18] Sale (1995, p. 216).

tecnológicos de nossa época os atos espetaculares e *performances* de grupos como o Greenpeace, as novas e assustadoras formas de terrorismo, os *hackers*, os movimentos e seitas fundamentalistas e fanáticos em toda parte.

### 4. O COMÉRCIO E SEUS FANTASMAS

O contato com outras civilizações foi sempre uma influência perturbadora, para o bem ou para o mal, pois é transformadora, e o comércio é uma das formas mais importantes de países ou regiões colocarem-se em contato. Dizem as teorias mais convencionais sobre o comércio que a intensidade do intercurso é proporcional às diferenças entre os parceiros, e servirá para acentuá-las ainda mais por meio da especialização. O comércio pode ser destrutivo e transformador, como o progresso tecnológico, cabendo-lhe, com as devidas honras, todas as objeções e paranóias resenhadas na seção anterior, porém com o agravante de o inimigo ser um estrangeiro, ou seja, o responsável pela "inovação" não é um membro da comunidade, o que facilita o trabalho de criminalizá-lo, discriminá-lo como supérfluo e demandar sua eliminação.

É típico, como notamos na seção anterior, a especialização motivada pelo comércio fazer com que os empregos *mudem de endereço*, o que faz os recursos serem melhor aplicados e o país como um todo se ver em melhor situação. A lógica das vantagens comparativas vem sendo refinada desde Ricardo. São incontáveis as demonstrações matemáticas de superioridade do comércio sobre a autarquia. É em parte daí que se explica que o livre-cambismo seja hoje amplamente dominante nos círculos acadêmicos do Norte. De outro lado, a pregação pró-comércio ficou facilitada em face das conseqüências do nacionalismo exacerbado, que boa parte do mundo desenvolvido experimentou sob a forma de batalhas comerciais e, em seguida, em guerras. Na prática, todavia, a derrota do protecionismo foi especialmente acentuada nas últimas décadas do século XX, podendo ser associada, em primeira instância, ao extraordinário crescimento do comércio internacional no pós-guerra e, em segundo lugar, ao fato de os tipos de comércio que mais cresceram — o comércio intra-industrial e intrafirma —, como vimos no capítulo anterior, terem produzido tensões muito menores do que as do comércio caracteristicamente ricardiano conducente à especialização e a ajustes nem sempre fáceis na composição de produção de diferentes países.

Papel fundamental na pregação protecionista contemporânea cabe a autores como Rifkin, Greider, Forrester e tantos outros, especialmente quando estão a construir o nexo entre a globalização e a exclusão no terreno da reportagem ou da emoção. Em boa medida, as teses sobre a "extinção dos empregos" e o "horror econômico", no que toca ao comércio, são construídas a partir da idéia de que os produtos importados de países com salários muito menores do que, digamos, os franceses estariam devastando a indústria e os empregos. O argumento penetra perigosamente no terreno subconsumista quando pressupõe que as economias emergentes adicionam mais capacidade produtiva ao planeta do que demanda, ou seja, que vendem mais do que são capazes de comprar, agravando a tendência crônica do capitalismo na direção da superprodução. As economias emergentes, na verdade, mercê de suas dívidas, e também da imposição dos organismos internacionais, estariam forçadas a produzir vastos superávits comerciais e, portanto, a penetrar agressiva e predatoriamente nos mercados do Norte. Krugman (1997, pp. 89-91) demonstra de forma simples, e com o auxílio da teoria, os equívocos conceituais e também procura lembrar que, em geral, as economias emergentes têm déficits com as economias desenvolvidas, e que a maior parte dos aumentos de produtividade naquelas economias se transformam em maiores salários. Mas a argumentação do *establishment*, que Krugman conduz de forma agressiva e competente, não importa para essa gente, cujo interesse é a denúncia, ou a propagação de uma zanga profunda e subjetiva, um pavor legítimo e contagiante com o rumo das coisas. Não são sentimentos facilmente vencidos com as certezas da teoria econômica, as quais, como sabemos, não são especialmente reconfortantes. Diante do "horror econômico", de que valem os teoremas sobre comércio e bem-estar? Ademais, não é difícil adotar a hipótese de que os salários são baixos nas economias emergentes por razões não muito louváveis: a legislação trabalhista é mais "primitiva", os sindicatos pouco relevantes, o governo conivente, para não falar de trabalho infantil, danos não contabilizados ao meio ambiente, e o "*dumping* social". Diante desses argumentos, o velho protecionismo assume, no Norte, uma feição politicamente correta e a atenção se desvia de alguns temas delicados, como subsídios a atividades e indústrias pouco competitivas, como a agricultura e a siderurgia, e a rigidez da legislação trabalhista. No Sul, é curioso que o argumento se reproduza de uma forma semelhante: "há cada vez mais mercados para menos consumidores" — diz Frei Betto[19] — "[...] o jeito é reduzir o preço das mercadorias, tornando-as mais competitivas como fazem os chineses. Atrás do preço baixo de um produto," — ele continua — "estão embutidos salários irrisórios, horas extras não pagas, direitos trabalhistas lesados. Os Estados Unidos aprenderam a lição e instalam suas fábricas no México e na América Central".

Desde as primeiras interpretações sobre os efeitos do comércio exterior, devidas aos economistas clássicos, sabe-se que o comércio *homogeneiza* os preços das mercadorias e dos fatores de produção. Um diferencial de salários superior aos diferenciais de produtividade produzirá uma vantagem, digamos, da China

[19] "Fora do neoliberalismo há salvação?", *Folha de S. Paulo*, 2.11.1997.

ou do Brasil contra a França. E o comércio terá como resultado o aumento do salário e do emprego (ou a instalação de fábricas) na China (ou no Brasil) e o efeito contrário na França. É difícil argumentar que esse processo seja injusto ou excludente, pelo contrário: as duas regiões ficam mais parecidas no que toca a salários e emprego. É claro que no país rico, a França no exemplo, o movimento sindical não terá incentivos para enxergar benefícios no processo de globalização, pois verá a si próprio como vítima. Ademais, a força dos sindicatos, aliada à rigidez da legislação trabalhista, evitará maiores variações nos salários, mas ao custo de um desemprego muito maior que o necessário. Eis aí o "horror econômico", uma espécie de "sistema centro-periferia" de cabeça para baixo, onde é o Sul que devasta o Norte.

Curioso, todavia, é como essas teses desembarcam no Brasil que, dentro da cosmologia original, é um dos supostos beneficiados pelo processo. É fácil ver que não temos propriamente um megassuperávit, como nos acusam os franceses, e dois terços das nossas importações (excluindo petróleo) vêm da França e de outros países desenvolvidos. É difícil, portanto, enquadrar o Brasil no papel de vilão das mazelas francesas. Tal como lá, todavia, a "tese francesa" pode ser construída pelos protecionistas locais com o inestimável auxílio dos chineses, cujas exportações estariam devastando nossas indústrias, assim como as da França. Pouco importa que a participação dos chineses no nosso comércio seja muito pequena: a existência de déficit comercial seria a demonstração irretratável que a globalização, como a saúva, está acabando com o Brasil.

É interessante notar que o mesmo tipo de problemática pode ser vista no relacionamento entre regiões ricas e pobres dentro do Brasil. Em São Paulo, diante da força do movimento sindical, da maior obediência à letra de uma pesada legislação trabalhista e também das economias de aglomeração e da proteção tarifária, tínhamos uma situação em que a competição com os importados era irrelevante, e os lucros de monopólio (ou oligopólio) eram tais que o salário superava de três a quatro vezes o salário na região Nordeste. Diante da abertura, do desafio competitivo que ela provocou, desapareceram os lucros extraordinários e a necessidade de reduzir custos produziu enormes crescimentos na produtividade e levou diversos segmentos da indústria paulista que utilizam mais intensivamente o fator trabalho a fechar plantas em São Paulo e reabri-las no Nordeste. Enquanto os episódios vão se acumulando, observa-se um acentuado processo de descentralização industrial, que resulta em criar empregos e elevar salários na região Nordeste, mas também em outras regiões "fronteiriças" do Sul, em detrimento das regiões industriais mais antigas do estado de São Paulo. O país, indiscutivelmente, se torna mais homogêneo e mais eficiente. Os fluxos migratórios seculares na direção de São Paulo são enfraquecidos e mesmo revertidos, pois a desigualdade regional, que décadas de subsídios não foram capazes de minorar, está sendo solapada pela abertura. Como então reafirmar o nexo entre globalização e exclusão?

Por mais socialmente justo que o processo possa parecer, e que se possa dizer que empregos apenas *mudam de endereço*, o desemprego em São Paulo atinge números assustadores e o benefício para o país parece irrelevante para os que ficam desempregados. É nesse terreno que as "teses francesas" sobre a globalização e a exclusão encontram um público entusiasmado e sequioso pela denúncia. O problema talvez seja de terminologia: trata-se de inclusão, e não de exclusão.

Ademais, não se deve perder de vista que o Brasil nunca foi propriamente uma nação de livres-cambistas, como é possível verificar no capítulo 3, a partir do histórico de resistências ao processo de abertura. Durante muito tempo nos encantamos com teses discutíveis, porém solenes e sombrias, sobre um "sistema centro-periferia" de natureza perversa, que reservaria ao Brasil um "papel subordinado ou dependente" numa "divisão internacional do trabalho injusta", e no âmbito da qual nossos termos de troca experimentariam uma tendência declinante que nos estrangularia o balanço de pagamentos. Essas teorias seduziram gerações de economistas dotados de "postura crítica", o imperativo da industrialização como redenção[20] e resultaram na criação de instituições como a Cepal e a UNCTAD, hoje com sérias dificuldades de redefinirem suas missões. Essas teorias foram ficando para trás, numa decadência lenta e inexorável. Tentou-se uma reabilitação com a noção de "dependência tecnológica", mas o monumental fracasso da política de reserva de mercado na informática, de que falamos no capítulo 3, não deixou essas idéias criarem muitas asas. É curioso que nunca tenhamos produzido boas teorias ligando o nosso subdesenvolvimento à proverbial incompetência das nossas elites, conhecida e comentada em todos os botequins do país[21]. Por que será? Enquanto no Norte proliferam as teorias e narrativas sobre a conexão entre desenvolvimento e espírito (e competência) empresarial, ou seja, sobre a qualidade das suas elites, numa tradição que incorpora nomes como o próprio Joseph Schumpeter, além de Alexander Gershenkron e David Landes, para ficar apenas nos de Harvard, aqui parecemos envergonhados em nos enxergar como uma nação que foi sempre mercantilista em espírito e cujos empresários sempre tiveram como preocupação suprema a preservação de suas capitanias e privilégios e horror à competição e aos mercados. Nesse sentido, culpar a "ordem internacional" ou "os capitais voláteis" pela nossa incompetência

---

[20] Do qual vamos tratar em detalhe no capítulo 8.

[21] Uma notável exceção é o trabalho de Caldeira (1995 e 1999).

sempre terá público, pois sempre fará parecer que os nossos problemas são imposições externas, e não internas. É interessante observar que o processo de abertura não tenha provocado resistências maiores, nem doutrinas pessimistas dignas de nota. Uma vez iniciado o processo, o que tomou algum tempo como vimos no capítulo 3, as resistências populares não foram significativas e se concentraram em grupelhos de recalcados, tigres de papel, como alguns que se aglutinam em torno da Fiesp e do Iedi. Mais complexo, todavia, seria o efeito das crises financeiras internacionais, as quais têm seu significado melhor apreendido quando vistas em conexão com as metamorfoses do dinheiro, como veículo do Mal, na próxima seção.

### 5. O dinheiro como veículo do Mal

Ao longo do século XVIII são encontradas muitas descrições vívidas sobre um novo fenômeno, então experimentando inusitadas variações: o crédito. Em boa medida essas metamorfoses do crédito vinham compondo uma inovação que se mostraria das mais poderosas e revolucionárias da história da humanidade: a moeda fiduciária. Tratava-se de uma resposta criativa no sentido schumpeteriano a um problema sério: o dinheiro, desde a sua invenção, ou convenção, manteve um vínculo preciso com algumas dádivas da Natureza cuja característica mais proeminente era a escassez. Os metais preciosos assumiram essa função de forma natural, de tal sorte que no limiar da Revolução Industrial, quando as possibilidades econômicas da Humanidade iam conhecer extremos impensáveis, ainda tínhamos a oferta global de moeda atrelada aos progressos tecnológicos na mineração. Apenas por um acidente, o ritmo de crescimento econômico seria coincidente com o crescimento da "liquidez" proporcionada pela Natureza: uma vez mais, também neste domínio, o homem precisava libertar-se de limites naturais e pagar algum preço por isso.

O desenvolvimento da moeda fiduciária, e do sistema financeiro, teve lugar de forma episódica e irregular a partir de experimentos em vários países diferentes e com os resultados mais díspares. A inovação parecia ter o condão de libertar incríveis energias e suas conseqüências pareciam deslumbrantes a alguns de seus introdutores. Um desses, John Law, talvez tenha proporcionado o mais extraordinário exemplo dos poderes construtivos e destrutivos da nova invenção. Law publicou em 1705 um livro em que descrevia 24 exemplos de emissão de notas bancárias para o financiamento de atividades produtivas ou comerciais nos quais as emissões eram autoliquidáveis, e não inflacionárias. Com razão, Schumpeter o chamou de "precursor da moeda administrada"[22]. Ao longo do

---

[22] Kindleberger (1985, p. 45).

século XIX, incontáveis disputas iam ser travadas em torno da chamada *real bills doctrine*, ou a idéia de que a emissão de moeda como contrapartida a "legítimas" letras comerciais, ou transações autoliquidáveis, nada tinha de inflacionária. O tema era parte de discussões maiores sobre o sistema financeiro e como se construía essa gigantesca pirâmide de promessas de pagamento cada vez mais distante da conversibilidade em qualquer coisa, cada vez mais longe da Natureza. Os economistas entendem que este sistema de crédito é um elemento fundamental nas economias capitalistas modernas; porém, é composto de um conjunto delicado e complexo de fatores, cuja harmonia repousa sobre a confiança, e portanto a construção contém fortes elementos de instabilidade inerentes à sua constituição. Durante os três séculos em que o sistema financeiro vem evoluindo, pode-se dizer que assistimos a uma vasta sucessão de episódios de exuberância financeira, seguidos de pânicos nos quais lições foram aprendidas sobre como domesticar os enormes poderes libertados pela moeda fiduciária. O abuso do crédito, a inflação, a catástrofe financeira são temas talvez mais antigos e recorrentes que o próprio capitalismo. O drama aí envolvido vem se repetindo com notável precisão há tempos. São extraordinárias as semelhanças entre diferentes episódios, ocorridos nos mais diversos lugares e épocas: o *Banque Royale* de John Law, a *South Sea Bubble*, ou a falência do nosso primeiro Banco do Brasil em 1830, ou o Encilhamento em 1891, ou o recente colapso asiático, qualquer um desses episódios poderia servir como modelo para os outros, como bem atesta o extraordinário inventário de crises relatadas por Charles Kindleberger, professor do MIT recentemente aposentado, no seu *Manias, panics and crashes*. Não há dúvida de que existe aí um padrão, método nessa loucura, como diria o príncipe dinamarquês, que vale a pena destrinchar. A fim de melhor identificar os mecanismos, bem como a simbologia invocada nesses episódios, convém buscar um exemplo distante, já depurado pelo mito e decantado em seus aspectos mais singulares. O episódio, na verdade, é imaginário, e narrado na menos conhecida parte II do *Fausto* de Goethe, escrita na fase final de sua vida entre 1825 e 1831. Goethe já tinha testemunhado o episódio de John Law e dos *assignats* da Revolução Francesa, já tinha sido ele próprio uma espécie de ministro tesoureiro, e tinha simpatias confessadas pelo movimento saint-simoniano, de cujas publicações era consumidor constante. Claude Henri de Rouvray, Conde de Saint-Simon, que Marx consagrou como "socialista utópico", era um homem de idéias revolucionárias no terreno da moeda e do crédito, não muito distantes das idéias de Law. Foi a partir das idéias de Saint-Simon que se fundou o *Credit Mobilier* que, para alguns historiadores, foi o primeiro banco de investimentos moderno e um dos principais impulsos para o notável desenvolvimento industrial francês em meados do século XIX.

O *Fausto* é um livro difícil, extremamente longo, e repleto de alegorias mitológicas um tanto difíceis de se alcançarem. O *Fausto II*, em particular, já foi descrito como uma história "que transcende a literatura, e forma uma arte não bem definida, que poderia ser chamada de delírio, orgia ou sinfonia" (Carpeaux). Admiradores da obra vez ou outra reúnem-se e levam dois a três dias para encená-la por inteiro. Todavia, o crítico e escritor italiano Pietro Citati, guiado pela idéia de que o *Fausto* confundia-se amiúde com a vida do próprio Goethe, buscou ali e no *Sofrimentos do jovem Werther* as narrativas para compor uma espécie de biografia intelectual de Goethe, misturando biografia e "tradução" da poesia para a prosa, além de proporcionar as chaves corretas para as alusões mitológicas. É na prosa de Citati (1990, pp. 233-5) que vamos encontrar uma extraordinária narrativa sobre a exuberância financeira, episódio central do *Fausto II*:

> Enquanto o imperador conversa com Mefistófeles, o Marechal e o Tesoureiro correm para anunciar-lhe uma agradável notícia. O império, que poucas horas antes parecia à beira da falência, foi salvo pelas artes de Mefistófeles. À noite, durante o Carnaval, o Chanceler e o Tesoureiro fazem o Imperador assinar uma folha de papel-moeda, a primeira que os olhos humanos jamais viram. Estava escrito ali: "Para conhecimento de quem desejar. Esta nota vale mil coroas. Como certo penhor, garante-a uma infinidade de bens enterrados na terra do Imperador. Por ora se provê, a fim de que o rico tesouro, tão logo seja desenterrado, sirva de ressarcimento". Na mesma noite, artesãos experientes imprimiram milhares de notas de dez, trinta, cinqüenta, cem, mil coroas. Rápidas e festivas como raios de primavera, essas levíssimas folhas de papel espalham-se pelo Império e difundem onde quer que seja uma agitação de vida e alegria. O chefe dos exércitos paga o soldo a seus briguentos lansquenetes, que acorrem todos, vindos das tabernas e dos encontros com as raparigas. O Marechal da corte livra-se das garras dos usurários (banqueiros). Todas as cidades do Império despertam de seu sono mortal. Os cidadãos voltam a farrear nas cantinas [...]
>
> Nem o Imperador, nem seu Chanceler, nem o Tesoureiro entendem que, neste momento, debaixo de seus olhos maravilhados, está acontecendo algo que mudará para sempre a história dos homens. A partir daquela manhã, o ouro brilhante como o sol, vermelho como o sangue, ardente como o fogo, fecundo como o sêmen; o ouro, emblema de Apolo, dos príncipes e dos poetas, dos avaros e alquimistas, deixa de ser o símbolo universal da riqueza, a balança que mede nossos de-

sejos e nossas necessidades. Uma mísera folha de papel com a assinatura de um imperador, de um rei, de um ministro ou de um banqueiro o substitui. Assim, os símbolos e as imagens da riqueza mudam de aspecto. Quem a difunde não são mais os gnomos das montanhas, que extraíam como cirurgiões os veios túrgidos dos minerais, mas os artesãos capazes de multiplicar numa noite milhares de notas de banco [...]

O *valor* de cada moeda era sua própria moeda: o metal mais ou menos precioso, mais ou menos pesado, comparado com o metal supremo, o ouro [...] Que perfeita balança, que maravilhosa chave universal era o ouro! [...] Em vez disso, qual o valor das notas de mil, de cinqüenta, e de trinta coroas que se espalham como raios pela superfície da terra? Essas notas são apenas, como diz seu inventor, *espectros de papel*, fantasmas impressos e assinados aos quais corresponde um valor falso como os tesouros que Mefistófeles imagina enterrados no solo do império. Sob o signo do papel-moeda, a vida econômica torna-se assim o local das ilusões e da aparência algo profundamente parecido com os falsos corcéis alados, com os inúteis espetáculos de fogo e os lendários palácios submarinos evocados pelas artes mágicas e verbais de Mefistófeles. Ninguém pode se espantar que os embusteiros e os mistificadores, os Law, os Cagliostro, os jogadores da Bolsa, os financistas que constroem e destroem fortunas com a rapidez que Mefistófeles brinca com as chamas comecem a dirigir, a partir desse momento, os destinos do mundo.

A economia moderna nasce, pois, nas últimas horas de uma noite de carnaval, da fantasia de um diabo que procura distrair o tédio de um imperador sem pensamentos. Que Mefistófeles ame sua nova invenção [...] não há dúvida. Mas seria absurdo acreditar que um diabo múltiplo como Mefistófeles nos aconselhe alguma política econômica. Como senhor da ilusões, ele inventa o papel-moeda [...] mas continua a nos recomendar que juntemos o ouro em nossos armários [...] Assim, nas primeiras horas da manhã, quando a mente ainda está cansada das paixões da noite, a representação do carnaval [...] acaba da maneira mais grotesca. Aqueles símbolos tão profundos deixam em nossas mãos apenas algumas folhas de papel sem valor: notas de dinheiro mais desacreditadas do que as de Law ou dos *assignats* da Revolução Francesa.

Esta extraordinária passagem contém inúmeros elementos de grande atualidade. A invenção do papel-moeda, que se reconhece como revolucionária e transformadora no mais legítimo figurino schumpeteriano, é atribuída ao Demônio, algo não de todo estranho à tradição marxista nessa matéria. "A moderna sociedade burguesa" — diz Marx, no *Manifesto comunista* — "uma sociedade que libertou tão formidáveis meios de produção e troca, é como uma feiticeira incapaz de controlar os poderes ocultos desencadeados pelo seu feitiço." A aversão marxista à moeda fiduciária é proporcional à dificuldade de enquadrá-la num figurino de valor-trabalho. Os marxistas mais interessados pelo tema, como Hilferding por exemplo, foram quase que invariavelmente defensores ardentes do padrão-ouro[23]. Essa mercadoria profana criada pelos homens à revelia da Natureza, e que não expressa nem corporifica o trabalho humano, posto que seu valor é fictício e artificial, não pode ser uma criatura de Deus. O desconforto marxista com a moeda fiduciária e suas ramificações não é difícil de ser entendido[24].

Os críticos enxergam nessa passagem uma hostilidade de Goethe à moeda fiduciária, a despeito de alguns elementos de fascinação, e uma imitação que é feita da brilhante porém ambígua descrição que Marco Polo faz das instituições monetárias chinesas, que sua audiência européia não imagina existirem, em termos de alquimia: "o Grande Khan faz pedaços de papel serem gastos como dinheiro [...] o Grande Senhor domina a alquimia perfeitamente", diz ele[25]. A "economia moderna" dirigida pelos "mistificadores, embusteiros e financistas", e os "espectros de papel" cujo valor é falso como as promessas de Law, são concebidos numa noite da Carnaval, fazendo a vida econômica tornar-se "um local de aparências e ilusões". Toda prosperidade irá se esvair na manhã seguinte, pois é fictícia e profana. Qualquer semelhança com a linguagem parnasiana-alternativa de alguns economistas brasileiros, identificados no próximo capítulo, é inteiramente proposital. A tragédia e suas mistificações vêm se repetindo com inacreditável monotonia. A passagem descreve o episódio de Law, mas serve para qualquer dos eventos da galeria de Kindleberger, nos quais estava em jogo a passagem da moeda metálica para a moeda fiduciária, um drama que teve lugar em toda parte, sempre de forma atabalhoada.

Mefistófeles bem simboliza as dúvidas sobre a "legitimidade", ou sobre a moralidade dessa moeda-papel, valor de troca sem valor intrínseco, a moeda sim-

---

[23] Sobre o conservadorismo monetário de Hilferding, veja-se Darity & Horn (1985).

[24] Algumas das passagens mais reveladoras desse desconforto podem ser encontradas nas interpretações de Marx utilizadas nos primeiros anos da União Soviética para eliminar da economia capitalista essa instituição profana e imoral. Seguiu-se uma das mais virulentas hiperinflações da história da humanidade, vale dizer, uma das maiores catástrofes monetárias de que se tem notícia.

[25] *Cf.* Shell (1982, p. 99).

bólica, representativa e subjetiva, substituindo a verdadeira dádiva da natureza, dispensando, assim, qualquer lastro, qualquer conexão com as entranhas da Terra ou correspondência com o mundo concreto. A passagem acima, vista do lado positivo, oferece um extraordinariamente claro arquétipo para o desenvolvimento capitalista, especialmente no que toca às questões financeiras. O crédito é uma alavanca de enorme potencial criativo, que cria mas não pode ser dissociada do Mal, conforme assinala Berman, que aponta também algumas implicações relevantes para o Brasil:

> Mefistófeles explica que sua função é personificar o lado sombrio, não só da criatividade mas da própria divindade [...] Pode ser Fausto tão ingênuo a ponto de acreditar que Deus realmente criou o mundo a partir do nada? Com efeito, nada provém do nada; é apenas função de tudo aquilo que você chama pecado, destruição, mal que pode ocorrer a qualquer criação [...] Fausto não será capaz de criar nada a não ser que se prepare para deixar que tudo siga o seu próprio rumo, para aceitar o fato de que tudo quanto foi criado até agora — e, certamente, tudo quanto ele venha a criar no futuro — deve ser destruído, a fim de consolidar o caminho para mais criação. Essa é a dialética que o homem moderno deve aprender (pp. 48-9).
>
> [...] Goethe sintetiza essas idéias e deposita suas esperanças naquilo que chamarei de Modelo Fáustico de Desenvolvimento. Tal modelo confere prioridade absoluta aos gigantescos projetos de energia e transporte em escala internacional. Seu objetivo é [...] o desenvolvimento a longo prazo das forças produtivas [...] Com isso criará uma nova síntese histórica entre poder público e poder privado, simbolizada na união de Mefistófeles, o pirata e predador privado, que executa a maior parte do trabalho sujo, e Fausto, o administrador público, que concebe e dirige o trabalho como um todo. (p. 73)
>
> O Mefisto goethiano, com seu oportunismo, sua exaltação do egoísmo e infinita falta de escrúpulo, ajusta-se com perfeição a certo tipo de empresário capitalista (p. 71).

O modelo "fáustico" é schumpeteriano como os outros, apenas é mais elaborada a segregação entre construção e destruição, mais clara a ambigüidade envolvida nos poderes miraculosos da moeda-papel. A moeda fiduciária sem lastro, e toda a plêiade de promessas de pagamento, e a imensa e crescente variedade de instrumentos financeiros que as representam, são forças que precisam ser domesticadas através de "regulação", ou por um "acordo fáustico", pelo qual abandona-se em definitivo a "natureza", ou a "alma", para se desfrutar de benefícios da inovação, ao preço de se tolerar, ou mesmo irmanar-se com as Forças do Mal. Os governos seriam, evidentemente, os primeiros a tentar dominar esses poderes. Reservam para si o monopólio de emissão da moeda fiduciária, do qual abusam com espantosa freqüência, embriagando-se com as receitas de senhoriagem e provocando inflação a fim de construir o desenvolvimento. Sufocam os bancos, que pela sua própria natureza são também criadores de moeda fiduciária, tentando usurpar-lhes por inteiro ou em parte esse poder através de mecanismos que Ronald McKinnon denominou de "repressão financeira". Ou procuram, com os bancos estatizados, utilizar a criação de crédito como substituto para o gasto público, desenvolvimentista ou armamentista, sem maiores limites a partir do capital dessas instituições. São as "finanças industrializantes" um termo inventado por empresários inflacionistas brasileiros para designar o (ab)uso do crédito em linhas semelhantes às que levaram diversos países asiáticos a crises bancárias de grandes proporções, ou às que produziram o desastre dos bancos estaduais no Brasil[26]. De um jeito ou de outro, os soberanos sempre se fascinaram e invariavelmente se excederam no uso dos poderes inerentes à moeda fiduciária. Apenas muitos anos à frente, no pós-guerra, o avanço da independência dos bancos centrais na maior parte dos países desenvolvidos viria estabelecer obstáculos objetivos ao mau uso da moeda. A redução da inflação, todavia, seria um fenômeno para as duas últimas décadas do século XX.

De toda maneira, prevalece a noção de que há algo mau inerente à exuberância financeira, que invoca ressentimentos profundamente enraizados no inconsciente do sistema capitalista, onde residiria a memória dos inúmeros pânicos e catástrofes financeiras que o capitalismo experimentou. Fascinante, todavia, é a inovação financeira, que parece recompor continuamente a capacidade de o sistema reproduzir a mesma problemática, recriando a mesma tragédia. A moeda fiduciária abriu efetivamente a velha Caixa de Pandora, que parece reeditar, por toda a eternidade, as mesmas velhas maldições.

A passagem a seguir, extraída de artigo recente do senador e economista Lauro Campos, do Partido dos Trabalhadores, faz, sem mais delongas, a devida conexão para a problemática brasileira.

> Para fazer frente às despesas crescentes, o governo capitalista acabou sendo obrigado a arquivar a "relíquia bárbara", o ouro e a prata, e adotou o papel-moeda sem lastro algum, e assim se tornou

---

[26] Veja-se Coutinho (1996) para um enunciado do conceito.

> permanente a prática que era excepcional [...] as emissões de dinheiro sem lastro, descoladas do trabalho produtivo de ouro [...] O valor fictício se afirma, também, nas ações das empresas. Essa possibilidade de deslocamento da realidade em direção ao imaginário se fez sentir, por exemplo, em 1929 [...] A sobreacumulação de capital [...] está na base do êxodo do dinheiro em direção às Bolsas. Esse dinheiro fictício e não estatal [...] só poderá se alimentar de si mesmo, isto é, não há possibilidade de o excedente do trabalho humano poder oferecer juros para o gigante se reproduzir. Nesse sentido, o trabalho humano se tornou desprezível, a atividade humana real não é capaz de se ligar ao mundo imaginário, fantástico, irreal, para sustentá-lo [...] Como dominar o dinheiro fictício, como reacomodar, na realidade acanhada a que se reduziu o mundo do trabalho, o fantástico produto das contradições fundamentais do capitalismo?[27]

A moeda fiduciária inconversível, valor fictício e circunstância excepcional, se torna dominante, e seu controle, ou descontrole, se torna a tarefa primeira dos governos. Os valores dos ativos, do capital das empresas, parecem também penetrar no mundo irreal da especulação desligada da Natureza e do mundo do trabalho. E a falsidade denunciada não poderá perdurar, posto que imoral, e necessariamente deverá ruir. Quando os governos, e seus respectivos bancos centrais, engajam-se explicitamente na "defesa da moeda", ou em "políticas ortodoxas", operam afirmativamente no imaginário e no inconsciente dos chamados agentes econômicos: trata-se de assegurar que as autoridades não vão abusar dos poderes a elas delegados, e que têm sob controle as forças do Mal. Do lado da oposição, o ataque se organiza no mesmo terreno simbólico: o governo se "subordina ao capital fictício e especulativo", adota a disciplina mas sem o necessitar, obedecendo aos desígnios do "capital volátil" que nos rouba a soberania e a identidade, e impede o verdadeiro florescimento do desenvolvimento, o esplendor da mágica de Mefistófeles. Desde Goethe esse embate se repete. Não devemos esperar que ele se resolva no futuro.

---

[27] Extratos do artigo "Juros Malditos" publicado na *Gazeta Mercantil* de 23.12.1997.

7.

# OS PARNASIANOS ALTERNATIVOS[1]

Há duas maneiras de olhar o texto da professora Leda Paulani: a primeira, mais convencional, tendo que ver com a substância de suas críticas ao "caráter despudoradamente ideológico" do meu texto[2]. A segunda, muito mais interessante, tem que ver com a forma: o artigo da professora está repleto de um ódio retumbante, avassalador, um ódio que goteja de cada um dos seus superlativos e que convida, pelo fascínio que desperta, a uma especulação sobre suas origens. Não tenho dúvida de que, diante da superficialidade do tratamento dispensado pela professora aos temas de substância, a questão realmente palpitante é uma só: por que a professora está tão zangada?

* * *

Para começar, um par de esclarecimentos sobre o que eu realmente disse, o que, como é comum nesses casos, tem apenas um parentesco longínquo com as teses que a professora me impinge. Meu texto discute as razões para o esgotamento do chamado modelo de crescimento por substituição de importações nos anos 80, explorando não tanto o caminho habitual de tantos analistas — a exaustão fiscal —, mas a perda de dinamismo tecnológico (ou a progressiva estagnação da taxa de crescimento da produtividade) que teria se seguido às dosagens cada vez maiores de concentração industrial, regulação defensiva e proteção tarifária. As conseqüências desse processo no terreno distributivo, e com respeito à competitividade, teriam sido as piores possíveis, e o processo de abertura,

---

[1] Publicado originalmente na *Folha de S. Paulo*, caderno "Mais!", em 24.11.1996. Este artigo buscava responder ao da professora Leda Paulani, publicado duas semanas antes ("A Franqueza da Social Democracia", *Folha de S. Paulo*, 10.11.1996), sobre o texto aqui reproduzido no capítulo 1, e também aludia ao artigo de J. C. Souza Braga "O espectro que ronda o Capitalismo", *Folha de S. Paulo*, 1.9.1996. O artigo aqui reproduzido teve diversas tréplicas, que o leitor interessado poderá procurar: L. Paulani: "A Fraqueza da Social Democracia", *Folha de S. Paulo*, 8.12.1996, e "As desventuras do Real no Cassino Global", *Praga-Estudos Marxistas* 4 (dezembro de 1997); J. C. de Souza Braga: "Cosmopolitismo de araque", *Folha de S. Paulo*, 5.1.1997; e L.G. Belluzzo: "Rastros de ódio", *Folha de S. Paulo*, 1.12.1996.

[2] Ela se refere ao texto aqui reproduzido no capítulo 1.

na medida em que produz uma aceleração da taxa de crescimento de produtividade, ensejaria um processo de crescimento com melhorias tanto na distribuição de renda quanto na competitividade.

Eu não vejo nada de muito ideológico, ou mesmo controverso, nessas teses. Houve quem dissesse que Furtado já tinha descoberto tudo isso há muitos anos, mas, mesmo assim, a professora demonstra uma monumental irritação com essas idéias, e seu artigo está cheio de passagens — beirando a falta de educação — que o demonstram amplamente. Francamente (e sem mais trocadilhos), eu tenho a impressão de que o Brasil não ganha nada quando os talentos da esquerda assumem que qualquer desvio dos ideais históricos nacionalistas e intervencionistas dos quais, não se sabe bem por quê, os partidos de oposição e os economistas "alternativos" hoje se julgam herdeiros exclusivos é considerado crime de neoliberalismo explícito e punível com manifestações de falta de educação. É, todavia, com esse espírito nada elevado que a professora lança o que, a seus olhos, parece ser a pior das denúncias: "o travestimento do credo liberal" (*sic*), quando nem sequer como insulto esse tolo arremedo de patrulhamento se sustenta. Chamar alguém de neoliberal, nos dias de hoje, especialmente quando parte de alguém como a professora, é como antigamente era chamar os outros de "burguês".

Segue-se, não obstante, do furor acusatório da professora, *et pour cause,* um crime ainda mais grave: o de que "[desprezo] olimpicamente condicionantes históricos e sociais decisivos de todos os processos" (*sic*) de que trato. Convenhamos, isso é de uma presunção sem tamanho. Não há dúvida de que se trata do tratamento normalmente dedicado aos que não demonstram reverência ao materialismo dialético, ou que não comungam de macrocosmologias fantasmagóricas como, por exemplo, a do portentoso artigo de J. C. Souza Braga[3], ou das percepções "sombrias e desalentadoras", conforme a descrição da própria professora[4], do Doutor François Chesnais, um dos mais badalados diretores novos desse não tão novo gênero "capitalismo-catástrofe".

Deve ser reconhecida como absolutamente natural a existência de "visões alternativas" sobre a economia, assim como em qualquer área do conhecimento humano. Também é normal que os economistas "alternativos", qualquer que seja sua seita, se julguem os únicos detentores das chaves mágicas para a compreensão da História e entendam que a humanidade estará perdida caso persista em ignorá-los e às suas recomendações. Estava tudo escrito nos *Grundrisse*, ou em Nostradamus, eles dirão, mas até aí, tudo normal. Exótico mesmo é quando o

---

[3] "O espectro que ronda o capitalismo", *Folha de S. Paulo*, caderno "Mais!", 1.9.1996.

[4] Segundo resenha do livro de Chesnais, da própria professora: "A mundialização do capital", em Jornal de Resenhas, *Folha de S. Paulo*, 8.11.1996.

"alternativo" ataca o *mainstream*, procurando tomar-lhe o lugar, o que representa uma real impossibilidade, pois o "alternativo" apenas existe nessa condição. Um astrólogo jamais será ministro do Planejamento, pelo menos num governo sério. Por isso mesmo a revolta dos professores em tudo se parece a uma sublevação de homeopatas, ou de adeptos da cirurgia mediúnica, ou dos florais de Bach, que põem-se a atacar vigorosamente a medicina convencional neoliberal e corrompida pela sociedade de consumo. É meio ridículo, mas nesses tempos politicamente corretos, deve haver condescendência para com tais excessos. Além do que, como os professores bem sabem que as pessoas apenas dão atenção a curandeiros quando a medicina tradicional já esgotou suas possibilidades de cura, repetem-se em desenganar a humanidade com assustadores vaticínios de uma catástrofe iminente. O cruel é que à medida em que o Brasil vai deixando para trás a hiperinflação, as moratórias, calotes e congelamentos, os "alternativos" que conceberam essas criaturas vão sendo relegados ao submundo das idéias, num espaço tão inofensivo quanto o dos horóscopos de jornal.

Com a globalização a perplexidade, ou esse misto de fascínio e insegurança, abre enormes espaços para essas esquisitices: "o Brasil está próximo da modernidade e também da sedução mística", lembra Roberto da Matta[5]. O fato de não haver mais sentido em se falar de transformações apocalípticas do tipo marxista-leninista, nem tampouco no Sentido da História e suas inescapáveis determinações, como se falava antigamente, resultou em que a intelectualidade militante da qual saem os professores perdeu completamente o senso de direção. A confusão foi apenas reforçada pelo fim da Guerra Fria, ou o desarme da Perspectiva Final colocada pelo conflito nuclear. E mais ainda pela perda de alguns referenciais revolucionários latino-americanos, a saber, a crescente decrepitude do regime cubano e a degeneração do sandinismo, por exemplo. Não há, portanto, nem uma Direção nem um Fim, apenas um vazio. "Este é o verdadeiro fim da história, o fim da Razão histórica", como diz Baudrillard[6]. "O problema", ele continua, "se torna um relativo a resíduos. Não apenas de substâncias materiais, incluindo lixo nuclear [...] mas também de ideologias defuntas, utopias esquecidas, conceitos mortos e idéias fossilizadas que continuam a poluir nosso espaço mental."

É neste caldo de cultura da aproximação do Milênio que se entende a proliferação de misticismos econômicos envolvendo interpretações exóticas para o processo de globalização. Esta pode ser, por exemplo, "a culminância e paroxismo do fetiche da mercadoria plena que é o capital" (Souza Braga) ou, no outro

---

[5] Em Silva (1993, p. 161).

[6] Baudrillard (1992, p. 22).

extremo — lembrando que para cada ufólogo existe sempre um cético, anti-ufólogo, tão tolo quanto o primeiro, querendo a todo custo desmascará-lo —, "uma gigantesca empulhação"[7].

No quadro das cosmologias esotérico-dialéticas da globalização, destaca-se o espectro da catástrofe financeira decorrente dessa misteriosa "financeirização da riqueza", uma situação de "uma economia fetichizada em que a circulação monetário-financeira ampliada em vertiginosa espiral guarda tênue correspondência com os fundamentos [...]" (Souza Braga). Ou em que, como diz o mais novo especialista em *Global Bonds*, iluminado pelos *Grundrisse,* "o estoque de capital produtivo é excedente e este 'excesso' aparece sob a forma de uma pletora de capital monetário, diante de perspectivas pouco animadoras de acrescentar o seu valor como capital em função"[8]. Impossível saber o que são essas coisas, mas nada pode soar mais assustador: fetichismo, financeirização, capital em função, Cruz Credo. Com efeito, a professora fala sobre a "atual etapa do sistema capitalista" ("a destruição do Estado do bem-estar social, colapso das regulações nacionais, financeirização da riqueza, um imenso processo de concentração e centralização dos capitais, desemprego e exclusão crescendo a olhos vistos") com verdadeiro nojo, como se estivesse segurando um rato com as mãos. A terminologia dos professores é verdadeiramente parnasiana ou, talvez, simbolista. Oh, Meu Deus, esses incríveis economistas da Unicamp recitando, arrebatadores, críticas ao Plano Real que soam como versos de Augusto dos Anjos ("Vês! Ninguém assistiu ao formidável/ Enterro de sua última quimera / Somente a Ingratidão — essa pantera/ Foi tua companheira inseparável") ou de Cruz e Sousa ("Ó meu ódio, meu ódio majestoso/ Meu ódio puro e benfazejo/ Unge-me a fronte com teu grande beijo/ Torna-me humilde e torna-me orgulhoso")[9]. Misturam-se escarros, quimeras, ódios imorredouros e essa fantástica financeirização fetichista. O efeito plástico é soberbo. Vale, para essa turma, a observação de Olavo Bilac, na biografia romanceada de Augusto dos Anjos, a propósito de jovens poetas que "falam apenas sobre mundos degradados, de modo que a literatura se tornou uma enfermaria onde se acolhem os doentes e se observam as moléstias, uma orgia de pessimismos, moafa de satanismos, um destempero de blasfêmias"[10].

Para essa gente não há um pingo de dúvida: o fim do mundo é uma religião, um Destino inelutável para uma economia em pecado, agora como decor-

---

[7] P.N. Batista Jr.: "Lula e a globalização", *Folha de S. Paulo*, 12.10.1996.

[8] L.G. Belluzzo: "O velho Marx e o *rapaz* Chesnais", *Carta Capital*, 13.11.1996.

[9] Respectivamente de "Versos íntimos" e "Ódio sagrado", em Grunewald (1987).

[10] Miranda (1995, p. 48).

rência dessa financeirização-fetichização, e seu maldito fio condutor, o neoliberalismo. Está escrito nos *Grundrisse*. As guerrilhas alternativas se armam para combater esse demônio, mas como bem colocou o Companheiro Sub-Comandante Marcos (segundo consta, em entrevista para Regis Debray, cena inesquecível), não se tem a mínima idéia de como deve ser a Nova Era após a Vitória da Revolução Zapatista no México. O que é isso, companheiro? À luz dessa espantosa declaração, e para qualquer um que conheça a explicação junguiana para os discos voadores, fica clara a semelhança entre o Encontro Internacional da Humanidade Contra o Neoliberalismo, recentemente promovido pelos zapatistas, e um grande congresso de Ufologia. Não deve haver dúvida, no próximo congresso esses zangados professores devem ser enviados como delegados brasileiros para explicar essa coisa da financeirização com fetichismo e, quem sabe, também, a aparição de seres de outros mundos na região de Varginha.

* * *

O ódio simbolista-parnasiano da professora pareceria bem mais justificável, ao fim das contas, se o capitalismo em geral e o Brasil, em particular, estivessem muito mal das pernas, com a miséria de fato se alastrando "a olhos vistos", como alega a professora. Só que não é nada disso. Pelo contrário, o Brasil do Real registra progressos nos indicadores econômicos e sociais que não se observam há muitos anos. O modelo econômico está mudando e talvez esteja justamente aí a explicação para a espantosa zanga da professora: as coisas estão funcionando! Melhorou a distribuição de renda, caiu a mortalidade infantil, a inflação caiu a um dígito, os salários reais cresceram, o desemprego está na mesma, reduziram-se as desigualdades regionais, tudo isso em dois anos. Por quê, em nome de Deus, isso haveria de ser tão irritante?

Talvez a explicação esteja em uma difícil acomodação a ser empreendida pelo imaginário da intelectualidade militante. Uma vez sepultadas as veleidades revolucionárias, os movimentos sociais passam a orbitar em torno de desígnios mais modestos, associados à simples melhoria das condições de vida. Resolver problemas práticos do cotidiano parece muito mais importante do que se meter a reformar o universo. Isso parece inevitável, tendo em vista o monumental fracasso econômico do socialismo real e o fato de as ditaduras do proletariado terem se mostrado tão vigaristas e sanguinárias quanto todas as outras. E pior ainda: onde quer que tenham funcionado regimes populares de esquerda, foi porque seguiram receituários opostos aos da sua prática anterior. Vejam o peronismo, por exemplo. São duras realidades. E é justamente aí que está a chave do problema: se o real, com letras minúsculas, se torna uma referência perturbadora para a intelectualidade militante brasileira, que dizer do Real, com letras maiúsculas, projeto político vencedor, que traz em sua própria denominação estampados os termos do problema, o signo do que realmente importa?

Acho que temos aí uma boa pista para entender a incrível zanga da professora, que, aliás, não é apenas dela: é também de alguns comentaristas econômicos de porta de cadeia, como esse extraordinário Aloisio Biondi. E também das pessoas que torcem contra a seleção brasileira (e contra a balança comercial) porque o técnico é retranqueiro, e que recebem os gols da Nigéria bradando "bem feito", "eu não disse", "tinha de fazer diferente". Não há dúvida, no Brasil remanesce uma enorme demanda pela catástrofe. É enjoada a monotonia da estabilidade. Não há profetas sem cataclismas, epidemias, desgraças. O que será do Gil Pace? Como é triste esse desemprego tecnológico dos arautos do caos. Mas nem tudo está perdido. A balança comercial e a crise cambial ainda poderia redimi-los. A torcida é grande: o fracasso retumbante do Real, o real subvertido pela fantasia "alternativa", o Brasil virar México, o sertão virar mar, o Conselheiro estaria certo, e também o conselheiro com letra minúscula, conselheiro econômico agourento, meio engraçadinho, sem educação, como alguns que têm por aí.

Em suma, o Brasil mudou e a insistente referência ao mundo real e ao Real parece profundamente irritante para os professores parnasianos. Meu texto, em particular, atrai para si esse ódio em função de um atributo bem identificado por um renomado consultor econômico, lá do alto da Torre de Marfim: "não passa de um *policy paper*", ele disse. É isso mesmo, professor. Um *policy paper*. Um texto prático sobre problemas do mundo real e com base em sabedoria acadêmica acumulada em estudos empíricos. O texto tem um bocado de pimenta (talvez seja isso o que o vocabulário da professora designe como ideológico), o que, todavia, não o faz menos sólido do ponto de vista técnico, nem menos concreto nas propostas que faz. Os caminhos do Brasil não serão descobertos em Feuerbach ou Stuart Mill, ou nos *Grundrisse,* mas em respostas muito objetivas a questões práticas que poluem o nosso dia-a-dia. Como a professora explica o declínio da taxa de crescimento da produtividade no Brasil? Não estaria esse fenômeno associado a características perversas da organização industrial criada pela Substituição de Importações? Isso não explicaria, ao menos em parte, a nossa terrível distribuição de renda? A abertura não seria útil para resolver este problema? E para além dessa questão mais específica, o que dizer sobre reforma do Estado, equilíbrio fiscal, privatização? O que a professora teria como alternativa, por exemplo, para a privatização da RFFSA? O que faria com os bancos estaduais? Teria deixado haver uma crise bancária ou teria feito algo como o Proer? E se fosse para fazer diferente, como seria um Proer de esquerda?

* * *

Irônico mesmo é que esse governo que os zangados professores insistem em chamar de neoliberal, ou de fazer o jogo do FMI, fez mais pelo social, pelo crescimento e pela distribuição mais justa (inclusive regionalmente) da riqueza, do que todos esses professores de palavreado parnasiano, convicções econômicas alternativas, e proprietários exclusivos, por delegação autoconferida, da consciência crítica nacional, seriam capazes de sequer sonhar. Isso deve ser mesmo muito doloroso.

# Parte III

# O BANCO CENTRAL, MOEDA SADIA E CÂMBIO

# 8. A PROPÓSITO DO INFLACIONISMO: OS TERMOS DE TROCA ENTRE ESTABILIDADE E DESENVOLVIMENTO[1]

O aparente conflito, bem como as formas de conciliação entre estabilidade e desenvolvimento, têm sido temas recorrentes na história de nossa política econômica. Em momentos diversos, e sob o império das mais variadas circunstâncias, a pergunta se repetiu: em que medida o crescimento deve ser sacrificado em nome do esforço de se reduzir a inflação? Quanta inflação é possível tolerar antes de se pensar em políticas ditas de estabilização, as quais, segundo se alega, podem desacelerar o desenvolvimento? De que dependem os termos de troca entre uma coisa e outra? O que faz o Brasil, em cada circunstância histórica específica, escolher um ou outro caminho?

Ao longo de nossa história foram muitas as forças que fizeram oscilar esta balança, e muito diversas as formas pelas quais o equilíbrio entre esses objetivos básicos da política econômica estabeleceram-se. As primeiras décadas do pós-guerra inauguram, como se sabe, uma duradoura primazia do desenvolvimentismo, em conseqüência da qual a industrialização se tornou uma causa muito nobre para que o ímpeto em persegui-la fosse diminuído por considerações pejorativamente designadas como de ordem meramente financeira ou monetária. A Nação parecia ter objetivos maiores, e não exibia grandes preocupações com os custos em atingi-los. A destruição da nossa vocação agrícola, o crescimento desordenado das grandes metrópoles, assim como o avanço da inflação crônica e da desigualdade pareciam decorrências naturais do processo de desenvolvimento, custos admissíveis do Progresso, que sempre será, por hipótese, "destruição criadora".

Apenas muitos anos mais tarde, já no início da década de 60, tivemos problemas, quando conhecemos a *estagflação*, essa terrível combinação entre inflação elevada e recessão que trazia explícita uma deterioração dos termos de troca entre desenvolvimento e inflação. Muitos aspectos do desenvolvimento brasileiro estavam por merecer uma revisão nos anos 60. O fracasso das políticas de estabilização parecia nos conduzir a um impasse, mas, como se argumenta adi-

---

[1] Uma versão bastante preliminar deste texto foi publicada pelo Instituto Teotônio Vilela, na coleção *Idéias e Debate* n° 4, no começo de 1997. Em seguida, o texto foi publicado com pequenas alterações em *Economia Aplicada*, Vol. 1 (3) julho-setembro de 1997. O texto ora publicado acrescenta várias seções e modifica um tanto as conclusões das versões anteriores.

ante, um expediente inteligente salvaria o desenvolvimentismo das garras do pensamento ortodoxo: a indexação. Com ela, segundo se dizia, a inflação tornava-se indolor, uma espécie de subproduto poluente do processo de crescimento, mas cujas conseqüências não eram desclassificantes. Ademais, uma vez protegidos os eixos básicos do crescimento por meio da indexação, nem um centímetro desse crescimento deveria ser sacrificado em nome da estabilidade. Os caminhos estavam abertos para completarmos o processo de industrialização e, com efeito, ao final dos anos 80, Antônio Barros de Castro (1985, p. 82) diria que "nosso parque manufatureiro não mais cabe, sequer como caso-limite, dentro do perímetro do desenvolvimento".

De fato, em meados dos anos 80 podia-se dizer que estava cumprida a agenda desenvolvimentista, pelo menos em seus contornos mais básicos, até as últimas conseqüências. E não havia muita clareza sobre o que estava reservado ao país *depois* de alcançada a industrialização: a construção retórica do Desenvolvimento, tal como sonhada pela Cepal ou pelo Clube de Engenharia, não contemplava muito mais do que atingir a condição de país industrial. Não se pensava muito no que fazer a partir daí. Em meados dos anos 80, todavia, a Nação não teria dificuldades em enxergar a agenda a ser cumprida: de um lado, a Democracia restabelecida passou a permitir a expressão de novos anseios relacionados à questão social; e de outro, como já observamos em outros capítulos deste volume, a situação externa passou a exigir um outro padrão de inserção do país no processo de globalização.

Com efeito, a inflação sempre tinha servido para resolver problemas, especialmente o da incapacidade do Estado de tributar, ou de explicitamente transferir rendas para as classes interessadas em investir. A inflação era, como nos ensinou Keynes, uma espécie de imposto, e um que incidia primordialmente sobre as classes menos favorecidas e delas extraía uma "poupança forçada", que sempre teve papel importantíssimo no processo de industrialização liderado pelo Estado. Mas ao final da década de 80, com a Democracia e a generalização da indexação, e mais especificamente com os avanços no campo do sindicalismo e da legislação salarial, a inflação vai perdendo eficácia e funcionalidade para exercer o seu papel histórico de fazer avançar o desenvolvimento à custa de mais desigualdade. A hiperinflação vai se afirmando como expressão desse impasse, mas o desenvolvimentismo resiste em admitir que a velha receita esgotou suas possibilidades. À medida em que vão desaparecendo as ilusões ensejadas pelos planos heterodoxos de estabilização, vai ficando evidente que num país em que a desigualdade precisa ser combatida, a inflação não serve como alternativa de financiamento para o gasto social, pois não pode haver lógica em cobrar um tributo, por meio da inflação, do mesmo pobre que se quer beneficiar com políticas sociais. Com o Plano Real, a hiperinflação seria vencida, e o país uma vez mais assistiria a uma redefinição radical nos termos de troca entre desenvolvimento e estabilidade. Todavia, se por um lado é evidente o crescimento da aversão à inflação, seja como veículo ou subproduto do desenvolvimento, por outro ainda permanecem dúvidas quanto às reais possibilidades de crescimento na presença das "âncoras" essenciais à estabilidade. O país deseja um desenvolvimento consentâneo a um novo relacionamento entre Estado e Sociedade que não envolva a tributação do pobre, por meio da inflação, mas parece não ter clareza sobre a extensão das implicações dessa nova postura. Poderá mesmo haver desenvolvimento acelerado com moeda sadia? Como será a vida depois de "âncoras" serem removidas?

Conforme foi sugerido no capítulo 1, a agenda dos "fundamentos" da estabilização naturalmente se converteu em uma agenda de retomada do crescimento, sendo absolutamente natural que haja debate, dúvida e mesmo passos em falso na condução desse novo desenvolvimento que, como vimos no capítulo 2, parece se construir de medidas contrárias aos cânones do velho desenvolvimentismo inflacionista. O abandono da "âncora cambial" em favor de um regime de flutuação e de "metas de inflação" parece uma busca de conciliação entre velhas receitas e novas realidades, ou de velhos obstáculos políticos com novas prioridades. De toda maneira, é possível que tenhamos aí novos termos de troca entre estabilidade e crescimento, relativamente aos adotados no primeiro mandato do Presidente Fernando Henrique Cardoso. De toda maneira, já é possível perceber, vários meses depois da megadesvalorização de janeiro de 1999, que a adoção do regime de flutuação cambial não será como a descoberta da indexação, ou seja, um truque para permitir que mais uma vez se possa varrer para baixo do tapete problemas fiscais que não conseguimos atacar de verdade. As tensões entre o desenvolvimentismo inflacionista, que nada tem de moribundo, e aqueles que procuram inventar o desenvolvimento com moeda sadia têm sido intensas, e provavelmente assim permanecerão por muitos anos ainda.

## 1. O "Século Keynesiano"

Ao longo dos anos 80, a perplexidade que toma conta dos mais inquietos dentre os desenvolvimentistas tinha ares de lamentação. As receitas conhecidas e tão longamente decantadas para o desenvolvimento pareciam não produzir mais os efeitos esperados. O marco teórico que presidiu a construção do desenvolvimento durante tantos anos subitamente passava a revelar sinais de envelhecimento, e mesmo de inconsistência. De toda parte parecia emanar o diagnóstico de que a crise de 1982 e a Década Perdida eram expressões de fraquezas mais fundamentais de nosso modelo de desenvolvimento econômico. Não seria difícil enunciar uma descontinuidade em meados dos anos 80, ou na primeira metade dos anos 90, no que toca à importância da estabilidade como pré-requisito para o crescimento, e também quanto ao papel do Estado na economia e nosso relacionamento com o resto do mundo. Será sempre arbitrária e perigosa a definição de eventos significativos com o propósito de delimitar grandes fases do processo histórico do desenvolvimento. Mas é útil e, com freqüência, bastante esclarecedora.

Tendo em mente a experiência histórica brasileira de intervenção do Estado na economia, não é difícil enxergar um "Século Keynesiano", começando precisamente em 1906, com a "defesa do café", prosseguindo com as reações diante da Depressão inspiradas pelo próprio e renovando-se com o desenvolvimentismo do pós-guerra, mas parecendo enfrentar um beco sem saída com a hiperinflação de meados dos anos 90. O ano de 1906 é um excelente ponto de partida para a narrativa deste nosso breve século, pois é aí que o Estado, após a assinatura do Convênio de Taubaté[2], se vê, no dizer de Furtado (1974, p. 192), "construindo as famosas pirâmides que anos mais tarde preconizaria Keynes". É a partir daí, pela primeira vez, que os governos federal e estadual começam a comprometer recursos públicos em larga escala para financiar programas de defesa da renda do setor cafeeiro[3]. Trinta anos ainda teriam de passar até a publicação da Teoria Geral em 1936, e não foram poucos os historiadores a enxergar em nossa experiência um preâmbulo, ou mesmo uma premonição a Keynes[4]. Manteríamos estoques "especulativos" de café durante muitos anos e, após a crise de 1929, chegaríamos a destruir, entre 1931 e 1939, o equivalente a três vezes o consumo mundial, fornecendo, assim, um dos mais sensacionais exemplos de gasto público improdutivo da era moderna; nada que pudesse nos envergonhar diante dos sacerdotes egípcios de alguns milênios atrás.

---

[2] Acordo pelo qual os governos federal e estadual (São Paulo) financiariam a retenção de estoques excedentes de café, a fim de evitar uma queda acentuada nos preços derivada da superprodução. Os recursos para o financiamento do esquema seriam oriundos em parte de empréstimos externos, mas também de impostos sobre a exportação, recursos fiscais e financiamentos do Banco do Brasil.

[3] Conforme a uma narrativa de um historiador do Convênio de Taubaté, tem-se aí "uma inovação no papel econômico do Estado: um abandono de uma política de *laissez-faire* por uma intervenção direta [...] O aparente sucesso da operação de 1906 incitou governos posteriores a empreender esquemas ainda mais ambiciosos, e a doutrina econômica liberal da era precedente deu lugar a considerações pragmáticas de possibilidades financeiras e viabilidades econômicas"; *cf.* Holloway (1978, pp. 14-5).

[4] Em 1906, Keynes, então com 23 anos, iniciaria sua carreira como servidor público deslocando-se para a Índia, objeto de seu primeiro livro em 1913 (*Indian Currency and Finance*).

Ao longo desses anos, a participação do Estado na economia cresceria de múltiplas formas, mas não é fácil documentar as modificações no peso do governo na economia para o período anterior às contas nacionais, que começam apenas em 1947. Cálculos tentativos para o final do século XIX de fato mostram uma elevação dos gastos da União como percentagem do PIB, de 9,1% em média no período 1896-1905 para 12,6% em média para 1906-1913[5]. Nos anos da Primeira Grande Guerra, os estados e municípios já teriam gastos da ordem de 5,5% do PIB em média, elevando o total para o setor público a algo em torno de 18% do PIB[6]. Essa proporção não teria aumentado significativamente antes do final da década de 40: as contas nacionais nos informam um percentual da ordem de 18,3% para 1947-49, o que sugere que os maiores aumentos da despesa pública como proporção do PIB, bem como os desdobramentos mais significativos no papel do Estado na economia, viriam apenas nos anos do pós-guerra.

É curioso que esse nosso keynesianismo *avant la lettre*, e de natureza cafeeira, fosse mais caracteristicamente anticíclico, e portanto mais fiel ao autor da *Teoria Geral*, do que a doutrina que vem depois, nos anos 50, quando toma corpo o desenvolvimentismo. A descoberta do Princípio da Demanda Efetiva[7], e de suas implicações no tocante à administração da demanda agregada, foi feita na prática, no Brasil, a partir das operações de defesa do café, antes que aqui se firmassem as cautelas contra o inflacionismo que a longa vigência do padrão-ouro cuidou de forjar nos países desenvolvidos. Nossa infeliz experiência com o padrão-ouro — de que tratamos no capítulo 3 — terminou permitindo o florescimento de um keynesianismo diferente, mais irresponsável e nacionalista, meio de esquerda, temperado à Michel Kalecky, John Hobson e Rudolf Hilferding, sem falar nos ingredientes latino-americanos oriundos da Cepal. Enquanto no Norte a chamada "síntese neoclássica" enquadraria Keynes em um contexto histórico específico, decantando seus aspectos mais heterodoxos, nossa *tropicalização* de Keynes procurou transformar o subconsumismo num caso geral, e tomar o desenvolvimento como um problema de demanda efetiva ou como problema de "realização", no jargão marxista. Como se o capitalismo periférico em geral, e o brasileiro em especial, fossem cronicamente assaltados pela propensão a produzir mais

---

[5] Goldsmith (1986, pp. 121-2).

[6] *Ibid.*, pp. 202-7.

[7] É uma das mais importantes leis da economia. Diz essencialmente que o nível de atividade econômica não é necessariamente igual ao que utiliza plenamente capacidade produtiva da sociedade, aí incluídas as máquinas e também os trabalhadores, mas pelo nível de demanda agregada.

mercadorias do que era efetivamente demandado pelas pessoas[8]. Passagens de Keynes em que se identifica um vezo subconsumista ainda hoje são garimpadas com delicadeza e cultuadas com fervor. Há toda espécie de disputa sobre o espólio do mestre, e de cada contexto parece florescer uma variante a ele adaptado, num extraordinariamente duradouro desafio à Lei dos Rendimentos Decrescentes[9].

Nosso nacional-desenvolvimentismo usaria Keynes em seu favor ao introduzir a idéia-força de que o desenvolvimento se confunde com *a formação do mercado interno*, ou de que o desenvolvimento só pode ocorrer quando *liderado pelo Estado*, vale dizer, impulsionado pelo gasto público. Assim, o ativismo keynesiano do Norte seria transfigurado em um ativismo desenvolvimentista no Sul, um processo que Furtado (1991, p. 53) descreveria nos seguintes termos: "a idéia de uma política ativa de desenvolvimento é fenômeno recente, subproduto dos esforços de estabilização anticíclica. Nas economias capitalistas maduras" — ele continua — "a busca da estabilidade, as chamadas políticas de pleno emprego, levou naturalmente à formulação de políticas de desenvolvimento e produziu os instrumentos de regulação macroeconômica".

Podemos dizer que este *breve século* começado em 1906 é keynesiano, nessa nossa variedade tropicalizada, porque marcou a primazia absoluta do ativismo fiscal, do investimento público e das políticas industriais deliberadas como elementos deflagradores do desenvolvimento. É quando aumenta mais significativamente a participação do gasto público no PIB, que supera um quarto do PIB em meados dos anos 70, sem contar o crescimento das empresas estatais, que seria ainda mais vigoroso daí até o início da chamada Década Perdida. É o desenvolvimento liderado pelo Estado, como é mais comum de se ouvir nas tão encontradiças sínteses interpretativas sobre o desenvolvimento brasileiro. A alusão a Keynes nesse contexto não é comum e pode não ser inteiramente confortável ao próprio, que, por certo, dificilmente se deixaria alinhar com inflacionistas de grosso calibre que, por anos a fio e sem procuração, justificaram um papel ativo para o Estado no processo de desenvolvimento latino-americano como uma postura *keynesiana*. Todavia, como essa fé não é excludente[10], a despeito da profu-

---

[8] Um extraordinário guia para a tradução cepalina da *Teoria Geral*, de Keynes, pode ser encontrado em Prebish (1947).

[9] Adquire tonalidades quase religiosas o culto a Keynes, especialmente nas escolas fora do *mainstream* em economia. Alusões ao tema, no prefácio (de João Sayad) para mais uma coletânea recente de keynesianos de verdade (*cf.* Lima *et al.* [orgs.]), nada têm de acidentais.

[10] Numa passagem muito famosa, o próprio Milton Friedman reconheceu que, de alguma maneira, todos nós somos keynesianos nos dias de hoje. Uma ironia que resistiu à passagem do tempo.

são de severos intérpretes dos verdadeiros ensinamentos do mestre, não me parece controverso designar este nosso *breve século* como keynesiano. Bem mais controverso é sustentar esta mesma designação para o que tem lugar no Brasil a partir da década de 90, quando o desenvolvimento brasileiro começa a procurar dinamismo fora (ou não exclusivamente por meio) dos impulsos gerados pelo gasto (investimento) público, das políticas industriais ativas patrocinadas pelo Estado e, principalmente, dos recursos investidos pelo Estado e extraídos da Sociedade por meio da inflação. Uma agenda inteiramente nova parece emergir no início dos anos 90, a partir do imperativo de se vencer a hiperinflação, e dos sucessivos e dolorosos fracassos dos planos heterodoxos. O desequilíbrio fiscal vai se impondo como o tema central da consolidação da estabilização e da retomada do crescimento, parecendo inverter a lógica keynesiana que presidiu o desenvolvimento durante muitas décadas. Na verdade, a julgar pelos grandes temas da agenda nacional nos dias de hoje — privatização, concessão de serviços públicos, redução e racionalização da carga tributária, reformas na legislação orçamentária com vistas ao equilíbrio e à "responsabilidade fiscal", e o reequilíbrio do sistema de previdência pública —, o que se tem, em cada uma dessas áreas, é uma espécie de "desconstrução" dos paradigmas keynesianos vigentes durante todos esses anos. Na segunda metade dos anos 90, parece evidente que o país assiste a uma modificação radical no modo pelo qual estabelecia os termos de troca entre desenvolvimento e estabilidade. Para aferir a extensão dessas mudanças, precisamos recuar no tempo, ao menos até o início da segunda metade do "Século Keynesiano", a fim de observar a evolução das nossas percepções sobre a inflação e seu papel no processo de desenvolvimento.

## 2. As raízes do inflacionismo: do estruturalismo à indexação

A idéia de que os requisitos da estabilidade impunham obstáculos ao nosso crescimento encontrava profundas raízes na longa história de resistências do pensamento desenvolvimentista aos cânones básicos de programas de estabilização ditos ortodoxos, propostos freqüentemente do exterior pelas instituições de Bretton Woods[11]. O elogio à inflação não era comum, mas reconhecia-se abertamente a sua funcionalidade, e de maneiras que hoje veríamos como atrevidas. A cautela do observador *estruturalista* consistia em se afastar do problema, sem deixar de

[11] Veja-se, por exemplo, Prebish (1961) e Sunkel (1958) para as interpretações cepalinas clássicas. Visões mais equilibradas sobre o dilema estabilidade & desenvolvimento durante os anos 50 e 60 podem ser encontradas, por exemplo, nos ensaios da famosa conferência internacional sobre inflação e crescimento no Rio de Janeiro em 1963, publicados em livro por Baer & Kerstenetzky (1964).

reconhecê-lo, refugiando-se na crítica feroz às maneiras convencionais de resolvê-lo, ou seja, desancava-se essa "política econômica denominada *de estabilização*" — o termo *ortodoxa* sequer existia na ocasião[12] — cuja característica, na visão dos estruturalistas, era a "preponderância suprema que esta política [emprestava] aos problemas e instrumentos da esfera financeira, em detrimento de uma ação tanto necessária quanto urgente sobre a realidade estrutural e institucional"[13]. Mas não se oferecia qualquer alternativa.

Havia, nesse tipo de postura, considerável condescendência para com os efeitos negativos da inflação e relativamente pouca preocupação em rebater as acusações de inflacionismo. A inflação era, de fato, um problema, mas reafirmava-se a todo momento que na presença de tantos desequilíbrios estruturais o combate à inflação nos moldes convencionais, naquele momento, não teria nem justificativa, nem eficácia. Assim sendo, a melhor maneira de lidar com o problema era ignorá-lo e seguir adiante com o desenvolvimento, sem prestar muita atenção aos custos do progresso. Afinal de contas, o desenvolvimento econômico é sempre, como na expressão consagrada de Schumpeter, "destruição criadora", ou seja, não se faz sem sacrifícios. Raul Prebish, num texto que se tornou clássico[14], admitiria que, na falta de transformações estruturais, "a espiral inflacionária costuma ser o caminho mais rápido" (p. 173) para resolver os problemas do desenvolvimento, ainda que seja "um processo socialmente custoso e regressivo de elevar o coeficiente de poupança" (p. 132). E sobre as políticas de estabilização, o autor diria que "há inflação porque a economia é estruturalmente vulnerável, porque há fatores regressivos de distribuição de renda, porque há insuficiência de poupança [...] Com o desenvolvimento regular e intenso da economia, poder-se-á opor o máximo de resistência contra essas forças inflacionárias, e sustentar sobre bases sólidas — *que hoje não existem* — a política de estabilidade monetária, *como parte integrante da política de desenvolvimento econômico*" (p. 135, grifos meus).

Como já se observou acima, a ênfase na industrialização raramente conheceu circunstâncias atenuantes nos anos em que reinaram Prebish, Furtado e os desenvolvimentistas. O imaginário do desenvolvimento brasileiro registra, como ícones desses anos dourados, a figura sorridente e confiante de JK, a construção

[12] Porque somente viria a adquirir sentido quando começa a se desenhar a estabilização "heterodoxa", anos depois.

[13] Sunkel (1958, pp. 108-10).

[14] "O falso dilema entre estabilidade e crescimento", primeiro publicado no *Estudio Economico da Cepal* de 1961, depois publicado em livro em 1963. As citações aqui são da tradução em português editada em 1964.

de Brasília — um desafio à Natureza e à "sonolência de uma sociedade que parasitava ao longo das praias, como caranguejos, ou como se quisesse ir embora"[15] —, as rusgas com o FMI, que tencionava estabelecer amarras a nossos destinos gloriosos e, por fim, o enunciado básico do nosso futuro, em que se explicava como viver cinqüenta anos em cinco, o Plano de Metas, "o maior instrumento de planejamento de toda a história do país", a expressão clara de um "projeto de industrialização planejada" e de "predomínio sobre o neoliberalismo"[16].

Não obstante os ideais grandiosos, a historiografia não deixa de registrar, nas palavras de Carlos Lessa (1981, p. 73), "a subordinação das medidas da política de estabilidade ao atendimento dos objetivos de transformação da economia", e mesmo uma "vocação inflacionista" (p. 75) no Plano de Metas. Não é que a indústria "conscientemente aspirasse a extrair vantagens da inflação, mas sim porque suas posições no processo econômico conduziam à formulação de política econômica *pelas linhas de menor resistência, tendentes a confirmar o movimento inflacionário*" (p. 84, grifos meus). Com efeito, o percurso da nossa política econômica nos anos 50 parece sugerir que o sacrifício da estabilidade em nome do desenvolvimento não parecia resultar de uma escolha explícita e consciente no plano da política econômica. A inflação não era deliberada, mas tácita, um ruído que incomodava a alguns, ditos ortodoxos ou monetaristas, mais do que outros que, com freqüência, a vislumbravam como um lubrificante para as transferências de renda necessárias para o investimento.

Esta convivência promíscua do desenvolvimento com a inflação revelava uma ambigüidade básica amiúde percebida nos países que empreendiam industrializações tardias: o papel do Estado como fomentador do desenvolvimento que, de um lado, parecia necessário e mesmo essencial para a superação dos obstáculos ao desenvolvimento; e de outro, podia levar a arbitrariedades, sacrifícios excessivos e injustiças, ou seja, podia se mostrar prejudicial a alguns desígnios fundadores desses mesmos Estados, como a democracia e a justiça social. O autoritarismo e o militarismo foram, aqui como alhures, freqüentemente justificados ou associados a projetos nacionais de desenvolvimento. Da mesma forma, a concentração de renda chegou a ser tomada como natural no processo de desenvolvimento, a julgar pelo estatuto teórico da chamada curva de Kuznets, que prescrevia um aumento da concentração de renda nos estágios mais intensos do processo de industrialização. A aceleração do desenvolvimento a partir das pesadas iniciativas do Estado parecia tornar inevitável a mudança radical, a destruição

---

[15] Santos (1997, p. 27).

[16] Bielchowski (1988, p. 465).

impiedosa da velha ordem e um compromisso entre as maravilhas do progresso e a tragédia dos que ficam para trás. O tema não é novo. O Estado intervirá no processo de desenvolvimento para potencializá-lo, inclusive no que tem de tragédia. Poderá sustar os vaticínios de Marx empreendendo as políticas anticíclicas de Keynes, e superar o círculo vicioso da pobreza e do subdesenvolvimento com políticas inflacionistas, mas será sempre destrutivo, transformador e inovador, no sentido schumpeteriano ou no sentido que Marshall Berman (1982) associa ao que chamou de "modelo fáustico de desenvolvimento" (p. 72), mencionado no capítulo anterior. O desenvolvimento, nessa concepção, é uma soma de ambiciosos projetos, um canteiro de obras ampliando-se em todas as direções, como no último ato do Fausto, equilibrando-se precariamente entre a tragédia e a redenção.

É curioso que o desenvolvimentismo brasileiro tenha conseguido preservar em torno de si a aura de projeto nacional redentor e, com isso, tenha logrado distanciar-se de alguns dos principais problemas que criou, como a concentração de renda que, curiosamente, não é vista como uma decorrência da aplicação, durante várias décadas, de um imposto sobre o pobre — a inflação. De forma similar, o que mais tarde seria chamado de "privatização do Estado", ou seja, a confusão entre o público e o privado, ou a apropriação do Estado pelos interesses privados na gestão das políticas do desenvolvimento, *não* seria vista como uma perversão decorrente do aprofundamento de um modelo de intervenção do Estado na economia típico do "Século Keynesiano". É extraordinário que os desenvolvimentistas tenham se livrado dessas culpas.

*Os anos 60: o compromisso em torno da indexação*

Em meados dos anos 60, a supremacia desenvolvimentista experimentaria tensões crescentes, tendo em vista um quadro de estagflação, desencanto com a eficácia das políticas para o desenvolvimento e a sensação de aparente *esgotamento* desse crescimento ensimesmado, baseado no mercado interno, na inflação e na substituição de importações. Dúvidas mais fundamentais se apresentavam sobre as reais possibilidades de superação do subdesenvolvimento. A tragédia parecia iminente. Proliferavam-se teorias estagnacionistas, profecias de catástrofe e o debate se radicalizava. O pensamento desenvolvimentista experimentava uma "reorientação ideológica — no dizer de Bielschowsky (1988, p. 492) — através da idéia-força que dominou a escola cepalina no início dos anos 60, a saber, a de que as economias latino-americanas tendiam à estagnação [...] [mercê] de desenvolvimento concentrador de rendas, que agudizava a dualidade econômica e social dos países do continente". Tudo isso como se a concentração de renda não fosse obra da inflação, da qual dependia o dinamismo de um modelo econômico calcado na indisciplina fiscal, mas de alguma artimanha ou determinação impronunciável emanada de nosso passado colonial, ou de perversos mecanismos imanentes à ordem econômica internacional ou às contradições do capitalismo.

Os anos 60 são confusos para a política econômica. Contradições mesclavam-se a convergências em novas direções, desafiando, inclusive, as clivagens políticas, especialmente no tocante ao tratamento a ser dado a uma inflação cada vez mais fora de controle. Como evidência disso, em 1962, conforme relata Bielschowsky (1988, p. 484), quando "pela primeira vez um desenvolvimentista nacionalista autêntico [...] assumia um ministério econômico e era encarregado de redigir um programa econômico de governo", o resultado terminou sendo paradoxal: o Plano Trienal de Celso Furtado, conforme a avaliação de Marcelo de Paiva Abreu (1990, p. 206), "caracterizava-se por um diagnóstico bastante ortodoxo da aceleração inflacionária no Brasil, enfatizando o excesso de demanda via gasto público como sua causa mais importante". Na mesma linha, Bielschowsky (1988, p. 484) observou que "não obstante a capa de desenvolvimentista e a linguagem estruturalista de que o texto é, de boa fé, revestido, as únicas propostas que tinham chances concretas de aplicação pelas autoridades econômicas diziam respeito à tentativa de controle inflacionário via contenção de crédito e das despesas públicas". Ao fim das contas, o Plano Trienal viria a engrossar a estatística das tentativas malsucedidas de estabilização ortodoxa, como tantas outras na América Latina nesses anos.

Mas se o desenvolvimentismo não tinha resposta para a aceleração da inflação, o mesmo se observava, ainda que de forma diversa, no campo oposto. Logo em seguida ao Plano Trienal, o Paeg (Plano de Ação Econômica do Governo), implementado com sucesso pelo governo militar, e a despeito das inatacáveis credenciais liberais de seus autores — Roberto Campos e Otávio Gouveia de Bulhões —, teria aspectos *heterodoxos* bastante evidentes, a começar pelo próprio diagnóstico que fazia da inflação, além do amplo recurso ao controle de preços, e do uso, ainda que enviesado, do que mais tarde seria chamado de políticas de rendas. O sucesso do programa tem sido atribuído em grande medida a esses instrumentos não-convencionais[17], podendo-se dizer que a ortodoxia também não foi capaz de lidar com o problema dentro das fronteiras de suas próprias idéias.

Em meados dos anos 60, portanto, as políticas *ditas de estabilização* já pareciam admissíveis, menos pela consciência dos benefícios da estabilidade do

[17] Veja-se, para os detalhes, Lara Resende (1984) e Moraes (1987).

que pela progressiva perda de eficácia de políticas inflacionistas para acelerar, e mesmo manter o crescimento. Já era visível, ademais, que o modo de colocar tais políticas em operação não revelava propriamente incompatibilidades de natureza doutrinária entre os economistas, mas apenas diferenças de ênfase, que a passagem do tempo viria, inclusive, diminuir.

A historiografia não se mostra propriamente confortável em reconhecer virtudes no programa de estabilização de 1964-67, e menos ainda nas reformas econômicas trazidas pelo regime militar. Mas o fato é que alguns dos principais percalços ao desenvolvimento conducentes à estagflação dos anos 60 foram removidos nos primeiros anos do novo regime. Tivemos uma profunda reforma tributária que compreendeu a racionalização do imposto de renda, a eliminação de impostos em cascata (!?), a coordenação dos impostos federais, estaduais e municipais, e a introdução da correção monetária. Esta, aliás, também se revelou fundamental para a abertura de novos caminhos para a dívida pública, e para o mercado financeiro, aí amplamente reformulado e enriquecido, inclusive, com a criação do Banco Central (Lei 4.595), do Sistema Financeiro da Habitação (Lei 4.380) e com a nova lei do mercado de capitais (Lei 4.728). Por certo, todas essas inovações permitiam que melhorassem as nossas possibilidades de crescimento não-inflacionário.

Mas sem prejuízo do fato de o autoritarismo político diluir dificuldades de conciliação entre crescimento e estabilidade, e parecer inaugurar novas condições para um novo equilíbrio de prioridades a partir do golpe de 1964, as preocupações com a inflação viriam, na prática, reduzir-se progressivamente ao longo da década de 70, predominantemente em função da engenhosidade dos mecanismos de indexação então desenvolvidos. A indexação constitui-se, sem dúvida, numa *resposta criativa*, para usar a terminologia schumpeteriana, ou seja, uma inovação institucional que "molda completamente o curso dos acontecimentos subseqüentes e também o seu resultado"[18]. É bem conhecido o sentimento de conforto ensejado pela indexação, na medida em que coloca a economia, conforme a expressão do professor, então ministro, Mário Henrique Simonsen, numa avaliação de época, em um estado de "quase-neutralidade" relativamente à inflação, deixando o governo "de mãos livres para promover o crescimento", reconhecendo-se, todavia, que "a convivência pacífica [com a inflação] tinha o seu preço: o elevado coeficiente de realimentação inflacionária"[19]. No entanto, não só este era um preço que o país parecia disposto a pagar, como parecia haver genuína satisfação em se engendrar um jeito de se contornar problemas geralmente cau-

---

[18] Schumpeter (1947, p. 31).

[19] Simonsen (1975, p. 93). Trata-se aí da nossa mui conhecida inércia inflacionária.

sados por programas de estabilização, sem que o país incorresse nos custos da manutenção da inflação. Verdadeiro "Ovo de Colombo", a indexação evitava (ou, quem sabe, apenas adiava) os impasses que tanto nos confundiram nos anos 60, e não sem motivo, foi acolhida pelo desenvolvimentismo com verdadeiro entusiasmo. Em função disso, principalmente à distância, o Brasil emergia como um caso singular de resolução pacífica do dilema desenvolvimento *versus* estabilidade, graças a esse maravilhoso artifício. Sua utilização avançou naturalmente da política salarial e cambial para o sistema tributário, as relações financeiras e a disciplina dos contratos, ao passo que seguimos crescendo nas bases keynesianas de sempre — impulsionados pelo investimento público — sem tantas preocupações com a aceleração da inflação e sem acreditar que os termos da relação entre desenvolvimento e estabilidade pudessem se modificar ao longo do tempo, ou que a coexistência com a inflação pudesse degenerar em dependência ou algo pior.

O episódio do "milagre econômico" refletiu um impressionante conjunto de circunstâncias favoráveis — dentre as quais os efeitos positivos das reformas trazidas pelos primeiros anos do regime militar, bem como um entorno internacional especialmente amistoso — que pareceram eliminar as conseqüências inflacionárias de políticas expansionistas. Ou seja, mercê de condições especiais, as políticas desenvolvimentistas recobraram a eficácia perdida durante os anos 60, derivando daí, possivelmente, a noção de que experimentávamos um "milagre", uma *ressurreição* de um desenvolvimentismo inflacionista que os anos 60 pareciam ter sepultado. Não se pode reduzir a importância das reformas de 1964-67, mas, de um modo ou de outro, a indexação era a inovação-chave que definia novos e mais favoráveis termos de troca entre inflação e desenvolvimento.

## 3. O DECLÍNIO DO INFLACIONISMO: HETERODOXIA E HIPERINFLAÇÃO

Ao longo dos anos 80, contudo, começa a ficar claro que se o "sacrifício da estabilidade no altar do crescimento" podia ser colocado em termos favoráveis em determinado momento histórico, isso não queria dizer necessariamente que os conceitos daí derivados resultassem aplicáveis em qualquer circunstância, ou que fizessem sentido como teoria geral. Com efeito, à medida em que vamos nos distanciando dos anos em que vigoraram incontestes os mitos do "milagre" e da "inflação sem lágrimas"[20], iam se apresentando novos desafios econômicos que tornavam cada vez menos claro que a aceitação dos termos do sacrifício acima aludido continuassem a fazer sentido. Na verdade, a crise fiscal que se desenvolveu progressivamente nos anos 80, e que vamos examinar na próxima seção,

[20] A expressão é devida a Albert Fishlow, um dos raros críticos da disseminação da indexação no Brasil nos anos 70, *cf.* Fishlow (1974).

combinada à sucessão de choques de oferta de origem externa iniciada em 1973, fez com que as receitas anteriores para o crescimento deixassem de produzir outro efeito que não a aceleração da inflação para patamares até então desconhecidos e perturbadores. A sabedoria estabelecida no tocante à política econômica — o nosso *keynesianismo climatizado* que a tudo respondia com elevações no investimento público — mostrava-se incapaz de encontrar soluções a circunstâncias sem precedentes — choques de oferta, mudanças exógenas em preços relativos, exaustão fiscal — e que lhe afiguravam incompreensíveis. Nesse sentido, os anos 90 pareciam iniciar-se de forma semelhante aos anos 60: uma vez mais, novas condições econômicas iam dificultando a conciliação entre desenvolvimento e estabilidade, ao menos sob a égide de um modelo de desenvolvimento baseado num amplo papel do Estado, inclusive como investidor.

A partir da segunda metade dos anos 70, vai se tornando evidente que, com a aceleração contínua da inflação, a sua alegada neutralidade teria de se manter à custa de uma indexação praticada sempre uma oitava acima. O uso continuado da anestesia parecia ter gerado imunidades. Com isso, evidentemente, acirrava-se a rigidez nos preços relativos e nas parcelas distributivas (ou na rendas reais dos ditos agentes econômicos), tornando cada vez mais inflacionários os impactos de novos choques. A tolerância para com a desigualdade diminuía, e patamares crescentes de inflação iam se tornando necessários para se obter determinada modificação em preços relativos importantes (câmbio, salários, tarifas públicas etc.) ou para se conseguir determinada "poupança forçada", ou seja, certo nível de arrecadação do chamado "imposto inflacionário". A sensação era a de que o conflito distributivo se acirrava, e que sua expressão não mais se resumia a uma inflação relativamente estável e alta, isto é, a uma *inflação inercial*, mas a uma inflação em crônica aceleração[21]. A relação entre inflação e indexação vai se tornando de mútua dependência, e vai assumindo uma natureza viciosa. Abre-se, assim, vagarosamente o caminho para a hiperinflação, que não se apresentava como processo explosivo ou conflagratório, mas de lenta e penosa consumação, embora nem por isso menos destrutivo em suas conseqüências. O espectro da tragédia do desenvolvimento mais uma vez se desenhava, trazendo para o país, de novo, o desafio de inovar.

### *A hiperinflação brasileira*

É sempre controversa a definição exata de uma hiperinflação, ou o momento no qual esta condição é assumida por uma inflação muito grande, até então defi-

[21] Para uma avaliação da maneira pela qual as teorias de *inflação inercial* e de *conflito distributivo* eram duas metades da mesma verdade, veja-se Bacha (1988).

nida como "crônica", "inercial" ou simplesmente "elevada"[22]. A definição mais comum tem que ver com o nível — 50% mensais, sendo, para muitos, a fronteira que assinala o seu início —, mas há certa tendência, principalmente nos anos recentes, e à luz de tantos casos "intermediários", de se considerarem não tanto os números, mas a dor provocada pelo processo inflacionário, que parece muito diferente de um caso para outro. Os 50% foram inicialmente propostos no estudo clássico de Philip Cagan (1956) sobre hiperinflações, no qual se define que o fenômeno tem início no mês em que a inflação atinge 50% mensais e termina um ano após o mês em que a taxa de inflação cai abaixo desse nível[23]. Mais tarde, quando o mesmo Cagan foi chamado a escrever o verbete "hiperinflação" em uma reedição do famoso *Dicionário Palgrave* (1987) — o mais antigo e célebre dos dicionários de economia —, ele preferiu abandonar os 50% em nome de uma definição *qualitativa* do fenômeno. É interessante notar, todavia, que se abaixássemos o patamar definidor de uma hiperinflação para 25% — um número que Michael Bruno (1993, p. 4) argumenta ser mais apropriado à experiência internacional —, concluiríamos que o Brasil esteve em uma hiperinflação *contínua durante os sete anos anteriores a julho de 1994*. Além do mais, a fronteira dos 50% mensais foi atingida durante esses anos apenas algumas poucas vezes pela simples razão de termos feito congelamentos de preços em *quatro* diferentes ocasiões depois do Plano Cruzado[24].

A experiência brasileira é interessante nesse domínio, tendo em vista a resistência em se reconhecer que vivemos a hiperinflação. Conforme uma aguda observação sociológica do exterior, "em virtude da atitude geralmente *blasé* das elites brasileiras diante do crescimento desordenado dos preços [...] o discurso da política econômica tem se localizado em um mundo à parte [...] aceitando que enquanto a economia continua a funcionar (e isto reconhecidamente aconteceu) não pode haver hiperinflação"[25] . Proliferou no Brasil, com efeito, a idéia de que a nossa experiência não mereceria esta desairosa classificação. Argumentava-se que os casos em que a aceleração da inflação a níveis hiperinflacionários foi len-

---

[22] Para um manual, com todos os detalhes e curiosidades das hiperinflações, veja-se Franco (1995, cap. 6).

[23] Buscava-se uma definição segundo a qual a hiperinflação não se interrompesse se houvesse um congelamento de preços, ou da taxa de câmbio, que mantivesse baixa a inflação por breve período de tempo. Na verdade, na maior parte dos casos conhecidos de hiperinflações existem interrupções desse tipo, que devem ser vistas apenas como pausas na marcha da inflação.

[24] Com o critério dos 25%, a hiperinflação teria começado com o colapso do Plano Cruzado e terminado com o Real. Nesse intervalo ocorreram quatro congelamentos: os planos Bresser, Verão, Collor 1 e Collor 2.

[25] Armijo (1996, p. 10).

ta e ocorreu em meio à adoção generalizada de mecanismos de indexação — vale dizer, no Brasil e, em menor escala, na Argentina — não teriam sido tão dolorosos quanto os outros. Essa benevolência para com a nossa experiência pode ser medida pelo desconforto em considerar comparações com a Alemanha de 1923, ou com outras exóticas e longínquas experiências associadas a guerras e revoluções nos Bálcãs e na China. Muitos observadores recusavam-se a pensar o assunto nesses termos, tomando a alusão à hiperinflação como exagero, alarmismo ou provocação do lado ortodoxo. As experiências mais recentes em países como Bolívia, Peru e Nicarágua foram se acumulando à nossa volta, mas isto não serviu para enfraquecer a alegação de que o espectro hiperinflacionário estava distante de nós. Afinal, como sempre gostamos de sublinhar, o Brasil era diferente e tinha uma agenda muito própria. É verdade que a experiência argentina ensejava a impressão exatamente oposta, ou seja, a de que o monstro efetivamente vinha se aproximando. Mas nada parecia abalar a convicção de que era remota a possibilidade de que tal coisa viesse ocorrer conosco. E quando veio, foi sempre com uma notável má vontade que se admitia que estávamos vivendo um caso de hiperinflação. Procurou-se alguma terminologia substitutiva de gosto duvidoso ("superinflação", por exemplo) e argumentou-se amiúde, e equivocadamente, que aqui não se experimentou o mesmo grau de desagregação econômica verificado nos casos ditos "clássicos". Reconhecer a existência da hiperinflação seria como uma rendição à necessidade imperiosa de se levar a política de estabilização às últimas conseqüências, e ninguém que se julgasse herdeiro ou tributário das bandeiras desenvolvimentistas via-se disposto a admitir uma derrota desse calibre. Mas a despeito desses pudores, não havia como negar: a era da indexação parecia terminar de forma trágica num processo inflacionário virulento e destrutivo, cuja única característica peculiar era uma aparente normalidade em seu desenrolar, ensejada pelos efeitos anestésicos da indexação.

As hostes desenvolvimentistas pareciam próximas da capitulação incondicional quando emergiu uma última possibilidade a explorar, quem sabe a inovação salvadora: a idéia de que podia existir uma política de estabilização dita "heterodoxa" que não interferisse com as políticas desenvolvimentistas, ou seja, que não necessitasse de medidas contracionistas na esfera monetária e fiscal. Mas mesmo antes de se experimentar essa panacéia, em uma tácita reverência à gravidade da situação, já era difícil encontrar no *establishment* acadêmico brasileiro alguém que deixasse de reconhecer que os termos do "sacrifício da estabilidade no altar do desenvolvimento" haviam se modificado de forma radical. Tendo a inflação adquirido dimensões de catástrofe, a coexistência pacífica com a inflação em nome do desenvolvimento, e por obra e graça dos efeitos anestésicos da indexação, tornava-se cada vez mais difícil de se justificar. O combate à inflação, já em meados da década de 80, vai assumindo a condição de um imperativo até para os estruturalistas mais empedernidos. Não obstante, o compromisso de levar o assunto às últimas conseqüências viria apenas com o tempo, e não antes de alguns memoráveis tropeços.

*O fracasso da estabilização heterodoxa*

As primeiras abordagens para o problema da inflação posterior aos choques externos dos anos 70 resultaram, para utilizar a famosa clivagem do professor Simonsen, da passagem do "gradualismo" para o "tratamento de choque" ou, mais especificamente, da transformação de posturas defensivas ou pouco ambiciosas, caracterizadas pela introdução de *fricções* à aceleração da inflação, em iniciativas envolvendo um grau crescente de ousadia e criatividade, para o bem ou para o mal. Nesse contexto, o desenvolvimentismo buscou alternativas em abordagens inovadoras para a estabilização, que passariam à História com a denominação de "heterodoxas". Antes mesmo desta designação se popularizar, especialmente através do livro clássico do professor Francisco Lopes (1986), já tínhamos experimentado algumas das técnicas que tanto mexeriam com a imaginação dos economistas depois de 1986. Em 1979, por exemplo, empreendemos um experimento fracassado de pré-fixação que merece as honras de sócio fundador do clube dos experimentalismos fracassados, do qual os *choques heterodoxos* se tornariam membros honorários. Estes, por sua vez, reuniriam diversas características comuns, mas para nossos propósitos importa destacar que juntariam, no plano da formulação, de um lado, desenvolvimentistas nada interessados em alterar os fundamentos do modelo econômico anterior, ou em comprometer a noção de que o desenvolvimento teria de ser liderado pela expansão das fronteiras do setor público. E de outro, economistas de formação convencional interessados em burlar o *trade-off* definido pela famosa Curva de Phillips — vale dizer, os termos de troca entre inflação e desemprego — por meio de inovações, afetando os mecanismos de coordenação decisória inerentes aos processos de fixação de preços e salários numa economia indexada.

As coalizões que uniam esses grupos, no Brasil como alhures, nascem marcadas pela heterogeneidade e se mostram extremamente vulneráveis ao oportunismo político como, de resto, as experiências do Cruzado, do Plano Austral na Argentina e do Plano Inti no Peru viriam a demonstrar amplamente. Na verdade, no centro de todos esses experimentos estava uma ferramenta antiga e perigosa: o congelamento de preços, um recurso que havia sido empregado em diversas ocasiões no passado por governos populistas, principalmente na Argentina, e com resultados nada brilhantes. Com efeito, foi por meio do Plano Austral, o pioneiro dentre os planos heterodoxos, que se construiu a noção de uma "estabilização sem lágrimas" que ocuparia o lugar da "inflação neutra" como expediente retórico a dar alento a grupos interessados em manter intocada a lógica desenvolvimentista dos anos 50. O plano heterodoxo parecia se constituir em uma esperteza latino-americana que destruiria essa perversa invenção anglo-saxã, a chamada Curva de Phillips, e sua inefável moral calvinista e neoliberal, a negação da existência de refeições gratuitas (*no free lunch*) ou "a idéia recôndita da redenção do pecado pelo sacrifício", como disse Prebish (1961, p. 129).

As vicissitudes de um congelamento generalizado de preços não eram conhecidas no Brasil antes de 1986. A despeito disso, nossa experiência com controles de preços era antiga e tormentosa, compreendendo variadas formas de deformação, desde eventos policialescos a partir das múltiplas aplicações da famosa Lei Delegada nº 4, de 1962, cujo propósito era "assegurar a livre distribuição de mercadorias e serviços essenciais ao consumo e uso do povo" (*sic*); passando pela rica experiência de relações incestuosas entre o CIP e o setor privado[26]; e chegando à Sunab, uma burocracia gigantesca e sem função, prestes a ser acionada para instrumentar uma réplica tupiniquim do Plano Austral e imortalizar-se no lamentável episódio da "caça ao boi gordo".

O passo final para a construção retórica do "Plano Heterodoxo" no Brasil era a desqualificação do nexo convencional entre desequilíbrio fiscal, indisciplina monetária e inflação. Nessa linha, foi se firmando a alegação de *inexistência* de desequilíbrio fiscal, em primeira instância com as tentativas de se identificar um "caráter financeiro" do déficit público, a partir de alguma endogenia entre juros nominais e o déficit[27]. O finado professor Mário Henrique Simonsen bem sintetizava o estatuto analítico dessas teorias: "déficit não tem caráter", ele dizia.

Em seguida, todavia, o argumento transfigurou-se em algo mais sofisticado: a insignificância do déficit público no "conceito operacional" — mesmo na presença de valores elevados para o déficit público no "conceito nominal", ou seja, aferido sem deduções ou ajustes. A argumentação era simples, como veremos em detalhe na próxima seção: uma vez que os pagamentos referentes à correção monetária (da dívida) apenas existiam porque existia a inflação, esta sendo eliminada, digamos assim, por meio de um congelamento de preços, o déficit público imediatamente convergiria para o déficit "no conceito operacional", vale dizer, *não haveria causas de natureza fiscal para a inflação*. Daí decorriam as hipóteses, comuns na ocasião, de que "os *fatores primários da inflação*, a saber, o déficit operacional do setor público e a política monetária, estão sob controle.

---

[26] Para uma resenha de nossa experiência mais remota com controles de preços, veja-se Carneiro (1976).

[27] Veja-se Bresser Pereira & Dall'Acqua (1987) e o indecifrável Tavares & Belluzzo (1986). O argumento transformou-se em proposição de política no famoso "Livro branco do déficit público", de 1985.

Não há pressão exagerada de demanda e não há mais necessidade de promover importantes reajustes de preços relativos [...] [de] modo que a inflação é agora essencialmente inercial, isto é, os preços sobem hoje porque subiram ontem, de acordo com o mecanismo perverso de catraca da economia indexada"[28].

Embora houvesse considerável cautela quanto à validade dessas hipóteses, especialmente dentre alguns dos formuladores dos planos econômicos a partir do Cruzado, a noção de que a inflação era impulsionada apenas e tão-somente pelo seu próprio passado, ou que não tinha razão de ser, e que poderia terminar com algum artificialismo inteligentemente urdido, como um congelamento de preços ou uma *OTNização*, resultaram irresistivelmente tentadoras no mundo político. Tinha-se aí, ao menos potencialmente, uma inovação que poderia redefinir por completo os termos de troca entre desenvolvimento e inflação. Um outro "Ovo de Colombo", como tinha sido a introdução da indexação nos anos 60. Um político chegaria a definir o programa heterodoxo, o Plano Cruzado em particular, como "um bilhete premiado", um artifício que evitaria um impasse que já durava vários anos e oferecia um passaporte para a popularidade, como efetivamente ocorreu em 1986, ainda que de forma efêmera.

Malícia e ingenuidade pareciam formar uma poderosa combinação, levando à implementação dessas teorias, especialmente depois da experiência argentina inicialmente bem-sucedida do Plano Austral. A idéia da "inércia inflacionária", ou dos fatores "reprodutores" ou "realimentadores" da inflação, encontrava grande apelo, embora não tivesse lá muita coisa de nova[29]. A discussão do papel específico de políticas salariais, e de suas elaboradas fórmulas de reposição da inflação passada, conferia notável concretude e atualidade à construção. Mas o erro fundamental era o de achar que a inflação se esgotava nesses elementos de realimentação ou de se "confundir inércia inflacionária e inflação inercial", como disse o professor Simonsen (1989, p. 25). A relevância da "inércia" produzida por fatores institucionais jamais autorizaria qualquer descaso quanto ao desequilíbrio fiscal em que nos debatíamos, nem tampouco a ilusão de que o problema poderia ser resolvido por um artifício de péssima folha corrida, como era o congelamento de preços. Mas terminou por oferecer um fabuloso álibi para que fosse uma vez mais evitado o ataque às verdadeiras causas da inflação. A condução dos nossos sucessivos experimentos heterodoxos ofereceria uma patética e monótona sucessão de reprises pioradas do Plano Cruzado, cada qual trazendo uma nova e mais contundente maneira de reviver o mesmo fracasso e reciclar as mesmas falácias.

---

[28] Arida & Lara Resende (1985, p. 151), grifos meus.

[29] Pelo menos uma década antes, Mário Henrique Simonsen havia estudado o problema com muito detalhe em seu *Inflação: Gradualismo versus tratamento de choque.*

Resulta desolador o saldo de nossas tentativas de estabilização heterodoxa. Conforme registra a triste compilação de Ricardo Henriques (1993, p. 58), tivemos, nesses anos loucos, oito programas de estabilização econômica, 15 políticas salariais, 54 alterações de sistemas de controle de preços, 18 mudanças de política cambial, 21 propostas de renegociação da dívida externa, 11 índices oficiais de inflação, cinco congelamentos de preços e salários e 18 determinações presidenciais para cortes drásticos nos gastos públicos. Indiscutivelmente, essa incontinência intervencionista resultou em piorar ainda mais as doenças que se tencionava combater, não apenas pelo entulho legal, como também pelo ressentimento e hostilidade que deixava para trás, criando terríveis anticorpos nos chamados agentes econômicos contra quaisquer medidas que pudessem lhes apontar para os mesmos velhos traumas. Não é outro o motivo pelo qual não houve triunfalismo do lado ortodoxo pelo fracasso da heterodoxia: o problema a ser enfrentado permanecia em aberto, e ainda mais difícil, emergindo como um desafio colossal à sabedoria econômica estabelecida. A crítica ácida, e merecida, à heterodoxia, aludindo a seu descaso com os chamados "fundamentos" e seu ingênuo otimismo quanto à profundidade das causas da inflação, bem servia como ataque frontal a algumas idéias tolas, mas nem por isso menos influentes, cuja essência era a negação da importância da questão fiscal combinada com algumas teses conspiratórias ou exóticas, como a do "caráter financeiro do déficit" e outras miragens. Não se podia mais adotar a postura dos estruturalistas: criticar as políticas de estabilização ortodoxas e ignorar a inflação. A indexação deu sobrevida a essas posturas, mas sua eficácia terminou exaurida. Era preciso afirmar como efetivamente deveria ser o combate à inflação. E as tentativas heterodoxas nessa direção foram catastróficas. Muito havia sido aprendido no tocante às tecnologias de desindexação e especialmente quanto ao que *não deveria ser feito*. Mas ainda havia muito o que aprender com relação ao tratamento dos ditos "fundamentos", ou seja, muito o que pensar sobre reforma do Estado e inserção externa como elementos, para usar a expressão de Raul Prebish (1961, p. 135), de "uma política de estabilidade monetária como parte integrante da política de desenvolvimento econômico".

## 4. A exaustão fiscal: o fim do "Século Keynesiano"?

A narrativa das seções anteriores teve como fio condutor a contínua deterioração dos termos de troca entre desenvolvimento e inflação, ou a crescente importância atribuída à estabilização, algo que Prebish, em seu tempo, vislumbrara apenas para um futuro distante e incerto. Na década de 90, como vimos, a estabilização já era vista como uma condição indispensável para a retomada, ou reinvenção, do desenvolvimento. A hiperinflação invertera totalmente as prioridades e não parecia haver dúvidas sobre o esgotamento do padrão de condução das políticas fiscais e monetárias que identificamos como típico do "Século Keynesiano". O chão parecia faltar sob os pés dos condutores do desenvolvimento, os quais, com crescente intensidade, passavam a enfrentar limitações de natureza fiscal a que nunca tinham se subordinado. Alguma coisa muito séria e nova estava ocorrendo com as contas públicas, e não se sabia bem o que era. Na ausência dos instrumentos de medição de que hoje dispomos, é possível que não se percebesse a real dimensão do problema. Pode ser. Mas é mais plausível imaginar que houvesse muito pouca boa vontade em reconhecer que as coisas tinham mudado, e que as políticas de desenvolvimento tinham que ser repensadas. Na verdade, mesmo nos dias de hoje, com todas as tecnologias contábeis e estatísticas disponíveis, o nosso problema fiscal ainda se mostra difícil de ser reconhecido. Os números permitem diferentes leituras e incríveis manobras diversionistas, boa parte das quais com o propósito de confundir a verdadeira natureza do problema e o tamanho dos sacrifícios a fazer para resolvê-lo.

*O significado dos números e o tamanho do problema*

O roteiro básico para se compreender a crise fiscal dos anos 80 e 90 pode ser visto na tabela 8.1, que traz alguns dos principais aspectos das contas públicas brasileiras de 1970 até os nossos dias.

Tabela 8.1
Contas do governo, 1970-1997 (médias anuais como % do PIB)

| | 1970/75 | 1976/80 | 1981/85 | 1986/90 | 1991/93 | 1994/96 | 1997 |
|---|---|---|---|---|---|---|---|
| ***no conceito nominal*** | | | | | | | |
| Receita | 25,2 | 24,1 | 26,3 | 28,3 | 31,7 | 33,0 | 34,1 |
| Despesa | 24,0 | 24,4 | 39,8 | 62,7 | 61,9 | 49,1 | 39,7 |
| corrente | 20,0 | 21,3 | 37,4 | 58,4 | 58,8 | 46,7 | 37,2 |
| investimento | 4,0 | 3,0 | 2,3 | 3,3 | 3,1 | 2,5 | 2,5 |
| **Déficit*** | **-1,2** | **0,3** | **13,5** | **34,3** | **30,2** | **16,1** | **5,9** |
| Poupança** | 5,2 | 2,8 | -11,2 | -31,0 | -27,1 | -13,6 | -3,2 |
| ***no conceito operacional*** | | | | | | | |
| Receita | 25,2 | 24,1 | 26,3 | 28,3 | 31,7 | 33,0 | 34,1 |
| Despesa | 22,9 | 22,3 | 28,0 | 31,0 | 32,1 | 35,3 | 38,1 |
| **Déficit*** | **-2,4** | **-1,9** | **1,7** | **2,7** | **0,4** | **2,2** | **4,0** |
| Poupança** | 6,4 | 4,9 | 0,6 | 0,6 | 2,6 | 0,2 | -1,5 |
| *memo: receitas decorrentes do "imposto inflacionário" (senhoriagem do Banco Central)* | 0,8 | 1,7 | 2,3 | 3,6 | 3,2 | 0,6 | 0,2 |

*Não se incluem empresas estatais. * superávit (-) déficit (+). ** receita menos despesa corrente.*
*Fonte: Contas Nacionais e Banco Central do Brasil. Elaboração Depec-Bacen.*

As dificuldades de interpretação que esses números podem ensejar são facilmente perceptíveis: as duas metades da tabela parecem medir a mesma coisa, mas divergem consideravelmente. As primeiras linhas ("conceito nominal") trazem as contas públicas na forma mais intuitiva possível, receitas e despesas conforme apresentadas pelas chamadas contas nacionais, sem deduções, reservas, ajustes ou modificações de qualquer espécie. Na parte de baixo ("conceito operacional"), os mesmos números são apresentados com alguns ajustes metodológicos normalmente aceitos como "aperfeiçoamentos", e os resultados são bem outros.

Note-se que, de acordo com números da parte de cima da tabela, os déficits começam a se tornar explosivos a partir de meados dos anos 80, chegando a superar 30% do PIB em média para o período de 1986-1993. A "poupança pública", a diferença entre receita e despesa corrente, ou seja, a capacidade financeira de o Estado executar investimentos, vai se erodindo durante os anos 70, até atingir valores negativos e grandes quando vista no "conceito nominal", ou simplesmente desaparece quando vista no "conceito operacional". De um jeito ou de outro, o significado era o mesmo: *todo* o investimento público era feito com novas dívidas, ou com as receitas do "imposto inflacionário"[30]. Com isso, era possível dizer que a capacidade de investimento do Estado estava irremediavelmente esgotada.

Note-se também que, especialmente nos números no "conceito nominal", há uma melhora muito significativa depois de 1994, como seria de se esperar, por conta dos esforços fiscais empreendidos desde o início do Plano Real. Essa melhoria não se observa quando se trata dos déficits no "conceito operacional", o qual, com efeito, parece exibir um comportamento um tanto discrepante do que temos argumentado ao longo deste capítulo: parece não haver maiores problemas ao longo dos anos 80, quando os números para o déficit são pequenos, e se observa uma sensível *piora* após o Plano Real. Como acreditar em uma relação entre déficit público e inflação nessas condições? Qual o número correto, afinal? Temos ou não temos uma crise fiscal?

A ambigüidade dos números é uma parte muito importante do problema. Qualquer pequena réstia de dúvida será suficiente para que o político não faça o

---

[30] Certa vez, possivelmente em função de manifestações da equipe econômica na imprensa, um ministro do Tribunal de Contas da União dirigiu consulta ao Banco Central perguntando que imposto é este que não consta do orçamento público. Por curioso que pareça, revela o quanto é pouco entendido o fato de que a impressão de papel-moeda tenha se constituído em receita para o Estado e, pela desvalorização que provoca no estoque total de papel-moeda em circulação, funciona como um imposto sobre a moeda.

que tem de fazer. A doença não é simples, e o paciente está diante de diagnósticos contraditórios e precisa escolher um tratamento. Embora a medicina tradicional tenha recomendações claras, ainda que dolorosas, os exames que apresenta trazem números confusos. Imerso em dúvidas, e também em dores, o doente se vê seduzido por terapias alternativas, a maior parte das quais já experimentadas sem sucesso no passado. Os números são examinados com redobrado interesse. Afinal, o que está em jogo é a existência, ou não, de um grande desequilíbrio fiscal e do imperativo de atacá-lo. Se isto não pode ser mostrado convincentemente, então teremos dificuldades em propor os sacrifícios envolvidos no chamado ajuste fiscal. Como não se deixar enganar com os números? Como estabelecer o tamanho exato do problema?

Desde meados da década de 80, quando o Brasil teve de discutir metas fiscais (e como atingi-las) com os técnicos do FMI, nossos economistas têm se dedicado a destrinchar os efeitos da inflação sobre as contas públicas. Desde então, a discussão desses temas tem sido recorrente (e já perdeu qualquer vínculo com a FMI) e as razões são fáceis de se entender. Embora se aceitasse naquela altura — embora sem muita convicção, é claro — a teoria convencional de que o déficit fiscal era a causa principal da inflação, supunha-se também que, em alguma medida, a inflação realimentava o próprio déficit[31], ou seja, uma parte importante do déficit era "resultado" e não causa da inflação. Isso tornava as coisas melhores. O verdadeiro problema a enfrentar (e a real dimensão dos sacrifícios a fazer) devia ser proporcional ao déficit *líquido* desses efeitos de realimentação provocado pela própria inflação. Todo o problema estava, evidentemente, nas ordens de magnitude, ou na importância relativa de fatores primários e de realimentação. Num extremo das convicções, conforme o ponto de vista estritamente ortodoxo — raro, inclusive, de se encontrar na natureza —, a inflação era inteiramente devida aos déficits, e os fatores de realimentação eram irrelevantes. No outro extremo, esses fatores eram mais importantes do que os impulsos primários, e a inflação era nada mais que inercial. A verdade, muito provavelmente, estaria num meio-termo, e o bom senso apontaria no sentido de uma relação entre déficit público e inflação que fluía nas duas direções de forma complexa, interativa e intertemporal. A maior parte dos técnicos não só não duvidava (exceto, é claro, pelos suspeitos de sempre) da idéia de que déficits fiscais eram inflacionários, como também aceitava a noção inversa, a realimentação — exceto, evidentemente, quando era utilizada para o mal, ou seja, para *negar* a relação mais convencional e alimentar fantasias heterodoxas.

---

[31] Mais tarde seria também descoberto que a inflação serve para reprimir e ocultar déficits, como veremos adiante.

Mesmo os técnicos mais ortodoxos estavam preparados para aceitar, por exemplo, que a inflação afetava os déficits por meio do efeito deletério que tinha sobre a receita tributária. Em um sistema tributário imperfeitamente indexado e tendo em vista que sempre decorre algum tempo entre o fato gerador e a cobrança do imposto, quanto maior a inflação, menor será o valor real da receita tributária[32]. Este fenômeno tinha sido identificado, pelo menos uma década antes desses debates, em um estudo sobre a Argentina que se tornou célebre, e que tinha como autor o próprio chefe do departamento de assuntos fiscais do FMI, o economista italiano Vito Tanzi. O efeito da inflação sobre o valor real da receita ficou conhecido internacionalmente como "o efeito Tanzi"[33].

Não se podia deixar de considerar o "efeito Tanzi", mas argumentava-se, com razão, que a indexação avançara muito no plano tributário, e que o impacto negativo da inflação sobre a arrecadação era importante, mas não decisivo. A estabilização ajudaria bastante a receita, mas não ia resolver o problema. Era preciso atentar para as peculiaridades institucionais brasileiras do lado da despesa, e nesse terreno não havia como negar que as despesas relativas à correção monetária da dívida pública eram *conseqüência* direta e linear da própria inflação e sua inclusão dentro das despesas e do déficit público acabava distorcendo o tamanho do pecado original, ou seja, o verdadeiro caráter da política fiscal (tradução livre para a expressão *fiscal stance*). Seria mais adequado, portanto, avaliar a política fiscal *deduzindo* esses pagamentos das despesas, reportando, dessa forma, o déficit, como ficaria conhecido no "conceito operacional"[34], conforme vemos na tabela 8.1.

No plano técnico, as justificativas eram boas[35], havendo países, como Is-

---

[32] Para explicações mais detalhadas, comparações com outros países e debates sobre esse fenômeno no Brasil, veja-se Franco (1995, cap. 10).

[33] A questão da autoria aqui não é pacífica. O economista argentino Julio Oliveira descreveu o fenômeno com muita precisão, num ensaio analítico hermético e telegráfico, como é seu estilo, pelo menos dez anos de Tanzi em 1967. Tanzi publicou o seu ensaio em 1978, mas com uma riqueza empírica muito maior.

[34] Não foi possível apurar junto aos remanescentes das negociações entre o Brasil e o FMI nos anos 80, quando esses temas foram resolvidos, nenhuma justificativa para esta pomposa denominação a qual, sem dúvida, faz as coisas parecerem bem mais complexas. O mesmo vale para a terminologia "conceito nominal".

[35] O argumento era o de que o déficit, quando adequadamente medido, deveria corresponder à variação patrimonial experimentada pelo governo. E de que esta não deveria ser afetada pelas despesas com correção monetária da dívida pública, as quais apenas recompunham o principal diante de um determinado nível de inflação. As variações patrimoniais do setor público, vale dizer, as variações na dívida líquida do setor público, eram explicadas pelo déficit no conceito operacional, ou seja, deduzida a correção monetária.

rael, por exemplo, que divulgam seus números apenas para o déficit público no "conceito operacional". Diversos estudos foram publicados pelos técnicos do FMI sobre esse assunto, nem sempre lembrando que boa parte dessa sabedoria começou conosco. Foram ricas e produtivas as discussões sobre contabilidade pública nos anos 80. Passamos a produzir estatísticas sobre dívida líquida do setor público, considerando as três esferas de governo, e a consolidar os fluxos de receita e despesa (o que hoje se chama o "em cima da linha") com variações de estoques de dívida (o "debaixo da linha"). Com isso, medíamos mais precisamente o déficit, pois o fazíamos de maneiras diferentes e, ao enfrentar cotidianamente o desafio de conciliar discrepâncias (os famosos "erros e omissões"), aprendíamos sobre despesas e receitas à margem do orçamento e sobre os truques que a inflação permitia a unidades de despesa dotadas de certa criatividade financeira. Avançamos bastante, portanto, em nossa capacidade de enxergar as coisas, e com isso adquirimos noções mais precisas sobre o tamanho do problema, como é possível ver nos números da tabela 8.1. Mas o próximo passo era interpretá-los, ou seja, decifrar o enigma da relação entre as finanças públicas e a inflação. Nisso estávamos engatinhando apenas no início dos anos 90.

*Conflito distributivo e orçamento*

Em meados dos anos 80, talvez apenas aqueles mais próximos à casa das máquinas, vale dizer, os iniciados na intrincada dinâmica do processo orçamentário pareciam perceber inteiramente a natureza da tragédia em gestação. Enquanto a maior parte dos acadêmicos ficava paralisada pelos temas da seção anterior, era ali no orçamento que se davam as demandas cada vez maiores de uma sociedade que se democratizava, que buscava coesão social e inclusão, e que se preocupava em resgatar uma "dívida social". Desde 1964, com a Lei 4.320, o orçamento público se afirmou como um processo de concessão de uma autorização para gastar, e não a fixação de uma obrigação do Estado. Era apenas uma coleção de desejos, uma expressão de boa vontade, um elenco de virtudes dos representantes do povo que, na segunda metade dos anos 80, estavam prontos a estender cidadania, sob forma de gasto público, a quem quer que o demandasse. O orçamento não podia ser excludente ou seletivo, ainda mais nesse momento, em que a democracia se estabelecia depois de duas décadas de autoritarismo.

É claro, todavia, que o que ali se inscrevia tinha chances reduzidas de se materializar, embora os pleitos ganhassem, com a dotação orçamentária, o reconhecimento de sua legitimidade e um ingresso para avançar uma etapa a mais na competição por recursos públicos. Vão se tornando crescentes, em conseqüência, as discrepâncias entre desejos (valores orçados) e gastos efetivamente realizados: em média, para o período de 1990-1992, as despesas orçadas não chegaram a ter mais de 57% de execução, sendo que esta proporção caía para cerca de 45% se excluíssemos das despesas os salários do funcionalismo, para os quais a corrosão das dotações orçamentárias pouco afetava as obrigações (despesas) subjacentes[36]. Nossa sociedade parecia expressar com clareza o desejo de que o Estado brasileiro desempenhasse um novo papel no plano social. Mas não exibia qualquer disposição para dar ao Estado os meios financeiros para tanto, notadamente através de um aumento da carga tributária. Verificava-se, assim, como se observou, uma clara incompatibilidade entre estes novos desejos e a preservação do já tradicional "papel de liderança" no processo de desenvolvimento, vale dizer, altos níveis de investimento público como percentagem do PIB[37]. Limitações fiscais à atuação do Estado iam se impondo de forma mais e mais estrita, mas a classe política não parecia disposta a acreditar nas más notícias. Vão se tornando cada vez mais agudas as tensões inerentes à continuação desse estado de coisas, pois não havia arenas institucionalizadas para a competição pelos recursos disponíveis, e o mecanismo de frustração de despesa por meio da inflação ia provocando um superfaturamento generalizado de pleitos, a fim de que o racionamento imposto pela inflação fosse menos efetivo. Era o conflito distributivo em sua forma mais pura, sendo travado no âmbito do Orçamento e dele saindo vencedores os grupos mais próximos da máquina de execução orçamentária. De um lado, ficava claro, conforme observou Edmar Bacha, que a nossa economia, ao menos no tocante ao setor público, estava *viciada* em inflação, precisando de doses cada vez maiores da droga para a sua sobrevivência[38]. E, de outro, não é de surpreender que a agudização deste processo trouxesse à tona práticas bastante duvidosas no plano orçamentário, como as que ensejaram a famosa CPI do Orçamento em 1993.

As classes mais prejudicadas pela inflação eram, pela sua própria natureza, desorganizadas e inertes: gente pobre com pouco acesso aos mecanismos de indexação e poucos amigos em Brasília. Sua capacidade em resistir ao processo não era comparável à voracidade com que os interesses organizados atacavam o orçamento público e protegiam seus quinhões de despesa por meio de vinculações de receita e fundos com destinações e gestões especializadas. A inflação vai assumindo o papel de fator de ajustamento forçado entre desejos e possibilidades, seja pelo lado da receita, pelo imposto inflacionário, seja pelo lado da despesa, ao

[36] Franco (1995, p. 212).

[37] Dito de outra forma, para que o Estado viesse desempenhar essas duas funções simultaneamente, haveria de ter um novo patamar de carga tributária, significativamente superior, ou seja, um novo pacto tributário, ou teríamos de extrair recursos da sociedade por meio da inflação em montantes inusitados.

[38] Veja-se Bacha (1994), Guardia (1992) e Franco (1995, caps. 8 e 9).

erodir o valor real das dotações orçamentárias. É curioso que, no auge desse processo, a Constituição de 1988 tenha consagrado o princípio da não vinculação de impostos (Art. 167, IV), a despeito das ressalvas relativas aos estados, que tiveram aí até ampliadas suas participações em alguns impostos, e à educação[39]. Outra ressalva menos aparente era de que não havia vedação a vinculações de receitas de taxas e contribuições, que proliferam em toda parte, especialmente no campo previdenciário. São inúmeros os casos, todos meritórios. O problema é que com tantos casos especiais, não sobrou praticamente nenhum cidadão comum: a parcela não-vinculada no orçamento cai abaixo de 10% e é motivo de crescentes tensões na confecção dos orçamentos ao longo dos anos 90.

Uma grande insensatez estava em andamento, a situação fiscal caminhava para o desastre e a hiperinflação, que era inimaginável em 1984, se tornou uma realidade insofismável em 1989. A despeito de tudo isso, os números para o déficit no "conceito operacional", como vimos na tabela 8.1, pareciam inofensivos e os economistas, confusos. Qual o truque?

É importante observar que, de fato, a partir dos números acabados ou dos fatos ocorridos, não era possível inferir muita coisa sobre o desequilíbrio *ex-ante*. Ou seja, não era clara a forma pela qual os conflitos distributivos visíveis no orçamento eram resolvidos pela inflação. É útil, para melhor entender o processo, nos debruçarmos sobre o gráfico 8.1 abaixo, que procura esclarecer a exata natureza dos efeitos da inflação sobre as contas públicas.

Gráfico 8.1: Impacto da inflação sobre o déficit público

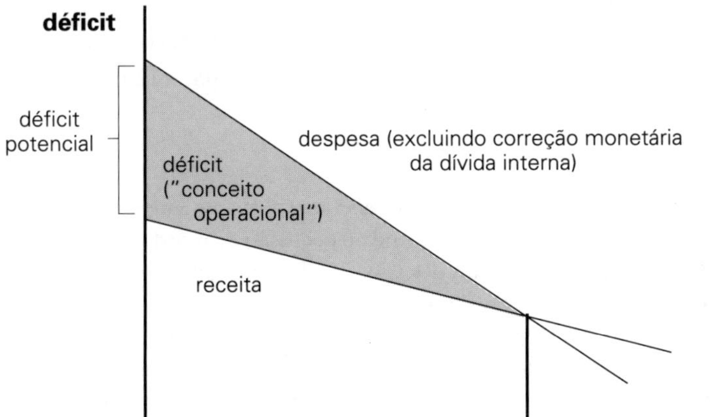


---

[39] *Cf.* Art. 212, que fixa a parcela vinculada em 18% para a União e 25% para os estados e municípios.

O gráfico 8.1 mostra como a despesa (abstraída a correção monetária da dívida pública, ou seja, no "conceito operacional") e a receita, ambas medidas em termos reais, ou como percentagem do PIB, se comportavam para diferentes níveis de inflação. Ambas tinham seus valores reais negativamente afetados, embora a despesa muito mais. A indexação que se logrou introduzir no orçamento, a fim de proteger o valor das dotações orçamentárias, era muito imperfeita, quase caricata. Quanto maior a inflação, menor resultava a despesa medida no "conceito operacional". Note-se que, pela combinação dos dois efeitos, quando a inflação era alta, praticamente não havia déficit. Ou seja, *sempre havia um nível de inflação suficientemente alto para eliminar o déficit*[40]. A inflação servia, em boa medida, para "ocultar" ou "reprimir" o desequilíbrio fiscal original, aquele que existia quando a inflação era nula e que aparece no gráfico como o "déficit potencial". É importante ter claro que as estatísticas não mostram o desequilíbrio latente, *ex ante* ou potencial — o pecado original — que constitui a causa primária do processo inflacionário. Elas mostram os fatos acabados, o campo de batalha depois que as ações tiveram lugar, e não a batalha em si. Elas mostram o ponto de equilíbrio no gráfico, não as interações que nos levaram até lá[41].

A tese básica que o gráfico 8.1 procura transmitir não é propriamente controversa: a inflação "resolvia" o conflito distributivo travado no âmbito do orçamento. A cada acréscimo na taxa de inflação, verificava-se um decréscimo no valor real das dotações orçamentárias maior que o decréscimo na receita, e o déficit diminuía. Mas se, por hipótese, a inflação fosse para zero, o déficit potencial emergiria por inteiro, de tal sorte que, nada sendo feito, a inflação voltaria para onde estava. Daí a idéia de que reduções "artificiais" na inflação que não atacassem os problemas fiscais "fundamentais", representados no gráfico 8.1 pelo déficit potencial (que nesse caso se torna real), seriam nada mais que transitórias,

---

[40] Uma maneira mais sofisticada de conceber o problema é a de integrar à análise o fato de que a inflação produz uma "receita" advinda da emissão de moeda, conhecida como o imposto inflacionário. O comportamento deste, para diferentes níveis de inflação, é peculiar. A "alíquota" é a própria taxa de inflação, mas a "base tributária" é o estoque de M1, cuja demanda em termos reais é negativamente afetada pela inflação. Um governo que tem contas fiscais afetadas pela inflação, conforme o gráfico 8.1, não precisa gerar um nível de inflação tão grande para eliminar o déficit: basta um nível que reduza o déficit a um valor igual ao da receita do "imposto inflacionário". Veja-se Bacha (1994) para detalhes.

[41] Na verdade, não é difícil argumentar que o equilíbrio mostrado no gráfico é instável, pois reside na hipótese que a frustração imposta aos interessados nas dotações orçamentárias não é percebida, ou não acarreta nenhum comportamento defensivo. Na realidade, ano após ano, as dotações vão inchando *em antecipação* aos efeitos descritos no gráfico.

como de fato observamos nos planos de estabilização heterodoxos postos em operação a partir de 1986. No caso do Plano Real, como se sabe, muitos esforços importantes de redução de despesa foram feitos antes de julho de 1994, notadamente por meio da Emenda Constitucional que estabelecia o Fundo Social de Emergência (FSE), depois rebatizado como Fundo de Estabilização Fiscal (FEF), destinado basicamente a "desvincular" receitas. Esse esforço de "ajuste fiscal prévio" funcionava como um deslocamento para baixo da curva correspondente à despesa no gráfico 8.1. O déficit potencial se reduzia, mas o impacto da estabilização sobre o déficit efetivamente observado, mesmo com a ajuda do "efeito Tanzi", resultava negativo. Conforme se vê na tabela 8.1, os números para o déficit operacional efetivamente pioram em 1994-96 comparados aos do período 1991-93, o que, em vista do que mostra o gráfico 8.1, não chega a surpreender. De toda maneira, era a primeira vez em muitos anos que o país tinha uma visão precisa do desequilíbrio fiscal e do tamanho do esforço necessário para combatê-lo.

## 5. Novos termos para um velho dilema

A descrição dos impasses na origem dos desequilíbrios fiscais feita na seção anterior deve servir para afastar a impressão de que o chamado ajuste fiscal é um processo simples, como a linguagem dos economistas parece, às vezes, indicar. Como qualquer outra classe de profissionais, os economistas designam coisas complexas do seu dia-a-dia por conceitos simplificados, siglas, códigos e, com muita freqüência, anglicismos. O "ajuste fiscal" é uma dessas expressões. "Fundamentos fiscais", outra. O vocabulário dos economistas é cheio de pequenas armadilhas, em função das quais, e para o benefício do diálogo interdisciplinar, sejamos claros: ajuste fiscal é o processo pelo qual se *modifica o papel do Estado na economia*, ou *se altera a relação Estado-Sociedade*, ou ainda o modo pelo qual são redefinidos *os termos de troca entre estabilização e desenvolvimento*.

### *O ajuste fiscal e o Crowding Out*

O ajuste fiscal compreende pelo menos dois eixos básicos de reforma no relacionamento entre Estado e a Sociedade. O primeiro diz respeito às instituições que vão regular a competição por recursos públicos no âmbito do orçamento, aceito o primado do equilíbrio entre receita e despesa. É nesse terreno que se localiza a proposta de Lei de Responsabilidade Fiscal, enviada à Câmara em janeiro de 1999. Também devem ser discutidas outras iniciativas como, por exemplo, os novos planos de contas fiscais para as unidades da Federação, incluindo a União e, idealmente, maneiras de desvincular receitas, possivelmente ampliando o alcance do FEF (Fundo de Estabilização Fiscal). Todavia, deve-se ter clareza de que a natureza de nosso desequilíbrio fiscal não é apenas orçamentária: a obrigação de gastar, com freqüência, é gerada em lei de hierarquia superior, ou mesmo na própria Constituição, e desta maneira os orçamentos não podem deixar de ser feitos em obediência a essas determinações e respectivas vinculações. Assim, os orçamentos já "nascem" rígidos e desequilibrados, de modo que é preciso fazer algo no tocante aos mecanismos geradores de despesa "anteriores" à lei de orçamento público. Este é o segundo eixo dentro do qual têm sido propostas as grandes reformas destinadas a dar sustentação ao Plano Real, dentre as quais se destacam: (i) o equilíbrio dos vários sistemas previdenciários no setor público; (ii) as transferências de responsabilidade de investimento para o setor privado por meio da privatização; e (iii) o equilíbrio das finanças de estados e municípios, bem como a redefinição de suas relações com a União. Este não é o lugar para se discutir e detalhar a natureza de tais reformas, o que nos afastaria muito do foco central deste ensaio, mas apenas para observar que essa agenda há muito deixou de ser uma espécie de teoria defendida por alguns economistas da variedade ortodoxa. Depois de 1994, com a estabilização, a presença de um grande desequilíbrio fiscal se torna indiscutível e avassaladora. Administrações públicas, Brasil afora, começam a experimentar restrições orçamentárias numa intensidade então desconhecida e vai se firmando a percepção de que a escassez de recursos, ou o descompasso entre desejos (orçamentos) e possibilidades (arrecadação e capacidade de endividamento), era a regra, e não a exceção. O Estado via-se obrigado a caber dentro de seus próprios meios, e as tensões eram visíveis em toda parte, e em governos de todo tipo de orientação ideológica. Como em outras ocasiões no passado, observam-se resistências em se reconhecer a natureza do problema e em adotar as medidas necessárias para resolvê-lo. Procura-se, em conseqüência, difundir o sentimento de que as restrições são apenas temporárias, posto que as chamadas "âncoras" são artificiais, ou mesmo insustentáveis, e a estabilidade, ao fim das contas, frágil ou mesmo ilusória. Em contraposição, alega-se que as "âncoras" são parte essencial do ordenamento econômico básico de qualquer país, e que exótico mesmo era achar que o desequilíbrio fiscal não tinha importância ou era um pressuposto do desenvolvimento. Enfim, é lícito indagar: como é que demoramos tanto tempo para chegar a conclusões tão simples? Por que tanta resistência em se adotarem posturas tão convencionais e já adotadas em toda parte? Afinal, são estas as credenciais necessárias para se participar da globalização e receber um tratamento amigável dos "capitais voláteis"?

É bastante claro que, ao longo da segunda metade dos anos 90, o país modifica gradual mas profundamente as suas percepções sobre as contas públicas. Nos dias de hoje, mais que em qualquer outra ocasião no passado, entende-se que a indisciplina fiscal parece fazer parte de uma longa adolescência que o país se esforça para abandonar, embora ainda com certa hesitação e notáveis resistências localizadas. Parecemos mais e mais um país normal e adulto, com as "âncoras" onde devem estar, mas ainda com as contas públicas um tanto desarrumadas. Pela primeira vez em muito tempo, parecemos nos enxergar em livros-textos de macroeconomia, desses escritos no exterior, e que os nossos economistas alternativos diziam referir-se a um outro mundo de países de clima temperado e com inflação baixa. O leitor há de perdoar o "economês" mais pesado no que se segue, mas vale o sacrifício. Existem dois resultados clássicos, ensinados no primeiro curso de macroeconomia a partir de qualquer livro-texto, que convém enunciar em detalhe, dada a sua relevância para os debates brasileiros recentes:

*(i) O "Crowding Out" numa economia fechada.* Quando a política fiscal é expansionista (desenvolvimentista ou armamentista) e o banco central não "acomoda" essas intenções pintando papel-moeda, ou seja, recusa-se a estragar uma política monetária consistente com a estabilidade, o resultado será um impasse: uma inconsistência entre a política fiscal e a política monetária. A dívida pública necessariamente terá de crescer, e o Estado vai competir pela poupança financeira com o setor privado e ganhar a disputa elevando o preço do crédito, isto é, a taxa de juros. O setor privado se vê "expulso" do processo de investimento (daí a denominação *Crowding Out*) para que o setor público possa elevar seus gastos, de modo que a política fiscal acaba sendo ineficaz para elevar o PIB, pois reduz na mesma proporção o investimento privado[42].

*(ii) O "Crowding Out" numa economia aberta.* Havendo grande mobilidade de capitais, as taxas de juros interna (mais desvalorização esperada ou prefixada) e externa não podem diferir muito. Nesse caso, uma política fiscal expansionista eleva os juros, conforme os mecanismos descritos em (i), o que, por sua vez, provoca entradas de capital, aprecia a taxa de câmbio e produz o *Crowding Out* das exportações. Ou seja, novamente, a política fiscal é ineficaz para elevar a renda nacional, desta vez porque "toma o lugar" das exportações na demanda doméstica[43].

---

[42] Para os entendidos, a demonstração se faz com um modelo IS-LM simples em que a IS vai se deslocando para uma LM fixa, com algum ganho no produto, mas com juros progressivamente maiores, até que, aproximando-se do pleno emprego, a política fiscal se torne plenamente ineficaz para elevar o produto.

[43] Neste caso, tudo se passa como se, num modelo IS-LM, a taxa de juros estivesse fixa no valor da taxa de juros internacional (em função da perfeita mobilidade de capitais), de modo que o deslocamento da IS provocado pela expansão fiscal termina sendo revertido pela contração das exportações. A ineficácia da política fiscal nessas condições é um resultado clássico da macroeconomia moderna, devido aos economistas Robert Mundel e Marcus Flemming. Um de muitos livros-textos a explicá-lo é o de Dornbusch (1980, p. 197).

Esses resultados mais do que estabelecidos na teoria macroeconômica moderna não deixam lugar a dúvidas, especialmente no segundo caso, mais próximo de nossa situação: a política fiscal expansionista, ou seja, o "rombo" nas contas públicas produzido por políticos gastadores, é ineficaz para produzir o crescimento e tudo que consegue fazer é "tomar o lugar" (*crowds out*) das exportações e do investimento privado na composição da demanda agregada da economia. E a chave para essas nefastas ocorrências é o efeito do déficit fiscal sobre a taxa de juros, e desta sobre a taxa de câmbio. É curioso que no Brasil, depois da estabilização, o assunto tenha sido objeto de discussão por parte de "desenvolvimentistas" e heterodoxos. Proliferou a "teoria" de que a taxa de juros era elevada por conta das "âncoras", e em particular pelo fato de que a taxa de câmbio tinha de ser desvalorizada em cerca de 7,5% anuais, e que, na presença de um regime de taxas de câmbio flexíveis, não haveria mais "piso" para as taxas de juros. Essa "teoria" alcançou grande popularidade até o momento da mudança do regime cambial em janeiro de 1999, após a qual foi desaparecendo do mercado das idéias, à medida em que se verificava que os juros não podiam cair significativamente abaixo dos "pisos" anteriores. Parecia haver outros obstáculos para a queda dos juros, e não havia para onde olhar senão para o desequilíbrio fiscal. A experiência parece sugerir que o Brasil não está mais vivendo uma exótica doença tropical, nem problemas "estruturais" nebulosos, mas uma moléstia muito bem conhecida nos círculos médicos internacionais: chama-se *Crowding Out*, e tem a ver com um Estado que é incapaz de viver dentro dos limites da tributação.

Assim sendo, como o Brasil pós-estabilização se torna uma economia normal, com mazelas descritas em livros-textos que sintetizam inúmeras experiências semelhantes, passa também a se credenciar a aplicar soluções conhecidas e testadas por outros países. Dizem os manuais que, ao caminharmos para o equilíbrio fiscal, invertemos a asfixia do setor privado e das exportações, entramos no caminho inverso, o chamado *Crowding In*: o déficit se reduz e com ele as pressões sobre a dívida pública, sobre a taxa de juros e sobre a apreciação cambial. Passamos do círculo vicioso para o virtuoso: as mesmas razões que levam à danação, quando postas de cabeça para baixo, trazem de volta a virtude. O ajuste fiscal fará bem à saúde da economia, dizem os livros, embora nossos *keynesianos tropicalizados* e políticos de persuasão populista se recusem a acreditar. O ajuste fiscal nunca, de fato, fez sentido para quem enxerga no gasto público a única fonte de dinamismo econômico capaz de compensar o viés subconsumista do capitalismo em geral e do Brasil em particular. Com efeito, como vimos no capítulo 2, pode-se explicar, ao menos em parte, a paralisia que acometeu a política econômica durante a Década Perdida pela incapacidade em se responder uma pergunta simples e difícil para essas mentes keynesianas: como crescer (expandir o produto e o emprego) e ao mesmo tempo eliminar a inflação e o déficit público, ou seja, como crescer e, simultaneamente, fazer políticas "antikeynesianas" (de redução do gasto corrente e investimento público)? Essas perguntas não encontravam respostas nas concepções relativas aos termos de troca entre estabilidade e desenvolvimento dominantes nos anos dourados do desenvolvimentismo, no âmbito das quais o desenvolvimento com disciplina fiscal soava como uma impossibilidade lógica. Mas depois de 1994, todavia, essa questão tem estado no centro do debate sobre o desenvolvimento econômico brasileiro, e diversas lições foram aprendidas.

*O desenvolvimento com moeda sadia*

A inflação é essencialmente uma violência do Estado contra o cidadão. É uma patologia econômica tão nociva e destrutiva como o desemprego, mas que, surpreendentemente, desfruta no Brasil de uma tolerância que não se observa em nenhuma outra parte do mundo. Com efeito, durante o nosso "Século Keynesiano", o desemprego deixou de ser um problema inerente ao capitalismo e se tornou um problema do Estado. Keynes e seus inúmeros sacerdotes locais fizeram parecer tão simples a receita para o pleno emprego, que qualquer coisa menor que isso seria resultado da omissão do governo em agir. Quando se trata de inflação, neste mesmo período tem-se a impressão de que, no Brasil, o percurso foi inverso: ganharam proeminência "teorias" sobre o modo como a inflação era inevitável, estruturalmente gerada pelo conflito distributivo, inerente ao capitalismo periférico ou à luta de classes. Devíamos aceitá-la como um fato da vida: o custo do progresso numa espécie da barganha fáustica. Mas nunca uma criatura de um Governo irresponsável vivendo além de seus próprios meios. Com essas defesas retóricas, o Brasil foi adiante com a inflação e anos mais tarde, em nossos dias, parece reagir com injustificável surpresa quando depara com índices absurdos de desigualdade social. Como se ninguém soubesse que a inflação foi e tem sido de longe o principal combustível para o agravamento dos problemas sociais do país. Como é que aceitamos tanta inflação e tanta desigualdade durante tanto tempo? Terá sido consciente a definição dos termos desta troca? Havia clareza sobre esse indesejável subproduto do desenvolvimento tal como o concebemos? Ou terá sido mais uma instância da "derrota da razão", ou uma "insensatez" no sentido da historiadora Barbara Tuchman? Ou o resultado natural de um capitalismo que se constituiu na ausência de uma ética protestante?

A economia lida naturalmente com questões que envolvem a possibilidade de comportamentos patológicos ou "irracionais" quando vistos no plano coletivo, e que resultam de ações individuais racionais[44]. Paradoxos desse tipo — rea-

---

[44] Kenneth Arrow (1951), de Harvard, ganhou um Prêmio Nobel, entre outras contri-

lidade individual *versus* realidade social, ou o todo é maior que a soma das partes — são contumazes às várias vertentes da economia. A macroeconomia dita convencional — as leis que governam os *agregados* econômicos — pode produzir configurações dificilmente caracterizáveis como racionais: o que poderia ser mais *irracional* que a Grande Depressão, ou a ocorrência simultânea entre máquinas paradas e desemprego? Ou a ocorrência de uma hiperinflação? Em Marx, por exemplo, propõe-se o abandono da dialética hegeliana que toma a História como a *Razão em movimento*, em benefício do materialismo dialético, vale dizer, de uma dinâmica social movida pela lógica do capital, ou seja, pelas *contradições* do capitalismo, o que pode nos levar perfeitamente ao desastre como, inclusive, acreditava o próprio Marx. Há boas razões para apontar, portanto, a "derrota da razão" como um dos temas fundadores da ciência social em geral, e da economia em particular. E a inflação não deixa de ser um dos casos mais interessantes de um conjunto de comportamentos individuais racionais, definidos num contexto de incerteza e interdependência estratégica, que produzem um resultado coletivo ruim para a maioria dos envolvidos.

Mas a resposta às perguntas acima pode ser formulada em termos relativamente mais simples, e mais diretamente ligadas à experiência histórica brasileira. Fomos tão longe com a inflação porque ela tinha *funcionalidade*, ou seja, resolvia problemas que as nossas incipientes instituições, ou a nossa imperfeita representação política, não eram sequer capazes de enunciar. A inflação "resolvia" o problema do financiamento da industrialização, como vimos acima, quando não havia alternativas convencionais e existia um imperativo político de ir adiante. Por omissão, ou de maneira tácita, tributou-se o pobre para se construir a indústria sem que ninguém tivesse de propor abertamente esta forma de financiamento. A solução era muito ruim do ponto de vista distributivo, mas tinha um atrativo político extraordinário: não havia como atribuir as culpas senão de forma abstrata ao Estado e ao capitalismo, à ganância dos oligopólios, à irresponsabilidade dos sindicatos, aos atravessadores, ou às perdas internacionais. Por mais supérfluo que pareça, a designação das responsabilidades é essencial para o processo político decisório. A inflação é imoral, mas um mal do qual todo político é capaz de se distanciar. Ninguém vota ou autoriza expressamente a inflação, e as nossas instituições orçamentárias, ainda por cima, conseguem ocultar o tamanho do déficit. Mesmo que se possa debitar o déficit público genericamente aos políticos, nenhum deles individualmente pode ser responsabilizado pela tributa-

---

buições, por demonstrar em teorema — conhecido como o "Teorema da Impossibilidade" — que os postulados matemáticos definidores de racionalidade no plano individual não poderiam ser "agregados" para resultar em uma "racionalidade coletiva".

ção do pobre. Cada parlamentar, considerado individualmente, terá um álibi, um projeto que patrocinou, com o propósito de atender determinada comunidade ou necessidade, que será pequeno diante do total dos gastos do Estado. Tomadas em conjunto, todavia, essas boas intenções combinadas resultavam em déficit, inflação e na derrota de seus objetivos sociais. Do ponto de vista individual, é um crime perfeito, pois a irresponsabilidade fiscal é coletiva, social e, por isso, inimputável e, por vezes, sequer percebida pelos políticos individualmente.

Todavia, a despeito de tudo isso, não se pode esquecer que a maior das justificativas da inflação sempre foi o desenvolvimento. Assim sendo, por menos ético que seja o processo inflacionário, se a estabilidade mostrar-se duradouramente lesiva ao crescimento, a imoralidade da inflação encontrará os mais inesperados defensores. Com efeito, é nesse terreno que tem florescido a maior parte da crítica ao Plano Real. Alega-se que estamos experimentando um crescimento abaixo de nossas possibilidades, que não se sabe bem como são fixadas, e que este supostamente fraco desempenho, abstraídas as crises externas, não deve ser atribuído à doença, mas ao tratamento. Com efeito, não se deve esquecer de que uma cirurgia bem-sucedida pode eliminar as causas de uma infecção que punha em perigo a vida, mas não transformará pessoas normais em atletas olímpicos. E mesmo nesses casos, a cirurgia não os recolocará imediatamente em condições de competição[45]. Não se deve esperar, portanto, que a retomada do crescimento em todo o seu potencial ocorra logo nos primeiros momentos do programa de estabilização, cuja proposta é a de reconstruir o desenvolvimento a partir de reformas que levam tempo para se materializar, e para serem aprovadas. Não há como negar que o potencial de crescimento do país foi prejudicado pelo prolongado período de práticas profundamente lesivas à nossa saúde econômica. A "doença" que tivemos, a hiperinflação, acometeu pouco mais de uma dúzia de países em toda a história da humanidade; o tratamento de uma doença tão grave não pode deixar de ser complicado, e as reformas envolvidas terão de ser muito amplas.

Por outro lado, basta ter em mente que a experiência internacional de desenvolvimento econômico registra apenas um número muito pequeno de países, e em períodos de tempo especiais, que conseguiram atingir taxas de crescimento muito elevadas continuamente. E sempre como resultado de uma incomum combinação de circunstâncias internas e externas favoráveis, incluindo desde fatores de natureza demográfica, logística e institucional, a características da infra-es-

[45] Melhor exemplo não há que o da Bolívia, país que primeiro venceu a hiperinflação a partir de um programa de estabilização em bases bastante convencionais, e que recebeu todas as acusações habituais, bem como críticas que repousavam na alegação de que as "reformas neoliberais" não tinham sido capazes de restaurar (?!) o crescimento.

trutura e a formação do chamado "capital humano", tendo em mente condições macroeconômicas estáveis, e passando pela robustez do sistema financeiro, do sistema de preços, das garantias sobre a propriedade, do regime comercial e dos fatores determinantes do dinamismo tecnológico. Construir uma combinação vencedora nesse espectro amplo de elementos determinantes do crescimento é uma tarefa monumental que apenas uns poucos países lograram conseguir. Não há dúvida de que esta é apenas uma outra maneira de atentar para a avassaladora diversidade internacional da experiência de desenvolvimento econômico, ou para os incríveis diferenciais de renda *per capita* que ainda subsistem, ou ainda para o fato de que a grande maioria da população do planeta ainda permanece em padrões de vida lamentáveis.

Evidentemente, tudo isso se torna ainda mais difícil quando o país em questão acabou de experimentar uma hiperinflação. Diz o polêmico professor Rudiger Dornbusch (1990, pp. 45-6) que "países que enfrentaram prolongadas inflações elevadas, instabilidade financeira e crises de pagamentos não encontrarão facilmente o caminho de volta para o crescimento. Essas economias" — ele continua — "precisam não apenas de uma reconstrução econômica através do ajuste fiscal, mas também de uma profunda reconstrução institucional que envolva um sistema financeiro capaz de prover uma intermediação eficiente e um regime comercial e regulatório capaz de maximizar a produtividade [...] A reconstrução econômica" — conclui — "é trabalho para uma década ou mais".

Estas não são boas notícias, especialmente em vista da urgência de produzirmos os conhecidos efeitos benfazejos do crescimento sobre as nossas mazelas sociais. É natural, diante desse duro diagnóstico, que o país resista à inevitabilidade dos sacrifícios, e ao procurar Segundas Opiniões, se vulnerabilize a diagnósticos alternativos, milagreiros e charlatães. Com efeito, a superficialidade com que se avaliam os constrangimentos ao crescimento econômico brasileiro na crônica dos primeiros anos do Plano Real não deixa de ser surpreendente à luz de todos os vexames que passamos em estabilizações fracassadas. São, de fato, extraordinárias as forças a propugnar pela complacência fiscal e pela idéia de que passado o período excepcional de sacrifícios em nome da estabilização, tudo volta ao que era antes, todos os maus hábitos podem ser retomados, todas as verbas reprimidas podem ser liberadas, todas as vantagens removidas podem ser reconquistadas, e que, fundamentalmente, nenhuma mudança importante deve ocorrer. Teríamos, no máximo, um problema de "gerência", a necessidade de colocar nos postos-chave da máquina do Estado pessoas com experiência gerencial e compreensão dos problemas das empresas.

De toda maneira, as tensões vinham se reduzindo com o tempo e o avanço das reformas, mas as crises da Ásia e da Rússia fragilizaram a economia, e reviveram não apenas velhas teses desenvolvimentistas como também críticas de toda ordem às "âncoras" do Plano Real. Seguindo-se às eleições de 1998, o Presidente Fernando Henrique decidiu modificar políticas e pessoas, como se procura explicar no capítulo 11, de forma a estabelecer um novo compromisso entre desenvolvimento e estabilidade. Depois dos lamentáveis tropeços de janeiro e fevereiro de 1999, o país recompõe seu acordo com o FMI e adota uma combinação de taxas de câmbio flutuantes com uma política monetária de "metas de inflação" (*inflation targets*). Tudo parece indicar que a mudança reverte a tendência de fortalecimento institucional e no sentido de independência do Banco Central e, mais importante para os propósitos deste ensaio, eleva-se a tolerância com relação à inflação. Os termos de troca entre desenvolvimento e estabilidade parecem entrar em uma senda de transição. A intenção parece clara, mas é cedo para dizer se as gestões na direção do crescimento serão bem-sucedidas ou se trarão de volta a inflação crônica. Um novo ciclo se iniciou e o simples fato de o governo dispor-se a correr o risco de despertar a inflação por si só já indica que o segundo mandato do Presidente Fernando Henrique Cardoso será diferente do primeiro.

9.

# MOEDA SADIA E DESENVOLVIMENTO[1] (DISCURSO DE POSSE)

Excelentíssimos colegas membros do Conselho Monetário Nacional, Ministros de Estado da Fazenda e do Planejamento (Pedro Sampaio Malan e Antônio Kandir), demais ministros, Presidente Gustavo Loyola, autoridades do Poder Legislativo, senadores e deputados, autoridades do Poder Judiciário, excelentíssimos senhores governadores, colegas diretores, e demais autoridades, funcionários da casa, senhores e senhoras, amigos.

Não posso deixar de iniciar este meu enunciado de intenções (que não deverá ser mais que uma reafirmação de compromissos, pois trata-se aqui, afinal, de uma transição marcada pela continuidade) por um *agradecimento* ao Excelentíssimo Senhor Presidente da República, pela confiança em mim depositada, bem como ao Excelentíssimo Senhor Ministro de Estado da Fazenda, meu fraternal amigo, colega e professor, Pedro Sampaio Malan.

É enorme o desafio, imensa a responsabilidade, de presidir esta instituição. É ainda maior a responsabilidade, tendo em vista que estarei substituindo homens como os que aqui me acompanham nesta mesa — Doutor Pedro Malan, que me trouxe para esta casa em setembro de 1993, para a Diretoria de Assuntos Internacionais — e meu amigo Doutor Gustavo Loyola, que também me honrou com a sua confiança ao manter-me na mesma função. Isso sem falar nos outros ex-presidentes que tanto dignificaram a função máxima desta instituição, alguns dos quais aqui entre nós.

Vejo-me em condições de enfrentar este extraordinário desafio apenas e tão-somente porque conheço bem os métodos de trabalho de meus colegas na área econômica do governo, cuja característica mais proeminente é a *decisão colegiada, o trabalho em equipe*. E trabalhar desta forma, na companhia dessa extraordinária equipe — e eu destaco especialmente meus companheiros de diretoria Francisco Lopes, Carlos Eduardo Tavares, Cláudio Mauch, Alkimar Moura e Paolo Zaghen — faz as coisas muito mais fáceis.

É, para mim, motivo de imenso orgulho pertencer a uma equipe da qual já

[1] Discurso de posse na Presidência do Banco Central do Brasil, proferido em setembro de 1997.

fizeram parte nomes consagrados como Edmar Bacha, André Lara Resende, Pérsio Arida, Winston Fritsch e José Serra, e que veio a incorporar nomes como o de um José Roberto Mendonça de Barros, Pedro Parente, Everardo Maciel, Bolivar Moura Rocha, Eduardo Augusto Guimarães, Amaury Bier, além de Gustavo Loyola, que hoje nos deixa.

Devo dizer — e tenho certeza de que falo em nome de toda esta equipe — que a saída de Gustavo Loyola é uma perda irreparável para o grupo. Uma perda proporcional à extraordinária contribuição que ele teve para a consolidação do Plano Real, num contexto de dificuldades — que todos conhecem — no sistema bancário, bem como no plano macroeconômico. Gustavo Loyola deixa para nós um extraordinário exemplo de coragem, retidão e competência, como poucas vezes tive a alegria de testemunhar num servidor público. O Brasil deve muito a Gustavo Loyola. Esta casa, em especial, deve muito a Gustavo Loyola, que nos conduziu por mares revoltos com grande firmeza. Fica aqui o meu, o nosso agradecimento e a promessa de que o seu trabalho terá prosseguimento.

Gostaria também de estender a nossa homenagem ao Doutor Alkimar Moura, que em breve nos deixará, deixando atrás de si uma imensa folha de serviços para o bem desta casa, para o bem do Plano Real e para o bem do Brasil. Ao Doutor Alkimar, o nosso agradecimento

Deve ser sempre lembrado que a condução do Plano Real, sua concepção, operacionalização e gestão, está longe de se esgotar nos economistas. Uma enorme quantidade de pessoas trabalhou e trabalha pelo Real, e nas mais variadas especialidades. Alguns da equipe original se tornaram ministros de Estado, ou assumiram cargos executivos de enorme responsabilidade, como os companheiros Clóvis Carvalho, Eduardo Jorge, Raul Jungman, Paulo C. Ximenes, Sérgio Cutolo, Luciano Patrício, José Chechin dentre tantos outros, meus colegas do Banco Central, diretores, chefes de departamento, chefes de divisão, as pessoas que apertam os botões, que escrevem as circulares e movem as engrenagens, heróis anônimos dessa extraordinária experiência de criação coletiva que tem sido o Plano Real. Sempre se exagera — a meu juízo indevidamente — a importância de pessoas desse grupo, tomadas individualmente. Apenas um merece essa distinção, o condutor desse processo, sem o qual nada disso teria acontecido: a saber, o Presidente Fernando Henrique Cardoso.

### 1. Reconstrução monetária

A natureza da missão que hoje estou a assumir (e de que trata esta cerimônia) deve ser vista amplamente. O Brasil se vê às voltas com um processo de *reconstrução monetária o qual, não tenhamos ilusões, apenas começou.* Não é muito freqüente que se observe a profundidade e a grandeza desse processo — a reconstrução da moeda — que pode ser tão complexo e tortuoso quanto o processo de degeneração da moeda, que há tempos vimos sofrendo.

Disse certa vez *John Hicks*, prêmio Nobel em Economia no ano de 1977, que "o dinheiro não é apenas um mecanismo, um M1 ou M2, numa equação, mas essencialmente uma instituição, uma das mais notáveis instituições humanas"[2].

Certamente, o dinheiro é bem mais que um simples repositório de poder de compra: é uma das mais importantes partes componentes da identidade nacional. É por isso que o escritor italiano (búlgaro de nascimento) *Elias Canetti* observa que "excetuando-se as guerras e revoluções, não há nada em nossas civilizações modernas que, em sua amplitude, se possa comparar às inflações". Ele as descreve de maneira extraordinária: "a inflação é como uma orgia satânica de desvalorização na qual homens e unidade monetária confundem-se da maneira mais estranha. Um representa o outro; o homem se sente tão mal quanto o seu próprio dinheiro, que segue cada vez pior; juntos, todos se encontram à mercê desse dinheiro ruim e, juntos, sentem-se igualmente desprovidos de valor"[3]. São observações sobre a experiência da hiperinflação alemã, mas absolutamente pertinentes para nós. *A degradação da moeda é degradação de valores*, é a tributação do pobre, é o triunfo da segmentação social, do *apartheid* social.

De acordo com a EM 395 (de dezembro de 1993, submetida pelo então Ministro da Fazenda Fernando Henrique Cardoso e aprovada pelo então Presidente da República Itamar Franco): "a moeda degradada que hoje temos está intimamente ligada ao *apartheid* social que vivemos no país. É uma moeda para o pobre que não tem como se defender da inflação. A moeda do rico é a moeda indexada, que o isola do processo inflacionário e chancela transferências de renda a favor deste grupo" (# 132).

Deve ser evidente que *não há nada de ideológico na afirmação de que devemos ter uma moeda sadia*. A moeda sadia é uma *questão ética*: trata-se de evitar a expropriação do pobre através da inflação. Trata-se de evitar esta "poupança forçada" extraída daqueles que menos têm a contribuir nesse domínio. Trata-se de evitar a hipocrisia de o Estado gastar mais do que tem, em nome do pobre, mas tributando este mesmo pobre em nome do qual alega agir. Trata-se de denunciar *mistificações muito comuns, como por exemplo, a de que o inflacionismo, a gastança, a irresponsabilidade fiscal seriam causas progressistas, ou populares, enquanto que a "moeda sadia" seria uma causa reacionária*. Nada mais enganoso: o Real veio a demonstrar que o populismo não é popular, e que a "moeda sadia" ajuda a igualar os homens.

---

[2] Hicks (1967, p. 27).

[3] Canetti (1962, p. 186).

Mas, como já observado, a regeneração da moeda está apenas começando. A consolidação da estabilidade requer *reformas*, como desde o início temos repetido, reformas que devem ser entendidas de forma *ampla* como "curas" para os problemas fundamentais que nos levaram à Década Perdida, doenças sérias que durante muito tempo teimamos em ignorar.

O saudoso professor Mário Henrique Simonsen — o maior e melhor de todos nós, e que gostaria muito que estivesse aqui conosco, e a quem presto aqui a minha homenagem — descreveu com propriedade as diversas tentativas de estabilização anteriores ao Real como "anestesias sem cirurgia": tentativas de lidar com a superfície do fenômeno e não com a essência. Tentativas de evitar o reconhecimento de que tínhamos, e ainda temos, problemas sérios, doenças difíceis que necessitam de cuidados muito especiais.

Pela primeira vez em muitos anos, o governo tem mostrado iniciativa e firmeza de propósitos em empreender verdadeiras reformas, ou seja, atacar os *fundamentos* da questão inflacionária e do colapso do desenvolvimento brasileiro. Estas tarefas compreendem, como se sabe, diversas alterações na Constituição, assim como muitas outras alterações e inovações na legislação ordinária; mas também processos amplos como, por exemplo, a Abertura e a Privatização, os quais têm avançado com grande velocidade e decisão, e modificado a face do país. À luz de tudo isso, não há dúvida de que o Brasil mudou para melhor.

A ênfase nas *reformas* está na raiz de um desdobramento — que deve ser visto como absolutamente natural — da agenda da estabilização. *Com o tempo, a agenda da estabilização vai se confundindo com a agenda do desenvolvimento.* Ao fim das contas, a estabilização, para consolidar-se, procurará resolver os problemas que causaram a hiperinflação e a estagnação. É natural que, em certa altura, esse processo se identifique com o da definição de um novo modelo de desenvolvimento.

Segue-se, portanto, que não há contradição entre estabilidade e desenvolvimento: (i) não há verdadeiro desenvolvimento sem estabilidade, pois é um equívoco imaginar que a inflação seja, de alguma forma, *necessária* para o desenvolvimento; assim como (ii) a estabilidade não é um processo que se esgota em si mesmo.

Essa dependência mútua entre estabilidade e desenvolvimento é muito bem estabelecida neste governo *em que não existem "escolas de pensamento", mas apenas funções*, ou seja, existem funcionários encarregados de investimentos, e outros encarregados de aspectos específicos da estabilidade, e a coordenação dessas funções cabe ao Presidente da República.

## 2. Instituições

A manutenção da estabilidade (a retomada do desenvolvimento sob condições de estabilidade) depende de reformas, mas também depende de instituições.

O processo de estabilização poderá ser construído, no início, a partir de alguma ousadia, engenho e habilidade, virtudes humanas que o Presidente da República reúne em si e em torno de si, mas *a construção pode ser efêmera, transitória mesmo, se não for estabelecida em bases impessoais, ou seja, institucionais.*

O Dinheiro, como já foi dito, é uma instituição, e o Banco Central é talvez a mais importante das instituições específicas que compõem o sistema monetário. O Banco Central se confunde com Real, na exata medida em que funciona como o seu principal guardião, aquele cuja função é *prevenção de abusos contra a moeda, que se tornam abusos contra a cidadania.* O Banco Central precisa ser forte para cumprir esta missão.

O fortalecimento institucional do Banco Central, especialmente no que toca à sua capacidade de defender a moeda, é um desafio fundamental que não é apenas meu, mas de toda esta nação, que recém-aprendeu a transformar sua aversão à inflação, e às suas conseqüências, em limites a posturas, políticas e iniciativas de cunho inflacionista. Nos anos recentes foram diversas as tentativas de se avançar neste terreno, algumas das quais ligadas às tentativas, infelizmente frustradas, de se regulamentar o artigo 192 de nossa Constituição.

Temas como a independência do Banco Central têm gerado discussões apaixonadas, sem que se tenha uma idéia precisa do que se trata. A questão precisa ser discutida não no plano filosófico, ou doutrinário, mas do ponto de vista prático, objetivamente: mandatos, competências, instâncias decisórias. Em sociedades mais maduras que a nossa, onde está melhor e mais firmemente estabelecida a noção de que não há nada de ideológico na moeda sadia, (i) existe o mandamento constitucional de que o Banco Central deve cuidar da estabilidade do poder de compra da moeda nacional, (ii) existem mandatos para os dirigentes do Banco Central e (iii) chega-se a ponto de os mandatos desses dirigentes não coincidirem com os do Chefe do Executivo. O que se tem aí é o desejo da sociedade — que se expressa nesse tipo de legislação — de tornar o Banco Central independente de orientações alternativas do Executivo, ou seja, que o Banco Central seja o defensor da moeda, qualquer que seja o governo, seja conservador, trabalhista, social-democrata ou populista.

Se vamos moldar a nossa legislação nessa direção, ou não, dependerá da discussão da regulamentação do artigo 192, sobre o qual o Parlamento deverá decidir. Nossa intenção somente pode ser a de colaborar.

Mas, independentemente das dificuldades, que todos conhecemos, com esses temas, alguns importantes avanços foram registrados no sentido de se institucionalizar aspectos essenciais da política monetária. Um desses, talvez o mais importante, foi o determinado pela Lei 9.069, que modificou a *composição do CMN* (Conselho Monetário Nacional), que deixou de funcionar com uma assembléia ampla (uma espécie de "câmara setorial da moeda") e passou a incluir apenas as autoridades (no Executivo) com funções diretamente ligadas à moeda.

O mesmo espírito presidiu decisões como os limites quantitativos à emissão de moeda, o processo de aprovação da programação monetária pelo Congresso, o estabelecimento da Comoc (Comissão Técnica da Moeda e do Crédito) e do Copom (Comitê de Política Monetária), ou seja, adotando preceitos, estabelecendo mecanismos por meio dos quais ficará cada vez mais clara uma verdade muito importante do processo de estabilização, a de *que as chamadas âncoras, monetária e cambial especialmente, são para sempre.*

As idéias de que a emissão de moeda deve obedecer às necessidades da economia, e não ao déficit público, e de que o câmbio deve refletir os fundamentos do balanço de pagamentos, e não o interesse de qualquer grupo específico, são permanentes e, portanto, precisam ser institucionalizadas.

### 3. O Banco Central e o desenvolvimento

A questão passa a ser a viabilidade do *desenvolvimento na presença das âncoras* e como este deve ser conduzido. Será a inflação necessária, ou talvez inevitável? Pode ser o caso, quando o desenvolvimento é "liderado" pelo Estado, e seu motor é o gasto público. Mas o desenvolvimento, especialmente nos próximos anos, não terá essa característica, e por dois bons motivos: (i) o Estado assumiu tarefas no plano social que exaurem sua capacidade financeira e, portanto, não existe mais a capacidade para exercer a "liderança" no processo de investimento, e (ii) se a ênfase do desenvolvimento é no social, não se pode utilizar um instrumento — a inflação — que destrói as melhorias na situação social que se quer implementar.

Numa quadra em que o investimento privado será a origem do crescimento, o Estado deve ordenar suas finanças para que a própria necessidade de financiar seu déficit não avance sobre a poupança nacional e exclua o setor privado ao pressionar as taxas de juros e deteriorar as condições para o setor privado investir. O Banco Central não fabricará dinheiro para deprimir os juros quando o Estado os pressiona para cima, tomando dinheiro emprestado (o Estado aí são as três esferas de governo e empresas estatais), senão estaríamos indiretamente, e hipocritamente, financiando o déficit público com emissão de moeda. *A taxa de juros, como em qualquer lugar do mundo onde impera a estabilidade, encontra limites na política fiscal.* Se o Estado quer viver além de seus próprios meios, vai se endividar, tributar as gerações futuras por esta dívida, e extrair os recursos que gasta hoje, do setor privado.

Na construção de um complexo de circunstâncias que melhore fundamentalmente as condições do investimento para o setor privado, e ciente das dificuldades que existem no plano fiscal, a contribuição fundamental que o Banco Central pode dar tem que ver com a construção de um *amplo e sadio mercado de capitais*. Em qualquer lugar do mundo, é daí que fluem os recursos para investimentos, e não de empréstimos bancários.

Temos um mercado de capitais potencialmente rico, profundo, e com amplas condições de fornecer os financiamentos necessários para os investimentos. Em qualquer economia capitalista, é daí que vêm os recursos para investimentos: lançamentos de ações, debêntures, bônus etc.

Os investidores institucionais no Brasil dispõem de imensos recursos: fundos mútuos comandam recursos da ordem de R$ 140 bilhões, fundos de pensão uns R$ 90 bilhões, outro tanto de companhias de seguro e sociedades de capitalização. Como e onde esses recursos são alocados? Qual a segurança dos cotistas sobre a natureza desses investimentos? Qual o grau de profissionalização nesse universo de administradores de recursos? Em que medida a relação estreita entre fundos mútuos e instituições financeiras que os administram não resulta prejudicial aos cotistas?

Essas perguntas trazem, todas elas, temas de interesse do Banco Central. Temos muito a contribuir para isso em um trabalho conjunto com outros órgãos de governo, como a CVM (Comissão de Valores Mobiliários), SPC (Secretaria de Previdência Complementar), Susep (Superintendência de Seguros Privados). É fundamental a coordenação e a integração desses órgãos para este fim.

A formação desse mercado é o que permitirá o alongamento da dívida interna. Já colocamos papéis de trinta anos nos mercados internacionais. Por que a dívida interna ainda tem um prazo médio inferior a um ano? Temos que estender nossos horizontes, registre-se o competente trabalho da STN (Secretaria do Tesouro Nacional) nessa direção. Esse processo de alongamento tem tudo a ver com a formação e amadurecimento de nosso mercado de capitais. Aí reside um dos limites potenciais ao crescimento — a *disponibilidade de poupança* — que desde já precisamos cuidar de remover.

## 4. O Banco Central e seus problemas

Para tarefas dessa magnitude, *o Banco Central precisa ser, aliás continuar a ser, uma Ilha de Excelência*. Uma das melhores e mais bem formadas, competentes e disciplinadas burocracias dentro do Estado. Há quatro anos trabalho nesta casa, e aqui vim a conhecer e trabalhar com alguns dos melhores quadros técnicos dessa nação.

Isso não quer dizer que não se possa cometer erros. *Esta é uma instituição formada de gente*, alguns dos mais competentes e abnegados servidores públicos que existem; mas gente. O que os distingue de outros não é não errar, mas não cometer o mesmo erro duas vezes. Aí reside a vitalidade dessa instituição, sua capacidade de se renovar a fim de enfrentar novos desafios.

Como é do conhecimento de todos, o Banco Central esteve na *linha de frente* de quase todas as batalhas cruciais do Plano Real: as âncoras monetária e cambial; os compulsórios e o controle do crédito; a gestão das reservas e a captação externa; o controle do endividamento público; o ajuste do sistema bancário; a possibilidade de uma crise bancária.

E teve de *enfrentar todas essas batalhas em condições bastante adversas.* Como se sabe, uma decisão judicial resultou em provocar a aposentadoria de cerca de 1.300 funcionários (num quadro de cerca de 6 mil). Embora se pudesse dizer que o Banco Central tivesse algum excesso de quadros, jamais seria nessa magnitude, e jamais com esta composição: o Banco Central perdeu cerca de 60% de seus funcionários nas três últimas referências da carreira (chefe de departamento, consultor especial e chefe de divisão). E foi assim que tivemos de lidar com todos os desafios.

Mesmo nessas condições, foram introduzidas — no domínio da supervisão bancária — iniciativas como as regras da Basiléia, a Central de Risco, a auditoria de sistemas, a cooperação com outras autoridades de supervisão bancária no exterior, a fiscalização *in loco* de agências no exterior, treinamento de novos fiscais recrutados em outras áreas do Banco Central, um concurso para ampliar ainda mais esses quadros, bem como novos métodos, resultando em uma supervisão bancária menos "normativa" e mais "analítica".

Ademais, para se lidar com uma crise em potencial — de conseqüências imprevisíveis e assustadoras — criou-se um instrumento para crises: o Proer (Programa de Estímulo à Reestruturação e ao Fortalecimento do Sistema Financeiro Nacional). Um programa que permitiu que cerca de 4 milhões de correntistas, titulares de cerca de R$ 22 bilhões em depósitos (à vista, Certificados de Depósito Bancário, poupança e fundos), não perdessem esses recursos. Evitou-se uma crise, que para esses 4 milhões de brasileiros teria sido um confisco, sem prejuízo da responsabilidade penal daqueles que provocaram esta situação, assunto que a Justiça certamente definirá.

Conforme observei em minha argüição no Senado, o Proer é instrumento *próprio para crises*. Não precisamos mais dele. Em seu lugar outros mecanismos devem existir, mecanismos para tempos mais normais, que estudaremos com toda a calma. Já se encontra estabelecido, por outro lado, o Proes, destinado a "reduzir a presença do setor público estadual na indústria bancária", processo complexo, não apenas bancário, que tem que ver com um quadro mais amplo de reordenamento financeiro e fiscal dos estados da federação, trabalho conduzido, em seus aspectos mais gerais, no Ministério da Fazenda, sob a sábia coordenação dos companheiros Pedro Parente e José Roberto Mendonça de Barros, e coadjuvado, no Banco Central, pelo nosso Diretor Paolo Zaghen.

Soluções vêm sendo costuradas com paciência, habilidade e determinação. O maior de todos os bancos estaduais, o Banespa, será privatizado em breve, e dois dentre os cinco maiores — o Credireal e o Banerj — já foram privatizados, sendo este último, o Banerj, o que inaugurou este movimento, graças ao tirocínio e à persistência do governador de meu estado, Dr. *Marcelo Alencar*, e de sua equipe, a quem eu presto, em público, a minha homenagem.

Muitos outros governadores têm seguido este exemplo: São Paulo e Minas Gerais já têm suas soluções encaminhadas. Não se pode deixar de citar os exemplos de outros estados como Acre, Bahia, Mato Grosso, Pernambuco, Rio Grande do Sul, Rondônia e Roraima, que já assinaram protocolo com a União. Vários outros já estão com seus acordos em fase final de elaboração.

O processo de privatização de bancos, com a conseqüente retirada dos governos estaduais da atividade financeira, combina-se com programas de ajuste fiscal para permitir aos estados uma melhoria na alocação de recursos de seus orçamentos, destinando-os para áreas próprias de ação governamental.

No que se refere ao controle de *endividamento* das unidades federativas, recentes discussões no âmbito da sociedade brasileira demonstram a necessidade de seu melhor acompanhamento. É nosso propósito promover as mudanças nos procedimentos internos, de forma a obter o domínio das informações necessárias para a análise mais precisa dos pleitos de endividamento por parte dos estados e municípios. Dessa maneira, poderemos subsidiar com maior efetividade o Senado Federal, a quem cabe decidir sobre a matéria.

A experiência recente nos leva, da mesma forma, a oferecer ao Congresso nossa colaboração e apoio para nova regulamentação.

### 5. Visibilidade

O trabalho de cuidar da moeda compreende as políticas macroeconômicas, processos já mencionados, mas as funções do Banco Central também compreendem um trabalho de monitoramento, de natureza microeconômica das transações financeiras, bancárias e cambiais. O Banco Central tem um papel único nos sistemas de pagamentos nos mercados financeiros, informações preciosas sobre quem paga, o que, como e a quem. Esta instituição vê muitas coisas, e tem se organizado para ver cada vez mais.

Preocupa-nos o fato de não utilizarmos plenamente esta informação para o combate ao crime. Muitos tipos diferentes de crimes produzem pagamentos, mas todos têm em comum o processo de *lavagem do dinheiro*. A ocultação da origem ilícita é fundamental para que o bandido possa dispor dos recursos que roubou. Para isso, precisa se engajar em transações em que a identificação das partes é perdida. A isso se chama lavagem. Isso se faz através de transações em espécie, de transações em mercado, transações cambiais, e mediante o uso de figuras como o "laranja" e o doleiro.

Combate-se a lavagem aumentando-se a visibilidade das transações financeiras; mas para que a observação tenha conseqüência, novos instrumentos são necessários. É fundamental que a lei defina *a lavagem de dinheiro como um crime autônomo*, e não como é hoje, como uma parte de um outro crime que nem sempre está caracterizado. Este é exatamente o espírito do Projeto de Lei (nº 2.688/96) que o Executivo encaminhou em 24.12.1996 e que ora se encontra na Comissão de Finanças e Tributação da Câmara.

Aqui no Banco Central, há grande ansiedade quanto aos destinos deste projeto, que abre imensas possibilidades para nós, e bases novas para a colaboração com outros órgãos do Executivo, mas especialmente com o Judiciário e o Ministério Público, com o qual celebramos um Convênio que gostaria de enriquecer em muitas direções.

Será fundamental, também, um trabalho no plano internacional. No âmbito do Mercosul, será preciso homogeneizar as regras no tocante à supervisão bancária e a visibilidade de transações possivelmente ligadas à lavagem de dinheiro, normalmente envolvendo paraísos fiscais. Tenho absoluta certeza de que encontraremos em nossos parceiros do Mercosul toda a boa vontade para a discussão desses temas.

## 6. Conclusões

Senhores, há, portanto, uma agenda muito carregada que em minha argüição no Senado dividi em cinco partes, que gostaria de resumir, cada uma, em uma palavra: (i) Consistência; (ii) Credibilidade; (iii) Horizonte; (iv) Profissionalismo; (v) Visibilidade.

*Consistência* quer dizer apego aos fundamentos do Plano Real, a execução continuada de políticas cujos efeitos são sentidos ao longo do tempo. Trata-se aí de paciência, perseverança, coerência.

*Credibilidade* quer dizer conquistar a confiança da sociedade por meio de ações. Consiste especificamente no que tange ao Banco Central, fazer com que o país se orgulhe do seu Banco Central, e que esteja satisfeito com o trabalho que se faz nesta casa.

*Horizonte* quer dizer que devemos desafiar o curto-prazismo que ainda existe em nosso olhar sobre o futuro; quer dizer alongar dívidas, quer dizer ações que preparem um futuro melhor para o país. Para nós, aqui no Banco Central, isso quer dizer um trabalho no sentido de elevar e alongar a poupança financeira.

*Profissionalismo* é um mandamento de quem administra — isto não falta nesta casa. É preciso que isso se observe também no sistema financeiro e também no âmbito dos investidores institucionais, na indústria de fundos, cujo papel se tornará cada vez maior para o nosso desenvolvimento.

Por último, *visibilidade,* quer dizer a capacidade de as autoridades enxergarem o funcionamento do sistema financeiro, não só para antecipar problemas, e identificar novos caminhos na esfera regulatória, mas também para ajudar a combater o crime.

São desafios colossais, mas que me sinto em condições de enfrentar porque me vejo na companhia de amigos e de técnicos da maior competência, todos empenhados nesse maravilhoso processo de transformação do país conduzido pelo Presidente da República.

Esses desafios são de todos nós, de cada um de nós, nesta casa.

10.
# MOEDA E CIDADANIA[1]

A moeda é uma das mais importantes instituições de uma nação. Aqui como em qualquer parte, deve trazer estampada a efígie de nossos heróis, os símbolos mais perenes de nossa cultura e um bom pedaço de cada um de nós. A moeda é parte fundamental da identidade nacional, um símbolo de massa, na terminologia do escritor italiano Elias Canetti, algo que *nos desvaloriza* quando perde valor da forma alucinante, como observamos no Brasil de 1993, e enfraquece os nossos valores de forma mais geral.

Quando jovem, Canetti viveu a hiperinflação na Áustria, mas escreveu algumas extraordinárias teses sobre os efeitos da hiperinflação na Alemanha de Weimar. Lá (como cá), a decadência da moeda foi um desastre para a cidadania. A própria democracia quedou vitimada, algum tempo depois das grandes inflações, tanto na Alemanha quanto na Áustria. Não chegamos a tanto no Brasil, mas, sem dúvida, alguns de nossos piores momentos em matéria de cidadania tiveram lugar durante o período de hiperinflação. Nós sempre soubemos que a inflação era a principal causa da desigualdade social no Brasil. Mas foi com a hiperinflação que percebemos outras mazelas como o impulso à cultura da especulação financeira, da esperteza, da "Lei do Gerson", isso para não falar de falta de educação no trânsito, criminalidade e corrupção. Quem se aventura a dizer que a hiperinflação não fornecia um clima mais que propício a todos esses males? E que eles foram mais sérios naqueles anos do que em qualquer outra época no Brasil?

Não deve haver dúvida de que vivemos uma hiperinflação, tão virulenta e destrutiva quanto qualquer uma das outras. Não tivemos guerras civis ou revoluções simultaneamente ao fenômeno, e tivemos a presença conspícua da indexação como anestesia disponível a uma parte da sociedade. Por isso, a ilusão de que aqui as coisas foram mais amenas que na Alemanha de Weimar.

A fronteira para uma hiperinflação foi certa vez (num estudo de 1956) fixada em 50% mensais, mas seu próprio inventor, Philip Cagan, economista da

---

[1] Discurso proferido por ocasião do lançamento de nova família de moedas para o Real, em cerimônia comemorativa dos quatro anos do lançamento do Plano Real. Publicado como artigo em *O Estado de S. Paulo* em 12 de julho de 1998.

Universidade de Chicago, mais recentemente concluiu que não deve haver um patamar tão claro. Michael Bruno, recentemente falecido ex-presidente do Banco Central de Israel e um dos maiores especialistas em assuntos relativos a inflações e estabilizações, argumentava que o patamar definidor deveria ser 20% mensais, porque era esta a fronteira a partir da qual a indexação se disseminava e a trajetória ascendente ficava inevitável. De acordo com este critério, o Brasil esteve tecnicamente em hiperinflação *continuamente durante os sete anos anteriores ao Plano Real*, ou seja, de meados de 1987 (após o colapso do Plano Cruzado) a julho de 1994. Nesse período, a fronteira dos 50% mensais foi ultrapassada somente em algumas poucas ocasiões, mas apenas porque tivemos quatro congelamentos de preços nesses anos (Bresser, Verão, Collor 1 e 2).

Talvez tenhamos de esperar muitos anos até que as conseqüências desses tenebrosos sete anos sejam diluídas e os traumas, esquecidos. Mas se para alguma coisa serviu, foi para destruir a idéia de que a inflação tem alguma funcionalidade no processo de desenvolvimento brasileiro. No passado se enxergava, embora com pudores, que a inflação era útil para extrair "poupança forçada" da sociedade e financiar os investimentos necessários à industrialização do país. O "imposto inflacionário" era cruel, mas era coletado para uma "boa causa", vale dizer, para que se transferissem suas receitas para o esforço de industrialização. Pois bem, quando o Brasil se torna um país industrial, em meados dos anos 80, e passa a se preocupar mais com a questão social (que, em boa medida, foi agravada pelo modelo inflacionário de industrialização que adotamos durante tantos anos), torna-se imperativa uma revisão radical nas maneiras pelas quais a inflação é compreendida e tolerada. A inflação é um imposto que incide principalmente sobre o pobre. Que sentido pode haver em se cobrar um imposto sobre o pobre num país que quer melhorar seus indicadores sociais? Fazer políticas sociais por meio da inflação, ou seja, da emissão descontrolada de moeda, é um contra-senso tão gigantesco quanto óbvio: o que se dá com a política social, se tira com a inflação.

A necessidade de se atacar o problema social faz com que a defesa da moeda seja intransigente, pois é assim que se evita a utilização do imposto sobre o pobre para financiar a incontinência fiscal. Para não falar no quanto a inflação vulnerabiliza a cidadania, ou no quanto ela corrói também os valores não pecuniários. Para ser ético, o desenvolvimento econômico que tem lugar após a industrialização precisa ser conduzido a partir de uma moeda sadia.

# 11. SEIS ANOS DE TRABALHO: UM BALANÇO[1] (DISCURSO DE DESPEDIDA)

> As qualidades permanentes — ou a filosofia — que me parece ser a base para o trabalho em bancos centrais são, na verdade, um triunvirato: (i) Continuidade e tudo o que se aplica à experiência e ao cultivo de uma visão de longo prazo; (ii) Competência e tudo o que implica um alto grau de profissionalismo e uma deliberação e comunicação cuidadosa; e (iii) Integridade e tudo o que isso implica em transparência e simples honestidade.
>
> *Paul Volcker*
> Retirado de *The Future of Central Banking: the tercentenary Symposium of the Bank of England*, F. Capie *et al.* (orgs.), Cambridge University Press, 1994, p. 344.

Excelentíssimo Senhor Ministro de Estado da Fazenda, meu amigo Pedro Malan, Excelentíssimo Senhor Presidente do Banco Central do Brasil, Doutor Armínio Fraga, demais ministros e secretários, digníssimos senhores parlamentares e lideranças, demais autoridades, colegas do Banco Central, novos e velhos, senhoras e senhores.

Comecei a trabalhar no governo em maio de 1993, de início, como Secretário Adjunto de Política Econômica, em seguida, a partir de outubro de 1994, no Banco Central do Brasil, primeiro como Diretor de Assuntos Internacionais, e depois, a partir de agosto de 1997, como presidente desta Casa. Trabalhei com três presidentes do Banco Central — Pedro Malan, Pérsio Arida e Gustavo Loyola — e quatro ministros da fazenda: Fernando Henrique Cardoso, Rubens Ricupero, Ciro Gomes e Pedro Malan.

*Foram seis anos extraordinários* e, na partida, dentre os soldados da primeira hora, os pioneiros que se aglomeraram em torno do então Ministro da Fazenda, hoje Presidente da República — os companheiros Edmar Bacha, Winston Fritsch, Clóvis Carvalho, Eduardo Jorge —, nenhum de nós jamais poderia imaginar que chegaríamos aonde chegamos.

---

[1] Discurso de despedida proferido na cerimônia de transmissão do cargo de Presidente do Banco Central do Brasil ao Doutor Armínio Fraga, em 8 de março de 1999. Os parágrafos iniciados com asteriscos (*) foram omitidos na leitura do discurso, mas constaram da versão distribuída à imprensa e colocada à disposição do público no *site* do Banco Central do Brasil (www.bcb.gov.br) aonde se encontra até hoje.

*Há muito o que dizer sobre o que se passou nesse período*, por isso eu lhes peço licença para uma fala um tanto longa, mas que, espero, não será monótona. Acho importante recuperar algumas passagens importantes desses últimos anos, não apenas para identificar posturas, progressos e compromissos, e homenagear e agradecer a pessoas e equipes, mas também para entender os desafios, e as motivações para as mudanças recentes nas políticas de juro e de câmbio. Creio que *o nosso futuro depende muito do modo como seremos capazes de avaliar essa nossa experiência recente.*

1. A FUNÇÃO PÚBLICA

Antes de mais nada, todavia, como é comum em um momento de despedida como este, quero iniciar com algumas palavras sobre o modo como eu vejo *o exercício da função pública.*

O trabalho no setor público pode ser tremendamente distorcido, e nocivo ao próprio público, se o indivíduo que o executa tem como objetivo perpetuar-se no emprego. Por isso, sempre tive a minha passagem nessa cidade como transitória, e minha experiência no governo como passageira. *Eu nunca quis ser um profissional de governo, da política. Nunca fixei residência nessa cidade, nunca participei de suas solenidades e dos aspectos cerimoniais das rotinas do poder.*

Sempre gostei de pensar que eu sou apenas um brasileiro comum, um professor universitário dentre tantos que acompanham a economia, as idas e vindas da política, e que se aborrece, como qualquer pessoa, com os retrocessos da economia, com a corrupção, a inépcia administrativa, para não falar do egoísmo, da vaidade e da intriga, infelizmente tão cultivados em alguns círculos do poder.

Eu apenas tive o privilégio, a extraordinária oportunidade de vir para uma posição de responsabilidade, onde podia realmente ajudar a mudar as coisas e construir um país melhor para os meus filhos. *Um sonho simples de qualquer brasileiro que quer ajudar seu país.* O Presidente Fernando Henrique e o Ministro Pedro Malan me deram esta extraordinária oportunidade, essa incrível e fascinante responsabilidade, e a eles serei grato pelo resto da vida.

*Em resposta a este chamamento, eu me entreguei ao trabalho com todas as minhas energias. Jamais fugi a responsabilidades, ou deixei de contrariar potentados econômicos quando isto era necessário. Como disse, em uma outra ocasião, recentemente, na Nota que li em 13.1.1999, não se tem noção do quanto é *desgastante e solitária a defesa de princípios, a execução de políticas impessoais, voltadas para a maioria, freqüentemente confrontando interesses poderosos e despertando ressentimentos. A defesa da moeda traz benefícios a maiorias silenciosas e desorganizadas, cuja voz raramente se faz ouvir.*

2. NO COMEÇO, TODAVIA, ERA O CAOS

*Tudo parecia perdido em maio de 1993*: o Ministro Fernando Henrique Cardoso era o quarto em menos de oito meses, e vinha depois de diversas situações vexaminosas para os ministros que o precederam. Os níveis de aprovação do Governo eram então os piores de toda a nossa história recente. Estávamos a um ano e pouco das eleições presidenciais, e prontos para repetir, de forma piorada, a tragédia da hiperinflação de 1989.

O déficit público estava não apenas inteiramente fora de controle, mas também registre-sc que o Governo de então não atribuía qualquer importância à questão fiscal, tida como obsessão de tecnocratas que, como se ouvia dizer na ocasião: era *gente que entendia de números, mas não de gente*. Um bordão, diga-se de passagem, tradicionalmente usado para o mal, vale dizer, *contra o Erário*.

As reservas internacionais ainda estavam em US$ 25 bilhões, mas o nosso sistema financeiro estava corroído por dentro de formas ainda difíceis de perceber num ambiente de alta inflação. Os estados estavam praticamente todos em atraso com suas dívidas contratuais, assim como suas concessionárias de energia: não tínhamos feito ainda a Lei 8.727, e as privatizações estavam paralisadas ou paralisando-se em face das conhecidas restrições do então Presidente da República, hoje governador de Minas Gerais, ao processo de privatização.

Além disso, a sociedade se mostrava aterrorizada, pela sucessão de choques econômicos. *A falta de credibilidade era monumental, e merecida,* pois o governo não governava, não tinha projeto, nem idéia do que fazer. Foi assim que começamos a trabalhar em 1993.

*Seis anos depois, são muito fáceis os exercícios sobre o "antes e depois". Qualquer um é capaz de apresentar, como lhe convém, os indicadores econômicos, as mudanças, na forma que melhor enfatize suas preferências. As comparações serão sempre controversas, pois cada cidadão tem o seu ponto de vista. *Democracia é e será sempre diversidade*. E para saber se melhoramos mesmo, as democracias têm mecanismos decisórios muito claros: *Eleições*, nas quais prevalece o ponto de vista da maioria. A julgar pelos resultados, o Brasil aprovou os rumos seguidos, e em duas ocasiões. Mas o caminho foi longo e difícil.

Minha lembrança mais significativa (e emblemática) dos primeiros tempos foi a aprovação quase unânime pelo Congresso (com um único voto contrário do então Deputado Gustavo Krause) da chamada *Lei Paim* (os senhores lembram do Deputado Paulo Paim e suas propostas salariais mirabolantes?). Pois em junho de 1993 seu projeto de lei, aprovado na íntegra, era o passaporte carimbado para a hiperinflação.

Um comentarista de costumes, diretor de cinema, disse na ocasião, muito a propósito, que "a hiperinflação é um grande desejo nacional. Não há outra explicação para a derrota permanente da Razão [...] Há 400 anos o Brasil é um país que foge dos fatos. O país se esquiva de seus crimes, dá a volta em seu destino predatório e vai dourando a pílula de sua origem patrimonial e oportunista [...] Há um desejo de um grande erro cósmico que nos redima"[2].

*Pois bem, nesta ocasião, nós *estivemos a 20 centímetros da hiperinflação*. Para quem não se lembra, a contragosto, o Presidente Itamar Franco vetou a Lei Paim e, com o propósito de produzir uma outra, conduziu um experimento de diálogo com representantes da sociedade organizada conhecido como a Agenda Brasil, coordenada por mim e pelo hoje Ministro da Reforma Agrária, meu amigo Raul Jungman. E mais uma vez ficou demonstrado que nosso problema não era, como não é, o de cooptar interesses organizados, mas o de envolver a sociedade maior, inorgânica, excluída, não representável, no processo de estabilização, o que conseguiríamos depois, com a URV.

### 3. As primeiras iniciativas

Em junho de 1993, quando publicamos o PAI (Plano de Ação Imediata), estávamos dando os primeiros passos — deste processo que os economistas chamam de ajuste fiscal, processo que significa fazer o Estado caber dentro de suas próprias fronteiras — e nada, naquele momento, parecia indicar que haveria apoio para isso. *Apenas o Ministro Fernando Henrique Cardoso não se cansava de repetir: "o caminho se faz caminhando"*.

O Conselho Monetário Nacional, apesar da obrigação legal de reunir-se mensalmente, não se reunia há quase um ano. Tínhamos mais de cem votos a deliberar. *Nunca tinha havido tamanha paralisia por parte das autoridades monetárias.*

Para se ter uma idéia do grau de anomia imperante, foi preciso que o CMN aprovasse uma Resolução (de número 1.996), nessa histórica reunião de 29.6.1993, para esclarecer que *uma lei valia*, e não era uma lei qualquer, era a Lei 7.492, Lei do Colarinho Branco, que veda aos bancos os empréstimos a seus controladores e confere dois a seis anos de reclusão aos transgressores.

Por algum motivo, entendia-se que essa norma não valia para bancos estaduais e também para os federais, o que obviamente se constituiu em um manancial de descontrole fiscal, além de crime. O descalabro parou com a Resolução 1.996, mas ninguém foi preso. E a aplicação desta lei aos bancos federais ainda não se dá.

Nessa ocasião já contávamos com o Doutor Pedro Malan no Banco Central, que, em outubro, me convidou para assumir a Diretoria de Assuntos Internacio-

---

[2] Jabor (1995, p. 73).

nais desta Casa. Já contávamos também com o Doutor André Lara Resende para concluir as negociações da dívida externa e o Doutor Pérsio Arida para o BNDES.

Logo adiante, em 7 de dezembro de 1993, o Ministro da Fazenda encaminhou ao Presidente da República a *Exposição de Motivos 395*, trazendo os principais elementos do programa de estabilização que estávamos desenhando.

Falávamos amplamente de alguns temas novos — realismo orçamentário, déficit potencial, rigidez orçamentária causada pelas vinculações de receita, repressão fiscal e inflação como um imposto. E principalmente, falávamos, e temos falado desde então, que o Brasil tem *uma doença fiscal*, que se não for tratada, nada vai funcionar, não haverá crescimento, nem justiça social, nem equilíbrio externo, e que a inflação é esplêndido anestésico do qual será muito difícil o país se livrar. A EM 395 dizia textualmente: "infelizmente não há atalhos. A estabilização definitiva é um programa de transformação de mentalidade que toma tempo e requer coerência e persistência de todos. A ansiedade por resultados imediatos é compreensível, mas altamente perigosa [...] é justamente o imediatismo que impede que o caminho mais longo da estabilização seja trilhado com a coerência e persistência necessárias" (§138).

Nosso diagnóstico era o de que, na engenharia do ajuste fiscal, o primeiro problema a ser atacado devia ser o das *vinculações de receita.*

*A vinculação de receita é a forma mais direta e perversa de apropriação corporativa de um recurso público. É a maneira pela qual o Estado concede a uma atividade, autarquia ou empresa a exclusividade no uso de determinada receita. O texto da Constituição ilude o cidadão estabelecendo uma vedação à vinculação de impostos, mas ressalva as partilhas de receitas com os estados e municípios e o percentual de 18% para a educação (art. 167, IV). A vedação não alcança as Contribuições e as Taxas, o Adicional de Frete para o FMM, os encargos sobre a folha de salários que financiam o Sistema "S" e seus magníficos prédios de mármore, assim como os impostos criados para os gastos das estradas, a CPMF que se destina à Saúde, e por aí vamos. *As exceções são a regra.* Todo o dinheiro público parece já ter dono.

Por isso, propusemos na EM 395 uma emenda constitucional criando o *Fundo Social de Emergência*, um mecanismo que nada mais era do que um sistema para desvincular receitas, e *desvincular é fazer público o dinheiro público.*

Reparem que até hoje, mesmo depois de o FSE ter sido renovado mais de uma vez, trocado de denominação (para FEF) e perdido alguns de seus elementos, ainda permanece viva a queixa dos prefeitos e governadores. Ou seja, a primeira de todas as medidas de ajuste fiscal, aquela que permitiu o início de tudo, em vez de se tornar *permanente com todas as honras*, ainda se vê questionada, como algo que foi roubado dos municípios e devesse ser devolvido.

4. A revisão constitucional que não houve

É interessante lembrar que nesta EM 395, de 1993, o Ministro da Fazenda oferecia ao Presidente da República, além da Emenda Constitucional criando o FSE, uma série de outras emendas a serem apreciadas durante o processo de Revisão Constitucional então em aberto. Dentre estas estavam emendas versando sobre: (i) o federalismo fiscal; (ii) a reforma tributária; (iii) o realismo orçamentário; (iv) a reforma administrativa; (v) a modernização da economia (a ordem econômica); e a (vi) reforma da previdência.

Tudo estava lá. Tudo isso podia ter sido feito na Revisão Constitucional de 1993, por votação unicameral, em maioria simples, em seis meses. Mas nada foi feito. A única emenda importante que conseguimos passar foi a do FSE, Emenda Constitucional de Revisão nº 1, de 1.3.1994. Que extraordinária oportunidade nós perdemos aí! Na verdade, que decisão infeliz esta de não prosseguir com a revisão [...] de quem terá sido?

O Constituinte em 1988 certamente se permitiu alguma ousadia, porque sabia que cinco anos depois haveria uma revisão, quando os exageros poderiam ser corrigidos e os inúmeros experimentos ali inseridos seriam verificados quanto à sua viabilidade. Tudo muito próprio para uma nação em processo de construção de seu ordenamento jurídico e institucional, tanto no plano político quanto econômico.

Mas como a Revisão Constitucional não aconteceu, o Governo seguinte teve de ocupar a maior parte de seu mandato corrigindo a Constituição, por meio desse martírio das duas votações em cada uma das Casas, com quórum qualificado, com intermináveis deliberações em Comissões, o uso e abuso da salvaguarda dos DVS (Destaque para Votação em Separado) — *ritos que fariam sentido apenas em países onde a mudança constitucional é rara, mas onde as constituições têm vários séculos de idade e foram longamente decantadas e testadas. Este definitivamente não é o nosso caso.*

Quanto tempo perdido, quanta energia desperdiçada.

A situação é caricata quando se trata dos 12%, um dispositivo para o qual "demos um jeito" de uma norma constitucional "não colar". Coisas do Brasil. Mas é trágico quando se trata de assuntos referentes à Administração Pública e à Previdência, pois, como disse o Excelentíssimo Senhor Presidente da República, no seu célebre discurso do Itamaraty em outubro passado: "Criou-se uma incompatibilidade entre os desejos da sociedade expressos na Constituição e que se traduzem em despesa pública, e as possibilidades de atendê-los com os recursos que a própria Sociedade deu ao Estado através de impostos".

5. A COALIZÃO INFLACIONÁRIA

Essa incompatibilidade entre desejos e possibilidades existe há muitos anos e tem sido resolvida pela *inflação*, a qual, não tenhamos dúvida, é *uma violência do Estado contra o cidadão* que, todavia, desfruta (ou desfrutava?) no Brasil de uma surpreendente tolerância.

*O Brasil tem sido o berço de extraordinárias "teorias" sobre o modo como a inflação era inevitável, admissível, estruturalmente gerada pelo conflito distributivo, inerente ao capitalismo periférico ou à luta de classes, mas nunca uma criatura de um Governo irresponsável vivendo além de seus próprios meios.

*Quanta gente não vinha pedindo um pouquinho de inflação? E ao mesmo tempo mostrando uma hipócrita surpresa no tocante às origens dos nossos índices absurdos de desigualdade social. Como se ninguém soubesse que a inflação é um imposto sobre o pobre e que a aplicação continuada de um imposto como esse apenas poderia produzir a pior distribuição de renda do mundo.*

Como é que fomos aceitar um desenvolvimento econômico tão injusto durante tanto tempo? E como é que não percebemos que a injustiça se produz pela inflação e pela irresponsabilidade fiscal?

*A resposta a essas perguntas pode ser formulada em termos relativamente simples: fomos tão longe com a inflação porque ela *resolvia problemas que as nossas incipientes instituições, ou a nossa imperfeita representação política, não eram sequer capazes de enunciar*. Por omissão, ou de maneira tácita, tributou-se o pobre para se construir a indústria sem que ninguém tivesse de propor abertamente esta forma de financiamento. A solução era muito ruim do ponto de vista distributivo, mas tinha um atrativo político extraordinário: não havia como atribuir as culpas senão de forma abstrata ao Estado e ao capitalismo, à ganância dos oligopólios, à irresponsabilidade dos sindicatos, aos atravessadores, ou às perdas internacionais.

Por mais supérfluo que pareça, a atribuição de responsabilidade é essencial para o processo decisório. *A inflação é imoral, mas um mal do qual todo político é capaz de se distanciar.* Mesmo que se possa debitar o déficit público genericamente aos políticos, nenhum deles individualmente pode ser responsabilizado pelo déficit, que resulta do *conjunto* de suas ações.

Com *a Lei de Responsabilidade Fiscal*, recém-proposta, o governo Fernando Henrique Cardoso procurará inverter os termos do problema, individualizando no administrador a responsabilidade pela boa condução das finanças públicas. Não se trata apenas da licitude do ato administrativo, matéria própria dos Tribunais de Contas, mas da responsabilidade pelo equilíbrio financeiro do Estado. São definidas várias modalidades de Crime de Responsabilidade Fiscal, e é prevista, inclusive, a pena de reclusão para diversos tipos de condutas, tais como:

"quebrei o Estado (ou o banco do Estado), mas fiz meu sucessor", "usei os títulos emitidos para precatórios para outros fins, socialmente mais importantes" ou "não vou pagar compromissos do meu antecessor porque isso compromete os meus planos de investimento", ou coisas do gênero.

É sintomático e preocupante estarmos agora assistindo a manifestações contrárias à Lei de Responsabilidade Fiscal. *É um absurdo que a irresponsabilidade fiscal se torne postura política, que seja reivindicada como direito do governante. Ao que parece, pagar as contas e honrar compromissos é, na mente desses senhores, alguma forma inferior de governar. Aparentemente, toma-se de forma equivocada o paradigma de JK:* o bom governo seria o gastador, o realizador, o fomentador, não importa que não pague as contas.

*Ocorre que estamos vivendo um momento diferente, em que as possibilidades do Estado empresário são nulas, e que temos de fazer o caminho de volta, pagar as incríveis contas deixadas pelos "realizadores" e "fomentadores" do passado, e não há mais lugar para a irresponsabilidade fiscal.

O desenvolvimentismo fundado na irresponsabilidade fiscal se esgotou e levou este país a um impasse: o progresso baseado em papel-moeda se tornou tragédia, pois a inflação não é mais combustível do desenvolvimento, mas apenas veneno.

*Não se trata de uma tragédia marxista associada ao colapso do modo capitalista de produção, ou às contradições da globalização. É uma tragédia mais rasteira, e anterior ao próprio Marx, e que aparece com mais clareza no *Fausto*. Um intérprete moderno de Goethe enxerga no pouco conhecido terceiro ato da tragédia, que se passa num canteiro de obras, "um modelo fáustico de desenvolvimento" que "criará uma nova síntese histórica entre poder público e poder privado, simbolizada na união de Mefistófeles, o pirata e predador privado, que executa a maior parte do trabalho sujo (com seu oportunismo, sua exaltação ao egoísmo e infinita falta de escrúpulos, ajusta-se com perfeição a certo tipo de empresário capitalista), e Fausto, o administrador público, que concebe e dirige o trabalho como um todo".[3]

*O desenvolvimentismo fundado na irresponsabilidade fiscal e na inflação, tão falso quanto tentador para o Soberano. Falso como a prosperidade produzida pela emissão desenfreada de papel-moeda que, na imagem de Goethe, construída a partir da experiência dos *Assignats* franceses, que testemunhou, são "espectros de papel, fantasmas impressos e assinados aos quais corresponde um valor falso como os Tesouros que Mefistófeles imagina enterrados sob o solo do Império"[4].

---

[3] Berman (pp. 71-3).

4 Citati (p. 234).

A saúde da moeda deve ser, portanto, um princípio fundador do próprio Estado, e que, uma vez consignada em nosso ordenamento jurídico, oferece *importante salvaguarda para a cidadania contra possíveis abusos perpetrados pelos governantes*. Por isso o Brasil precisa de um Banco Central independente e voltado para a defesa do poder de compra da moeda nacional.

A inflação não é de esquerda, ou progressista, nem a estabilidade uma causa reacionária. Parte da nossa esquerda parece achar que a inflação é um substituto para a Revolução, pois se apresenta como um mecanismo que extrai recursos da sociedade em benefício de um Estado que se imagina benigno e puro e que vai então corrigir as injustiças do mundo. Não se percebeu a incompatibilidade a longo prazo entre democracia e inflação, pois *numa democracia não pode haver taxação (inclusive e principalmente por meio da inflação) sem representação.*

Já a direita sabe que a inflação é reacionária, que concentra a renda e transfere recursos do pobre para o Estado, mas profissionalizou-se em canalizar esses recursos para os ralos que alimentam as suas clientelas. A direita tem pudor, embora lhe falte vergonha na cara, que é outra coisa muito diferente: bate-se pela inflação de formas mais sutis, como por exemplo, por meio da desvalorização da moeda, porque ela *reduz os salários, empobrece o país em benefício de quem tem domínio sobre seus preços, ou seja, quem tem poder de mercado, rendas e posses em moeda estrangeira*. A direita sabe o que está fazendo quando se bate pela desvalorização.

Em 1993, quando apenas preparávamos o terreno para o Plano Real, já íamos descobrindo, na prática, que a inflação tinha fortes apoios à Direita e à Esquerda, ou seja, que tinha como base uma poderosa coalizão de interesses que era preciso derrotar.

## 6. A URV e o Real

Seguindo-se à EM 395, nosso grande desafio foi o de transformar num instrumento legal e operacional os conceitos da EM.

*A experiência dos membros da equipe era muito variada, incluindo economistas formuladores e uma vasta gama de funcionários públicos com a experiência dos outros planos e capazes de identificar as armadilhas que tinham apanhado a outros andando nesta mesma estrada. São muitos os nomes e os talentos que participaram nesse processo de concepção das medidas que criaram o Real. Muitos estão aqui sentados, diversos permanecem anônimos a despeito de contribuições fundamentais para uma construção tão complexa e detalhada, em que todas as engrenagens devem funcionar perfeitamente.

Foi extraordinária a experiência da concepção do sistema bimonetário, afinal tornado público na MP 434 de 28.2.1994, criando a URV (depois Lei 8.880), a qual, todavia, quase não saiu do papel. Na Reunião Ministerial de 27 de fevereiro de 1994, as pressões no sentido do populismo salarial e do controle de preços foram enormes. Mas prevaleceu o bom senso.

O Real foi de fato criado aí, em 28 de fevereiro. Nesta MP era criada a URV, "dotada de curso legal para servir exclusivamente como padrão de valor monetário" (art. 1, *caput*), sendo a URV parte integrante do sistema monetário nacional, portanto, "uma moeda de conta", mas que teria poder liberatório, ou seja, a propriedade de servir como meio de pagamento, apenas depois de emitida, quando passaria a chamar-se Real (art. 2). São poucos os que festejam o aniversário do Real em 28 de fevereiro — me ocorre o jornalista Joelmir Betting. Estamos, no presente momento, já dentro do sexto ano do Real, que se iniciou no sábado retrasado.

*A URV foi uma experiência de reforma monetária como nenhuma outra nesse planeta. Teve elementos da experiência alemã do Rentenmark de 1923, das propostas de *OTNização* nascidas no Brasil, mas nunca executadas. Mas foi única: nenhuma outra reforma teve esta magnitude ou envolveu um processo voluntário de adesão tão amplo, envolvendo a redenominação voluntária de cada obrigação pecuniária conforme a vontade das partes.

*A URV era o coração de um empreendimento dificílimo: conduzir um plano de estabilização sem choques, confiscos, caneladas, e atrair a sociedade a aderir voluntariamente a um esquema que resultaria vantajoso para a coletividade. Era uma solução de mercado para um sério problema de decisão coletiva, e na qual o respeito à lei e à dignidade do cidadão sempre foram nossas "cláusulas pétreas".

O sucesso da URV foi o sucesso da democracia, da economia de mercado e da racionalidade coletiva de um povo, que buscava maneiras de rejeitar o flagelo da inflação, a "Lei do Gerson" e a pilhagem dos recursos públicos. Por isso, *os quatro meses de vigência da URV foram um reencontro da Sociedade brasileira com um de seus mais importantes e mais combalidos valores: a moeda*, a capacidade de transmitir poder de compra para o futuro, a capacidade de vislumbrar horizontes. *A restauração da moeda era um reencontro com um futuro que parecíamos ter perdido.*

### 7. Políticas de câmbio e juros no início do Plano Real

Apesar de bem-sucedido, o processo de reengenharia da moeda, por meio da URV, estava construído sobre bases fiscais extremamente precárias, e as remarcações de preços nas vésperas da entrada em vigor da nova moeda foram fortíssimas. A partir de 1º de julho, a URV ficaria para trás, e o destino do Real passaria a depender dos nossos próximos movimentos. Qual seria a inflação do primeiro mês, já na nova moeda, qual o grau de desindexação posterior, tudo isso ia depender da atuação do Banco Central, em particular das políticas de juros e câmbio. O avião havia decolado, era preciso pilotar e começamos com uma combinação simples, quase de livro-texto: juros altos, ou seja, política monetária apertada, e câmbio flutuante.

A história é conhecida. Esta combinação de políticas foi extremamente bem-sucedida em produzir um bom começo para o Real.

*Tivemos deflações nos índices de "ponta" (incluindo a cesta básica, que caiu 4% em julho e outros 4% em agosto), a desdolarização, e inflações nos primeiros meses pequenas o suficiente para garantir o sucesso do plano. As margens de sucesso, nos primeiros meses, eram baixíssimas, mas nós conseguimos navegar com sucesso nesses caminhos muito estreitos, e conseguimos uma excelente decolagem.

Como seria a decolagem do Real se começássemos com uma política monetária frouxa e uma desvalorização cambial? Eu lhes digo, seria um desastre. Toda a experiência da URV seria desperdiçada, todo o preparativo seria perdido, e a próxima chance de estabilizar estaria, provavelmente, muito longe, depois das eleições, com um outro governo.

Exatamente por isso *não se pode aceitar este argumento, tão comum dentre os derrotados pelo sucesso do Real, de que houve um "erro" nas políticas de câmbio e juros no início do Real. Erro coisa nenhuma.* Se algum "erro" houve, foi o de ter dado certo de uma maneira muito clara aos olhos da população, e rápido o suficiente para desarmar uma série de projetos pessoais de poder já em estado avançado de construção.

Em julho e agosto de 1994, a *oposição* tinha uma ampla liderança nas pesquisas eleitorais, e já se preparava para governar. Eles não poderiam deixar de se irritar com a sucessão de *acertos* da política econômica, deixe-me sublinhar isto, *os acertos da política de juros e câmbio*, acertos tão contundentes que fizeram o Real um sucesso com extraordinária rapidez e viraram completamente o cenário eleitoral.

A oposição foi massacrada na eleição de 1994, e com ela também massacrada a tese de que as políticas de câmbio e juros eram erradas e insustentáveis, e o Real era um plano eleitoreiro. Se alguém errou na avaliação das políticas de câmbio e juros foram esses zangados economistas da oposição, cujos diagnósticos terminaram por colocar seus partidos na exótica posição de defender a desvalorização cambial, ou seja, um caso raro de partidos de esquerda que defendem políticas que resultam em arrocho salarial.

### 8. "Perdas internacionais"

As opiniões emitidas sobre política cambial naquela altura, principalmente da parte de alguns profissionais da política, tiveram para mim um "muso" inspirador, um craque em matéria de oportunismo político, um inigualável talento para a criação de falsas conspirações, um conhecido caudilho gaúcho, com larga militância no Rio de Janeiro.

Eu explico. No começo de 1986, quando o país foi surpreendido pelo Plano Cruzado, e não havia um brasileiro que não estivesse disposto a enrolar-se na bandeira nacional para defender o plano, este senhor declarou-se contrário ao Cruzado. Era o único. A única voz dissonante a afirmar, com aquela sua gestualidade retumbante de patriota inconformado, sempre a alertar para calamidades, e a denunciar interesses inconfessáveis, que o Cruzado não daria certo por causa das "Perdas Internacionais".

O que eram as "Perdas Internacionais"? Ninguém sabe até hoje o que são as "perdas internacionais". Querem a verdade? Não era nada. *Era um hedge político, uma opção gratuita.* Se por algum motivo, nos próximos cinco ou dez anos, o Cruzado desse errado, apenas um brasileiro tinha levantado a sua corajosa voz para denunciar a fragilidade do arranjo, apenas essa voz solitária e incompreendida. Pouco importa que o desastre tivesse lugar por outras razões, totalmente incompreensíveis ao próprio profeta. O desastre era a sua consagração.

Com o sucesso do Real, várias vozes se ergueram neste mesmo estilo, e o objeto dessas manifestações, com muita freqüência, foi a política cambial: um "erro" havia sido cometido, diziam, e, portanto, *qualquer coisa que ocorresse nos cinco ou dez anos seguintes e que viesse a prejudicar o Real seria um produto defasado deste "erro original", dessas "perdas internacionais".*

Inúmeras carreiras foram construídas, aqui e lá fora, a partir dessa previsão da catástrofe, portanto se aqui fôssemos conferir *o Prêmio Leonel Brizola para os profetas que acertam pelas razões erradas, mesmo sem entender muito bem o que se passou*, o número de candidatos seria imenso: os campineiros enfurecidos, os grandes economistas gringos sem clientela no Brasil, alguns jornalistas obcecados com câmbio, alguns veículos de imprensa especializados em ver o lado ruim das coisas, os amargurados de sempre, alguns especuladores profissionais, e por aí vamos.

O Real poderia ter caído vítima do El Niño, ou da moratória russa (para não falar da crise da Ásia), eventos imprevisíveis, *e totalmente desligados da arquitetura do Real, e ocorridos cinco anos depois do alegado "erro" na política cambial.* E no entanto, esses senhores, brasileiros e estrangeiros, críticos históricos do Real pelos motivos mais desbaratados (e nem sempre consistentes entre si), todos se apresentariam como os heróicos analistas que, a despeito da opinião contrária em larga maioria, jamais esmoreceram em prevenir que o desastre estava próximo e que o Brasil caminhava para o abismo, e que o Pecado Original nos levaria à Danação.

O jornalista Jorge Caldeira, num texto clássico a propósito de uma frase do Nelson Rodrigues[5], argumentou que, "no Brasil, o fracasso é uma indústria pujante e organizada, pois o sucesso sempre cria injustiças (pois é destruição criadora) cuja reparação passa a ser a razão de ser dessa indústria, que se empenha em obter do Governo as compensações pelo que lhes foi retirado". A "defasagem cambial" sempre foi um pretexto para favores compensatórios (sempre foi de 30%, não lembram?), mas depois do Real se tornou uma bandeira poderosa, a chave para conquistas mais ambiciosas e nos mais variados formatos. Na visão de Caldeira, todavia, "com o tempo e com o sucesso do Real, a indústria do fracasso entraria em desespero e sua profecia era a organização de passeatas contra a estabilidade onde as palavras de ordem seriam 'quero minha proteção', 'inflação já', 'abaixo o Real'".

Qualquer semelhança entre esta visão, essa extraordinária premonição, e o ato promovido pela Fiesp, naquela negra torre de mármore construída com dinheiro dos impostos que incidem sobre o emprego, aquele monumento vivo ao Custo Brasil, sob a égide de seu novo presidente, Doutor Horácio Lafer Piva, em dezembro de 1998, não é mera coincidência: foi profetizado em 1995 pelo jovem biógrafo do Visconde de Mauá, jornalista e historiador, um profundo conhecedor da resistência das nossas elites em se mover e, quando é o caso, mover-se para o lado errado, na direção do atraso.

Já em 1994, portanto, tínhamos esta poderosa coalizão de interesses na qual *a Esquerda uniu-se à Direita, ao sentir-se ludibriada pelo sucesso do Real e do Presidente Fernando Henrique Cardoso. Profetizar a catástrofe em linguagem parnasiana e alardear o artificialismo da construção, os supostos "erros", e combater à sombra do anonimato das notinhas venenosas, com os instrumentos da intriga e da fofoca, foi tudo que restou a todos esses cujos projetos políticos foram destruídos pelo sucesso do Real.*

## 9. Os desafios do primeiro ano

Nós sempre soubemos que a parte mais difícil do programa de estabilização era lidar com o seu sucesso inicial. A verdadeira guerra começava agora, com as medidas que iam dar sustentabilidade ao edifício recém-construído. Este é o momento em que os economistas já fizeram a sua parte, e os políticos precisam fazer a sua, justo na hora em que os pendores para a *complacência* são os mais fortes.

Teríamos de enfrentar a Crise do México, logo em dezembro, num momento em que o superaquecimento da economia parecia assustador, e encontrava mo-

---

[5] "Por que somos um Narciso às avessas", *Exame*, 30.8.1995.

tivações na própria estabilidade (os ganhos de renda da população mais pobre e os horizontes abertos àqueles dispostos a se endividar, comprar um bem durável). Além disso, a estabilidade começava a nos revelar os imensos problemas existentes no sistema bancário. Não era uma agenda muito fácil.

Em março de 1995, depois de alguns tropeços, estabelecemos a política de bandas cambiais e elevamos os juros para conter os excessos do consumo. Vários outros planos de estabilização tinham se esgotado neste ponto. Tomamos as medidas impopulares que a situação requeria, e fomos adiante. Naquele momento, não nos deixamos enganar por falsas soluções fáceis, a máxi e a flutuação, nem por arroubos intelectuais sem sentido prático, e aceitamos a inexistência de "refeições gratuitas", um sábio axioma, que mesmo os economistas demoram, por vezes, a assimilar.

*Nessa altura tivemos de encarar de frente a fase mais crítica do saneamento do sistema bancário,* um extraordinário desafio, que se desdobrou em diversos capítulos fundamentais. O número preciso de liquidações, intervenções e outros regimes especiais é revelador: foram mais de *190 instituições*, a maior parte bancos de todo tamanho. Nunca houve nada parecido nesse país, mas os prejuízos para depositantes foram muito pequenos.

Conforme já observei, tínhamos problemas sérios com os bancos federais e estaduais, a começar pelo nosso *Banco do Brasil*, cuja capitalização e reestruturação custou cerca de R$ 8 bilhões aos cofres públicos, muito mais que o valor de seu patrimônio contábil. É claro que pode ser dito que o Banco do Brasil quebrou porque mau uso fizeram dele, e que o banco foi assumindo despesas e responsabilidades que não eram suas, mas do Tesouro, ou foi sangrado pela força de influências políticas. Alegações que também aparecem nas conversas sobre bancos estaduais. Pois bem, *se é assim, o assunto é fiscal: para que o Tesouro (Federal ou Estadual) não tenha a tentação de usar um banco público para gastar além da conta, é melhor então que não tenha banco.*

A privatização do Banco do Brasil, a meu juízo, deve ocorrer, porém, no futuro, pois agora temos uma agenda cheia de bancos estaduais para vender. Logo adiante, será natural que alguns dos maiores bancos privados ultrapassem o Banco do Brasil em tamanho e competência, fazendo de sua privatização um negócio natural para o acionista controlador (como será, por exemplo, a venda do Banespa).

*O governo, desde o PAI, levou a sério o saneamento dos bancos federais e dele tratou consistentemente por meio do Comif, que coordenou a reestruturação do Banco do Brasil e também as providências que fizeram com que a CEF (Caixa Econômica Federal) deixasse de ser um problema para o Banco Central. Quem sabe a abertura de seu capital e a entrada de sócios estratégicos em alguns de seus conselhos sirva para construir a partir da CEF um grande banco hipotecário livre da cobiça dos políticos. O Banco Central só tem a aplaudir os trabalhos do Comif, que também alcançam o Basa e o Banco do Nordeste, que certamente têm suas funções como instituições de fomento, mas funções que não devem ser confundidas com o negócio bancário, mistura que resultou letal para os bancos estaduais.

## 10. A TRAGÉDIA DOS BANCOS ESTADUAIS

O Proes, o programa de privatização, extinção e saneamento dos bancos estaduais, é uma batalha em andamento no sentido de erradicar uma doença: *uma doença chamada caridade com o dinheiro alheio.*

O cálculo dos prejuízos causados pelos bancos estaduais ao longo de sua existência é estarrecedor, podendo ultrapassar os R$ 100 bilhões.

*Subsídios e outras transferências efetuadas antes de 1992 podem ter atingido R$ 40 bilhões, em dinheiro de hoje. Afora isso, o sistema consumiu todo o seu capital entre 1992 e o Real, e agora, no âmbito do Proes e em esquemas específicos (como o de São Paulo), refinanciamentos foram concedidos em valores que já chegaram a R$ 47 bilhões e podem alcançar R$ 60 bilhões. Diante desses prejuízos nada menos que monumentais, o mínimo que podemos dizer é que a existência dessas instituições põe em risco o sistema bancário e o equilíbrio fiscal.

O problema aí não reside na atividade de fomento, pois bancos de fomento existem em toda parte, como o BNDES, o Banco Mundial e o BID, por exemplo. Qualquer banco é livre, evidentemente, para fazer o que quiser com seu próprio capital, inclusive empréstimos a fundo perdido. *O problema é a instituição que usa recursos de terceiros para atividades de fomento. É caridade com o bolso alheio. É apropriação indébita. É crime.* E foi isso que os bancos estaduais fizeram nesse país. Por isso, o Presidente da República assinou uma MP com o propósito de reduzir a presença do setor público estadual na atividade bancária. Por isso, os bancos estaduais devem desaparecer.

Nesse espírito, os progressos já foram imensos e conhecidos.

*O maior dos bancos estaduais, o Banespa, foi federalizado, e será em breve privatizado. Privatizamos o Bemge, o Credireal, o Banerj, o Meridional, e o Banco do Estado de Pernambuco. Fechamos os bancos de Rondônia, Mato Grosso e Roraima. Arrecadamos pouco diante dos prejuízos e refinanciamentos: não se cobre nem 10% do prejuízo, mas o importante é extirpar a doença.

*Os próximos passos estão já determinados: temos acordos assinados para a federalização dos bancos do Amazonas, do Ceará, de Goiás e do Piauí. Os governadores recém-eleitos dos estados de Santa Catarina e Espírito Santo vieram ao Banco Central manifestar sua intenção de privatizar seus bancos. Estamos aguardando o posicionamento do GDF, que tem um problema e precisa se decidir. Há vários outros na fila para privatizar, por sua própria iniciativa, como os do Maranhão, Bahia e Paraná.

A maior contribuição que o Proes pode dar à sociedade brasileira não é nem a privatização dessas instituições, mas uma mudança conceitual importante: *aos olhos do Banco Central não existem mais bancos estaduais. Existem apenas bancos.* Bancos a serem tratados exatamente como os outros. O Proes teve como conseqüência enterrar para sempre o conceito de que o banco estadual é diferente dos demais, e que tem "missões sociais" a executar, especialmente com recursos que não são seus. A doutrina do Banco Central nessa matéria é muito simples: banco estadual não tem missão social nenhuma. Quem pode ser que tenha é agência de fomento, que não é banco, não capta recursos de terceiros, e faz investimentos a fundo perdido apenas com o dinheiro do seu acionista controlador. *Caridade (e fomento) não se faz com dinheiro alheio.*

*Há cinco anos esse extraordinário progresso seria considerado impossível*, mas está acontecendo, graças à tenacidade e habilidade dos técnicos do Banco Central e da Fazenda, dentre os quais eu queria homenagear especialmente o meu amigo e companheiro Diretor Paolo Zaghen, e sua equipe, Vicente Nunes e Pedro Alvim especialmente, mas também os companheiros da Fazenda cumprindo maravilhosamente a sua parte do processo: Doutores Pedro Parente, Amaury Bier e suas respectivas equipes, os agradecimentos meus e do Brasil pelo esplêndido trabalho que vêm realizando.

*Apenas gostaria de alertar que os progressos foram extraordinários, mas as forças trabalhando em sentido contrário não estão mortas. Todo o pesadelo pode ser recriado com imensa velocidade se não prestarmos atenção a alguns temas importantes, em especial dois: *a disciplina das agências de fomento e a formação dos fundos previdenciários dos estados*. Se esses temas forem mal regulamentados, as conseqüências podem ser ainda piores que a sobrevivência dos bancos estaduais. As agências de fomento não podem ter características de banco: em hipótese nenhuma devem ser autorizadas a captar recursos do público, nem deter contas de reserva bancária, e não podem administrar os recursos dos fundos previdenciários, que, por razões óbvias, não podem ser usados para fomento. Melhor seria que essas limitações fossem fixadas em lei.

### 11. O Proer e a supervisão bancária

As dificuldades de bancos do porte do Econômico, Nacional, Bamerindus, dentre outros, colocaram em perigo as poupanças de milhões de brasileiros. O papel do Banco Central não deve ser, nem foi, o de salvar bancos ou banqueiros, mas de proteger correntistas, proteger a poupança popular. Bancos são instituições que trabalham com recursos que não são seus. Cabe ao Banco Central fiscalizá-los para que o dinheiro não seja mal utilizado. Em casos de bancos que fizeram mau uso do dinheiro de seus correntistas, a despeito de nossa fiscalização, construímos um programa, o Proer, que ajudava outros bancos a assumir as obrigações relativas aos depositantes desses bancos com problemas, que eram então fechados, liquidados e seus gestores e controladores responsabilizados pelos prejuízos. O objetivo sempre foi o de proteger o depositante.

Programas como o Proer foram feitos em muitos países que passaram por crises bancárias. Pela sua própria natureza, essas crises nem sempre são previsíveis, podem resultar de fraudes extremamente bem elaboradas, e seus custos para a sociedade podem ser catastróficos. Por isso, de nossa parte, nunca houve hesitação em enfrentar o problema. Muito mais difícil foi enfrentar uma outra barreira, a da incompreensão.

A oposição quis fazer do Proer uma questão política, sem se dar conta do que representaria para o cidadão comum as agruras de uma crise bancária. O brasileiro que se lembra do Plano Collor conhece bem a sensação de ver seus recursos bloqueados no banco, fora de seu alcance. Pois bem, *o Proer evitou que cerca de 4 milhões de correntistas tivessem seu dinheiro preso em prolongados processos de liquidação*. Cada uma dessas pessoas, que tinha uma conta no Econômico, no Nacional e no Bamerindus, para ficar apenas nesses três, deve sempre lembrar que se não fosse o Proer, e se dependesse desses valentes deputados da oposição, a todo momento esbravejando contra o Proer, suas poupanças teriam desaparecido.

A obrigação do Banco Central de proteger a poupança popular foi cumprida. O saldo devedor junto ao Proer, descontadas provisões, é de R$ 8,7 bilhões, para garantias de R$ 19 bilhões. Há deficiências com a reserva bancária da ordem de uns R$ 12,4 bilhões, o que faz incerto o resultado financeiro final do programa. Mas de toda maneira, é interessante notar que *os prováveis custos finais do Proer serão uma fração ínfima dos custos do Proes, ou seja, do descalabro representado pelos bancos estaduais. E para estes eu nunca vi nenhum pedido de CPI (Comissão Parlamentar de Inquérito).*

*Em boa medida, os prejuízos a depositantes foram diminuídos em função da criação do FGC, o *Fundo Garantidor de Créditos*, um mecanismo que oferece uma espécie de seguro de depósitos com recursos dos próprios bancos. Valores até R$ 20 mil em depósitos são protegidos, o que, nos casos em que a proteção foi utilizada, cobriu cerca de 95% dos depositantes. Foi um extraordinário avanço institucional em nosso sistema, e agora prestes a receber o apoio do Banco Mundial para o financiamento de contribuições ao FGC, possivelmente no valor de US$ 1 bilhão.

*Só é lamentável que o FGC ainda não tenha podido utilizar os recursos do Recheque e do FGDLI, o primeiro um fundo formado a partir de contribuições dos bancos para o aprimoramento do uso do cheque, e o segundo, formado dos recursos dos bancos que servem para a garantia da Poupança. Esses recursos estão presos por liminar concedida numa ADIN, dessas feitas pela oposição, alegando que os recursos do Recheque e do FGDLI são recursos públicos, e que não poderiam ser usados para este fim. A alegação da Adin é totalmente equivocada, e o Supremo Tribunal Federal está esperando a manifestação do Doutor Geraldo Brindeiro nesse sentido. Já faz quase dois anos da liminar e a manifestação do Ministério Público não ocorreu. Gostaria de fazer, aqui, em público, um apelo ao Doutor Brindeiro, que entregue sua manifestação para que essa liminar possa ser removida e o mecanismo de proteção ao depositante possa ser reforçado.

O Proer, o FGC, a Central de Risco, as IGCs, a Lei 9.447/97 e as incríveis mudanças efetuadas na área de fiscalização do Banco Central foram partes de *uma verdadeira revolução ocorrida dentro do Banco Central no sentido de implementar cada uma das 25 recomendações do Comitê de Basiléia sobre Supervisão Bancária*. Nesse intervalo, inclusive, o Banco Central se tornou acionista do BIS e passou a participar ativamente dos trabalhos do próprio Comitê. Eu queria homenagear os arquitetos dessa transformação, uma extraordinária equipe, cujo trabalho nem sempre foi devidamente reconhecido fora desta Casa, e que eu gostaria de resumir em alguns de seus comandantes: Doutor Cláudio Mauch, hoje aclamado Presidente da Associação Latino-americana de Supervisão Bancária, meus parabéns pelo trabalho realizado, Doutor Gustavo Loyola, meu antecessor, o nosso Diretor de Normas, que permanece, Doutor Sérgio Darcy e o Doutor Luis Carlos Alvarez, hoje aqui assumindo com todo merecimento a vaga de Diretor de Fiscalização. Minhas homenagens também aos membros do Comitê do Proer. Tenho enorme orgulho de ter podido ajudar nesse extraordinário trabalho. Se hoje nós temos um sistema bancário sadio, tendo passado por todos os turbilhões que passamos, internos e externos, o crédito cabe a esses senhores e senhoras.

12. Bancos estrangeiros

*Em boa medida, a reestruturação do nosso sistema bancário se deveu à capacidade do Banco Central em administrar o interesse de os bancos estrangeiros entrarem no mercado brasileiro. A Constituição limitou a participação estrangeira no sistema financeiro nacional e deu ao Presidente da República o poder de autorizá-la com base no interesse nacional. O Presidente definiu que a entrada de estrangeiros deveria ocorrer em áreas em que o nosso sistema necessitava de energias e deu ao CMN a autoridade para utilizar as autorizações com esse espírito.

*Com isso autorizamos fusões e aquisições envolvendo o HSBC, mas também outras feitas pelos bancos Santander, Bilbao Vizcaia, ABN-AMRO, Sudameris, Credit Agricole e tantos outros. Muitos problemas foram evitados. Muitas soluções de mercado foram montadas para evitar problemas, com isso fortalecendo ainda mais o nosso sistema, a despeito de algumas resistências.

*O valor arrecadado em contribuições para o fortalecimento do sistema financeiro, em suas várias possibilidades, já alcança mais de R$ 350 milhões, com os quais várias liquidações foram encerradas, e vários créditos de difícil recuperação no balanço do Banco Central puderam ser recuperados. Meus agradecimentos aos gestores do sistema, ao Diretor Sérgio Darcy e sua equipe, e aos antecessores na área de normas e autorizações, Doutor Alkimar Moura e, novamente, o Doutor Cláudio Mauch.

## 13. A Diretoria de Assuntos Internacionais

A maior parte do tempo de minha experiência nesta Casa foi ligada aos assuntos internacionais, e uma das minhas maiores tarefas foi a de redefinir o papel do mercado, e da mesa de operações do Banco Central, na determinação da taxa de câmbio. Gostaria de homenagear aqui o Depin, nas pessoas dos chefes com quem trabalhei: Ledir, o amigo Joubert Furtado e, muito especialmente, à Doutora Maria do Socorro Costa Carvalho, um monumento de competência, seriedade, patriotismo e dedicação, a quem, repetidas vezes assisti, na mesa de operações, enfrentando essa entidade todo-poderosa, o mercado, o qual, todavia, nunca deixou de se curvar a um Banco Central que sabe o que quer. *Conhecendo de perto o trabalho desses profissionais do Depin comandados pela Doutora Maria do Socorro, quero aproveitar a ocasião para um depoimento: no Banco Central do Brasil nunca faltou operador. Às vezes faltou foi comando.*

O papel do mercado se ampliou nos últimos anos porque desregulamentamos os mercados de câmbio, o que pode ser medido pela redução observada na espessura da Consolidação das Normas Cambiais, trabalho que começou com o Doutor Alcindo Ferreira, grande funcionário público, o homem que conhece todos os segredos do câmbio, e que continuou com o Doutor José Maria Carvalho e sua equipe, a todos o meu agradecimento muito especial.

No Departamento de Câmbio, quando cheguei, encontrei muitos problemas mal resolvidos na área de *ilícitos cambiais*. Com a ajuda do Doutor Alcindo, do Doutor Carvalho e especialmente do Doutor Carlos Augusto Faias, coordenador do Grupo de Trabalho designado por mim para investigar as fraudes cambiais de 1988-89, que já havia produzido, inclusive, uma CPI, conseguimos desmembrar a trama e punir os culpados, ao menos na esfera administrativa. Nas decisões que apliquei nos Processos Administrativos referentes a essas *fraudes cambiais*, apliquei as maiores multas de que se tem notícia nesta Casa, algumas superiores a US$ 200 milhões. Vencemos a letargia e os prazos de prescrição. A impunidade não prevaleceu.

*Chamo a atenção dos senhores, especialmente dos amigos da imprensa, que essas decisões, quase 500 milhões em multas, devem estar chegando no Conselhinho (Conselho de Recursos do Sistema Financeiro) por agora. Vamos acompanhar se essas decisões são ratificadas.

A desregulamentação cambial significou, dentro do Banco Central, *uma mudança de vocação*, que é tarefa muito difícil em qualquer órgão público. Mas teve lugar de forma exemplar tanto no Decam, que terá novos caminhos agora que temos uma lei que dispõe sobre a Lavagem de Dinheiro, quanto no Firce, departamento encarregado da Fiscalização e Registro de Capitais Estrangeiros. A implantação do Registro Declaratório Eletrônico, o trabalho com o GIE (Grupo de Investidores Estrangeiros), o uso de restrições tributárias (IOF) ou administrativas aos capitais de curto prazo e a incorporação do Censo de Capitais Estrangeiros como rotina do departamento são exemplos dessa reciclagem.

Foi a partir dos recursos humanos e materiais do Firce que começaram os lançamentos de bônus da República em 1995, ou seja, a nossa reentrada no mercado internacional de capitais. Fizemos dezesseis lançamentos em dez moedas diferentes, nas estruturas mais variadas, incluindo Euryens, Samurais, Caravelas, Bônus Paralelos, Euromarcos, Eurolibras, Euroliras, Euro propriamente dito, e bônus globais em dólares, incluindo o lançamento do nosso bônus de trinta anos, o BR-27, numa operação de troca inovadora que ganhou diversos prêmios da imprensa especializada.

Viajamos o mundo inteiro contando as virtudes do Plano Real e das perspectivas do Brasil. Meus agradecimentos aos amigos do Firce, Márcio Cartier, Fernando Gomes, Luiz Carlos, Antônio Martins e também, e muito especialmente, aos amigos do Tesouro, Murilo Portugal, Eduardo Augusto Guimarães e Fábio Barbosa.

*Este trabalho foi precedido de um outro da maior importância, o de encerrar as negociações da dívida externa da década passada com a emissão dos bônus “brady”, processo que envolveu uma complexa operação de aquisição de títulos do Tesouro Americano em mercado para servirem de garantia colateral a alguns dos nossos bônus, duras negociações com o FMI, que não nos apoiou nesse projeto, e o difícil acordo com a família Dart. Meus agradecimentos ao Doutor Sérgio Ruffoni, ao Doutor José Linaldo Aguiar e respectivas equipes pelo excelente trabalho.

14. ADVOGADOS

*A administração pública é regida pelo princípio da legalidade, ou seja, ao contrário do que se passa no setor privado, tudo é proibido, exceto aquilo que está expressamente autorizado em lei. Portanto, àqueles que iniciam suas carreiras no setor público eu recomendo que um bom tempo seja dedicado ao diálogo com os advogados, sendo este, devo dizer, um dos maiores desafios que enfrentei.

*Minhas homenagens aos amigos juristas do Banco Central, a começar pelo meu amigo Doutor José Coelho Ferreira, Procurador-Geral do Banco Central, aos demais membros de sua equipe, Doutores Carlos Alberto Radstrom, também os colegas expatriados para o Ministério da Fazenda Doutores Luiz Carlos Sturzenegger e Daniel Rodrigues Alves. Tudo o que fizemos tem a marca desses senhores, a marca do Bom Direito, graças ao que o Plano Real não sofreu ameaças nos tribunais, exceto por oportunistas de ocasião, como os que questionaram o artigo 38 da Lei 8.880, ou de profissionais da pilhagem ao Erário, como os que procuram ressuscitar, mas com correção monetária que jamais tiveram, as apólices prescritas pelos Decretos-Leis 263/67 e 396/68, do então Ministro Roberto Campos.

*Absurdos como este me fazem refletir sobre a indústria de ações para pilhar os Cofres Públicos, e sobre maneiras pelas quais a União deveria tomar a iniciativa de processar aqueles que de má-fé abusam dos mecanismos da Justiça com o propósito do enriquecimento sem causa.

15. INSTITUIÇÕES PARA A ESTABILIDADE E O DESENVOLVIMENTO

No estágio atual do Plano Real, seis anos após a criação da nova moeda, *é preciso passar da teoria e da retórica para a prática, no terreno da independência do Banco Central.* Nas últimas duas décadas, a independência dos bancos centrais avançou em todo o mundo e sem enfrentar maiores controvérsias, tendo lugar em governos de esquerda ou de direita, no Ocidente e no Oriente, pois teve como motivação uma tese muito poderosa: *a despolitização da moeda*, algo que apenas engrandece a democracia. Trata-se de o Parlamento confiar ao Banco Central a missão de defender o poder de compra da moeda nacional, ou seja, dar-lhe a autonomia operacional para cumprir esta missão, mas também a obrigação de prestar contas à sociedade.

Aqui no Brasil os avanços nessa direção foram importantes, mas ainda insuficientes. A independência só pode existir se o Banco Central é inteiramente afastado de assuntos fiscais e alguns marcos importantes nessa direção foram *o fim da chamada "conta movimento"*, a manutenção da *impermeabilidade da carreira do funcionário do Banco Central* e o *mandamento constitucional de o Banco Central não poder financiar direta, ou indiretamente, o Tesouro* (art. 164, §1).

*Este último avanço foi importantíssimo, mas, como é comum nesses casos, havia um passado a resolver: obrigações do Tesouro no balanço do Banco Central, reconhecidas (e constituídas antes de 1988) e ainda a ser (como se sabe, no Brasil, não só o futuro, mas o passado também é incerto). Foram necessárias pelo menos duas rodadas de "limpeza" no sentido de acertar as contas quanto a pendências: a primeira, a famosa *"operação caixa-preta" em 1993*, e a segunda, *a Medida Provisória 1789*, assinada apenas agora em dezembro de 1998, modificando a forma de remuneração da Conta Única e transferindo ao Tesouro prejuízos e despesas de sua responsabilidade que estavam no balanço do Banco Central. Um grupo de trabalho formado pelo CMN levou um ano para preparar o texto, tendo viajado o mundo inteiro para verificar as experiências de outros países.

Avançamos também em limpar o Conselho Monetário Nacional de influências que nada tinham que ver com a saúde da moeda.

*Antes da MP 542, de 1.7.1994, a MP do Real, o CMN era integrado por todos os ministros da área econômica, vários da área social (cuja contribuição para os assuntos monetários, e em particular para a austeridade fiscal, nem sempre foi positiva), todos os presidentes de bancos oficiais (ou seja, bancos regulados pelo próprio CMN), e cinco membros da iniciativa privada, um deles representante dos sindicatos, outro o Presidente da Febraban. A EM 205, que introduziu a MP 542, argumentava que a presença dessas pessoas "distorce o caráter de instituição pública do Conselho, pois envolve partes interessadas em decisões onde deve prevalecer exclusivamente o interesse público e o compromisso com a estabilidade da moeda".

Pela Lei 9.069/95, o CMN ficou reduzido ao Presidente do Banco Central, o Ministro da Fazenda e o do Planejamento, criando-se assim um *foro de coordenação macroeconômica, de deliberação sobre normas, supervisão bancária e autorizações e de uso de instrumentos financeiros e creditícios para fins fiscais* (os contingenciamentos de crédito e limitações às dívidas de entidades públicas).

Outro avanço da maior importância foi a criação do Copom: um simples procedimento administrativo, criado por meio de uma Circular do Banco Central, de 20.6.1996, que resultou em envolver a decisão sobre taxas de juros num ritual técnico transparente, à semelhança do que é feito em toda parte do mundo, e que teve como conseqüência conter *a determinação das taxas de juros dentro de parâmetros estritamente econômicos*. Méritos cabem ao Diretor Francisco Lopes pelo empenho em consolidar esta idéia.

Mas ainda há problemas. Um deles é o tratamento dado à *agricultura e aos compulsórios*. Na prática, ainda temos uma espécie de "conta movimento verde". O CMN não tem a capacidade de apreciar como deveria o mérito das políticas de crédito rural (como, aliás, de qualquer outra política setorial) e nem tampouco consegue aferir quanto custam as providências e de que orçamento saem os recursos. Com freqüência, são usados recursos dos depósitos compulsórios para a agricultura, o que é errado, como é errado usá-los para o crédito educativo ou para a indústria da construção. Não há nada impróprio na concessão de subsídios a setores que os merecem, *mas a questão é fiscal, e deve ser tratada no orçamento*. Ademais, os compulsórios servem para criar uma demanda cativa por títulos públicos, que não é necessária nem saudável do ponto de vista de um verdadeiro mercado de capitais. Num horizonte de médio prazo os compulsórios e "direcionamentos" devem acabar e os setores que dependem de recursos dessas fontes devem buscar formas orçamentárias de financiamento.

16. MANDATOS E QUARENTENA

*Não se pode falar a sério sobre autonomia operacional do Banco Central sem se discutir os mandatos de seus dirigentes.*

O Projeto de Lei Complementar aprovado pelo Senado, e que vem sendo discutido na Câmara, está contaminado por preconceitos e corporativismo, de tal sorte que sua aprovação, como está, representaria um enorme *retrocesso*. O relator do projeto na Câmara, Deputado Manoel Castro, compreendeu o problema e seu interesse, e a relevância do tema fez o Executivo enviar à Câmara o seu próprio projeto, trazendo as contribuições desta Casa. Todos aqui depositamos enormes esperanças nesse projeto.

Em primeiro lugar, é incluído o *mandato*, no caso, de três anos com recondução. São mandatos não coincidentes com os do Presidente da República, o que procura atender o propósito de se ter uma diretoria que não possa ser modificada integral e imediatamente no momento em que mudam os governos. A continuidade na gestão da moeda é preservada, sem prejuízo de transições, que podem ser feitas com o tempo, conforme a filosofia de cada governante. Garante-se, assim, que o Banco Central guarde certo distanciamento da questão política. Seria bom para todos, e uma demonstração de maturidade da nossa democracia, tanto que até do PT (Partido dos Trabalhadores) vieram idéias nessa direção. *A despolitização da moeda interessa a todos, embora sejam poucos aqueles com coragem para propô-la.*

Outro ponto importante do projeto do Executivo diz respeito à *quarentena anterior*. É um despropósito exigir que um dirigente do Banco Central deva estar afastado do sistema financeiro antes de sua nomeação, servindo tal exigência apenas para aumentar a possibilidade de escolhas medíocres que recaiam sobre pessoas sem vivência no sistema financeiro. O mundo financeiro é extremamente dinâmico: *privar o Banco Central de acolher profissionais em dia com as prá-*

*ticas de mercado é um custo excessivamente alto para o país em nome de benefícios que não se consegue enxergar com nitidez.*

*O argumento a favor da quarentena "anterior" é tão falacioso que serviria para se dizer, por exemplo, que um parlamentar não poderia exercer cargo de direção de empresa estatal, pois sua gestão estaria comprometida por uma "lealdade" anterior e estranha ao cargo que desempenha. Ou que um industrial não poderia ser, por exemplo, Ministro da Indústria e Comércio, ou do Desenvolvimento.

Já a *quarentena posterior* não é apenas necessária, mas essencial. O projeto propõe que seja de um ano e que o funcionário mantenha a remuneração que tinha enquanto dirigente. Afinal, se o indivíduo não vai trabalhar durante toda a quarentena, senão como docente, e não é aposentado pelo setor público, deve ser remunerado pelo impedimento a seu direito constitucional de exercer a sua profissão. Tenha-se claro que a norma ainda não existe, mas seu fundamento ético é evidente. Tomo emprestado aqui, do próprio Deputado Manoel Castro, uma referência ao Código de Ética Profissional do Servidor Público Civil Federal (Decreto 1.171, de 22.6.1994): "a dignidade, o decoro, o zelo, a eficácia, e a consciência dos princípios morais são primados maiores que devem nortear o servidor público, seja no exercício do cargo ou função, *ou fora dele*". *A quarentena posterior é uma exigência ética que, pessoalmente, vou acatar sem nenhuma lei que me obrigue.*

## 17. A REGULAMENTAÇÃO DO ARTIGO 192

O projeto de lei da quarentena e dos mandatos é importante e deve ser votada. Mas ela cria um problema sério sobre o qual é preciso refletir. Nossa Constituição contém uma excrescência que vem nos causando problemas há muitos anos: *a limitação dos juros reais em 12%* (artigo 192, §3). Até agora foi possível neutralizar seus efeitos graças à interpretação do STF, que entendeu que a norma não era auto-aplicável e que o artigo 192 tinha de ser regulamentado todo ele por meio de uma só lei complementar.

O projeto dos mandatos e da quarentena pode introduzir um fato novo nesse panorama e um enorme problema potencial: se a Câmara votar o projeto, estará fazendo o que o STF disse que não podia ser feito, ou seja, regular apenas uma parte do artigo 192, mas não o todo. Diante disso, imediatamente, deve-se esperar um festival de projetos demagógicos procurando regulamentar os 12%.

*A solução para o problema está no Senado.* A partir de um Projeto de Emenda Constitucional que, originalmente, propunha a eliminação do artigo 192, formou-se uma Comissão, tendo como relator o Senador Jefferson Peres, que criou um substitutivo propondo apenas duas modificações no artigo 192: a primeira para que ele possa ser regulamentado *em partes*, ou seja, que possam ser feitos projetos específicos para diferentes temas ali abordados (Banco Central, cooperativas de crédito, seguros, previdência privada, bancos, liquidações, mercados de capitais etc.); a segunda, *a eliminação dos 12%*. Caso a comissão aprove este substitutivo e o plenário do Senado vote essa emenda, ficaria prejudicado o encaminhamento de projetos vindos da Câmara regulando os 12%, pois, no máximo, morreriam todos ao chegar ao Senado, que não poderia votar lei regulamentando matéria constitucional cuja supressão acabou de votar.

É preciso que o país dê início à modernização da legislação sobre o sistema financeiro. É preciso iniciar a regulamentação do artigo 192, e o assunto está nas mãos do Senado, na forma da Emenda Jefferson Peres, que procura dar fim a este crime contra o bom senso representado pelo tabelamento dos juros em 12%, que já deveria estar no lixo da História há muitos anos.

E ao mencionar o Senado, não poderia deixar de agradecer, em público, o apoio que tive do seu presidente, Doutor Antônio Carlos Magalhães, que gostaria de ter trazido a esta Casa para melhor conhecer o que aqui se faz, e estabelecermos melhores bases para o trabalho conjunto do Banco Central e do Senado, especialmente no trâmite dos pedidos de endividamento público, no nível federal, como estadual e municipal. Meus votos para que o meu substituto dê conseqüência a este convite, e avance mais um degrau no relacionamento desta Casa com o Senado Federal.

Mas dentre tantos outros senadores com quem convivi, e de quem aprendi lições as mais diversas, queria, nesta ocasião, homenagear *a todos por meio de apenas um deles*, um dos melhores, e que não está mais entre nós, o *Senador Vilson Kleinubing*.

A Lei de Responsabilidade Fiscal, que, como já mencionei, será um marco para a transformação do regime fiscal brasileiro nas três esferas de governo, tem muito da Resolução 78 do Senado Federal, obra (dentre tantas) do Senador Kleinubing. Foi dele, meses atrás, que ouvi, pela primeira vez de um político, que o país estava preparado para um Orçamento com Déficit Zero, expressão que começa a ser ouvida com mais freqüência por todo o país. O Senador Kleinubing foi um pioneiro. Foi um exemplo de coerência, convicção e firmeza, e deixou nesta Casa uma legião de amigos e admiradores, dentre os quais eu me incluo.

### 18. Transparência

Tão importante quanto a substância, no serviço público, é o modo de se fazer as coisas, de modo que um valor fundamental a ser reinventado todo dia é o da transparência.

*Foi esta a preocupação quando resolvi inovar nosso relacionamento com o *Tribunal de Contas da União*, explorando os limites do possível para a abertura de informações aos auditores do TCU. Trata-se de tomar o TCU como parceiro, como órgão que constantemente nos provoca na direção do aperfeiçoamento. O Banco Central sempre estará disposto a acatar os bons conselhos de auditores, internos ou externos, no sentido de melhor executar suas tarefas. Por isso, praticamente não houve sigilo entre as duas Casas, como foi meu compromisso desde o início, quando tive a satisfação de visitar o Tribunal e seu então presidente, Doutor Homero Santos.

Desde quando comecei a trabalhar nesta Casa tive para mim que *o Banco Central precisava explicar melhor o que fazia à opinião pública*. A incompreensão era a regra, e nossa percepção era de que ela apenas poderia ser combatida por uma mudança de atitude, um trabalho cotidiano de prestação de contas, e com este propósito o meu antecessor, Doutor Gustavo Loyola, trouxe para o Banco Central uma profissional de imprensa de extraordinário valor, Doutora Sylvia Faria, não apenas para fazer funcionar uma assessoria de imprensa competente — coisa que o Banco Central vinha tendo dificuldades em constituir há tempos — mas para uma missão muito maior: *ela deveria estar presente em todas as reuniões da Diretoria, formais e informais, incluindo as do Copom, pois apenas dessa forma ela seria capaz de explicar, com autoridade e com a linguagem apropriada, o que se faz dentro desta Casa, à Imprensa e à Sociedade.*

Mesmo sem a designação formal, Sylvia seria nossa Porta-Voz, nossa consciência, alguém a nos lembrar das pessoas lá fora dependendo do nosso trabalho e querendo entendê-lo. E foi assim do primeiro ao último dia: Sylvia esteve conosco em cada uma de nossas decisões. *Nunca houve nada a esconder, pelo contrário, apenas orgulho em exibir o trabalho realizado e todo o interesse em explicar melhor.*

Meu agradecimento muito especial à Sylvia, pelo profissionalismo e pela habilidade como inventou sua função e conquistou esta Casa. Meus agradecimentos pessoais pelos inúmeros conselhos e pela sabedoria que comigo partilhou.

Durante a minha gestão como presidente procurei levar o conceito de *Diretoria Colegiada* às últimas conseqüências: tudo foi decidido com o concurso de todas as diretorias e quase que 100% do tempo por consenso. Isso apenas foi possível em face da qualidade das pessoas compondo a nossa Diretoria. Foi uma honra e um privilégio trabalhar com esse grupo. Além dos que já mencionei pelas suas realizações específicas, eu queria estender meus agradecimentos e homenagens ao nosso diretor de administração, Carlos Eduardo Tavares, que enfrentou, no seu domínio, crises quase tão sérias quanto as da Rússia e da Ásia, sempre com sabedoria e competência. Ao meu grande amigo Demóstenes Madureira de Pinho, o meu mais especial agradecimento pela competência, pelo patriotismo, pelo desprendimento e pela solidariedade, especialmente nesses meses extremamente difíceis. O Diretor Demóstenes não apenas foi parceiro em cada uma das realizações desta Casa, mas assumiu extraordinárias responsabilidades. O Brasil tem muito a agradecer ao Diretor Demóstenes.

19. MUDANÇAS RECENTES NA POLÍTICA CAMBIAL

Por fim, eu já me alonguei por demasiado, não queria deixar de encerrar essas minhas reflexões *marcando minha posição sobre os eventos recentes, em especial sobre as mudanças na política cambial. Durante todos esses anos, não fui homem de esconder minhas opiniões, de modo que não posso encerrar esta minha jornada sem dizer o que eu penso sobre o que vem se passando.*

Conforme já mencionei acima, tivemos controvérsias sobre a política cambial lá no início do Real e diversas posturas oportunistas se montaram a partir daí: críticas ao Real e às mudanças que determinou, os fracassos que decorreram do sucesso da nova moeda, os partidários das perdas internacionais, e tudo isso.

Boa parte dessas querelas já havia esfriado, inclusive a própria alegação de defasagem cambial, quando vieram a crise da Ásia e a moratória da Rússia. É curioso que os danos causados por essas crises, que nada tinham que ver com o Real, e tiveram como característica a sua total imprevisibilidade, foram danos que *se insistiu serem intrínsecos ao Plano Real.*

Isso se passou com muita clareza no debate sobre o *desemprego*. Estávamos próximos a uma eleição, e talvez por isso proliferasse a leitura equivocada que o desemprego crescia por causa do Plano Real e suas âncoras, e não porque o mundo passava por crises financeiras da maior gravidade, e que *aumentaria o desemprego no Brasil qualquer que fosse a política cambial, ou o Presidente da República.* Na verdade, devemos nos lembrar que o Brasil enfrentou três grandes crises financeiras internacionais durante a vigência do Real, e provavelmente, se não fosse o Real, essas crises teriam sido muito mais letais para o Brasil. Basta lembrar de como era precária nossa posição em 1993. *Será que alguém genuinamente acredita que em 1993 nós estávamos menos vulneráveis a choques externos do que em 1998?*

O Plano Real fortaleceu a nossa economia de inúmeras maneiras. Ficamos mais fortes em tudo que a inflação nos debilitava. Exatamente porque a economia vinha se fortalecendo — com a privatização, a abertura, o crescimento da produtividade e tudo o mais —, e vinha também desvalorizando a moeda de forma gradual e segura sem acordar a inflação, é que *deve ser vista como exótica e tola essa tese de que a demora em corrigir o "erro original" (as perdas internacionais) teria feito as coisas piores.*

Os termos do problema são, assim, habilmente invertidos: *fica parecendo que a persistência e a coerência em perseguir as reformas não são virtudes, e que as reformas não serviram para fortalecer a economia.* Quando foi exatamente o oposto: ganhamos o respeito da população brasileira e da comunidade internacional pela nossa coerência e obstinação em realizar reformas. Criamos perspectivas para o nosso desenvolvimento, criamos esperança e confiança na nossa economia. E não foi fácil. *Não se tem idéia do tempo que leva, e do trabalho que dá, construir credibilidade. E do quanto a confiança é importante. Também não se tem idéia da rapidez com que se pode perdê-la.*

20. A RESPOSTA À CRISE DA RÚSSIA

Em função dos eventos que se seguiram à moratória da Rússia, *íamos ter um ano difícil em 1999*, pois ao sustentar o regime cambial, a inflação baixa, o poder de compra dos salários e os nossos compromissos internacionais, teríamos de manter políticas monetárias apertadas e teríamos de avançar no terreno fiscal com muito maior velocidade do que fomos capazes de andar no passado. Teríamos de desfazer a má impressão causada pelo fracasso do Pacote 51 e convencer a população de que, de uma vez por todas, o Brasil ia encarar de frente o seu problema fiscal. As previsões dos economistas, antes da desvalorização, convergiam para um pequeno declínio do PIB (Produto Interno Bruto), inflação perto de zero, desvalorização cambial real da ordem de uns 8%, e o desemprego em lenta ascensão. O déficit em conta corrente ia diminuir, ficando em algo como US$ 25 bilhões, mas teríamos investimentos diretos de uns US$ 15 bilhões, numa estimativa conservadora. Normalizadas as condições dos mercados internacionais, ainda que apenas no segundo semestre, teríamos uma recuperação natural da economia, e teríamos um pacote de ajuda externa da ordem de US$ 41,5 bilhões para fazer a transição.

*Esta era uma estratégia para lidar com uma crise, concebida para uma economia ainda fazendo reformas essenciais para recuperar nossa capacidade de crescer com rapidez. Não era, nem poderia ser, um plano de desenvolvimento.* De toda maneira, tínhamos uma política, um plano que fazia sentido, a ajuda de vinte países, e cinco anos de execução bem-sucedida de um programa de reformas. Tínhamos duas semanas dentro do novo governo, e pouco mais de dois meses de vigência do acordo com o FMI, no âmbito do qual já havíamos desembolsado cerca de US$ 9 bilhões.

Só dependíamos de nós mesmos: aprovar os ajustes no Congresso, e ter paciência de recuperar a confiança dos mercados fazendo um dever de casa que sempre soubemos qual era, desde o PAI. Tratava-se de construir o nosso futuro. E só tínhamos a temer a nossa própria insegurança.

A trajetória se mostraria acidentada porque não esperávamos perder aquela votação em dezembro (contribuição dos servidores), e nem que o governador Itamar Franco tomasse as atitudes que tomou. Em vez de cem dias de trégua, o novo governo já começava recebendo pesado bombardeio de artilharia, e de áreas das quais talvez devêssemos esperar boas notícias.

### 21. Mudança de rumos

*Que fazer? Perseverar ou inovar? Trilhar caminhos conhecidos, mas difíceis, os caminhos mais longos de que falava a EM 395/93? Ou tentar uma mudança de modelo, uma mudança de regime? A tentação era grande. Por que não experimentar alternativas que pareciam menos dolorosas para o país, especialmente se existiam tantas pessoas sugerindo que o regime cambial era o grande problema do país, o grande entrave ao desenvolvimento?* Tantos ministros, tantas opiniões de peso, no governo e na oposição, tantas sumidades a argumentar pela desvalorização. Seria eu o único teimoso a argumentar que a desvalorização não resolveria coisa alguma e apenas contribuiria para fazer as coisas muito piores?

Afinal a política cambial nunca foi minha, mas uma política de governo, e como não há certezas nesse domínio, teríamos de tomar uma decisão, no mais alto nível, sobre como proceder.

*Acabamos admitindo uma desvalorização de grandes proporções, embora contássemos com US$ 36 bilhões em reservas e cerca de US$ 30 bilhões ainda a serem desembolsados do acordo externo, sem falar nas nossas possibilidades de intervenção em derivativos e no terreno regulatório.*

*A defesa da moeda não falhou, nem caiu vítima de um irresistível ataque especulativo: foi abandonada porque muitas vozes influentes acreditavam que havia uma maneira de fazer as coisas mais fáceis. Uma coalizão de poderosas opiniões sustentava, já de algum tempo, que uma alteração na política cambial permitiria uma redução mais agressiva dos juros e mais crescimento, independentemente da situação fiscal,* cuja melhoria poderia, inclusive, ser mais lenta do que gostaria o Banco Central.

Aos olhos dessa poderosa corrente de opinião, havia, portanto, uma *saída fácil* para os problemas econômicos do país, *a desvalorização cambial.* Dizia-se que a desvalorização não produziria muita inflação, ou a traria de volta numa magnitude que não chegava a ser um problema. Haveria, segundo consta, um método australiano, ou coreano, de desvalorizar sem inflação. *A inflação, é preciso lembrar, sempre teve amigos em posições importantes.* Mas como saber se essas teses eram corretas senão experimentando?

*A defesa da moeda foi, assim, desmontada sem sangue, no plano da persuasão.* O Presidente da República, a quem cabia decidir, tomou a sua decisão, e conforme afirmei recentemente, em minha nota de 13.1.1999, jamais seria minha intenção servir como embaraço a esta reorientação das políticas de juros e câmbio, que se tornou natural, diante do desejo do Presidente da República.

### 22. O FUTURO

Quem se debruçar sobre as perspectivas para 1999 não pode deixar de ter dúvidas sobre o futuro. Dúvidas possivelmente maiores que as que tínhamos. Os cenários econômicos não melhoraram com as mudanças, pelo menos por enquanto.

*A desvalorização não trouxe ainda os benefícios esperados pelos seus defensores. Tornou-se ela própria um problema ainda maior do que o que tínhamos antes.* Ao que tudo indica, a tese da saída fácil estava errada (aliás, como em outras ocasiões no passado) e deve ficar claro que os obstáculos ao crescimento — na forma do desequilíbrio fiscal e das reformas incompletas — continuam exatamente onde estavam, a maior parte deles do mesmo tamanho ou maiores.

Acho que perdemos muito em credibilidade, principalmente dentro do país, dentre os que mais acreditavam em nós. Acho que perdemos uma parte ponderável do Contrato Social que construímos com tanto cuidado ao longo desses anos, e que tinha na estabilidade da moeda, e das regras da economia, o seu principal elemento.

*Será necessário um imenso esforço do governo para resistir às tentativas na direção da reindexação e mobilizar a população no sentido de rejeitar as práticas do tempo da inflação. A estabilidade é uma conquista que deve ser preservada a todo custo.*

Se formos bem-sucedidos em reduzir os impactos inflacionários das mudanças na política cambial, é possível que, ao final de 1999, tenhamos uma desvalorização real na taxa de câmbio em percentual superior à que teríamos se não tivéssemos alterado a política cambial. Mas, para isso, será necessária extrema firmeza e também muita sabedoria da parte da nova equipe do Banco Central, que, eu tenho certeza, está plenamente à altura do desafio.

*Com efeito, teremos ganhos reais no câmbio relativamente à política anterior para qualquer taxa de inflação acumulada inferior a 40% se o dólar estiver no fim do ano a R$ 1,80, ou para uma inflação inferior a 53% acumulados se o dólar ficar em R$ 2,00. Mas mesmo que não haja ganho cambial, haverá uma melhoria na balança comercial em função da maior desaceleração da economia.

Todavia, se as novas políticas vão funcionar ou não, e eu tenho certeza que vão, dependerá de o país ser capaz de enfrentar um velho problema: *o desequilíbrio fiscal*. Esta continua sendo a mãe de todas as batalhas. *Não tenhamos ilusões: sem uma melhoria substancial em nossas contas fiscais não há regime cambial, nem de política monetária, que nos livre de um desempenho medíocre na economia.* Por ora, a mudança cambial apenas nos tornou a vida mais difícil e se a situação fiscal não melhorar, o sacrifício terá sido em vão.

Com as novas políticas que se desenham, temos aqui *o fim de um ciclo*, e o começo de outro. O passado encerra muitas lições, como procurei demonstrar, mas é sobre o futuro que devemos nos debruçar.

Eu acredito no Brasil. As reformas que fizemos durante esses últimos anos criaram imensas possibilidades para o país. Há muita prosperidade já encomendada mercê da privatização, da abertura, da estabilização e da reestruturação do sistema financeiro. Essas reformas são irreversíveis, e não apenas precisam ser defendidas, como é preciso avançar com ímpeto ainda maior. Foram elas que removeram obstáculos ao crescimento, como veremos nos próximos anos.

Eu acredito no Presidente Fernando Henrique, que entende como ninguém os problemas do país e sabe navegar em mares agitados. Foi sua habilidade que nos trouxe até aqui, presentes todas as dificuldades que aqui procurei narrar. O Presidente vai nos conduzir para fora dessa crise, com toda certeza. Tudo ficou mais urgente, *e esta urgência tem de ser utilizada com sabedoria para fazer o Brasil encarar de frente, de uma vez por todas, seus velhos problemas*. Temos, como Nação, um compromisso com o nosso futuro, e o Presidente saberá como construir as bases de uma nova etapa de prosperidade com inclusão social.

Eu acredito na extraordinária competência do Ministro Pedro Malan, e na capacidade dele e de sua equipe de ajudar o Presidente a reconduzir o barco para águas mais tranqüilas. *As âncoras têm de ser reconstruídas e o desenvolvimentismo irresponsável (e mefistofélico) tem de ser esconjurado de uma vez por todas*. A Sociedade, e em particular a classe política, precisa responder ao desafio que o Presidente fez em seu discurso do Itamaraty: o desafio do orçamento equilibrado, o desafio de construir um Estado que caiba dentro de si próprio, o desafio da Responsabilidade Fiscal.

Eu queria dizer em público que foi um privilégio e uma honra trabalhar com o Ministro Pedro Malan, amigo das horas impossíveis, um exemplo a ser copiado sobre como servir a seu país, apaixonadamente, mas sem as ambições pessoais que envenenam, por vezes, a tantos nessa cidade. Não é à toa que o Ministro Malan reúne em torno de si tantos admiradores, dentre os quais estou na primeira fila, e, trabalhando com ele, uma equipe de talentos tão extraordinários, com os quais, devo dizer, foi um privilégio trabalhar. Eu lamento deixar especialmente os amigos Pedro Parente e Amaury Bier, companheiros de tantas guerras, num momento tão difícil, quando toda a ajuda é necessária e quando a solidão de trabalhar pelas maiorias silenciosas é mais pesada. Aos colegas da chamada Equipe Econômica, incluídos os colegas da Secretaria de Planejamento e do Ministério do Orçamento, deixo os meus melhores votos de sucesso nas batalhas em andamento e lembro que o Brasil, a começar por mim, torce por vocês.

Acredito, todavia, no extraordinário reforço na equipe econômica que estamos tendo a partir da equipe que assume o Banco Central. Faço meus melhores votos ao novo Presidente Armínio Fraga, e também a seus companheiros diretores, à disposição dos quais sempre estarei, se a minha experiência for de alguma serventia.

*Para finalizar*, eu queria reafirmar que preferia que as coisas estivessem acontecendo de modo diverso. Na verdade, é exatamente por isso que aqui está se encerrando a minha missão nesta Casa. O Governo segue o seu rumo, e eu o meu. Aprendi na Universidade, para onde estou retornando, os valores da honestidade intelectual, da coerência, da integridade e do senso de propósito. Eu trouxe esse pequeno e intangível patrimônio para Brasília em 1993 e o levo de volta para a Universidade, seis anos depois, apenas enriquecido. A função pública é um duro teste para esses valores, um grande desafio ético, que eu acredito ter vencido.

Muito obrigado.

## 12.
## O REAL E O CÂMBIO: OBSERVAÇÕES À MARGEM DA EXPERIÊNCIA[1]

A política cambial foi dos temas mais intensamente debatidos durante toda a existência do Real. É curioso que tenha sido assim, tendo em vista a quantidade de transformações ocorridas no país desde julho de 1994. Mas não surpreendente. A política cambial de fato jogaria um papel muito importante no sentido de conectar as agendas de estabilização e reforma, na medida em que, simultaneamente, foi crucial para subjugar a hiperinflação, induzir a desindexação, turbinar a abertura mais do que qualquer pacote setorial específico seria capaz, e colocar o consumidor no comando das ações, como deve ser em toda economia de mercado. Em função disso, e da influência que teve sobre as eleições presidenciais de 1994, a política cambial se tornaria um tema altamente politizado e controverso. A oposição, à esquerda e à direita, elegeu-a como o objeto primordial de suas críticas, possivelmente por reconhecer que ali estava a pedra de toque do programa de estabilização, e do sucesso popular e eleitoral do Presidente Fernando Henrique Cardoso. Ao longo deste volume, já tivemos a oportunidade de tocar em quase todos os temas atinentes à controvérsia, desde os debates conceituais iniciais vistos no capítulo 1, até a discussão sobre as mudanças de janeiro de 1999, discutidas no capítulo 11, passando por observações sobre a importância da política cambial no processo de abertura nos capítulos 3 e 4. Neste ensaio não se procura reagrupar e reafirmar todos os argumentos já tão exaustivamente debatidos ao longo desses anos. Procura-se aqui uma reflexão posterior, em perspectiva, já guardando uma distância relativamente segura dos fatos e seus desdobramentos.

### 1. Dos detalhes da construção: estabilização, reforma e política

O problema colocado em julho de 1994, uma vez encerrada com estrondoso sucesso a missão conferida à URV, era desenhar políticas monetária e cambial tendo em vista, de um lado, os percalços que a estabilização enfrentaria a partir dali, e de outro, a pesada agenda de reformas que era preciso empreender, como afirmamos diversas vezes ao longo deste volume, para dar sustentabilidade (os "fundamen-

[1] Texto baseado em "The Real Plan and the Exchange Rate", publicado em *Essays in International Finance*, nº 217 © Dezembro de 1999, International Finance Section, Princeton University, com a permissão dos editores.

tos") à construção que ali se iniciava. No domínio específico da política cambial, a grande questão a enfrentar era a relação entre estabilização e a abertura: tínhamos um instrumento para dois objetivos. Que nos dizia a teoria e a experiência?

No final dos anos 70, os estudos sobre política comercial em economias emergentes patrocinados pelo NBER, de que falamos longamente no capítulo 4, haviam estabelecido uma doutrina com relação à seqüência das medidas de abertura, segundo a qual a remoção do aparato de restrições às importações (tarifárias ou administrativas), e de subsídios às exportações (creditícios e fiscais), deveria vir acompanhada de uma desvalorização compensatória a fim de evitar a criação de um desequilíbrio externo[2]. Mais recentemente, refletindo a experiência acumulada do Banco Mundial nesse domínio, já se dizia que a situação poderia ser bem mais complexa se a abertura fosse conduzida simultaneamente com um programa de estabilização. Conforme um dentre muitos estudos de técnicos do Banco Mundial sobre o assunto, "uma importante fonte de tensão entre programas de estabilização e liberalização é que a liberalização comercial bem-sucedida deve ser apoiada por uma desvalorização real, enquanto a desinflação geralmente produz apreciação"[3]. Já um estudo recente do Fundo sobre políticas cambiais em processos de estabilização e reforma, e tendo em mente a rica experiência dos países em transição para o capitalismo, observaria que: "A questão essencial pode ser formulada como uma simples escolha entre atingir uma meta *nominal* — a saber, a estabilidade de preços — ou atingir uma meta *real* — competitividade. A complexidade da tarefa consiste em usar a política econômica em geral, e a política cambial em particular, no sentido de conseguir esses objetivos simultaneamente. Embora complexa, ele conclui, a questão nada mais é que [...] uma nova versão do velho conflito entre equilíbrio interno e equilíbrio externo que a literatura acadêmica vem discutindo há muitos anos"[4].

Na decisão a ser tomada em julho de 1994, diversas considerações foram importantes, e talvez a primeira de todas seja o fato de o Brasil começar o seu programa de estabilização com um desequilíbrio externo, mas no *outro* sentido, ou seja, com um superávit comercial imenso, com um pequeno e despropositado superávit em conta corrente e tudo isso num momento não apenas de substanciais entradas de capital no país, como também de perspectivas concretas de entradas ainda maiores. Estávamos na curiosa e doentia situação de produzir um

---

[2] Bhagwati (1978) e Krueger (1978) tinham essa recomendação muito clara em seus respectivos volumes-síntese dos estudos de caso.

[3] Thomas & Nash (1991, p. 102).

[4] Guitián (1993).

megassuperávit comercial para financiar fugas de capital, uma configuração típica de países passando por hiperinflações.

Um alentado relatório de 1994 do Banco Mundial sobre a economia brasileira notaria que "comparado a outros países latino-americanos, o Brasil era [no começo de 1994] o único que não havia experimentado uma significativa apreciação em sua taxa de câmbio ao longo dos anos 90, quando os influxos de capital para a América Latina explodiram" (p. 64)[5]. Além disso, significativos aumentos na produtividade, especialmente depois de 1990, aumentaram bastante a competitividade[6]: "tipicamente — eles argumentavam — isso deveria resultar em apreciação da taxa de câmbio real, especialmente tendo em vista que os aumentos de produtividade no Brasil foram muito maiores que os dos principais parceiros comerciais do Brasil" (p. 66). Esses choques externos positivos, todavia, terminaram absorvidos como aumentos das reservas internacionais, o que trazia evidentes custos fiscais, que o estudo fixava em algo como 0.5% do PIB por ano (p. 70)[7]. Esta já seria uma boa razão para violar a recomendação clássica e privilegiar mais o "equilíbrio interno" que parecia mais urgente e preocupante.

No plano internacional, por outro lado, as experiências de estabilização e reforma na Europa Oriental vinham trazendo novas perspectivas às recomendações clássicas. Na verdade, conforme apontamos no capítulo 4, a experiência das economias de transição, independentemente dos resultados de experimentos nacionais específicos, parece ter ensinado que abordagens do tipo *big bang* parecem mais apropriadas tendo em vista a existência de "retornos crescentes", ou efeitos de *feedback* entre estabilização e reformas. Em síntese, a lição era a de que a estabilização ajuda e é ajudada pela abertura, e vice-versa, num processo cumulativo de transformação da economia, que resulta em brutais aumentos de produtividade em meio à transformação estrutural. Era tudo o que precisávamos e foi ao que de fato assistimos. Ademais, se lembrássemos que a hiperinflação, de um lado, e a acumulação de favores regulatórios e proteção, de outro, eram diferentes faces de um mesmo processo de "privatização do Estado" que precisaria ser revertido com urgência, mais motivo haveria para que os dois programas — estabiliza-

[5] Esses achados são confirmados no estudo de Calvo, Leiderman & Reinhart (1993, p. 118).

[6] Tendo em vista o baixo crescimento do PIB per capita, isso indicaria que a produtividade nos setores produtores de mercadorias comercializáveis internacionalmente estava crescendo bem mais velozmente do que nos setores *non-tradables*.

[7] A descrição parece adaptar-se bem ao modelo desenvolvido por Calvo, Reinhart & Végh (1994).

ção e abertura — fossem implementados simultaneamente, de forma rápida e decisiva, e não em seqüência ou de modo gradual e cuidadoso. Todos os gradualismos já haviam sido tentados, e todos os avisos entregues aos interessados.

Havia também, é claro, a questão política. A experiência de outros planos de estabilização fracassados mostrava um padrão que era preciso evitar: os economistas tinham enorme influência sobre a agenda política até o momento em que a estabilização era colocada na rua e mostrava resultados. A partir daquele momento, os políticos tomavam as rédeas do processo e os temas que os economistas elegiam como urgências rapidamente eram relegados a um segundo plano, ou tratados numa velocidade tão lenta quanto exasperante. Era importante, portanto, desenhar políticas que mantivessem a sensação de que a estabilização não estava consolidada, ou de que permanecia sob constante ameaça, e de que a agenda política tinha de ser mobilizada por inteiro, e por um longo tempo, para a construção dos "fundamentos" da estabilização e da retomada do crescimento. Era preciso, portanto, colocar o *establishment* político sob pressão para que tomasse as decisões necessárias para dar sustentação ao edifício.

É interessante lembrar que esses argumentos eram usados amiúde, dentro da equipe, a favor do *currency board*. A idéia era simples: se são eliminadas todas as alternativas, queimadas as caravelas, e se o fracasso do plano é transformado num desastre inconcebível, então, não restaria outra alternativa aos políticos, amedrontados de se verem acusados de responsáveis pela catástrofe, senão a de tomar as decisões corretas e aprovar as reformas. O argumento era, sem dúvida, bastante ponderável mas, levado assim ao extremo, subestimava nossa capacidade de fracassar, ou a habilidade do mundo político de distanciar-se das conseqüências de não andar com as reformas. Era melhor não correr tantos riscos.

Ademais, não estávamos tecnicamente no ponto para um *currency board*. A diferença entre M1 e M4 era, ao mesmo tempo, um sinal de vitalidade do nosso sistema monetário e de que não havíamos alcançado o grau de decadência de moeda normalmente requerido para uma solução desse tipo, e um problema. Fazer um *currency board* nessas condições exigiria uma "reestruturação", para não dizer algo pior, na dívida interna, ou um processo de dolarização através do qual o M4 migraria para o exterior, para depósitos *off-shore* ou para depósitos ou títulos em dólares dentro do país[8]. Seria destruir deliberadamente a moeda nacional para outra, de outro país, em seu lugar. Não era propriamente um projeto muito viável, para dizer o mínimo.

---

[8] Numa situação típica de hiperinflações, para que a dolarização ocorresse como "fuga de capitais" era necessário que houvesse um megassuperávit comercial, e conseqüentemente uma taxa de câmbio subvalorizada, para "transferir" a fuga de capitais.

A decisão, como se sabe, foi no sentido de flutuar o Real e deixá-lo fortalecer-se diante do dólar. A estabilização teve aí uma ajuda fundamental, quase que decisiva, não apenas pela confiança que gerou nos mercados, mas também pelos efeitos sobre a inflação e sobre a propensão à indexação e, em particular, à dolarização. O sucesso foi inequívoco, como tivemos a oportunidade de discutir em diversas ocasiões[9]. Tivemos dois meses de grande deflação na cesta básica, números muito baixos para a inflação nos primeiros meses, o que garantiu o bom trânsito legislativo das medidas de desindexação, um grande impulso na abertura, passando por cima de todas as armadilhas setoriais, a instauração do império do consumidor, a visão de como realmente funciona uma economia de mercado e um extraordinário começo para o Real.

Não foi por outro motivo que o desenrolar do Plano Real mudou os rumo das eleições presidenciais, que pareciam decididas por antecipação a favor do candidato do Partido dos Trabalhadores. Não foi por outro motivo que o Plano Real, e a política cambial em particular, se tornaram temas de campanha, objeto de zangadas palavras de ordem e de histéricos debates em palanques pelo Brasil. A oposição viu-se desconcertada diante do apoio popular ao plano. Poderia, talvez, apoiá-lo com reservas, como ensaiou fazer com o Plano Collor, mas preferiu descambar para as acusações de "eleitoreiro" e "artificial", centrando seus argumentos na política cambial, o expediente que havia lhes roubado o doce que tinham praticamente nas mãos. A direita, por seu turno, que não tinha viabilidade eleitoral, permaneceu encastelada em uma postura oportunista descrita em detalhes no capítulo anterior: a nova política cambial era um "erro" que ia nos custar caro no futuro, como as inesquecíveis "perdas internacionais", que ninguém nunca soube o que eram, mas se as coisas dessem errado a qualquer tempo no futuro, por qualquer motivo que fosse, alguém tinha comprado barato esta opção logo no começo do plano. Pura velhacaria.

E por último, dentro do governo havia aqueles que acompanhavam o processo a uma distância segura, aparentemente torcendo para que o plano desse mais ou menos certo, ou mais ou menos errado, criando a necessidade da permanência do Ministro da Fazenda ou, o que era mais plausível, a eleição do Presidente Fernando Henrique, mas com a designação de um "chanceler da estabilização", ou de um "Domingo Cavallo brasileiro", um outro Ministro da Fazenda redentor, que corrigisse os erros do processo e que conduzisse com mão de ferro a consolidação da estabilização e a reconstrução do desenvolvimento, assim se credenciando para a sucessão em 1998. Quando, recentemente, o atual Minis-

---

[9] Não apenas ao longo deste volume mas também em Franco (1995, cap. 1).

tro da Saúde argumentou, pela primeira vez de forma aberta, que entendeu que o "erro do câmbio" se deu "gratuitamente", como "resultado de pouca reflexão analítica" (sic) e teve conseqüências "bastante adversas"[10], ficaria clara não apenas a superficialidade da sua análise, como a intenção, semelhante em oportunismo às posturas do ex-ministro Delfim Netto, de carimbar a nova política como "erro" a fim de, evidentemente, candidatar-se para corrigi-lo.

## 2. A EVOLUÇÃO DO REGIME: UM CICLO?

Quando o regime de livre flutuação cambial foi adotado em 15 de janeiro de 1999, pouca gente lembrava que o Real nasceu flutuando, e que o então Diretor da Área Externa do BC teve de dar muitas explicações sobre a necessidade da medida, da importância de os mercados funcionarem e de o câmbio deixar de ser uma espécie de "tarifa pública". O capítulo 1 reproduz alguns desses argumentos. A apreciação do Real em julho de 1994 esteve longe de ser mal recebida, pois não havia quem defendesse uma desvalorização na partida. A questão aqui sempre foi a dosagem: alguns achavam que as coisas estavam indo longe demais e que o BC precisava intervir para colocar um "piso" nessa flutuação, que só flutuava para baixo, o que acabou sendo feito de modo informal ao nível de R$ 0,83 por dólar. Não eram poucos os que achavam que a flutuação tinha de ter sido limitada antes. É interessante que, alguns meses adiante, quando a Crise do México teve início, e os fluxos de capitais para o Brasil começaram a enfraquecer, a taxa de câmbio ameaçou depreciar de forma acelerada num momento em que o Real ainda não estava devidamente consolidado, e certamente não resistiria a uma desvalorização acentuada. As pressões se avolumaram, então, para que o BC colocasse um "teto" na flutuação e, assim, com "piso" e "teto" acabamos adotando um sistema que era conhecido internacionalmente como de "bandas cambiais", ou *target zones*, e que era empregado em muitos países e tinha inúmeros adeptos. Pode-se dizer que foram os próprios "excessos" do regime de flutuação, num momento delicado da economia brasileira, que espontaneamente determinaram o estabelecimento de uma banda dita "informal" de R$ 0,83/ 0,86 por dólar. Cinco anos depois, com a flutuação cambial produzindo "excessos" a todo momento, é natural que se pergunte se não vamos começar tudo de novo, e introduzir limites ao regime de flutuação que hoje temos. Voltaremos a esse momentoso tema mais adiante neste ensaio.

Em fins de 1994, todavia, percebíamos que ao sair da flutuação precisávamos de um plano de vôo completo. Políticas intervencionistas funcionam como partidas

[10] Conforme depoimento em Mantega & Rego (1999, p. 141).

de xadrez onde é preciso explicar ao menos os primeiros quinze movimentos aos adversários. E naquele momento não havia clareza sobre isso. Em função da crise do México, entendia-se que um realinhamento era apropriado, mas não havia consenso sobre como fazê-lo e em que extensão. As diferenças de opinião se tornaram mais sérias tendo em vista que a área econômica passava por uma transição naquele momento. Durante o segundo semestre de 1994, a chamada equipe econômica funcionou num modelo de *bunker*, no âmbito do qual todas as decisões eram tomadas por consenso independentemente da hierarquia dos envolvidos. O início do novo governo representava uma mudança previsível e normal no modo de se tomar decisões, para as quais passariam a contar as responsabilidades formais dos detentores dos cargos de chefia e as respectivas hierarquias. Era um difícil momento de transição, que ensejava muitas disputas de poder.

O recém-eleito Presidente da República decidiu pela continuidade das linhas mestras do Real através da nomeação do então presidente do BC, Pedro Malan, para o Ministério da Fazenda. É verdade que a presença do senador José Serra no Ministério do Planejamento não apontava exatamente na mesma direção, mas entendeu-se que era melhor trazer as divergências para dentro do grupo, com o propósito de conciliá-las, do que deixá-las crescer fora do governo. Possivelmente com este espírito, a Presidência da República organiza em torno da Casa Civil uma série de Câmaras de Políticas Públicas, uma das quais a de Política Econômica, da qual fariam parte os dois ministros da área econômica, Pedro Malan e José Serra, além do novo presidente do BC, dr. Pérsio Arida, e do ministro chefe da Casa Civil, dr. Clóvis Carvalho. Logo no primeiro encontro dessa Câmara, o ministro do Planejamento e o Presidente do BC manifestaram o desejo de proceder a um realinhamento bastante significativo na política cambial, o que encontrou a oposição do ministro da Fazenda. O presidente da República determinou, então, que o assunto fosse discutido à moda antiga, ou seja, com o concurso de todos os que participaram na concepção e gestão do Plano Real até aquele momento. O ministro do Planejamento resistia a debates desse tipo, pois era sua postura, recusava-se a discutir com funcionários de outros órgãos que tivessem nível hierárquico inferior.

Nas tensas deliberações que se seguiram, o grupo buscou conciliar posições que, a rigor, não tinham qualquer interseção. E não foi por outro motivo que a mudança nas bandas informais empreendida em março de 1995 foi percebida pelo mercado como inconsistente e ocasionou tanta confusão. Na verdade, o problema técnico não era simples: todo regime de bandas enfrenta problemas no momento de um realinhamento, como a experiência européia demonstrava abundantemente. Seria necessário muita firmeza, e um compromisso claro com as políticas a prevalecer no futuro, para que a mudança pudesse ter lugar sem sobressaltos. Como o sistema que se quis implantar embutia ambigüidades que refletiam a falta de unidade da equipe sobre o tema, terminou gerando uma "quase corrida" numa quinta-feira em que o BC fez mais de trinta leilões de venda de dólares, e um colega de equipe descreveria a situação como "afogar-se numa poça d'água". O BC retomou o controle da situação no dia seguinte, elevando os juros e reafirmando que seguiria uma política de bandas cambiais sem desvalorizações de grande vulto. Dentro da nova banda — R$ 0,88 e R$ 0,93 por dólar —, a taxa de câmbio conheceu considerável volatilidade, como é possível ver no gráfico 12.1, fazendo crer que o próximo realinhamento, para o qual havia prazo fixado, poderia gerar turbulências comparáveis. Essa mudança, que teve lugar em julho de 1995, praticamente coincidiu com a posse do Dr. Gustavo Loyola na Presidência do Banco Central. Todavia, a mudança já vinha sendo preparada havia tempos, e tinha como elemento principal a introdução de um novo tipo de leilão, que ficaria conhecido como "leilão de *spread*", que não apenas resolveria o problema da transição como mudaria substancialmente a dinâmica de funcionamento da política cambial.

Gráfico 12.1
A evolução das políticas de bandas cambiais, julho de 1994 a dezembro de 1998

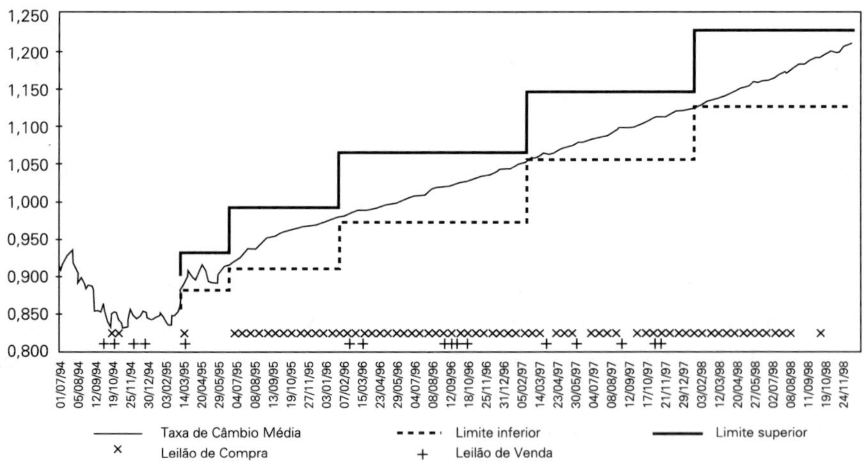


*Fonte: Banco Central do Brasil.*

Com efeito, o gráfico 12.1 mostra considerável volatilidade não apenas no período correspondente à flutuação e vigência da "banda informal", de R$ 0,83/ 0,86 por dólar, mas também durante a vigência da primeira banda "formal" de R$ 0,88/0,93, que vigorou de abril a julho de 1995. A partir daí as taxas de mercado tem sua variância consideravelmente diminuída graças aos "leilões de *spread*", introduzidos justamente no dia da transição para a nova banda de R$ 0,91/0,98. Essa nova tecnologia consistia em o BC comportar-se como um participante do mercado que aborda um outro pedindo "abertura de *spread*", ou seja, preços para compra e venda de dólar. O BC, através de um leilão eletrônico, poderia estender esse procedimento a todos os principais participantes do mercado, obrigando-os a submeter cotações para a compra e para a venda em lotes mínimos e *spreads* predeterminados, mas sem saber se o BC iria comprar ou vender. Como é possível ver no gráfico 12.2, se a dispersão dos preços de compra e de venda fosse suficientemente grande, podia acontecer de o BC comprar *e* vender do mercado, forçando o fechamento dos *spreads*, como de fato ocorreu e por muito tempo: em 1995, 60 leilões de *spread* foram realizados, com US$ 5.1 bilhões comprados e US$ 3.6 bilhões vendidos. Em 1996, 86 leilões de *spread* resultaram na compra de US$ 2.5 bilhões e na venda de US$ 3.3 bilhões e em 1997, com 75 leilões desse tipo, os volumes caíram para US$ 603 milhões e US$ 224 milhões, respectivamente. Como era de se esperar, esses leilões foram tão bem-sucedidos que terminaram por reduzir o *bid-ask spread* à quarta casa decimal, ficando praticamente impossível que alguma instituição individual fosse capaz de "desgarrar" do consenso de mercado, pois o BC sempre poderia lhe pedir *spread*, ou chamar um leilão, e lhe servir "na ponta contrária" usando recursos do próprio mercado.

Gráfico 12.2
Leilões de spread

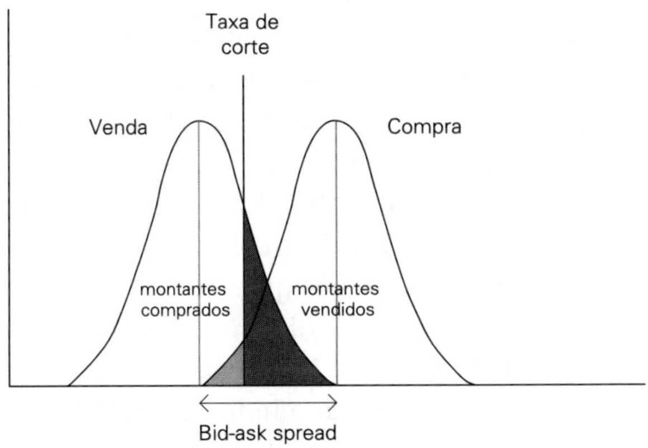


O sistema foi concebido para permitir uma transição tranqüila de uma banda de flutuação para outra, e foi o que de fato ocorreu em julho de 1995, pondo fim às dúvidas sobre a capacidade de se administrar um sistema de bandas com realinhamentos periódicos. É interessante observar, por outro lado, que os leilões de *spread* reduziram tanto o *bid-ask spread* que os intervalos normalmente admitidos para preços de compra e venda se tornaram "minibandas" dentro das bandas maiores que, com isso, perderam totalmente sua importância. Em seguida, as "minibandas" assumiram uma inclinação crescente, na medida em que eram ajustadas em pequenos pedaços, ao longo do mês, de modo a acumular uma desvalorização entre 0,50% e 0,65% mensais (equivalentes a 6,1% e 7,5% anuais). Além disso, como o "teto" da minibanda andava mais rápido que o piso, a "minibanda" era vagarosamente alargada, com o propósito de se chegar a um intervalo de flutuação da ordem de uns 3% a 4% dentro de um ano ou dois. Caminhávamos, portanto, de volta para um regime de maior flutuação, esperando alcançá-lo num momento onde já não houvesse dúvidas ponderáveis sobre a situação externa e sobre a taxa de câmbio de equilíbrio, bem como sobre as reformas e os fundamentos do Real. Era preciso ganhar tempo, e o sistema vinha cumprindo perfeitamente a sua missão enquanto a inflação convergia para níveis internacionais. No plano operacional, era preciso compreender e atuar sobre uma nova realidade que vinha se impondo, a mobilidade de capitais, exatamente na forma como sugerimos no capítulo 5, ao que se sobrepunha, também, o crescimento explosivo dos derivativos, processo que mudava substancialmente a mecânica de formação de preços no mercado de câmbio e de títulos públicos. As implicações dessas novas realidades, para as quais era preciso se preparar, ficariam mais claras logo adiante, com as crises da Ásia e da Rússia.

### 3. Os números e o longo prazo

A trajetória do regime cambial descrita acima teve como resultado a evolução mostrada no gráfico 12.3, que traz três diferentes medidas para a taxa de câmbio real no período 1988-1999. A medida mais comum para a taxa de câmbio real, e que há anos vem sendo calculada pela Funcex, é aquela que usa índices de preço por atacado (IPAs) nacionais e internacionais como deflatores. Índices de preços ao consumidor (IPCs) também são utilizados para este fim, embora com bem menos freqüência e com cuidados redobrados quando se trata de episódios de estabilização nos quais, como mostramos no capítulo 1, mudanças de preços relativos são violentas e pouco têm a ver com competitividade internacional. O gráfico 12.3 também mostra a evolução de um índice calculado pela Funcex denominado Índice de Rentabilidade das Exportações (IRE), que são taxas de câmbio real calculadas por setor, usando os preços específicos, em moeda estrangeira, recebidos pelos exportadores, e índice de custos setoriais[11].

---

[11] Para os detalhes metodológicos, veja-se Guimarães *et al.* (1997).

Gráfico 12.3
Indicadores para a taxa de câmbio real, 1989-1998

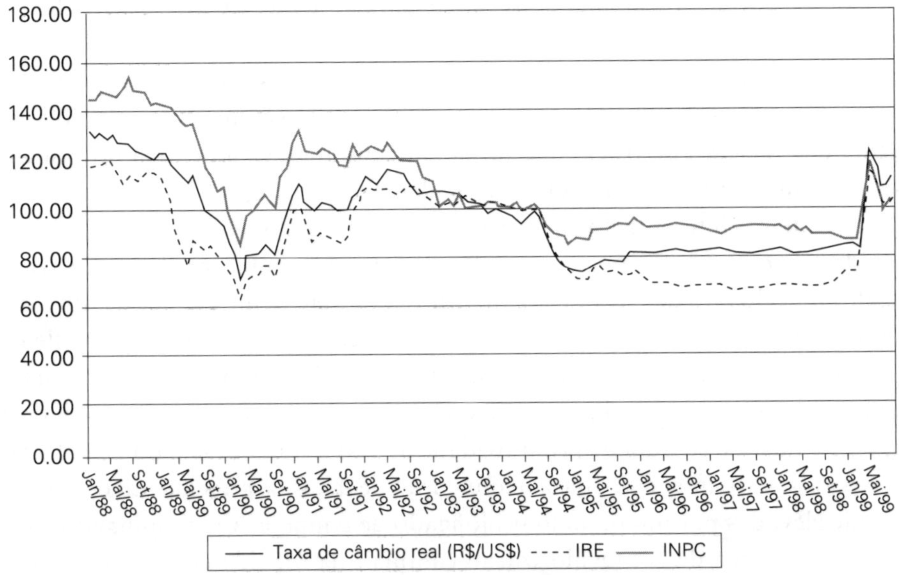


*Fonte: Funcex (IRE e Taxa de câmbio real) e Banco Central do Brasil.*

O gráfico 12.3 mostra que, de fato, a apreciação cambial real seguindo-se ao Real é bastante diferente conforme o índice que se toma para medi-la. Note-se que o IRE é o que mostra a menor apreciação no momento da estabilização, o que parece sugerir que parte da apreciação cambial foi compensada por elevações nos preços em dólares das exportações possivelmente impostas pelos próprios exportadores brasileiros. O índice de preços das exportações brasileiras totais aumentou 11,6% entre junho e outubro de 1994. Para os produtos básicos, o aumento foi de 17,1%, e para semimanufaturados e manufaturados os aumentos foram de 13,2% e 8,9% respectivamente. Para os doze meses que se seguiram a junho de 1994, os preços das exportações brasileiras subiram 17,9% em média, com os preços dos produtos básicos, semimanufaturados e manufaturados crescendo 9,7%, 30,9% e 19,3% respectivamente. Aparentemente, existe uma correlação entre taxas de câmbio e relações de troca (os preços das exportações e importações), que não havia sido percebida pela maioria dos observadores e que, sintomaticamente, se observa também no momento da desvalorização em janeiro de 1999. No período janeiro-junho de 1999, os preços das exportações brasileiras perdem 12,6%, sendo que para básicos, semimanufaturados e manufaturados as quedas foram de 18,4%, 20,7% e 7,2%. É claro que há fatores externos influindo nesse comportamento, mas, ao que tudo indica, os exportadores dispõem de certo poder de mercado diante de seus clientes, e vice-versa, e isso não tem sido devidamente reconhecido. Num momento de apreciação cambial, os exportadores são capazes de repassar parcialmente a perda a seus clientes, elevando, em alguma medida, os preços em dólares de seus produtos. Da forma inversa, no momento da desvalorização, são os clientes no exterior que forçam descontos, que os exportadores vêem dificuldades em recusar, e o resultado é uma perda nas relações de troca, que foi de fato bastante significativa no primeiro semestre de 1999, e que nada tem de acidental.

É interessante observar que, ao longo do tempo, o IRE parece crescer mais rapidamente do que as outras medidas de taxa de câmbio real, o que deve ser explicado pelo fato de este índice capturar mais diretamente ganhos de produtividade (ou redução de custos) que os outros índices não necessariamente refletem. Como tivemos a oportunidade de observar em detalhe no capítulo 4, a produtividade tem crescido a taxas bastante elevadas, cerca de 7,5% anuais em média para 1990-98 quando se trata de produtividade do trabalho e 3,4% para PTF. É claro que pode ser argumentado que a manutenção de taxas de crescimento de produtividade elevadas por um período prolongado de tempo acaba terminando com a discussão acerca da sobrevalorização cambial, na medida em que as taxas de câmbio real *corrigidas* pela produtividade estariam *desvalorizando* progressivamente. Afinal, a verdadeira competitividade tem que ver com fatores reais, quantidades de produtos produzidos para dadas quantidades de insumos, e não tanto de fatores transitórios, de ordem monetária. Afinal, como diz a teoria, no longo prazo, a moeda é neutra e o câmbio será dado pela Paridade de Poder de Compra. Esta pode ser a razão pela qual não se discute sobrevalorização cambial na Argentina, nem mesmo pelos "campeões" da desvalorização, como o professor Dornbusch (1997, p. 385), que alega que o crescimento da produtividade nada mais é que um truque baseado no qual as "alegações oficiais" são construídas para fugir do verdadeiro problema: "Quando tentam explicar a razão pela qual a taxa de câmbio não está sobrevalorizada, os governos freqüentemente recorrem aos ganhos de produtividade"[12]. O professor Dornbusch, com freqüência, gosta de fazer graça.

No caso brasileiro, é interessante notar que uma parte muito substancial dos ganhos de produtividade foi repassada aos salários, especialmente nos estágios iniciais da estabilização, como pode ser visto no gráfico 12.4, mostrando salários medidos em dólares comparados com um índice para a produtividade do trabalho. O crescimento dos salários pode ser explicado em parte pelas dificuldades em se

[12] O argumento do professor é que as reduções de custo acabam sempre refletidas nos preços e, portanto, nas medidas mais comuns de taxa de câmbio real usando índices de inflação. Dornbusch *et al.* (1995, p. 258).

evitar alguma indexação salarial residual, mas é de certo modo natural em vista dos ajustes empreendidos tipicamente pelas empresas brasileiras diante da abertura, que compreendiam a reorganização administrativa e gerencial, o controle de qualidade e a "reengenharia" de processos num contexto de pequenos investimentos de capital e reduções significativas no emprego[13]. De toda maneira, não se deve enxergar esses ganhos como indicações de populismo salarial, mas como o alívio de tensões distributivas longamente represadas cujos impactos inflacionários foram mitigados justamente pelos aumentos de produtividade. Ao longo do tempo, todavia, como mostra o gráfico 12.4, os níveis de produtividade vão alcançando os salários em dólares, o que representa um recuperação gradual porém significativa da competitividade. Com a desvalorização a partir de janeiro de 1999, os salários em dólares caem muito significativamente, o que representa um enorme impulso para a competitividade. Já os efeitos da desvalorização sobre os esforços de redução de custo que vinham fazendo crescer a produtividade são menos claros, podendo corroer alguns dos incentivos que vinham motivando os esforços de redução de custos nos últimos anos. O câmbio sobre-desvalorizado poderá voltar a cumprir o seu papel histórico de acobertar a incompetência. O tempo dirá.

Gráfico 12.4
Salários em dólares e produtividade do trabalho, 1990-1999

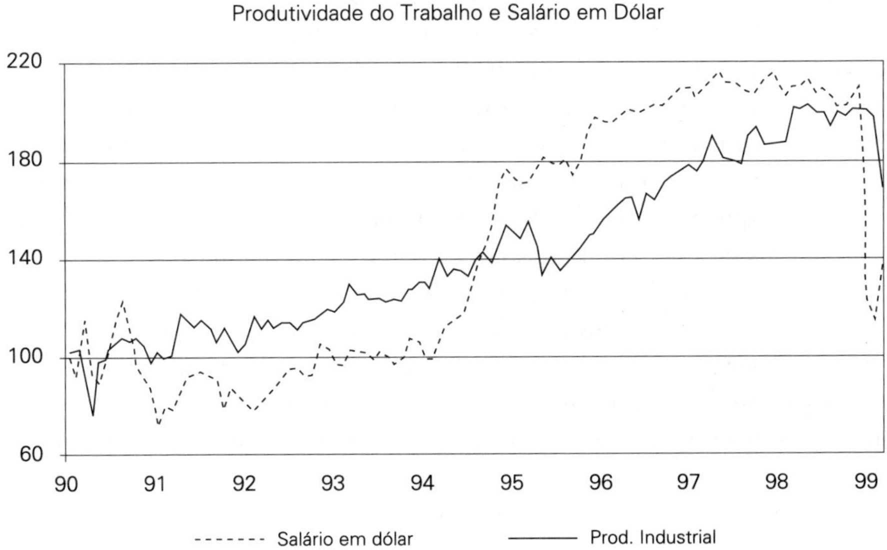


*Fonte: Banco Central do Brasil.*

[13] Uma descrição pode ser encontrada no capítulo 4 e em Salm *et al.* (1997).

De toda maneira, todas as três medidas de taxa de câmbio real no gráfico 12.3 mostram apreciações significativas no início do Real, embora diferentes em grau, e recuperações ao longo do tempo, também diferentes em intensidade. Na véspera da desvalorização de janeiro, os níveis de taxa de câmbio real eram tais que, comparando a média para o último trimestre anterior à mudança de regime (outubro-dezembro de 1998) com a média do semestre anterior ao Plano Real (o primeiro semestre de 1994), a apreciação era de 25,4% para o índice deflacionado com preços ao consumidor, mas de apenas 12,9% e 12,1% quando medidos pelo IRE e por taxas deflacionadas por índices de preço por atacado respectivamente. Não que isso tivesse qualquer significado específico, ou representasse alguma "defasagem" a recuperar. Na verdade, esses números parecem mesmo sugerir que estávamos perto da Paridade de Poder de Compra, para onde, no médio prazo, as taxas de câmbio acabam sempre convergindo. Nessa altura, o economista Antônio Barros de Castro diria que a desvalorização, quando veio, ninguém mais precisava dela, estando as empresas perfeitamente ajustadas à nova realidade. Talvez por isso tenha sido muito mais um problema do que uma solução.

## 4. Liberalização cambial, conversibilidade e o "trilema"

Para se entender como funciona o mecanismo de transmissão de um choque financeiro externo para a economia brasileira, ou como se organiza um "ataque especulativo", é necessário considerar alguns fatos básicos atinentes ao regime de conversibilidade da moeda brasileira. Depois de sucessivas rodadas de desregulamentação cambial a partir do início dos anos 90, o Brasil atingiu o estágio de poder aderir às obrigações do Artigo VIII do Convênio Constitutivo do FMI, que veda genericamente as restrições aos pagamentos feitos em transações em conta corrente[14]. É interessante notar que os estatutos do FMI aceitam (no Artigo XIV) que um país não adote inteiramente as regras do Artigo VIII no momento de sua entrada no organismo, podendo assim manter restrições vedadas pelo Artigo VIII desde que preexistentes e apenas temporariamente, enquanto perdurarem as dificuldades de balanço de pagamentos que, presumivelmente, teriam dado origem a essas medidas. Pois bem, o Brasil está no Artigo XIV desde 1946, quando entramos no FMI. Somos membros fundadores, e temos dificuldades temporárias de balanço de pagamentos há quase meio século. Dos 178

[14] Trata-se aí de impedimentos de natureza cambial ao comércio de bens e serviços como, por exemplo, a prática de taxas de câmbio múltiplas, depósitos prévios, ou compulsórios, e impostos específicos sobre as operações cambiais referentes a importações, gastos de viajantes, dividendos, fretes e outras importações de serviços, os chamados "invisíveis".

membros do FMI, cerca de 140 já adotaram o Artigo VIII. As exceções são, além de nós, Rússia, China, Irã, Iraque, Colômbia, e diversos países africanos.

É de se notar que o tipo de restrição vedada pelo Artigo VIII de fato vem caindo em desuso, principalmente por uma razão muito prática: esse tipo de restrição tem pouca importância num mundo onde é na conta de capitais que a maior parte dos problemas tem origem. Note-se também que a disciplina do Artigo VIII nem por um minuto deve ser confundida com "conversibilidade da conta de capitais". Na reunião anual do FMI de 1997, em Hong Kong, alguns países puseram em discussão uma proposta de emenda aos estatutos do FMI nessa direção: a de que o FMI deveria promover — mas não obrigar — a conversibilidade da conta de capitais. A posição brasileira foi fortemente contrária, e conquistou muitas adesões. Era e continua sendo uma má idéia, e a crise da Ásia, que naquele momento começava a se desenvolver, viria a sepultá-la sem honras e com notável desconforto para seus proponentes. Com efeito, os perigos para um país como o nosso não estão no Artigo VIII, que deveríamos aceitar sem demora, mas na conversibilidade, ou na inexistência de restrições, nas transações da conta de capitais.

Nessa linha, existem três dispositivos básicos que constrangem a conversibilidade, ou a mobilidade de capitais no Brasil, sobre os quais é útil comentar. O primeiro e mais importante é a Lei 4.131/1962, cujo espírito é o de conceder, através de um registro, o direito de saída a quem trouxe divisas para investimentos dentro do país ou como empréstimos. Dessa maneira, as transações que implicam registro no BC, na forma da Lei 4.131, admitem a repatriação apenas até o limite da entrada original acrescida dos juros originalmente acordados. E além disso, como o BC pode sempre recusar a concessão do registro, fica mantida a capacidade de o BC monitorar as condições das entradas de capitais fixando, por exemplo, prazos mínimos e "criticando" as taxas de juros para empréstimos em geral (a fim de evitar "operações fiscais"). Note-se que esta é uma lei suficientemente flexível para acomodar o Anexo IV (investimentos em bolsas de valores, feitos e desfeitos com grande agilidade) e, com o registro declaratório eletrônico (RDE) plenamente instalado, todo o processo de registro de capitais estrangeiros, e respectivas autorizações, poderá ser feito *on line* em questão de minutos. Ao fim das contas, o registro pode ser um evento puramente estatístico, ou um instrumento de controle cambial, conforme a vontade da autoridade.

Como princípio geral, não é má a regra de permitir a saída apenas a quem entrou, e no exato montante da entrada (mais juros e dividendos). Na verdade, esta é a essência da "não conversibilidade" da conta de capitais, ou seja, é vedado a residentes deslocar suas poupanças para o exterior, exceto, é claro, nas condições e veículos que a Autoridade Monetária entender como apropriados. O problema é que a acumulação no tempo de direitos a remessas, bem como pelas liberalidades que ocorrem sempre nos bons momentos, enfraquecem gradativamente a restrição. A mobilidade de capitais vai se impondo aos pouquinhos exatamente como ocorreu na Europa, conforme apontamos no capítulo 5. A questão aí é se devemos apressar o processo ou retardá-lo a fim de vê-lo desabrochar num momento em que os fundamentos macroeconômicos do país estiverem melhor alinhados e não corramos o risco de maciças fugas de capital, como certamente é o caso nos dias de hoje.

Um outro constrangimento à mobilidade de capitais é a exigência de "cobertura cambial" imposta aos exportadores. Desde 1933, quando saímos formalmente do padrão-ouro, os exportadores são obrigados a "fechar câmbio", ou seja, a vender a moeda estrangeira que auferem ao BC, ou a quem ele autorize (vale dizer, no mercado de câmbio doméstico) e isso, volta e meia, aparece como um dispositivo a ser repensado. Não acho que faça sentido abrir mão dessa regra, sem a qual o exportador poderia manter a moeda estrangeira que gera no exterior e, com isso, combinar sua exportação com uma "fuga" de capital. É curioso que, recentemente, um famoso economista norte-americano tenha sugerido esta regra, além de algo que se parece com a lógica da Lei 4.131, como uma "mudança radical" nos regimes cambiais de países emergentes e que resultaria em prevenir ataques especulativos. O termo utilizado para designar essas regras foi "controle cambial". Muita gente que não gosta do título do filme reagiu firmemente na direção contrária[15], mas o fato é que, aqui no Brasil, a Lei 4.131 é de 1962 (com algumas alterações de 1964), e o decreto que exige cobertura cambial para as exportações existe desde 1933. Somos "radicais" há muitos anos.

E o terceiro elemento que reduz a mobilidade de capitais é um mecanismo conhecido como "posição de câmbio", que consiste em estabelecer limites para as diferenças entre as compras e vendas acumuladas das instituições autorizadas a trabalhar em câmbio no mercado interbancário. Tendo em vista o relacionamento dos bancos locais com seus correspondentes e fornecedores de linhas no exterior, a restrição é uma espécie de tradução da filosofia da Lei 4.131/62 aplicada ao mundo interbancário: só sai o que entrou, ou há limites para "saídas sem entradas" e "entradas sem saídas". As restrições são quantitativas e individualizadas, fixadas diferentemente para a posição comprada e a posição vendida, e volta e meia alteradas para fazer frente a situações conjunturais no mercado de câmbio.

O conjunto dessas restrições sugere que o Brasil é um país com conversibilidade em conta corrente e pouca, porém crescente, conversibilidade na conta de capitais. A descrição não é tão exata, em primeiro lugar, como já aludido, pela acumulação expressiva de direitos de remessa ao amparo da Lei 4.131, mas tam-

---

[15] P. Krugman: "Saving Asia: it's time to get radical", *Fortune*, 7.9.1998.

bém e principalmente em função de uma importante ambigüidade em nosso regime. O chamado "flutuante" foi criado como um mercado apartado do mercado de câmbio principal, inicialmente com a denominação de "câmbio-turismo", com o propósito de capturar para a esfera formal as transações legítimas que tinham lugar no *black*. Com o tempo, o mercado de câmbio de taxas flutuantes se tornou mais importante e a muitos parecia que suas regras eram inconsistentes com a disciplina da Lei 4.131. Ou seja, se não há registro no Firce, e se as remessas internacionais (de reais) não estão limitadas a uma entrada prévia, então estaríamos caminhando para conversibilidade da conta de capitais que, exatamente como descrito no capítulo 5, nos colocaria no mundo dos "capitais voláteis" e diante do famoso "trilema" ali discutido. Diz a teoria, e ensina a experiência, que, na presença de mobilidade de capitais, um país com as contas fiscais em ordem pode escolher uma dentre duas políticas: a monetária (a taxa de juros) ou a cambial. Ou pode escolher dois entre três atributos: mobilidade de capitais, taxas de câmbio fixas e política monetária independente. Para ter as duas últimas, ao menos durante algum tempo em que as "âncoras" são especialmente importantes, o país precisaria fechar a torneira dos capitais. Mas se não tiver contas fiscais em ordem, não vai conseguir nenhuma das duas, pouco importando o que faça com a conta de capitais.

É interessante observar que, na verdade, não tínhamos nenhuma das três coisas: desde o Real, trabalhamos com mobilidade de capitais mitigada, taxas de câmbio meio flutuantes, meio no figurino *crawling peg*, e políticas monetárias ora respondendo a circunstâncias externas, ora determinadas pelo desequilíbrio fiscal doméstico. E tudo isso com um regime fiscal em processo (lento) de ajuste. Uma jabuticaba. A expectativa era de uma melhoria progressiva nas condições fiscais de modo a solidificar as "âncoras" enquanto se mantinha reduzida a conversibilidade da conta de capitais. Mais adiante, conforme a mobilidade de capitais fosse naturalmente se elevando, já teríamos os fundamentos necessários para derrubar os juros e caminhar na direção de taxas flexíveis. Com esse programa, nossa vulnerabilidade aos "capitais voláteis" existiria na exata proporção de nossas fragilidades fiscais, e ao reduzi-las caminharíamos para uma situação em que o crescimento da mobilidade de capitais não nos causaria dano. Seria uma questão de aceitarmos essa "perda de soberania", conforme a terminologia do capítulo 5, que implicava a vedação de condutas irresponsáveis no plano fiscal, algo sempre difícil no domínio político.

## 5. A crise da Ásia: uma resposta bem-sucedida

A crise da Ásia revelou dois novos canais para o chamado "contágio" de choques vindos do exterior: os mercados dos títulos da dívida externa brasileira, os chamados *Brady bonds*, e os mercados de derivativos cambiais. Em outubro de 1997, quando a crise asiática nos atingiu mais diretamente, as cotações de nossos papéis no exterior caíram, e com elas vários fundos mútuos operando com grande alavancagem tiveram imensos prejuízos. O sistema bancário foi pouco afetado, e algumas remessas de certo porte foram feitas para arbitrar preços ou para responder por perdas de fundos no exterior. Na verdade, foi no terreno dos derivativos cambiais que a movimentação foi mais intensa. Como esses mercados cresceram de forma explosiva nos anos anteriores, e passaram a ter um papel crucial na formação de preços do mercado *spot*[16], o BC já tinha se preparado com bastante antecipação para intervir pesada e discretamente nesses mercados para garantir, na forma da Lei 4.595, o "regular funcionamento do mercado de câmbio". Havia dúvidas, dentre os participantes do mercado, se o BC iria de fato intervir, e a percepção da autoridade era de que não poderia deixar de fazê-lo. Na prática, tendo em vista o vulto que esses mercados adquiriram, seria impossível que uma certa política de intervenção fosse praticada no mercado *spot* sem que uma política correspondente fosse levada a efeito nos mercados de derivativos. Se assim fosse, estaríamos diante da esdrúxula situação de o BC ter de usar suas reservas no mercado *spot* para defender-se de um ataque gerado de forma extremamente alavancada por especuladores na BMF. Faria muito mais sentido "combater fogo com fogo", como se diz e como dezenas de outros bancos centrais fazem mundo afora, e enfrentar as pressões no terreno dos derivativos, onde a alavancagem funciona para os dois lados.

Assim sendo, diante de pressões cambiais que tinham como origem principalmente a BMF, o BC formou posições vendidas em futuros cambiais, vendeu títulos com correção cambial e usou suas reservas quando necessário. Adicionalmente, elevou as taxas de juros e anunciou um ambicioso esforço fiscal com o propósito de eliminar de uma vez por todas as dúvidas sobre os fundamentos fiscais do Real e a vulnerabilidade daí decorrente. Conforme se disse ao presidente da República na ocasião, uma coisa é o BC, no uso de suas prerrogativas e na forma da lei, utilizar seu arsenal para defender a moeda. Outra é a percepção do lado de quem ataca, de que na defesa não está apenas a Autoridade Monetária mas a Nação e de que, portanto, era impossível dobrá-la. Por isso se associou tamanha importância ao chamado "Pacote 51": não apenas era o "fundamentalismo fiscal" explicitamente adotado, e a intenção de trazer nossos números fiscais para níveis "europeus", mas também uma demonstração clara de vontade política, do Executivo e do Legislativo, em defender a moeda e os fundamentos do Plano Real.

---

[16] Para um exame de experiências semelhantes em outros países, nos quais o crescimento dos derivativos alterou o modo de funcionamento dos mercados *spot* do ativo subjacente, veja-se Jochum & Koldres (1998), Chatrath *et al.* (1996) e Clifton (1984).

Não chega a surpreender a acolhida eufórica dos mercados à resposta brasileira à crise da Ásia: tinha sido entendido que o Brasil apenas apressou seu cronograma de reformas no plano fiscal, e que usaria os instrumentos de intervenção de forma implacável, e no pleno domínio da lógica dos mercados e usando suas próprias armas. De agosto a dezembro de 1997, havíamos perdido cerca de US$ 11 bilhões em reservas. De janeiro a maio de 1998, ganhamos exatamente o dobro, elevando as reservas a incríveis US$ 74 bilhões, a despeito de controles às entradas de curto prazo, que recolocamos no ritmo possível, e da redução nas taxas de juros.

### 6. A CRISE DA RÚSSIA E O ACORDO COM O FUNDO: A PROMESSA NÃO CUMPRIDA

A sensação de vitória sobre a crise asiática logo desapareceu no seio da equipe econômica quando começaram a aparecer os primeiros números fiscais posteriores às medidas de outubro, mostrando que a situação estava evoluindo na direção oposta à pretendida. Tínhamos um furo no casco, e diante da euforia do mercado parecia que vivíamos um "almoço grátis" cuja conta algum dia deveria vir. A crise gerada pela Rússia, além de ser a pior de todas, como pode ser atestado pelos seus impactos sobre os preços dos nossos papéis mostrados no gráfico 12.5, nos apanhava num momento de agudo déficit de credibilidade: havíamos prometido um déficit fiscal menor que 4% do PIB, e os números pareciam indicar algo como 8% ou 9% para o fim do ano. Não podíamos mais repetir a resposta bem-sucedida à crise da Ásia porque, na verdade, um de seus principais elementos — o que fazia crer que a defesa da moeda era um desejo da sociedade com o respaldo do sistema político — não tinha sido implementado. O BC estava sozinho e os mercados sem piedade.

As decisões tomadas pela Rússia, conforme a versão dos mercados, tiveram o concurso dos técnicos do Fundo. De alguma maneira pareciam refletir preocupações, já amplamente alardeadas por algumas autoridades do G-10, com *moral hazard*, e em particular com a incômoda certeza dos mercados de que os russos seriam ajudados. As advertências também apontavam para a necessidade de o setor privado jogar algum papel, e incorrer em algum custo, na resolução de crises em que dinheiro público tinha de ser desembolsado. Os mercados internacionais pareceram entender que, com a mensagem implícita na decisão da Rússia, um novo padrão de risco havia sido estabelecido, e que, portanto, cabia uma profunda reflexão sobre os graus de exposição a países emergentes. Um gigantesco crescimento no grau de aversão a risco teve lugar, de tal sorte que a "fuga para a qualidade" machucou profundamente os mercados emergentes. Não era mais uma crise da Rússia, mas uma crise de desgosto dos bancos internacionais com seus reguladores.

Instrumentos mais voláteis como os *Brady bonds* foram violentamente atingidos, como mostra o gráfico 12.5, que deixa claro o extraordinário contraste na intensidade dos efeitos das duas crises, a da Ásia e a da Rússia. Enquanto na primeira o EMBI mal ultrapassou 700 pontos de *spread* de risco sobre o título do Tesouro Americano da prazo comparável no pior momento, na segunda ultrapassou 1.400 pontos, sendo que alguns dos principais papéis brasileiros individualmente superaram 2.000 pontos de *spread.*

Gráfico 12.5
Spreads sobre títulos da dívida externa brasileira e o EMBI (médias mensais), 1996-1999

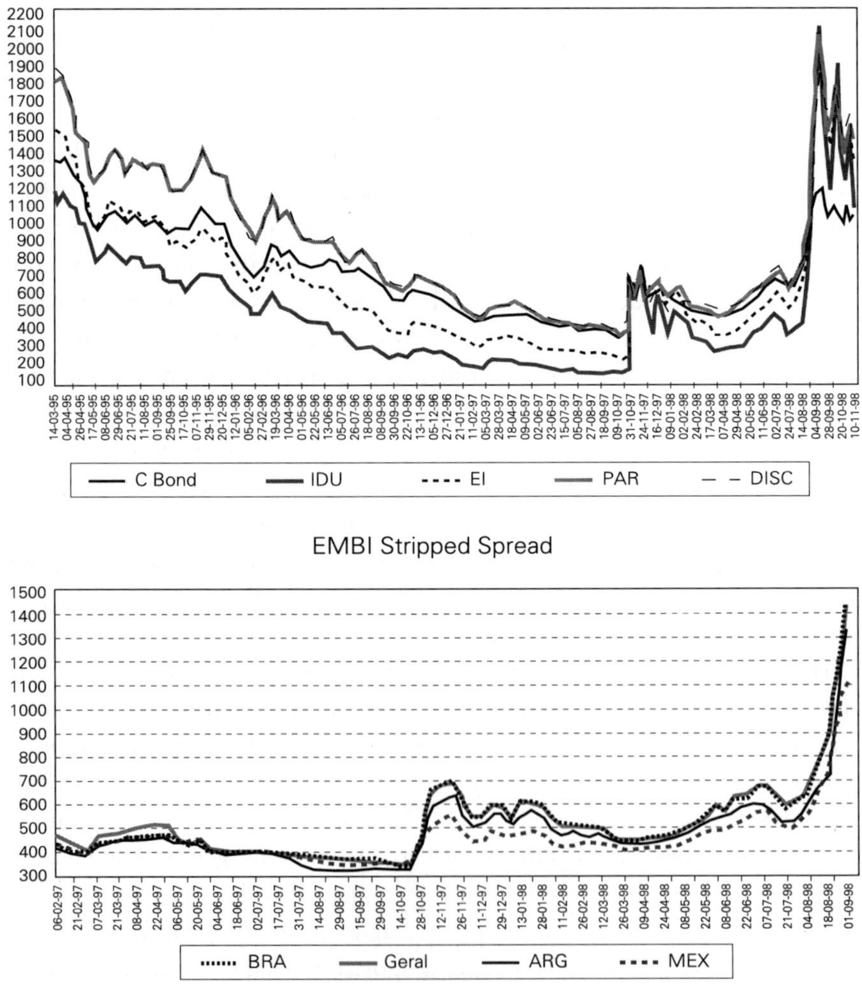


*Fonte: Banco Central do Brasil (DEPIN/GEOPS).*

Com preços assim deprimidos, os papéis brasileiros passavam a embutir taxas internas de retorno da ordem de 25% em dólar. Isso significava que era rentável tomar recursos a taxas de mercado dentro do Brasil para fazer aplicações nos nossos títulos da dívida externa. Mais vantajoso ainda era, para algumas empresas brasileiras, financiar-se internamente para recomprar sua própria dívida no exterior, tendo em vista que os preços dos bônus de empresas brasileiras caíram ainda mais acentuadamente que os preços dos papéis da República. Durante certo tempo, o BC observou saídas pelo flutuante e através dos Fundos de Investimentos no Exterior (Fiex) com o propósito de aproveitar estas oportunidade de arbitragem. Tendo em vista o volume de recursos envolvidos e o tamanho dos mercados de *Brady bonds* era de se esperar que as compras de papéis brasileiros fizessem os preços se recuperar e, com isso, fosse reduzido o incentivo para as saídas. O próprio BC poderia ajudar o processo aplicando uma parte diminuta das reservas nesses instrumentos, aumentando a sua escassez, mas essas movimentações terminaram tendo pouca influência sobre os preços. Esses mercados não estão sob a esfera de nenhum regulador e, por conta disso, não existem restrições a práticas como *short-selling* (vender papéis sem os possuir), nem dispositivos apropriados para garantir que o comprador receba o que comprou[17]. A tentativa de forçar a entrega por parte dos vendedores gerou muitas situações de tensão, principalmente quando era disparado um procedimento conhecido como *buy in*, através do qual o comprador forçava o vendedor a ir ao mercado cobrir a posição vendida. Muitos dos chamados *market makers* ficaram sob pressão e tiveram de amargar prejuízos quando eram forçados a cobrir suas posições, mas sua resistência e a flacidez das regras desses mercados acabou por evitar maiores reações nos preços. Com isso, o BC não teve alternativa senão aumentar os juros para evitar saídas de capital que, apenas no mês de setembro, se igualaram às entradas observadas entre janeiro e maio de 1998, como é possível ver na tabela 12.1.

[17] É interessante notar que, de acordo com a lei americana de valores mobiliários, existem sérias restrições a práticas como o *short selling*. Muitos dos movimentos no mercado de *brady bonds* durante os meses que se seguiram à moratória russa seriam ilegais na bolsa de Nova York, por exemplo, e colocariam os operadores de alguns respeitáveis bancos atrás das grades. Mercados *off-shore*, como os de *bradies*, todavia, não estão sujeitos à disciplina de nenhum regulador.

Tabela 12.1

Balanço de pagamentos e perdas de reservas

(US$ milhões, Agosto-Dezembro 1998)

| | Ago | Set | Out | Nov | Dez | Total |
|---|---|---|---|---|---|---|
| 1. Balança comercial (a) | -26 | -781 | -1.042 | 96 | 2 | -1.751 |
| 2. Serviços | -1.556 | -3.918 | -2.393 | -1.702 | -2.824 | -12.393 |
| 2.1. Juros | -541 | -1.210 | -1.265 | -866 | -1.372 | -5.254 |
| 2.2. Dividendos | -359 | -1.858 | -476 | -424 | -843 | -3.960 |
| 2.3. Outros | -656 | -850 | -652 | -412 | -609 | -3.179 |
| 3. "Conta corrente" total (1+2) (a) | -1.582 | -4.699 | -3.435 | -1.606 | -2.822 | **-14.144** |
| 4. Capital de curto prazo | | | | | | |
| 4.1. Fundos de renda fixa | -2.383 | -3.652 | -436 | -23 | -15 | -6.509 |
| 4.2. Resolução 63 ("caipira") | -1.792 | -1.375 | -614 | -272 | -375 | -4.428 |
| 4.3. Fundos "Fiex" | -489 | -842 | 43 | 712 | 75 | -501 |
| 4.4. Portfolio (anexos I a V) | -1.539 | -1.688 | -63 | 348 | -845 | -3.787 |
| 4.5. Flutuante | -1.880 | -8.275 | -3.322 | -1.229 | -1.888 | -16.594 |
| Total | -8.083 | -15.832 | -4.392 | -464 | -3.048 | **-31.819** |
| 5. Capital de longo prazo | | | | | | |
| 5.1. Investimento direto | 4.567 | 2.356 | 3.747 | 1.822 | 1.521 | 14.013 |
| 5.2. Empréstimos | 4.190 | 1.077 | 5.733 | 891 | 2.784 | 14.675 |
| 5.3. Amortizações | -3.133 | -3.125 | -3.508 | -2.523 | -3.548 | -15.837 |
| 5.4. Resolução 63 (outras) | -348 | -639 | -928 | -74 | -102 | -2.091 |
| Total | 5.276 | -331 | 5.044 | 116 | 655 | **10.760** |
| 6. Outros | 1.511 | -660 | -641 | 758 | -798 | 170 |
| 7. Operações com o FMI | | | | | 9.324 | 9.324 |
| 8. Variação total nas reservas | -2.878 | -21.522 | -3.424 | -1.196 | 3.311 | -25.709 |
| 9. Nível das reservas | 67.333 | 45.111 | 42.385 | 41.501 | 35.177(b) | |

*(a) a balança comercial no "conceito cambial", ou seja, incluindo* leads *e* lags *do comércio exterior, portanto incluindo movimentações de capital associadas ao comércio que normalmente são excluídas da estatística para a conta corrente normalmente divulgada nos números para o balanço de pagamentos. (b) excluindo os saques dos empréstimos do Fundo e do BIS. Fonte: Banco Central do Brasil.*

A composição das perdas de reservas mostrada na tabela 12.1 não deixa dúvida sobre a natureza e a extensão das pressões enfrentadas pelo Brasil. Note-se que a conta corrente na tabela não é a mesma das estatísticas de balanço de pagamentos, pois trabalha com a balança comercial cambial, ou seja, a diferença entre pagamentos de importações e recebimentos de exportadores, e não a balança comercial normalmente divulgada pelo MICT, agora Ministério do Desenvolvimento, que consiste na diferença entre o valor declarado das importações desembaraçadas e o valor das exportações embarcadas. Esses dois conceitos de balança comercial normalmente diferem, pois os exportadores procuram sempre antecipar recebíveis futuros, produzindo os chamados *leads*, e os importadores financiam ou retardam seus pagamentos, produzindo os chamados *lags*.

Para o período considerado na tabela, o déficit em conta corrente medido na maneira usual foi de US$ 18,6 bilhões, maior que o número aferido no critério "de caixa" utilizado na tabela. Mas, normalmente, esta diferença deveria ser muito maior, e não foi por conta das perdas em linhas comerciais que limitaram bastante as possibilidades dos exportadores de antecipar suas receitas através dos chamados ACCs (Adiantamentos sobre Contratos de Câmbio) e dos importadores de financiar suas compras. As perdas de linhas nesses meses foram da ordem de uns US$ 10 bilhões.

As perdas em instrumentos típicos de capitais de curto prazo, os mesmos que o BC demorou um pouco a restringir no começo do ano e que registraram enormes entradas, foram de cerca de US$ 11 bilhões. Algumas medidas tributárias foram tentadas para evitar a concentração de saídas, mas com pouco sucesso. A boa notícia era que a saída estava limitada pelas entradas prévias, de modo que se esgotariam naturalmente mais para o fim do ano. As saídas pelo "flutuante" merecem observação cuidadosa. O comportamento normal seria o de saídas da ordem de US$ 1 a US$ 1,5 bilhão a cada mês. As saídas verificadas nesses cinco meses acima dos valores normais foram da ordem de US$ 10 bilhões, e os técnicos do BC observariam que as principais motivações para as remessas eram, pela ordem de importância, operações de arbitragem com *Brady bonds*, empresas comprando suas próprias dívidas, saídas de operações não registradas pelas contas CC5 e "fugas de capital" no sentido clássico do termo.

É interessante notar que as saídas de investimentos em Bolsas de Valores foram pequenas comparadas aos estoques de propriedade de não-residentes e também comparadas aos investimentos em renda fixa. Tem-se aí a demonstração prática do fenômeno da "pequena porta de saída", que funciona mais ou menos assim: o mercado é tão pequeno em relação às posições de estrangeiros que qualquer movimento de saída provoca uma queda tão grande nas cotações que o melhor a fazer é não se mexer. Por isso se diz que os investimentos em bolsa não são voláteis como os de renda fixa, e a tabela 12.1 demonstra essa proposição com clareza. Os US$ 3,7 bilhões de saídas nesses cinco meses correspondem a menos de 10% do valor total das ações em bolsa (a capitalização de mercado) e menos de um quarto dos estoques de não-residentes. Note-se que durante esses cinco meses o valor total das ações que compõem o índice Ibovespa caiu de US$ 234 bilhões em julho para US$ 161 bilhões em dezembro, uma perda vinte vezes maior do que o valor das saídas!

Os fluxos de investimento direto foram fortes em função da privatização da Telebrás, que foi parcialmente liquidada em agosto, e algumas aquisições importantes, notadamente no setor bancário em setembro e outubro. Parte das receitas associadas com a venda da Telebrás pôde ser antecipada através de um empréstimo em outubro. Fora disso, as atividades no domínio dos empréstimos de longo prazo foram bastante modestas, para não dizer completamente nulas.

A magnitude dessas saídas, combinada com as percepções francamente pessimistas quanto à continuidade do *credit crunch* produzido pela decisão da Rússia e pela quebra do LTCM[18], compunham um quadro de crise aguda que, dessa vez, tínhamos de enfrentar na presença de uma séria circunstância agravante: um déficit de credibilidade provocado pela incapacidade brasileira de cumprir as promessas fiscais feitas em resposta à crise da Ásia e que tanto haviam agradado ao mercado. Se em 1997 o Brasil não tinha sido capaz de empreender este esforço, seria difícil imaginar que o faria agora. Na verdade, a única maneira de persuadir a opinião pública especializada, vale dizer, o mercado, de que a situação fiscal seria de fato atacada, era através de um acordo com o FMI, um tratado internacional para nos obrigar a fazer o que podíamos perfeitamente ter feito sozinhos.

O acordo com o Fundo acabou sendo construído com imensa rapidez em função de algumas circunstâncias favoráveis, a primeira delas a comunhão de diagnósticos: os dois lados estavam convencidos de que o problema brasileiro era fiscal. Em segundo lugar, o fato de os brasileiros estarem procurando o Fundo antes de uma crise — de uma desvalorização ou de uma moratória —, criando a oportunidade que algumas lideranças do G-10 procuravam para novas abordagens de natureza preventiva para as crises nos mercados emergentes. Junte-se a isso um tanto de sentimento de culpa pelo fato de as nossas dificuldades terem sido multiplicadas pela decisão russa, para a qual, segundo se diz, a influência do G-10 foi ponderável, e outro tanto de medo das conseqüências de uma crise no Brasil, e compunha-se uma bela oportunidade para uma boa negociação. O acordo finalmente alcançado podia ser descrito pelo *staff* do Fundo como de "baixa condicionalidade", com ênfase quase que exclusiva na questão fiscal e na continuidade das reformas que já vínhamos fazendo. Incluía também um empréstimo de US$ 41,5 bilhões oriundos do Fundo e das contribuições de vinte países para uma *facility* especial no BIS. Praticamente 2/3 dos recursos poderiam ser desembolsados no primeiro ano; as três primeiras *tranches*, somando US$ 27 bilhões, poderiam, em tese, ser sacadas nos primeiros quatro meses[19].

---

[18] Long Term Credit Mangement, um dos mais famosos *hedge funds*, era administrado, entre outros, por dois economistas que tinham recebido o Prêmio Nobel em Economia: Robert Merton e Myron Scholes.

[19] Note-se que cerca de uns US$ 10 bilhões do pacote viriam do Banco Mundial e do Bid, e já estavam programados para 1999.

O programa estava praticamente pronto em meados de outubro, depois da reeleição do presidente Fernando Henrique em primeiro turno, e os mercados estavam bem mais relaxados em novembro, quando as perdas de reservas foram de pouco mais de US$ 1 bilhão, nada de mais para esta época do ano, e nos preparávamos para sacar a primeira parcela do empréstimo, US$ 9,2 bilhões, logo em seguida à aprovação pelo *board* do Fundo programada para 2 de dezembro. Nessa altura, tinham cessado as perdas de linhas, não havia mais envolvimento do BC em derivativos cambiais, e tudo parecia bem. As más notícias que se seguiram — a perda na votação da contribuição dos inativos e a moratória de Minas Gerais — certamente não eram, em si, medidas que pusessem em risco o programa, mas revelavam sua sensibilidade a percepções quanto à real vontade do governo em cumprir o prometido. Nenhuma hesitação podia ser admitida. O BC inclinava-se no sentido de reverter a tendência de queda nos juros a fim de demonstrar que nada mudaria, mas as pressões para acentuar a baixa pareciam indicar que faltaria apoio para aquele curso de ação.

### 7. O NOVO REGIME: FAZENDO DO TOMBO UM PASSO DE DANÇA

As circunstâncias em torno da decisão do presidente de alterar as políticas cambial e monetária e substituir o presidente do BC já foram extensamente discutidas no capítulo anterior. Esta seção trata do que se passou em seguida e de como a crise que se gerou foi dominada. Deve-se notar que a decisão inicial não foi no sentido de flutuar o Real, mas de se implementar um sistema designado como "banda diagonal endógena" que colapsou em 48 horas, levando à flutuação na sexta feira, 16 de janeiro de 1999, quando o BC perdeu o controle da situação. Antes da posse do Dr. Armínio Fraga na presidência do BC, no dia 8 de março, o Real chegou a atingir R$ 2,16 por dólar, uma desvalorização de incríveis 77% relativamente à cotação de R$ 1,22 quando as mudanças tiveram início.

Nada disso tinha sido combinado, e nenhuma consulta prévia tinha sido feita com o Fundo e nem com representantes dos vinte países que tinham resolvido nos apoiar no esforço de manter as políticas anteriores. Na verdade, nada muito diferente pode ser dito também sobre o público interno que havia votado nas eleições de outubro contrariamente à oposição que propunha exatamente a mudança nas regras cambiais como forma de desmontar o regime de políticas econômicas que caracterizou o primeiro mandato do presidente Fernando Henrique. Reconquistar esses dois públicos, depois de tê-los surpreendido na extensão em que se fez em janeiro e fevereiro, seria difícil e demorado. No plano externo, a recomposição do acordo com o Fundo acabou ocorrendo sem que as tensões envolvidas aflorassem dos gabinetes em Washington e Brasília. Nossa decisão de desvalorizar a menos de um mês do primeiro saque, e a um mês do segundo saque de recursos, já com o *waiver* pronto quanto ao único "requisito de desempenho" que não íamos cumprir (o NDA[20]) caiu como uma bomba sobre aqueles que se contrapuseram aos "falcões" do G-10 e apoiaram nosso acordo. Era o fracasso do "programa preventivo" por iniciativa do próprio beneficiário e o início de uma nova e imprevisível rodada de contágio. Tudo que se quis evitar estava agora encomendado: Venezuela e Equador em situação crítica e a Argentina, mercê da recessão regional e *overshooting* do Real, estaria condenada a enfrentar enormes dificuldades num ano eleitoral. Falhou a tentativa de evitar o contágio da decisão russa, e os "falcões" tiveram suas teses confirmadas e sua influência reforçada dentro do G-10. A idéia básica desse grupo era a de que o programa brasileiro tinha sido um erro e que a comunidade internacional não tinha de ter empenhado seu prestígio em apoiar políticas nacionais, quaisquer que fossem, pois podiam sempre falhar. Não era uma situação confortável para a equipe do presidente Clinton, ele que tinha estado pessoalmente na reunião do G-22 em outubro e queria fazer do programa brasileiro o primeiro de uma série de iniciativas "preventivas" com o propósito de defender países "com um bom histórico de reformas pró-mercado", assim imprimindo a sua marca pessoal na "nova arquitetura financeira internacional". Em resposta, o Fundo e os americanos prosseguiram com a idéia de construir linhas "preventivas" ou "contingentes", e em abril de 1999 anunciaram as CCL (*Contingent Credit Lines*), criadas como mais uma *facility* no Fundo. Na ocasião desse anúncio, perguntaram ao Diretor Gerente do FMI, Dr. Mr. Camdessus, se o Brasil teria sido qualificado para essas linhas caso elas existissem em dezembro de 1998: "Teria sido o erro do ano", ele disse.

A desvalorização trouxe diversas surpresas, boas e más. Dentre as primeiras, sem dúvida, o impacto modesto sobre a inflação, um tributo ao sucesso das reformas, entendidas aí de forma ampla como o intenso trabalho de tornar o Brasil uma economia com mercados que funcionam e purgada do vírus da indexação. Com isso a desvalorização nominal se transformou numa desvalorização real de proporções inéditas, conforme a Funcex: 32,7% e 24,1% em junho de 1999 relativamente a dezembro de 1998, respectivamente para a taxa de câmbio real em relação ao dólar deflacionada com preços por atacado e para a taxa de câmbio real efetiva[21], e 20,3% no mesmo período para o índice de rentabilidade das exportações (IRE), que é mais afetado pelos preços das exportações.

Do lado das contas externas, as surpresas foram na outra direção, especialmente no tocante à balança comercial, ainda mais quando se tem em conta o

---

[20] *Net Domestic Assets*, a diferença entre a base monetária e a variação das resevas, era o agregado monetário eleito como meta.

[21] Usando uma cesta com treze moedas.

ocorrido com os indicadores acima mencionados para a taxa de câmbio real. Ao que tudo indica, a melhoria no saldo comercial não será muito superior a US$ 5 bilhões, o que, tendo em vista custos fiscais da desvalorização avaliados em mais de R$ 100 bilhões, leva a cálculos de custos e benefícios da desvalorização a números estonteantes. Medida em dólares a conta corrente deve passar de um déficit de US$ 33,6 bilhões em 1998 para algo um pouco superior a US$ 25 bilhões em 1999. Mas em percentagens do PIB, que diminui em 1999 quando medido em dólares, o déficit em conta corrente dificilmente não será maior que os 4,3% observados para 1998. O resultado desfavorável se explica por diversos fatores: a perda (que está longe de ser inteiramente exógena, como vimos) nos termos de troca, a elevação do conteúdo importado da exportação, a notável erosão na disponibilidade de linhas comerciais interbancárias, o fato de as importações não terem sido objeto de nenhuma iniciativa restritiva no plano comercial e administrativo, em absoluto contraste com todas as "máxis" anteriores, a tendência "estrutural" de elevação da taxa de penetração das importações, o vulto dos *sunk costs* de importadores que se estabeleceram no Brasil com margens relativamente confortáveis, além, evidentemente, de todas as dificuldades tributárias e logísticas enfrentadas pelas exportações e que todos conhecemos.

Outra surpresa foi o próprio funcionamento do regime de livre flutuação cambial, cuja adoção, como se sabe, foi forçada pelo mercado tendo em vista o fracasso da "banda diagonal endógena" e a perda de credibilidade da Autoridade Monetária que aí teve lugar. Poucas semanas depois da flutuação e a despeito de todos os sobressaltos, a retórica oficial, especialmente quando já se falava em adotar a sistemática de "metas de inflação", parecia ser a de que o regime de flutuação era o que o país sempre desejou e nunca tinha tido coragem de implementar de verdade. É claro que não era bem assim, e, passados alguns meses de grandes oscilações, as certezas diminuíram consideravelmente. A maior promessa do novo regime não era propriamente a de não destruir a estabilização, mas de redefinir as contas externas e, em função disso, permitir uma substancial redução nas taxas de juros, o que a desvalorização até agora não conseguiu (quem o fez, em alguma medida, foi a inflação). Os bons resultados no tocante à inflação animaram o BC a emitir conceitos um tanto ingênuos como "agora não temos mais problemas de financiamento externo" ou "a taxa de câmbio 'cuida' do balanço de pagamentos, enquanto a de juros 'cuida' da inflação". Aparentemente o recado era o de que a taxa de câmbio estava livre para ser o que tivesse de ser para assegurar o equilíbrio da oferta e demanda de divisas, e a taxa de juros podia cair porque a inflação estava dentro das "metas". A realidade se mostraria um tanto mais complexa.

## 8. Lições: algo entre os extremos?

Foi com a unificação monetária européia que começou a ficar popular a idéia de que o mundo tem moedas demais, e que seria um lugar mais simples, e menos propenso a crises cambiais, se muitas dessas moedas desaparecessem, ou se os países se organizassem em federações monetárias como a Europa. Quando aplicada às chamadas economias emergentes, a tese adquiria uma tonalidade próxima ao preconceito: a soberania monetária teria servido apenas para criar confusão, e como nos dias de hoje as crises de um país afetam a vizinhança inteira, melhor seria que essas economias desistissem de administrar suas moedas.

Uma outra maneira, aparentemente mais neutra, de enunciar o mesmo princípio, e que chegou a ser admitida pelo Secretário Robert Rubin quando foram anunciadas as CCLs, era dizer que as economias emergentes devem fazer uma espécie de Escolha de Sofia: ou adotavam o *currency board* abrindo mão de uma moeda nacional ou, em vez disso, a livre flutuação da taxa de câmbio. Toda e qualquer mestiçagem entre esses extremos seria considerada indefensável e inviável, ou seja, toda intervenção no sentido de defender a moeda, para cima ou para baixo, sempre e em toda parte (no mundo emergente, é claro), estaria fadada ao fracasso.

Esta má vontade com regimes mestiços se deve, para começar, a uma espécie de simpatia doutrinária para com os regimes de flutuação, própria do G-10, e um crescente preconceito contra a intervenção em mercados de câmbio que, reconhecidamente, se tornou mais complexa diante de novas tecnologias no mundo financeiro (derivativos principalmente) e menos eficaz com o avanço do mundo *off-shore*. Diante disso, não deixa de ser paradoxal que se admita o extremo oposto, ou seja, a taxa de câmbio inteiramente fixa, para o resto da vida, como num *currency board*. O paradoxo, na verdade, sugere que o problema não é tanto a intervenção, mas sua lógica e o compromisso em sustentá-la. Os problemas com o poder discricionário surgem quando ele é exercido de forma errática: se existem mecanismos institucionais que evitam que governos mudem de idéia, a intervenção é aceitável, pois é feita com credibilidade e consistência ao longo do tempo.

Mas que dizer das opções disponíveis para o Brasil? Será que a flutuação "puro-sangue" é o regime para o resto de nossas vidas? Será este o regime ideal para um país cujo relacionamento com o mercado internacional de capitais parece oscilar entre a abundância e a crise, sem meio termo?

A flutuação pura tem uma característica da qual não se escapa: as autoridades devem estar preparadas para aceitar aquilo que o mercado trouxer. Se este não for o caso, então é bom começar a pensar em formas explícitas de mestiçagem. É interessante lembrar que, quando o Real entrou em circulação em julho de 1994, estabeleceu-se um regime de livre flutuação cambial e, para a surpresa de muitos, a lei da oferta e procura funcionou e o Real começou a experimentar apreciação. Com o tempo o Banco Central entendeu que as coisas tinham ido longe demais e que deveria intervir no mercado a fim de evitar uma apreciação maior, fixando um "piso" para o Real em R$ 0,83 por dólar. Tratava-se de prevenir uma apreciação excessiva. Depois veio o "teto", em função de receios quanto aos impactos da crise do México, que poderiam provocar uma depreciação que também poderia ser excessiva e num momento um tanto delicado da existência da nova moeda. Subitamente o Brasil adotava, *à la Monsieur Jourdain*, um regime de *target zones*, ou de bandas de flutuação, no mais puro figurino europeu. Fomos da flutuação para as bandas de forma absolutamente espontânea. O sistema foi então aperfeiçoado com várias técnicas inventadas aqui mesmo, como o leilão de *spread* e as "minibandas", que posteriormente ganharam uma inclinação positiva, e um alargamento progressivo. Assim nos enquadrávamos num regime que, na verdade, era bastante conhecido internacionalmente, tinha defensores ardorosos, como John Williamson (1999), que o designavam como *crawling bands*.

O regime vinha convergindo de forma gradual para bandas de flutuação maiores, quando veio a crise da Rússia, cujas conseqüências motivaram a decisão de mover para o regime de flutuação. A literatura acadêmica é unânime em recomendar que *não* se faça movimento decisivo na direção da flutuação num momento de crise, mas, pelo contrário, quando as pressões são para a baixa[22]. Não foi o que fizemos, e a flutuação acabou por nos levar a uma desvalorização "asiática", cujas conseqüências todos temiam. Mas, depois do *overshooting*, o BC foi retomando gradualmente sua capacidade de intervir e foi visto a evitar a apreciação abaixo de R$ 1,65, como também, não muito tempo depois, na luta para evitar que o dólar ultrapassasse R$ 2,00 em setembro. Pode ser até que o nosso regime não volte para um sistema de bandas tal como existia em 1998, mas não é difícil enxergar um ciclo na trajetória da política cambial coberta neste ensaio.

A discussão em abstrato sobre o regime cambial "ideal" parece totalmente deslocada em nosso caso tendo em vista as condições extremamente singulares que enfrentamos nesses anos não apenas no plano externo, com três crises financeiras internacionais de vastas conseqüências (México, Ásia e Rússia), como também no plano doméstico, tendo em vista o plano de estabilização, a abertura, a privatização e tantas mudanças estruturais. Não podem deixar de soar um tanto artificiais as avaliações sobre a "taxa de câmbio de equilíbrio", assim como sobre o tamanho da "sobrevalorização cambial", especialmente em vista da diversidade das medições, conforme examinamos anteriormente na seção 3. Parece de todo razoável imaginar que a moeda se fortaleça depois de vencida a hiperinflação,

---

[22] Veja-se IMF (1997) e Eichengreen (1999) por exemplo.

mas, da mesma forma, se espera que haja um retorno aos níveis correspondentes à "Paridade de Poder de Compra" para onde a teoria e a experiência indicam que as taxas de câmbio devam sempre se dirigir ainda que "numa velocidade glacial"[23]. Mas é preciso ser cuidadoso com a noção de que toda apreciação termina gerando uma depreciação exatamente igual em algum ponto no futuro, como se houvesse uma lei da gravidade nesse terreno e as economias não experimentassem mudanças estruturais afetando sua produtividade relativa[24].

Num documento recente do *staff* do Fundo sobre "estratégias de saída" de regimes cambiais rígidos, há um argumento que não deve ser perdido, *a favor de regimes com alguma rigidez*. Conforme diz o documento, "um regime de políticas sem compromissos firmes não fornece bases confiáveis para a formação de expectativas, é um convite à instabilidade. [...] Um regime sustentável e bom deve ser como um bom casamento — na riqueza e na pobreza, na saúde e na doença, na alegria e na tristeza. [...] O divórcio é possível, mas é custoso e perturbador, e deve ser assim"[25].

O compromisso com o regime é uma parte fundamental do próprio regime, e mais ainda no caso de regimes "intermediários" entre o "não-regime", vale dizer, a flutuação, e aqueles em que existe a obrigação constitucional de defender uma certa paridade. Em nosso caso, os mercados sempre enxergaram o compromisso com o regime cambial como uma indicação importante da disposição de governo em cumprir as agendas de reformas requeridas para dar sustentabilidade ao regime. E a área econômica sempre procurou um regime de políticas que criasse os imperativos políticos corretos, como argumentamos na seção 1, e afastasse a complacência. Podia haver tensão entre o mundo político e as demandas da área econômica, ou com as ações necessárias para sustentar as "âncoras". Mas funcionava. No cenário atual, com um regime essencialmente passivo de taxas flutuantes e metas inflacionárias pouco ambiciosas, não há desafio, nem tensão, e a agenda de reformas corre o risco de se paralisar por inteiro, como de fato ocorreu nos primeiros nove meses de 1999. A situação é agravada pela percepção de enfraquecimento institucional do BC, seja pelos ataques da CPI do sistema financei-

---

[23] Conforme indaga um especialista: "Como é possível conciliar a extremamente alta volatilidade de curto prazo da taxa de câmbio do real com a velocidade glacial (15% por ano) com que os desvios da Paridade de Poder de Compra parecem se dissipar?". *Cf.* Rogoff (1996, p. 664).

[24] Na verdade, uma leitura positiva de Goldfajn & Valdés (1999) é exatamente a de que nem todas as apreciações se tornam desvalorizações exatamente iguais em algum ponto no futuro.

[25] IMF (1997, p. 5).

ro, seja pelo fato de o presidente da República ter utilizado pela primeira vez um dispositivo introduzido nas leis do Real pelo desejo do presidente Itamar Franco que permite ao presidente determinar diretrizes ao CMN, a serem cumpridas pelo BC. Como o CMN é quem tem, na forma da Lei 4.595, a competência para a formulação da política monetária, e não o BC, criou-se um perigoso precedente através do qual se estabelece uma cadeia de comando do presidente da República ao BC, o que certamente representa um retrocesso na independência do BC[26].

A trajetória da política cambial examinada neste ensaio pode ser vista como uma sucessão de tentativas de achar um equilíbrio entre flexibilidade e rigidez, tendo em vista agendas complexas e superpostas de estabilização e reforma, um ajuste fiscal pela metade e um entorno internacional instável. Enquanto os pavores com a inflação eram dominantes, a ênfase na rigidez prevaleceu e as "âncoras" foram intensamente usadas para "importar" estabilidade e purgar a economia do vírus da indexação. Uma vez que a vitória sobre a inflação pareceu de fato consolidada, a ponto de as preocupações com o seu retorno diminuírem, as "âncoras" foram modificadas a fim de reduzir a tensão entre os requisitos de sustentação do regime cambial e as possibilidades políticas. Depois de observados os efeitos modestos da desvalorização sobre a inflação prevaleceu um breve encantamento com a flexibilidade, mas logo em seguida os mercados começaram a enxergar que o preço a pagar era a tibieza na condução das reformas. A insegurança cresceu, na proporção em que se percebeu que a flutuação não favorece ou estimula a disciplina fiscal. Pelo contrário, o novo regime cambial e monetário parece ser o que melhor convive com o desequilíbrio fiscal. Para que esta percepção não prevaleça, o ciclo tem de continuar: alguma rigidez precisa ser introduzida, ou seja, será preciso mitigar a flutuação cambial, forçando alguma apreciação a fim de reduzir a "inflação reprimida" que a desvalorização criou, ou retornar a uma meta de inflação zero e utilizar a política monetária para alcançar este objetivo. Parece difícil melhorar as percepções sobre a política fiscal se o governo não está disposto a apostar nisso fazendo compromissos que, em boa medida, apenas são sustentáveis em condições de disciplina fiscal e não são reversíveis com facilidade. É claro que não é necessário ir ao extremo do *currency board*, mas não há dúvida de que estamos de volta ao ponto de partida, procurando um regime que crie imperativos para a agenda política na direção correta, sem os quais as reformas tendem a se diluir e o equilíbrio fiscal, como em tantas outras ocasiões, a nos faltar.

---

[26] Sem o que, como afirma um estudo sobre estratégias de saída de regimes com rigidez para a flutuação, o regime de "metas de inflação" não terá nenhuma utilidade para prevenir crises. *Cf.* Eichengreen (1999, p. 29).

## GLOSSÁRIO DE SIGLAS

ABN-AMRO (*Algemene Bank Nederland — Amsterdam-Rotterdam Bank*)
ACC (Adiantamentos sobre Contratos de Câmbio)
Adin (Ação Direta de Inconstitucionalidade)
BB (Banco do Brasil)
BCB (Banco Central do Brasil)
Basa (Banco da Amazônia)
Befiex (Comissão para Concessão de Benefícios Fiscais a Programas Especiais de Exportação)
BID (Banco Interamericano de Desenvolvimento)
BIS (Bank for International Settlements)
BMF (Bolsa Mercantil e de Futuros)
BNDES (Banco Nacional de Desenvolvimento Econômico e Social)
CC5 (Carta Circular número 5, do Banco Central)
CCL (*Contingent Credit Lines* do FMI)
CDB (Certificado de Depósito Bancário)
CDI (Conselho de Desenvolvimento Industrial)
CEF (Caixa Econômica Federal)
Cepal (Comissão Econômica para a América Latina das Nações Unidas)
CIP (Conselho Interministerial de Preços)
CMN (Conselho Monetário Nacional)
Comif (Comitê de Coordenação Gerencial das Instituições Financeiras Públicas Federais)
Comoc (Comissão Técnica da Moeda e do Crédito)
Copom (Comitê de Política Monetária)
CPI (Comissão Parlamentar de Inquérito)
CPMF (Contribuição Provisória sobre Movimentação Financeira)
CVM (Comissão de Valores Mobiliários)
Decam (Departamento de Câmbio do Banco Central do Brasil)
Depin (Departamento de Operações das Reservas Internacionais do Banco Central)
DVS (Destaque para Votação em Separado)
EM (Exposição de Motivos)

EMBI (*Emerging Markets' Bond Index,* publicado pelo Banco J. P. Morgan)
FEF (Fundo de Estabilização Fiscal)
FGC (Fundo Garantidor de Créditos)
Fiesp (Federação e Centro das Indústrias do Estado de São Paulo)
Firce (Fiscalização e Registro de Capitais Estrangeiros do Banco Central)
FMI (Fundo Monetário Internacional)
FMM (Fundo da Marinha Mercante)
FSE (Fundo Social de Emergência)
FUNCEX (Fundação Centro de Estudos de Comércio Exterior)
G-10 (Grupo dos 10: EUA, Canadá, Japão, Alemanha, Inglaterra, França, Itália, Suécia, Bélgica e Holanda)
G-22 (Grupo dos 22: EUA, Canadá, Japão, Alemanha, Inglaterra, França, Itália, Argentina, Austrália, Brasil, China, Coréia, Hong Kong, Índia, Indonésia, Malásia, México, Polônia, Rússia, Cingapura, África do Sul e Tailândia)
GDF (Governo do Distrito Federal)
GIE (Grupo de Investidores Estrangeiros)
HSBC (*Hong Kong and Shangai Bank Corporation*)
IDE (Investimento Direto Estrangeiro)
Iedi (Instituto de Estudos de Desenvolvimento Industrial)
IGC (Inspeção Geral Consolidada)
IOF (Imposto sobre Operações Financeiras)
IRE (Índice de Rentabilidade das Exportações da Funcex)
MIT (*Massachussets Institute of Tecnology*)
MP (Medida Provisória)
NBER (*National Bureau of Economic Research*)
OECD (*Organization for Economic Co-operation and Development*)
OI (Organização Industrial)
ONG (Organização Não Governamental)
ONU (Organização das Nações Unidas)
Paeg (Plano de Ação Econômica do Governo)
PAI (Plano de Ação Imediata)
PIB (Produto Interno Bruto)
Proer (Programa de Estímulo à Reestruturação e ao Fortalecimento do Sistema Financeiro Nacional)
Proes (Programa de Privatização, Extinção e Saneamento dos Bancos Estaduais)
PTF (Produtividade Total dos Fatores)
SDR (*Special Drawing Rights,* unidade de conta do FMI)

SPC (Secretaria de Previdência Complementar do Ministério da Previdência Social)
STF (Supremo Tribunal Federal)
STN (Secretaria do Tesouro Nacional)
Sunab (Superintendência Nacional de Abastecimento)
Susep (Superintendência de Seguros Privados)
TCU (Tribunal de Contas da União)
UNCTAD (*United Nations Conference on Trade and Development*)
UNCTC (*United Nations Center for Transnational Corporation*)
URV (Unidade Real de Valor)

# BIBLIOGRAFIA


ABREU, M. P. "Inflação, estagnação e ruptura: 1961-1964". In: ABREU, M. P. (org.). *A ordem do progresso: cem anos de política econômica republicana, 1889-1989*. Rio de Janeiro: Campus, 1990.

ABREU, M. P.; BEVILÁQUA, A. S.; PINHO, D. M. "Import substitution and growth in Brazil, 1890s-1970". *Texto para Discussão* nº 366. Rio de Janeiro: PUC, Departamento de Economia, dez., 1996.

ADLER, E. *The power of ideology: the quest for technological autonomy in Argentina and Brazil*. Berkeley: University of California Press,1987.

ALESINA, A.; HAUSMANN, R. "Budget institutions and fiscal performance in Latin America". Washington: Inter-American Development Bank, 1995.

AMSDEN, A. *Asia's next giant: South Korea and late industrialization*. Nova York: Oxford University Press, 1989.

ARAÚJO JR., J. T. "Concorrência, competitividade e política econômica". In: BAUMAN, R. (org.). *O Brasil e a economia global*. Rio de Janeiro: Campus/SOBEET, 1996.

ARIDA, P.; LARA RESENDE, A. "Inertial inflation and monetary reform: Brazil". In: WILLIAMSON, J. (org.). *Inflation and indexation: Argentina, Brasil and Israel*. Washington: Institute for International Economics, 1985.

ARMIJO, L. E. "Inflation and insouciance: the peculiar Brazilian game". *Latin American Research Review*, 31 (3), 1996.

ARNDT, H. W. *Economic development: the history of na idea*. Chicago: The University of Chicago Press, 1987.

ARROW, K. J. (1951). *Social choice and individual values*, 2ª ed. New Haven: Yale University Press, 1963.

BACHA, E. L. "O fisco e a inflação: uma interpretação do caso brasileiro". *Revista de Economia Política*, 14 (1), mar., 1994.

_________. "Moeda, inércia e conflito: reflexões sobre política de estabilização no Brasil". *Pesquisa e Planejamento Econômico*, 18 (1), abril, 1988.

BACHA, E. L.; WELLS, J. "Privatização e financiamento no Brasil, 1997-99". In: REIS VELOSO, J. P. (org.). *Brasil: desafios de um país em transformação*. Rio de Janeiro: José Olympio, 1998.

BAER, W.; KERSTENETZKY, I. (orgs.). *Inflation and growth in Latin America*. Homewood: Richard D. Irwin Inc., 1964.

BALDWIN, R. E. (org.). *Trade policy issues and empirical analysis*. Chicago: The University of Chicago Press, 1988.

BANCO CENTRAL DO BRASIL. *Censo de Capitais Estrangeiros: ano base 1995*. Brasília: Firce, 1998.

BARRO, R. *Determinants of economic growth: a cross country empirical perspective*. Cambridge: MIT Press, 1996.

BARROS DE CASTRO, A. "Ajustamento e transformação: a economia brasileira de 1974 a 1984". In: BARROS DE CASTRO, A.; SOUZA, E. P. de. *A economia brasileira em marcha forçada*. Rio de Janeiro: Paz e Terra, 1985.

_________. *O capitalismo ainda é aquele*. Rio de Janeiro: Forense Universitária, 1979.

BATISTA JR., P. N. "Formação de capital e transferência de recursos ao exterior". *Revista de Economia Política*, 7 (1), mar., 1987.

_________. *Mito e realidade na dívida externa brasileira*. Rio de Janeiro: Paz e Terra, 1983.

BAUDRILLARD, J. (1992). *The illusion of the End*. Stanford: Stanford University Press, 1994.

BELL, M. *et al.* "Assessing the performance of infant industries". *Journal of Development Economics*, 16, 1984.

BERMAN, M. (1982). *Tudo que é sólido desmancha no ar: a aventura da modernidade*. São Paulo: Companhia das Letras, 1987.

BHAGWATI, J. *Anatomy and consequences of exchange control regimes*. NBER/Chicago University Press, 1978.

BIANCHI, A. M.; SALVIANO JR., C. "Prebish, a Cepal e seu discurso: um exercício de análise retórica". In: REGO, J. M. (org.). *Retórica na economia*. São Paulo: Editora 34, 1996.

BIELSCHOWSKI, R. "Two studies on transnational corporations in the Brazilian manufacturing sector: the 1980s and the early 1990s". Santiago: Economic Comission for Latin America and the Caribean, ONU, 1994.

_________. *Pensamento econômico brasileiro: o ciclo ideológico do desenvolvimento I*. Rio de Janeiro: IPEA, 1988.

BIELSCHOWSKI, R.; STUMPO, G. "A internacionalização da indústria brasileira: números e reflexões depois de alguns anos de abertura". In: BAUMAN, R. (org.). *O Brasil e a economia global*. Rio de Janeiro: Campus/SOBEET, 1996.

BIELSCHOWSKI, R.; STUMPO, G. "Empresas transnacionales manufactureras en cuatro estilos de reestructuración en América Latina, los casos de Argentina, Brasil, Chile y México después de la sustitución de importaciones". Santiago: Comisión Económica para América Latina y El Caribe, ONU, 1995.

BLEANEY, M. F. *Underconsumption theories: a history and critical analysis*. NovaYork: International Publishers, 1976.

BLINDER, A. *Central banking in theory and practice*. Cambridge: MIT Press, 1998.

BLOMSTRÖM, M. "Transnational corporations as instruments for exports of developing countries". UNCTC, 1987.

_________. *Transnational corporations and international trade*. Nova York: NBER, 1988.

BONELLI, R. *Ensaios sobre política econômica e industrialização no Brasil*. Rio de Janeiro: SENAI, 1995.

_________. "Crescimento e produtividade na indústria brasileira: impactos da orientação comercial". *Pesquisa e Planejamento Econômico*, 21 (3), dez., 1991.

_________. "Além do ajuste: uma nota sobre os dilemas e limitações da industrialização brasileira na segunda metade dos anos 1980". *Estudos Econômicos*, 15, 1985.

BONELLI, R.; FONSECA, R. "Ganhos de produtividade e competitividade da produção manufatureira no Brasil". SPE/ESAF, Ministério da Fazenda, 1998.

BORDO, M. D.; EICHENGREEN, B.; IRWIN, D. A. "Is globalization today really different than globalization a hundred years ago?". NBER Working Paper nº 7.195, jun., 1999.

BOSI, A. "O tempo e os tempos". In: NOVAES, A. (org.). *Tempo e história*. São Paulo: Companhia das Letras, 1992.

BRAGA, H. C.; ROSSI, J. W. "A produtividade total dos fatores de produção na indústria brasileira". *Pesquisa e Planejamento Econômico*, 19 (2), ago., 1989.

BRESSER PEREIRA, L. C.; DALL'ACQUA, F. "A composição financeira do déficit público". In: LOZARDO, E. *Déficit público brasileiro: política econômica e ajuste estrutural*. São Paulo: Paz e Terra, 1987.

BRIGGS, A.; SHOWMAN, D. (org.). *Fins de siècle: how centuries end 1400-2000*. New Haven: Yale University Press, 1996.

BRUNO, M. "Development issues in a changing world: new lessons, old debates, open questions". Annual Bank Conference on Development Economics, The World Bank. Washington, 1994.

_________. (1993). *Crisis, stabilization and economic reform: therapy by consensus*. Oxford: Oxford University Press, 1994.

BRUNO, M.; EASTERLY, W. "Inflation crisis and long run growth". 1994, mimeo.

BRUTON, H. J. "A reconsideration of import substitution". *Journal of Economic Literature*, 36 (2), jun., 1998.

_________. "Productivity growth in Latin America". *American Economic Review*, 57 (5), dez., 1967.

CACCIAMALI, M. C.; BEZERRA, L. L. "Produtividade e emprego industrial no Brasil". *Revista Brasileira de Economia*, 51 (1), mar., 1997.

CAGAN, P."Hyperinflation". In: EATWELL, J. *et al.* (orgs.). *The new palgrave: a dictionary of economics*. Londres: Macmillan, 1987.

_________. "The monetary dynamics of hyperinflation". In: FRIEDMAN. M. (org.). *Studies in the quantity theory of money*. Chicago: University of Chicago Press, 1956.

CALDEIRA, J. *A nação mercantilista: ensaio sobre o Brasil*. São Paulo: Editora 34, 1999.

_________. *Mauá: empresário do Império*. São Paulo: Companhia das Letras, 1995.

CALVINO, I. *Seis propostas para o próximo milênio: lições americanas*. São Paulo: Companhia das Letras, 1988.

CALVO, G. A.; VÉGH, C. A. "Credibility and the dynamics of stabilization policy: a basic framework". In: SIMS, C. (org.). *Advances in Econometrics: Sixth World Congress*. Cambridge: Cambridge University Press, 1994.

_________. "Stabilization dynamics and backward looking contracts". *IMF Working Paper* 93/29, 1993.

CALVO, G. A.; REINHART, C. M.; VÉGH, C. A. "Targeting the real exchange rate: theory and evidence". *IMF Working Paper* 94/22, fev., 1994.

CALVO, G. A.; LEIDERMAN, L.; REINHART, C. M. "Capital inflows and real exchange rate appreciation in Latin America". *IMF Staff Papers*, 40 (1), mar., 1993.

CAMPOS, R. O. "Uma reformulação das Leis do Kafka". In: *A técnica e o riso*. Rio de Janeiro: APEC, 1976.

CANETTI, E. (1962). *Crowds and power*. Nova York: Farrar Strauss Giroux, 1984.

CAPIE, F. "Conditions in which very rapid inflation has appeared". *Carnegie-Rocherster Conference Series on Public Policy*, 24, 1986.

CARDOSO, F. H. "Desenvolvimento: o mais político dos temas econômicos". *Revista de Economia Política*, 15 (4), dez., 1995.

CARDOSO, F. H.; FALETTO, E. (1969). *Dependência e desenvolvimento na América Latina*. Rio de Janeiro: Zahar, 1970.

CARLINER, G. "Industrial policy for emerging industries". In: KRUGMAN, P. R. (org.). *Strategic trade policy and the new international economics*. Cambridge: MIT Press, 1988.

CARNEIRO, D. D. "Política de controle de preços industriais: perspectiva teórica e análise institucional da experiência brasileira". In: REZENDE, F. *et al. Aspectos da participação do governo na economia*. Rio de Janeiro: IPEA, 1976.

CARNEIRO, D. D.; WERNECK, R. "Public savings, private investment and growth resumption in Brazil". *Texto para Discussão* nº 237. Rio de Janeiro: PUC, Departamento de Economia, 1990.

CARVALHO, J. M. *Os bestializados: o Rio de Janeiro e a República que não foi*. São Paulo: Companhia das Letras, 1987.

CHANG, H. J. *The political economy of industrial policy I*. Nova York: St. Martin's Press, 1994.

CHATRATH, D. *et al.* "The role of futures trading activity in exchange rate volatility". *Journal of Futures Markets*, 16 (5), 1996.

CHENNERY, H.; ROBINSON, S.; SYRQUIN, M. *Industrialization and growth: a comparative study*. Oxford University Press/The World Bank, 1986.

CHOKSI, A. M.; PAPAGEORGIOU, D. (org.). *Economic liberalization in developing countries I*. Nova York: Basil Blackwell, 1986.

CITATI, P. *Goethe*. São Paulo: Companhia das Letras, 1990.

CLIFTON, E. V. "The currency futures market and interbank foreign exchange trading". Federal Reserve Bank of New York Research Paper nº 8.401, 1984.

COLLINS, S. M.; PARK, W. A. "External debt and macroeconomic performance in South Korea". In: SACHS, J. D. (org.). *Developing country debt and the world economy*. Chicago: The University of Chicago Press/NBER, 1989.

CONFERÊNCIA NACIONAL DOS BISPOS DA ALEMANHA. *A boa moeda para todos*. Centro de Estudos Fundação Konrad-Adenauer-Stiftung, Série Papers nº 14, 1974.

CORBO, V.; HERNANDEZ, L. "Macroeconomic adjustment to capital inflows: lessons from recent Latin American and East Asian experiences". *The World Bank Research Observer*, 11 (1), fev., 1996.

COUTINHO, L. "Estabilização e política de competitividade: coordenação e seqüenciamento". In: METHIEN, H. (org.). *A nova política industrial: o Brasil no novo paradigma I*. São Paulo: Marco Zero/ILDES, 1996.

COUTINHO, L.; FERRAZ, J. C. *Estudo da competitividade da indústria brasileira*. São Paulo: Papirus/Unicamp, 1994.

CUKIERMAN, A. *Central bank strategy, credibility and independence: theory and evidence*. Cambridge: MIT Press, 1992.

CUNHA, L. R. A."Congelamento e políticas heterodoxas: a experiência brasileira". *Texto para Discussão* nº 253. Rio de Janeiro: PUC, Departamento de Economia, dez., 1990.

DAHLMAN, C. J. *et al*. "Managing technological development: lessons from NICs". *World Development*, 15 (6), 1987.

DARITY JR., W. A.; HORN, B. L. "Rudolf Hilferding: the dominion of capitalism and the dominion of gold". *American Economic Review*. Papers and Proceedings, 75 (2), mai., 1985.

DEAN, J. *Aliens in America: conspiracy cultures from outerspace to cyberspace*. Ítaca: Cornell University Press, 1998.

DE GREGORIO, J. "The effects of inflation on economic growth". *European Economic Review*, 36 (3), 1992.

DIAZ-ALEJANDRO, C. "A América Latina em Depressão: 1929-1939". *Pesquisa e Planejamento Econômico*, 10 (2), ago., 1980.

__________. "Delinking North and South: unshackled or unhinged?". In: FISHLOW, A. *et al*. (orgs.). *Rich and poor nations in the world economy*. Nova York: McGraw Hill, 1978.

__________. "Trade policies and economic development". In: KENEN, P. B. (org.) *International trade and finance: frontiers for research*. Londres: Cambridge University Press, 1975.

DOLLAR, D. "Outward oriented developing economies really do grow more rapidly: evidence from 95 LDCs, 1976-1985". *Economic Development and Cultural Change*, 1992.

__________. "Technological innovation, capital mobility, and the product cycle in the North-South trade". *American Economic Review*, 76 (1), mar., 1986.

DOLLAR, D.; WOLFF, E. N. *Competitiveness, convergence, and international specializationi*. Cambridge: MIT Press, 1993.

DORNBUSH, R. "Policies to move from stabilization to growth". Proceedings of the World Bank Annual Conference on Development Economics, 1990.

_________. *Open economy macroeconomics.* Nova York: Basic Books, 1980.

DRAKE, P. W. (org.). *Money doctors, foreign debts, and economic reforms in Latin America from the 1890s to the present.* Wilmington: Scholarly Resources Inc., 1994.

DUNNING, J. "The advent of alliance capitalism". In: DUNNING, J.; HAMDANI, K. A. (orgs.). *The new globalism and developing countries.* Nova York: United Nations University Press, 1997.

_________. "The role of foreign direct investment in a globalizing economy". *Banca Nazionale del Lavoro Quarterly Review*, 48 (193), jun., 1995.

_________. *The globalization of business.* Londres: Routledge, 1993.

DURKHEIN, E. *As regras do método sociológico.* São Paulo: Companhia Editora Nacional, 1956.

EDWARDS, S. "Trade liberalization reforms and the World Bank". *American Economic Review.* Papers and Proceedings, vol. 87 (2), mai., 1997.

_________. "Openess, productivity and growth: what do we really know". *The Economic Journal*, 108 (447), mar., 1998.

_________. "Why are savings rates so different across countries?: an international comparative analysis". *NBER Working Paper Series* nº 5.097, abr., 1995.

_________. *Real exchange rates, devaluation and adjustment: exchange rate policy in developing countries.* Cambridge: MIT Press, 1989.

EICHENGREEN, B. "Transition strategies and nominal anchors on the road to greater exchange rate flexibility". *Essays in International Finance* nº 213. Princeton University, International Finance Section, abr., 1999.

_________. *Globalizing capital: a history of the international monetary system.* Princeton: Princeton University Press, 1996.

EIJFFINGER, S. C. W.; DE HAAN, J. "The political economy of central-bank independence". *Special Papers in International Finance* nº 19, Princeton University, mai., 1996.

ELIAS, V. J. "Sources of economic growth in Latin American countries". *Review of Economics and Statistics*, 60 (3), ago., 1978.

EVANS, P. B.; FRISCHTAK, C. R.; TIGRE, P. B. *High technology and third world industrialization: brazilian computer policy in comparative perspective.* Berkeley: University of California Press, 1992.

FAGERBERG, J. "Technology and international differences in growth rates". *Journal of Economic Literature*, 32 (3), set., 1994.

FANJZYLBER, F. *La industrializacion trunca de America Latina.* México: Centro de Economia Transnacional, 1983.

_________. "Industrializacion en America Latina: de la "Caja Negra" al "casillero vacio". *Cuadernos de la CEPAL.* Santiago do Chile, 1990.

FELDMAN, R.; KUMAR, M. "Emerging equity markets: growth, benefits and policy concerns". *The World Bank Research Observer*, 10 (2), ago., 1995.

FELIX, D. "An alternative view of the monetarist: structuralist controversy". In: HIRSHMAN, A. (org.). *Latin American issues: essays and comments*. Nova York: The Twenty Century Fund, 1961.

FERREIRA, A.; HORITA, N. *A redescoberta do ouro*. São Paulo: Anoro, 1995.

FETTER, F. W. "The relation of the history of economic thought to economic history". *American Economic Review, Papers and Proceedings*, 55 (2), mai., 1965.

FISCHER, S. "The transition from stabilization to growth". In: BRUNO, M. *et al.* (orgs.). *Lessons of economic stabilization and its aftermath*. Cambridge: MIT Press, 1991.

_________. "The role of macroeconomic factors in growth". *Journal of Monetary Economics*, 32 (3), 1993.

FISHLOW, A. "Lições da década de 1890 para a de 1980". *Pesquisa e Planejamento Econômico*, 17 (3), dez., 1987.

_________. "Indexing Brazilian style: inflation without tears?". *Brookings Papers on Economic Activity*, 1, 1974.

FITZGERALD, E. V. K. "ECLA and the formation of Latin American economic doctrine". In: ROCK, D. (org.). *Latin America in the 1940s: war and post war transitions*. Berkeley: University of California Press, 1994.

FOLKERTS-LANDAU, D.; MATHIESON, D.; SCHINASI, G. J. *International capital markets: developments, prospects, and key policy issues*. World Economic and Financial Surveys. Washington: IMF.1997.

FORRESTER, V. *O horror econômico*. São Paulo: Editora da Unesp, 1996.

FORSTNER, H.; BALLANCE, R. *Competing in the world economy: an empirical study on specialization and rade in manufactures*. Londres: Unwin Hyman, 1990.

FRANCO, G. H. B. "The Real Plan". *Texto para Discussão* nº 346. Rio de Janeiro: PUC, Departamento de Economia, 1996.

_________. *O Plano Real e outros ensaios*. Rio de Janeiro: Francisco Alves Editora, 1995.

_________. (org.). *Cursos de Economia: catálogo de listas de leitura oferecidas em programas de pós-graduação em economia no Brasil*. Brasília: ANPEC, 1992.

_________. *A década republicana: o Brasil e a economia internacional, 1888-1900*. Rio de Janeiro: IPEA, série PNPE nº 24, 1991.

_________. "Fiscal reforms and stabilization: four hyperinflation cases examined". *The Economic Journal*, 100 (399), mar., 1990.

_________. "Uma nota sobre a política fiscal nos anos 30". *Pesquisa e planejamento econômico*, 15 (2), ago., 1985.

_________ (1983). *Reforma monetária e instabilidade durante a transição republicana*. Rio de Janeiro: BNDES, 1987.

FRANKEL, J. A.; ROMER, D. "Does trade cause growth?". *American Economic Review*, 89 (3), jun., 1999.

FREEMAN, C. "Introduction". In: DOSI, G. *et al.* (orgs.). *Technical change and economic theory*. Londres: Pinter Publisher, 1988.

FRIEDMAN, M. "The case for flexible exchange rates". In: *Essays in Positive Economics*. Chicago: University of Chicago Press, 1953.

FRITSCH, W. *External constraints to macroeconomic policy in Brazil, 1889-1930*. Londres: Macmillan, 1988.

FRITSCH, W.; FRANCO, G. H. B. "Import repression, productivity slowdown, and manufactured export dynamism: Brazil, 1975-1990". In: HELLEINER, G. K. (org.). *Trade and industrialization in turbulent times*. Londres: Routledge, 1995.

_________. "The political economy of trade and industrial policy reform in Brazil in the 1990s". *CEPAL, Série Reformas de Política Pública* nº 6. ONU, 1993.

_________. "Política comercial no Brasil: passado e presente". *Pensamiento Iberoamericano*, 21, 1992.

_________. (1991). "Foreign direct investment and patterns of trade and industrialization in developing countries: notes with reference to the Brazilian experience". In: HELLEINER, G. K. (org.). *Trade Policy, Industrialization and Development: a reconsideration*. Oxford: Clarendon Press, 1992.

_________. "Política industrial, competitividade e industrialização: aspectos da experiência brasileira recente". *Planejamento e Políticas Públicas*, 3, jun., 1990.

_________. "Estratégia industrial e investimento direto estrangeiro". In: REIS VELOSO, J. P. (org.). *As perspectivas do Brasil e o novo governo*. São Paulo: Nobel, 1990.

FUKUYAMA, F. *O fim da história e o último homem*. Rio de Janeiro: Rocco, 1992.

FURTADO, C. *Os ares do mundo*. Rio de Janeiro: Paz e Terra, 1991.

_________. *A fantasia organizada*. Rio de Janeiro: Paz e Terra, 1985.

_________. *Criatividade e dependência na sociedade industrial*. Rio de Janeiro: Paz e Terra, 1978.

_________. *Formação econômica do Brasil*. São Paulo: Companhia Editora Nacional, 1974.

GERSHENKRON, A. *Economic backwardness in historical perspective*. Cambridge: The Belknap Press, 1962.

GIAVAZZI, F.; GIOVANNINI, A. *Limiting exchange rate flexibility: the European Monetary System*. Cambridge: MIT Press, 1989.

GOLDFAJN, I.; VALDÉS, R. O. "The aftermath of appreciations". *Quarterly Journal of Economics*, fev., 1999.

GOLDSMITH, R. *Brasil 1850-1984: desenvolvimento financeiro sob um século de inflação*. São Paulo: Harper & Row, 1986.

GOMES, A. C. "Novas elites burocráticas". In: GOMES, A. C. *et al.* (orgs.). *Engenheiros e economistas: novas elites burocráticas*. Rio de Janeiro: Editora da Fundação Getúlio Vargas, 1994.

GOMES, C.; UNGER, R. M. *O próximo passo: uma alternativa prática ao neoliberalismo*. Rio de Janeiro: Topbooks, 1996.

GORDON, L.; GROMMERS, E. L. *Unites States manufacturing investment in Brazil: the impact of Brazilian government policies, 1946-1960*. Boston: Graduate School of Business Administration, Division of Research, 1962.

GREIDER, W. *One world, ready or not. The many logic of global capitalism*. Nova York: Simon & Schuster, 1997.

GRILICHES, Z. "The discovery of the residual: a historical note". *Journal of Economic Literature*, 34 (3), set., 1996.

GROSSMAN, S.; HELPMAN, E. *Innovation and growth in the global economy*. Cambridge: MIT Press, 1991.

GRUNEWALD, J. L. (org.). *Grandes sonetos da nossa língua*. Rio de Janeiro: Nova Fronteira, 1987.

GUARDIA, E. R. "Orçamento público e política fiscal: aspectos institucionais e a experiência recente, 1985-1991". Campinas: Unicamp. Dissertação de mestrado, 1992.

GUIMARÃES, E. A. A. "A política industrial do governo Collor: uma sistematização". *Texto para Discussão* n° 72. Funcex, set., 1992.

GUITIÁN, M. "Exchange rate management in the reform process". In: BARTH, R. C. *et al.* (orgs.). *Coordinating stabilization and structural reform*. Washington: IMF Institute. Proceedings of a seminar, 1993.

HARBERLER, G. "Survey of circumstances affecting the location of production and international trade as analyzed in the theoretical literature". In: OHLIN, B. (org.). *The international allocation of economic activity*. Londres: Macmillan, 1977.

HARVARD WORKING GROUP ON NEW AND RESSURGENT DISEASES. "Globalization, development and the spread of disease". In: MANDER, J.; GOLDSMITH, E. (orgs.). *The case against the global economy and for a turn towards the local*. São Francisco: Sierra Club Books, 1996.

HAY, D. "The post 1990 Brazilian trade liberalization and the performance of large manufacturing firms: productivity, market share and profits". *Texto para Discussão* n° 523. IPEA, out., 1997.

HENRIQUES, R. "Economia em rumos sombrios: inflação, ordem e violência". In: VIEIRA, J. R. *et al.* (orgs.). *Na corda bamba: doze estudos sobre a cultura da inflação*. Rio de Janeiro: Relume & Dumará, 1993.

HICKS, J. *Critical essays in monetary theory*. Oxford: Clarendon Press, 1967.

HIKINO, T.; AMSDEN, A. "Staying behind, stumbling back, sneacking up, soaring ahead: late industrialization in historical perspective". In: BAUMOL, W. *et al.* (orgs.). *Convergence of productivity: cross national studies and historical evidence*. Nova York: Oxford University Press, 1994.

HOBSBAWM, E. *A era dos extremos: o breve século XX, 1914-1991*. São Paulo: Companhia das Letras, 1994.

HOFMAN, A. A.; MULDER, N. "The comparative productivity performance of Brasil and Mexico, 1950-1994". In: COATSWORTH, J. H.; TAYLOR, A. M. (orgs.). *Latin America and the World Economy since 1800*. Cambridge: Harvard University Press for the David Rockefeller Center for Latin American Studies, 1998.

HOLLOWAY, T. H. *Vida e morte do Convênio de Taubaté: a primeira valorização do café*. Rio de Janeiro: Paz e Terra, 1978.

IANNI, O. (1995). *Teorias da globalização*, 4ª ed. São Paulo: Civilização Brasileira, 1997.

IBGE. *Estatísticas históricas do Brasil*. Séries Estatísticas Retrospectivas, vol. III, 2ª ed. Rio de Janeiro, 1990.

IMF. "Exit strategies: policy options for countries seeking greater exchange rate flexibility". The Research Department, in consultation with the Monetary and Exchange Affairs Department and the Policy Development and Review Department, dez., 1997.

_________. *Balance of payments manual*, 4ª ed. Washington: IMF, 1977.

IRWIN, D. A. "The United States in a new global economy: a century's perspective". *American Economic Review*. Papers and Proceedings, 86 (2), mai., 1996.

JABOR, A. "A hiperinflação é nossa última esperança". In: *Brasil na Cabeça*. Rio de Janeiro: Siciliano, 1995.

JOCHUM, C.; KODRES, L. "Does the introduction of futures on emerging markets currencies destabilize the underlying currencies?". *IMF Working Paper* 98/01, jan., 1998.

KALECKI, M. (1943). "Aspectos políticos do pleno emprego". In: MIGLIOLI, J. (org.). *Crescimento e ciclo das economias capitalistas*. São Paulo: Hucitec, 1977.

KATZ, J. M. "Domestic technological innovation and dynamic comparative advantage: further reflections on a comparativa case study program". *Journal of Development Economics*, 16, 1984.

KENWOOD, A. G.; LOUGHEED, A. L. (1971). *The growth of the international economy, 1820-1980: an introductory text*. Londres: George Allen & Unwin, 1983.

KERN, S. *The culture of time and space 1880-1918*. Cambridge: Harvard University Press, 1983.

KINDLEBERGER, C. P. *Keynesianism vs. Monetarism and other essays in financial history*. Londres: George Allen & Unwin, 1985.

_________. *Multinational excursions*. Cambridge: MIT Press, 1984.

_________. *Manias, panics and crashes: a history of financial crises*. Nova York: Basic Books Inc., 1978.

KOJIMA, K. "International trade and foreign investment: substitutes or complements". *Hitotsubashi Journal of Economics*, 16 (1), 1975.

KRUEGER, A. O. *Liberalization attempts and consequences*. Cambridge: NBER/Ballinger, 1978.

KRUGMAN, P. R. *The accidental theorist, and other dispatches from the dismal science*. Nova York: W. W. Norton, 1998.

_________. "Is capitalism too productive?". *Foreign Affairs*, 76 (5), out., 1997.

_________. *Pop internacionalism*. Cambridge: MIT Press, 1996.

_________. *Development, geography and economic theory*. Cambridge: MIT Press, 1995.

_________. "Growing world trade: causes and consequences". *Brookings Papers on Economic Activity*, 1, 1995.

_________ (1994). *Vendendo prosperidade: sensatez e insensatez econômica na era do conformismo*. Rio de Janeiro: Campus, 1997.

_________. "The current case for industrial policies". In: Salvatore, D. (org.). *Protectionism and world welfare*. Cambridge: Cambridge University Press, 1993.

_________. "The narrow moving band, the Dutch Disease, and the competitive consequences of Mrs. Thatcher". *Journal of Development Economics*, 27 (a), 1987.

_________. "Is free trade *passé*?". *Journal of Economic Perspectives*, 1 (2) (b), 1987.

_________. "Targeted industrial policies: theory and evidence". In: Salvatore, D. (org.). *The new protectionist threat to world welfare*. Amsterdã: North Holland (c), 1987.

_________. "A model of innovation, technology transfer and the world distribution of income". *Journal of Political Economy*, 87, 1979.

Kumar, H. "Foreign direct investment, technology transfer and exports of developing countries: trends and policy implications". Unido, 1995. Apresentado no seminário "Global Forum on Industry: perspectives for 2000 and beyond".

Landes, D. "Introduction: on technology and growth". In: Higonnet, P.; Landes, D. S.; Rosovsky, H. (orgs.). *Favorites of fortune: technology, growth, and economic development since the industrial revolution*. Cambridge: Harvard University Press, 1991.

_________. *The unbound Prometheus: technological change and industrial development in Western Europe from 1750 to the present*. Cambridge: Cambridge University Press, 1969.

Lara Resende, A. "A política brasileira de estabilização, 1963-1968". *Política e Planejamento Econômico*, 12 (3), dez., 1990.

_________ (1984). "A moeda indexada: uma proposta para eliminar a inflação inercial". In: Rego, J. M. (org.). *Inflação inercial, teorias sobre inflação e o Plano Cruzado*. Rio de Janeiro: Paz e Terra, 1986.

Law, J. (1705). *Money and trade considered with a proposal for supplying the nation with money*. Nova York: Augustus M. Kelley Reprint, 1966.

Leite, R. P. *A dupla face do nacionalismo: ideologia, discurso e dominação em Kubitschek e Médici*. Recife: Editora da Universidade Federal de Pernambuco, 1995.

Lessa, C. *Quinze anos de política econômica*. São Paulo: Brasiliense, 1981.

Lewis, W. A. *The evolution of the international economic order*. Princeton: Princeton University Press, 1978.

Lima, G. T. *et al.* (orgs.). *Macroeconomia moderna: Keynes e a economia contemporânea*. Rio de Janeiro: Campus, 1999.

Lopes, F. L. *O choque heterodoxo: combate à inflação e reforma monetária*. Rio de Janeiro: Campus, 1986.

Loureiro, M. R. (org.). *50 anos de ciência econômica no Brasil*. Petrópolis: Vozes, 1997.

Love, J. L. *Crafting the Third World: theorizing underdevelopment in Romania and Brazil*. Stanford: Stanford University Press, 1996.

Lucas Jr., R. E. "Making a miracle". *Econometrica*, 61 (2), mar., 1993.

__________. "On the mechanics of economic development". *Journal of Monetary Economics*, 22, 1988.

__________. *Studies in business cycle theory*. Cambridge: MIT Press, 1982.

Luzio, E.; Greenstein, S. "Measuring the performance of a protected infant industry: the case of Brazilian microcomputers". *The Review of Economics and Statistics*, 56 (2), 1995.

Malan, P.; Bonelli, R. "Brazil 1950-1980: Three decades of growth oriented economic policies". *Texto para Discussão Interna* nº 187. Rio de Janeiro: IPEA/INPES, mar., 1990.

Mankiw, N. G. "The growth of nations". *Brookings Papers on Economic Activity*, 1, 1995.

Mantega, G. "Programas de estabilização, mistificação tecnocrática e câmaras setoriais". *Revista de Economia Política*, 14 (2), jun., 1994.

Mantega, G.; Rego, J. M. (org.). *Conversações com economistas brasileiros II*. São Paulo: Editora 34, 1999.

Mantoux, P. (1928). *The industrial revolution in the eighteenth century*. Chicago: University of Chicago Press, 1983.

Martins, R. B. "Crescimento exportador, desigualdade e diversificação econômica: uma comparação entre o Brasil e a República Argentina, 1860-1930". *Cadernos do Departamento de Ciência Política*, nº 3. UFMG, mar., 1976.

Marx, K. (1948). "Manifesto do Partido Comunista". In: Marx, K.; Engels, F. *Textos*, vol. III. São Paulo: Edições Sociais, 1977.

Mata, M. da. "Controles de preços na economia brasileira: aspectos institucionais e resultados". *Pesquisa e planejamento econômico*, 10 (3), dez., 1980.

Matta, R. da. "Para uma sociologia da inflação: notas sobre inflação, sociedade e cidadania". In: Vieira, J. R. *et al.* (orgs.). *Na corda bamba: doze estudos sobre a cultura da inflação*. Rio de Janeiro: Relume & Dumará, 1993.

McKinsey Global Institute. "Productivity — the key to an accelerated development path for Brazil". Washington/São Paulo, 1998.

Meier, G. M.; Seers, D. (org.). *Pioneers in development*. The World Bank/Oxford University Press, 1984.

Mendonça de Barros, J. R.; Goldenstein, L. "Avaliação do processo de reestruturação industrial brasileiro". *Revista de Economia Política*, 17 (2), jun., 1997.

Miranda, A. *A última quimera*. São Paulo: Companhia das Letras, 1995.

MORAES, P. B. "O programa de estabilização de 1964: balizamento de preços com restrição de crédito". *Revista Brasileira de Economia*, 41 (2), abr., 1987.

MOREIRA, M. M. "A indústria brasileira nos anos 90. O que já se pode dizer?". 1999, mimeo (a).

_________. "Estrangeiros em uma economia aberta: impactos recentes sobre produtividade, concentração e comércio exterior". *Texto Para Discussão*, nº 67 (b). Depec-BNDES, 1999.

_________. "Abertura comercial e indústria: atualizando os resultados" (Nota técnica). 1997, mimeo.

MOREIRA, M. M.; CORREA, P. G. "Abertura comercial e indústria: o que se pode esperar e o que se vem obtendo". *Revista de Economia Política*, 17 (2), jun., 1997.

MOULTON, B. R. "Bias in the consumer price index: what is the evidence". *Journal of Economic Perspectives*, 10 (4), 1996.

NELSON, R. C. *Industrialization and political affinity: industrial policy in Brazil*. Londres: Routledge, 1995.

NELSON, R. R. *The sources of economic growth*. Cambridge: Harvard University Press, 1996.

NELSON, R. R.; WINTER, S. *An evolutionary theory of economic change*. Cambridge: Harvard University Press, 1982.

NEVES, R. B.; MOREIRA, H. C. "Os incentivos às exportações brasileiras de produtos manufaturados — 1969/85". *Pesquisa e planejamento econômico*, 17 (2), ago., 1987.

OLIVEIRA, J. H. G. "Money, prices and fiscal lags: a note on the dynamics of inflation". *Banca Nazionalle del Lavoro Quarterly Review*, 82, set., 1967.

OMAN, C. *The new forms of foreign direct investment*. Paris: OECD Development Centre, 1984.

ORWELL, G. (1949). *Nineteen eighty four*. Londres: Penguin, 1975.

OSAWA, T. "Japan: the macro-DIP, meso-IDP and the technology development path (TDP)". In: DUNNING, J. H.; NARULA, R. (orgs.). *Foreign direct investment, economic structure and governments*. Londres: Routledge, 1996.

PACK, H. "Learning and productivity change in developing countries". In: HELLEINER, G. K. (org.). *Trade policy, industrialization and development: a reconsideration*. Toronto/Helsinque: Wider, 1988.

PAPAGEORGIOU, D.; MICHAELI, M.; CHOKSI, A. M. (orgs.). *Liberalizing foreign trade*. Nova York: Oxford University Press for The World Bank, 1992.

PELAEZ, C. M. "As conseqüências econômicas da ortodoxia monetária, cambial e fiscal no Brasil entre 1889 e 1945". *Revista Brasileira de Economia*, 25 (3), jul., 1971.

PINHEIRO, A. C. "Measuring and explaining total factor productivity growth: Brazilian manufacturing in the 1970s". *Texto para Discussão Interna* nº 189. Rio de Janeiro: IPEA/INPES, mar. (a), 1990.

_________. "Technical efficiency in Brazilian manufacturing establishments: results for 1970 and 1980". *Texto para Discussão Interna*, nº 190. Rio de Janeiro: IPEA/INPES, jun. (b), 1990.

POSNER, M. "International trade and technical change". *Oxford Economic Papers*, 13, 1961.

POLANYI, K. (1944). *The great transformation*. Boston: Beacon Press, 1957.

PREBISH, R. (1961). "O falso dilema entre desenvolvimento econômico e estabilidade monetária". In: *Dinâmica do desenvolvimento latino-americano*. Rio de Janeiro: Fundo de Cultura, 1964.

_________. *Introdución a Keynes*. México: Fondo de Cultura, 1947.

QUINET, A. "A atualidade da depressão e a dor de existir". In: QUINET, A. (org.). *Extravios do desejo: depressão e melancolia*. Rio de Janeiro: Marca d'Água, 1999.

REBELO, S.; VÉGH, C. A. "Real effects of exchange-rate-based stabilization: an analysis of competing theories". In: BERNANKE, B. S.; ROTEMBERG, J. J. (orgs.). *NBER Macroeconomics annual 1995*. Cambridge: MIT Press, 1995.

REZENDE DA SILVA, F. A. *Avaliação do setor público na economia brasileira: estrutura funcional da despesa*. Rio de Janeiro: IPEA/INPES, 1974.

RICARDO, D. (1817). *Princípios de economia política e tributação*, 2ª ed. Lisboa: Fundação Kalouste Gulbekian, 1978.

RIFKIN, J. *The end of work: the decline of the global labor force and the dawn of the post market era*. Nova York: Tarcher & Putnam, 1995.

RODRIGUEZ, F.; RODRIK, D. "Trade policy and economic growth: a skeptic's guide to the cross national evidence". *NBER Working paper Series 7081*, abr., 1999.

RODRIGUEZ, O. *A teoria do subdesenvolvimento da Cepal*. Rio de Janeiro: Forense Universitária, 1981.

ROGOFF, K. "The purchasing power parity puzzle". *Journal of Economic Literature*, 34 (2), jun., 1996.

ROLDÓS, J. E. "Supply side effects of disinflation programs". *IMF Working Paper* 94/84, 1994.

ROMER, P. "Growth based on increasing returns due to specialization". *American Economic Review*. Papers and Proceedings, 77 (2), mai., 1987.

ROSTOW, W. W. "Technology and the economic theorist: past, present and future". In: HIGONNET, P.; LANDES, D. S.; ROSOVSKY, H. (orgs.). *Favorites of fortune: technology, growth, and economic development since the industrial revolution*. Cambridge: Harvard University Press, 1991.

SACHS, J.; WARNER, A. "Economic reform and the process of global integration". *Brookings Papers on Economic Activity*, 1, 1995.

SAGAN, C. (1995). *O mundo assombrado pelos demônios: a ciência vista como uma vela no escuro*. São Paulo: Companhia das Letras, 1996.

SALE, K. (1995). *Inimigos do futuro: a guerra dos luditas contra a Revolução Industrial e o desemprego*. Rio de Janeiro: Record, 1999.

SALM, C.; SABOIA, J.; CARVALHO, P. G. M. de. "Produtividade na indústria brasileira: questões metodológicas e novas evidências empíricas". *Pesquisa e Planejamento Econômico*, 27 (2), ago., 1997.

SANTOS, J. F. dos. *Feliz 1958: o ano que não devia terminar*. Rio de Janeiro: Record, 1997.

SAVASTANO, M. A. "The pattern of currency substitution in Latin America: an overview". *Revista de Análisis Económico*, 7 (1), jun., 1992.

SCAMMELL, W. M. *The international economy since 1945*. Londres: Macmillan, 1980.

SCHUMPETER, J. (1947). "A resposta criadora na história econômica". In: LUCAS, F. (org.). *Economia e ciências sociais*. Rio de Janeiro: Zahar, 1969.

_________. (1942). *Capitalism, socialism and democracy*. Nova York: Harper, 1976.

_________. (1959). *História da análise econômica*. São Paulo: Fundo de Cultura, 1964.

SERVAN-SCHREIBER, J. J. *Le défi américain*. Paris: Editions de Noël, 1967.

SHATTUCK, R. (1996). *O conhecimento proibido: de Prometeu à pornografia*. São Paulo: Companhia das Letras, 1998.

SHELL, M. *Money, language and thought: literary and philosophic economies from the medieval to the modern era*. Baltimore: The Johns Hopkins University Press, 1982.

SILVA, J. M. (org.). *O pensamento do fim do século*. Porto Alegre: L & PM, 1993.

SIMONSEN, M. H. *Trinta anos de indexação*. Rio de Janeiro: Fundação Getúlio Vargas, 1996.

_________. "Inércia inflacionária e inflação inercial". In: BARBOSA, F. H.; SIMONSEN, M. H. (orgs.). *Plano Cruzado: inércia versus inépcia*. Rio de Janeiro: Globo, 1989.

_________. *Brasil 2002*, 6ª ed. Rio de Janeiro: Apec, 1975.

_________. *Inflação: gradualismo versus tratamento de choque*. Rio de Janeiro: Apec, 1970.

SOUZA, R. A. de; PRATES, H. F. "O processo de desestatização da RFFSA: aspectos e primeiros resultados". *Revista do BNDES*, 8, dez., 1997.

SUNKEL, O. (1958). "O fracasso das políticas de estabilização no contexto do processo de desenvolvimento latino-americano". In: PINTO, A. *et al. A inflação recente no Brasil e na América Latina*. Rio de Janeiro: Graal, 1978.

SUZIGAN, W. "Experiência histórica de política industrial no Brasil". *Revista de Economia Política*, 16 (1), mar., 1996.

TANZI, V. "Inflation, real tax revenues, and the case for inflationary finance: theory with an aplication to Argentina". *IMF Staff Papers*, 25 (3), set., 1978.

TAVARES, M. C.; BELLUZZO, L. G. M. (1986). "Uma reflexão sobre a natureza da inflação contemporânea". In: REGO, J. M. (org.). *Inflação inercial, teorias sobre inflação e o Plano Cruzado*. Rio de Janeiro: Paz e Terra, 1986.

TAYLOR, M. "On the costs of inward looking development: historical perspectives on price distortions, growth and divergence in Latin America from the 1930s to the 1980s". *Working Paper Series* nº 5432. NBER, jan., 1996.

TEITEL, S. *Industrial and technological development*. Washington: The John Hopkins University Press/Inter American Development Bank, 1993.

TEITEL, S.; TOUMI, F. "From import substitution to exports: the manufacturing exports experience of Argentina and Brazil". *Economic Development and Cultural Change*, 27 (1), 1986.

TEMPLE, J. "The new growth evidence". *Journal of Economic Literature*. 37 (1), mar., 1999.

THOMAS, V.; NASH, J. *Best practices in trade policy reforms*. The World Bank/Oxford University Press, 1991.

TRIFFIN, R. (1968). *O sistema monetário internacional*. Rio de Janeiro: Expressão e Cultura, 1972.

TUCHMAN, B. W. (1984). *A marcha da insensatez: de Tróia ao Vietnã*. Rio de Janeiro: José Olympio, 1989.

UNCTAD. *World Investment Report 1997: trends and determinants*. Genebra: UNCTAD, ONU, 1998.

_________. *World Investment Report 1997: transnational corporations, market structure and competition policy*. Genebra: UNCTAD, ONU, 1997.

_________. *World Investment Report 1996: investment, trade and international policy arrangements*. Genebra: Division of Transnational Corporations and Investment, UNCTAD, ONU, 1996.

_________. *World Investment Report 1995: transnational corporations and competitiveness*. Genebra: Division of Transnational Corporations and Investment, UNCTAD, ONU, 1995.

_________. *World Investment Report 1994: transnational corporations employment and the workplace*. Genebra: Division of Transnational Corporations and Investment, UNCTAD, ONU, 1994.

UNCTC. *Transnational corporations and world development*. Genebra: Division of Transnational Corporations and Investment, UNCTAD, ONU, 1992.

UNIDO. *Industry in the 1980s: structural change and interdependence*. Nova York: ONU, 1985.

VERNON, R. "Where are the multinationals headed?". In: FROOT, K. A. (org.). *Foreign Direct Investment*. Chicago: NBER/University of Chicago Press, 1993.

_________ (1977). *Soberania ameaçada: a expansão multinacional das empresas americanas*. São Paulo: Pioneira, 1978.

_________ (1971). *Tempestade sobre as multinacionais*. Rio de Janeiro: Zahar, 1980.

_________. "International investment and international trade in the product cycle". *Quarterly Journal of Economics*, 1966.

VERSIANI, F. R.; MENDONÇA DE BARROS, J. R. (orgs.). *Formação econômica do Brasil: a experiência da industrialização*. São Paulo: Saraiva, 1978.

VISCONDE DE TAUNAY (pseudônimo Heitor Malheiros). *O Encilhamento: cenas contemporâneas*. Rio de Janeiro: Domingos de Magalhães Editor, 1894.

VINER, J. "The economist in history". *American Economic Review*. Papers and Proceedings, 52 (2), mai., 1963.

VOLCKER, P. *The Future of Central Banking: the tercentenary Symposium of the Bank of England*. IN: CAPIE, F. *et al.* (orgs.). Cambridge University Press, 1994.

WEBBER, C.; WILDAVSKY, A. *A history of taxation and expenditure in the Western World*. Nova York: Simon & Schuster, 1986.

WILLIAMSON, J. "Crawling bands or monitoring bands: how to manage exchange rates in a world of capital mobility". *International Economics Policy Briefs*. Washington: Institute of International Economics, 1999.

_________. "What Washington means by policy reform". In: WILLIAMSON, J. (org.). *Latin American adjustment: how much has hapened?* Washington: Institute of International Economics, 1990.

WILMORE, L. "Transnationals and foreign trade". *Anais do XV Encontro Nacional da ANPEC*. Salvador, 1987.

THE WORLD BANK. *Brazil: an agenda for stabilization*. Report nº 13.168-BR. Washington, 1994.

_________. *The East Asian Miracle*. Nova York: Oxford University Press for The World Bank, 1993.

# OUTROS TÍTULOS DA EDITORA 34

Luiz Carlos Bresser Pereira
*Crise econômica e reforma do Estado no Brasil: para uma nova interpretação da América Latina*

Ciro Biderman, Luis Felipe L. Cozac e José Marcio Rego
*Conversas com economistas brasileiros I*
Entrevistas com Roberto Campos, Celso Furtado, Delfim Netto, Conceição Tavares, Bresser Pereira, Mário H. Simonsen, Affonso C. Pastore, Edmar Bacha, Luiz Gonzaga Belluzzo, André Lara Resende, Pérsio Arida, P. Nogueira Batista Jr., E. Giannetti da Fonseca

José Marcio Rego (org.)
*Retórica na economia*
Textos de Pérsio Arida, D.N. McCloskey, Dante M. Aldrighi, Cleofas Salviano Jr., Leda Maria Paulani, Bento Prado Jr., Mark Julian R. Cass, José Marcio Rego, Ramón G. Fernández, Ana Maria Bianchi, Antonio M. Silveira

Luiz Carlos Bresser Pereira
*Economia brasileira: uma introdução crítica*
Edição revista e atualizada

Armen Mamigonian e José Marcio Rego (orgs.)
*O pensamento de Ignácio Rangel*
Textos de Bresser Pereira, José Marcio Rego, César Guimarães, Gilberto Paim, Sylvio W. Ribeiro, Paulo Mercadante, Domar Campos, Márcio H.M. de Castro, Maria do Rosário Pizzo, Armen Mamigonian

Luiz Carlos Bresser Pereira
*Reforma do Estado para a cidadania: a reforma gerencial brasileira na perspectiva internacional*

Guido Mantega e José Marcio Rego
*Conversas com economistas brasileiros II*
Entrevistas com Paul Singer, Francisco de Oliveira, José Serra, A. Barros de Castro, J.M. Cardoso de Mello, João Sayad, Yoshiaki Nakano, José A. Scheinkman, F. Holanda Barbosa, Francisco Lopes, Aloízio Mercadante, Gustavo Franco

Este livro foi composto em Sabon pela Bracher & Malta, com fotolitos do Bureau 34 e impresso pela Bartira Gráfica e Editora em papel Off-set 75 g/m² da Cia. Suzano de Papel e Celulose para a Editora 34, em novembro de 1999.